# 日本法制史講義

公法篇

中田　薫
北　康宏 編・解説



講談社学術文庫

# 凡例

### 1　現存する講義録

本書は、日本の法制史の創始者で東京帝国大学法学部教授の中田薫（一八七七〜一九六七）が、大正十年度（一九二一・二二）から昭和十一年度（一九三六・三七）まで講じた日本法制史講義（公法史・私法史を隔年で）のうち、公法史の講義の筆録を校訂・編集したものである。編者が現在までに確認することができた公法史の講義録は以下のとおりである。

①日本公法法制史（大正十年度講義）文信社A版、一九二二年
②日本公法法制史（昭和二年度講義を称した①の復刻）文信社B版、一九二七年
Ⓐ金田平一郎ノート（大正十四年度講義）筆録一九二五〜二六年
③日本法制史（公法ノ部）（①の復刻）辛酉社、一九二八年
Ⓑ高柳眞三ノート（昭和二年度講義）四冊、筆録一九二七〜二八年（高柳の国内留学時の受講ノート）
④日本公法法制史（昭和四年度講義）啓明社A版、一九三〇年
Ⓒ平川守ノート（昭和四年度講義ヵ）四冊、筆録一九二九〜三〇年
⑤日本公法法制史（昭和六年度講義）啓明社B版、一九三二年
⑥日本公法法制史（昭和八年度講義）啓明社C版、一九三四年

Ⓓ 久保正幡ノート（昭和八年度講義）一冊のみ（上古（全）および中世（法源のみ）残存）、筆録一九三三〜三四年

⑦ 日本法制史（公法）（昭和十年度講義）東京プリント刊行会、一九三六年

中田自身の講義ノートは、残念ながら戦後の失火で失われている。①〜⑦は赤門前で試験前に販売されていた謄写版印刷の講義録（当時、「講義プリント」と呼ばれていた。上京した宮沢賢治が編集アルバイトをしていたことでも知られる）で、Ⓐ〜Ⓓは受講生の自筆ノートである。「秘密出版」と揶揄された①〜⑦は、授業をさぼった学生が試験前に購入するもので、内容的にも杜撰であるとの評価が下されてきた。しかし、編者が個々の内容を詳細に検討してみた結果、一律には評価できないことが明らかとなった。

たしかに大正期の①〜③は杜撰で省略部分も非常に多い（中田薫述・石井良助校訂『日本法制史講義』創文社、一九八三年を参照）。しかし昭和五、六年（一九三〇、三一）ころには、多くのプリント出版社が乱立するようになり、内容の正確さや迅速な販売を激しく競い合ったので、過去の講義録の準用も減少し、たいへん精緻な筆録となってくる。文字通り速記録と称すべき水準である。実際、⑥を同年度の講義を筆録したⒹ久保自筆ノートと比較してみても、この年度限りの固有の章立てを忠実に反映しており、文章もほぼ一致、久保が書き落とした部分まで詳細に筆録している。プロの速記者を教室に潜らせていたと考えられる。

今回の公刊の価値に関わることでもあり、当時のプリント出版界の雰囲気を端的に映し出すものなので、講義プリントの跋文の一部を掲げよう。――「他社との激烈なる競争にも拘らず、本プリントが大好評裡に完結し得たことは、偏へに読者諸兄の絶えざるご援助のお蔭」「本会も創業以来

十余年」「本年は殊に編輯員の懸命の努力と本会のプリントを御愛読下さる読者諸兄の絶大なる御支持とによりまして、断然他社を圧倒し、名実共に「東大プリント界の王者」たることを得ましたことは……深く喜びとする次第」「さらに躍進万全を期し、明年度は更によりよき絶対的なるプリントを提供しやうと目下研究考慮中」「完備・無欠を期し度いと存じます」。「本会はあらゆる努力を払ひ「講義終了三日以内出版」を旨として」「東京市本郷区帝大赤門前　東京プリント刊行会編輯部」（昭和十一年度の中田『日本法制史〈私法〉』跋文）。

中田自身は授業中に、杜撰なプリントを使った答案には絶対に優は授けられないと公言していたが、皮肉なことにその発言までを筆録したプリントすら存在する。仏蘭西法制史の最終講義のプリントでは「2月19日午後2時51分」と終講時間までが分刻みで記録されている。講義プリントに批判的だった中田も、定年後の自宅失火の後には古書店で購入して大切に保存していた。

## 2　本書の底本、編集の基本方針

本書では、こうした検討をふまえて、公法史の最終年度の最も精緻な筆録たる⑦（四九七頁に及ぶ）を底本として、説明の不明瞭な部分、講義時間の都合で省略された部分については、異なる年度の講義録、すなわち自筆ノートのⒷⒸⒹ、謄写版印刷の①④⑤⑥を用いて校訂・増補した。②③は①をほぼそのまま継承再版したものであり、Ⓐは現在未公開ということで活用できず遺憾であるが、最初期の読み上げ式の講義であるから、①と大きくは異ならないと推定される。講義録の個別の特質については巻末解説に譲る。

講義録の刊行において、このように異なる年度のものを綜合して編集することには異論もあるだろう。たとえば、哲学者G・W・F・ヘーゲル（一七七〇～一八三一）の没後すぐに弟子たちにより刊行されたベルリン全集版の講義録（グロックナー版として復刻）への反省に典型的にみられるように、近年では年度ごとの固有性、変化の位相を尊重して、冗長なまでに個別に出版することが一般的だからである。しかし、ベルリン全集版の普及が歴史的に無意味だったわけではなく、ヘーゲル右派、中央派、そしてフォイエルバッハや若きマルクスらを含むヘーゲル左派の諸学者を生み出す豊かな泉となり、さらに広く十九世紀の思想家・政治学者に絶大な刺激を与えた。そうしたことも念頭に置きつつ、上記の編集方針を立てたのであるが、より具体的に説明すれば以下のようになる。

⑴中田の講義内容は、その学問水準においていまだ歴史的に決算された過去の遺物、単なる史学史の素材となってはいない。例えば、寄進地系荘園論が立荘論という視角から本格的な批判を受けるのは、一九九〇年代後半のことである。また、哲学や政治思想とは異なる歴史研究という特質からみても、時代思潮の影響や歴史観の変遷といった側面より、実証的な精緻さと歴史像の熟成のほうに学問的意義があると考えられる。研究の完成段階を示す最終講義を底本としつつ、講義の全体像の復元を目指した所以である。

⑵中田の担当講義は比較法制史（のち西洋法制史と改称）からスタートし、法制史講義（日本法制史のこと）の開始は相対的に遅い。大正十年度から、すなわち四十代半ばになってからのことである。欧州留学を終えて、さらに学問的な試行錯誤の段階を越えた、日本法制史の全体像が中田のなかで熟成しつつある時期の講義である。実際、現在に残る講義録の構成には大きな変更はほとんどみられず、推敲して精緻に仕上げていく段階にあった。先行する年度の講義で語られていたにも

かかわらずその後に見えなくなる部分は、時間がないため省略すると中田自身がしばしば講義内で語っているように、たいていは単なる省略である。そのような部分を他年度の講義で増補することは問題ないと判断される。(3)史料解釈の変化や歴史像の変化が明らかに確認される場合には、編者註として付記することにする。

### 3　翻刻・校訂・編者註

本書に翻刻した講義録には、＊を付した文字下げ部分が設けられている。講義プリントでは（註）とも表記される部分だが、これは中田が学生に筆録させるべくゆっくりと読み上げた本文に対して、具体的事例を掲げたり先行学説を厳しく批判したりと、ざっくばらんに追加解説を加えた部分である。

弟子の久保正幡は回顧する。「先生は学生がノートをとりやすいようにとゆっくりと話をされました。そして、切りがよいところで、今度はノートをさせた分についてコメントする必要があれば、普通の口調・話しぶりで話をされる。学生はそれを聴きながら要領だけ註として記しておけばいいというつもりで。そういう講義の仕方でした」。「ノートする分は要を得た文章で、コメントは適当にユーモアを交えたりして、本当に名講義でしたね」。講義に使う関係史料や図版はガリ版印刷して授業時に配布したようで、自筆ノートに挟まれた形で残っているものもある。

平川守ノート、高柳眞三ノート、すべての講義プリントは片仮名表記になっている。平仮名を使用しているのは比較的新しい時期の久保正幡ノートのみである。また、古いものほど文語的表現が残り、旧字体・旧仮名遣いで記される傾向が強い。しかし、あくまで音声の筆録なのだから、そうした特徴に拘泥する必要はないだろう。文庫としての読みやすさも考慮に入れて、引用史料・歴史用語・語源分析の部分を除いた本文の地の文は、平仮名交じり文・口語体・新字体・新仮名遣いに改めた。

底本を設定しているとはいえ、複数の講義録を翻刻・綜合するという作業は困難を極めた。教室で講じる中田の声を受けた個々人の筆録であるから仕方がないが、あちらこちらに聞き取り段階での誤記や内容の誤り、文章の途切れや破綻が散見する。講義プリントでは無理に意味を通そうとしてかえって誤りが発生している場合もある。参考文献情報や引用史料などでは中田自身のミスと思われる箇所もある。

こうした性質の資料においては、忠実すぎる翻刻はかえって煩雑さや混乱を生むであろう。音声の筆録であるという限界に鑑み、内容上の破綻部分や欠損部分は複数の講義録を対比しつつ訂正・復元し、年紀などの明らかな誤りは修正し、また引用史料については、誤字などが中田の使用した刊本を示す点で史学史的に貴重な情報ではあるが、現在の立場から校訂を加えた。

底本に対して諸本で補訂した部分を明示するのが望ましいことはいうまでもなく、当初は逐一明示する予定で作業を進めていたが、一段落中に三、四種類の典拠が混在する部分も少なくなかった。広く一般読者を対象とする文庫としては非常に煩雑になること、現在では多くの講義録が大学図書館・国立国会図書館などで閲覧可能であることから、今回は具体的に明示することは諦めた。

なお、校訂作業で生まれる多少の内容重複はそのまま残している。

編者が新たに加えた補足説明や情報追記の部分は、底本中の（　）と区別して亀甲括弧〔　〕で明記した。ただし、西暦やふりがなの追記については特記しなかった。講義録そのものに記されたふりがなは、現在では特殊なものであっても、中田が当時どう読んだかを垣間見ることができる貴重な情報なので、不統一になるが明らかな誤りを除いて尊重することにした（国造（くにつこ）、旧仮名遣いなど）。中田が掲げた先行研究や史料集に書誌情報を補った箇所があるが、中田論文の『法制史論集』全四巻五冊（岩波書店、一九二六～六四年）再録については簡略を旨として出版社と出版年は省いている。それでもかなり煩雑になってしまった。講義の雰囲気を体感されたい方は、〔　〕の部分は読み飛ばしていただきたい。

また、個別的なことだが「韓語」「朝鮮語」両方の表記がみられ、同じ年度の講義録に併存する部分もあるが、本人が編集した『法制史論集』における用法に準じて「韓語」で統一している。

# 目次

日本法制史講義　公法篇

## 第二編　中　世　353

## 第三編　近　世　469

# 日本法制史講義

公法篇

# 緒　言（開講の辞）

日本法制史は、公法・私法すべてを含み広範囲である。両者を混同して講ずることも可能ではあるが、限られた僅かな時間のうちに両者を講義するためには勢い簡略にせねばならず、本講義の目的に副《そ》わないこととなる。そこで例年、公法史と私法史とに分ちて交互に講義してきた。本年度は公法史である。

日本法制史の研究は今日なお幼稚な段階にある。歴史的研究の必要大なるも、それは極めて困難で、これに従事する学者が少なく、史料もまた少ない。一般に歴史自体に興味が持たれることが少なかったのである。西洋においてはそうではない。日本の法律は西洋の法律の継承で過去の法律とは連絡がないと考えられ、現行法の研究にとって実益がないと見做《みな》されてきたからである。

文科の学生は法律を文化史的・社会史的に見る。法律学徒は歴史を法律的観点に立って研究する。すなわち、法律自体の変革、法律概念の発達を研究する。これが法制史である。我が国において法制史研究の嚆矢は宮崎道三郎博士（一八五五～一九二八）であり、その弟子は私一人であった。従って、私の研究の範囲も極めて限定されている。今は、私に習える者にして研究に従事している者が七人〔金田平一郎、高柳眞三、原田慶吉、仁井田陞、石井良助、久保正幡。もう一人が、内藤吉之助、奥平武彦、武藤智雄、破門弟子の瀧川政次郎のいずれを指すかは不明〕もいる。我が国の最近の思潮で、日本精神の研究などもこの現われである。

法制史の最も発達したところはドイツである。ドイツの歴史学派は法律思想・法律哲学の一つの流派で、自然法論に対する反発から生まれたもので、人間の理性によって人為すべてを規律・支配せんとする主張に反対するものである。法律は言語と同じく、人間の共同生活のなかから自ずから生まれ、発達したものであって、慣習法こそが真の法律であり、これを成文法化するのが立法者の任務であるとする。十九世紀初頭のドイツに起こってほとんど欧州全体を風靡し、多くの歴史的研究がなされた。されど、今日なお真に纏《まと》まった歴史書はドイツにおいても五指を屈するのみで、フランスではさらに少ない。これに比して、日本においては研究者が一人二人あるのみであるから、その研究の程度も推察されよう。ゆえに、この講義も一つの推定、仮定説にすぎない。決して万全なものと考えてはならない。

今、歴史研究の方法 method を論ずる遑《いとま》はないが、それに二つの方法があることだけは説明しておく。第一は、chronological method 紀事本末である。議会・政府などの topics を、それぞれ太古から年代順に記述・説明する。第二は、synchronistic method, synchronical method, synchronos 同時記載である。上古・中世・近世などと時代に分かち、同一の時代において公法や私法の system ごとに、国王・議会・政府などと悉《ことごと》く記載する。そして次の時代に入り、以下各時代についても同じ方法を採る。

この二つの方法には一長一短がある。同時記載法においては、ある時代の社会状態を一目にすることができ、また次の時代への変化を鳥瞰的に見ることができる。しかし、次の時代を述べる時には、連絡のために要点を繰り返さざるを得ない。同一問題を速やかに論ずることもできない。他方、紀事本末は同一問題を速やかに論じることはできるが、本来、複数の制度は悉く相互に関連しているから、一問題のみを抽象的に取り出すことはできないはずである。特に法制制度が何らかの変動にて一変することがある。特に公法の制度によくみられるので、この場合は同時記載が便利である。しかし、私法制度ではこのように一変することはないし、数個の制度が同時に変革することも少ない。

このように、二つの方法の何れが勝っているかは一概にはいえない。便宜に従って採用するよりほかない。一般に簡単を旨とする時は同時記載を、詳細に述べんとする時は紀事本末を用いる。本講義においては同時記載法を用いる。

この講義では、いわゆる古代より徳川時代末期までの時代を扱う予定である。なお、時間があれば明治時代へも入りたいと思う。

私の時代区分は、普通の歴史の区分法、上古・中古・鎌倉・室町……とは異なる。

一、上世　これをさらに二期に分かつ。

第一期　大化前代

第二期　大化後代

二、中世　武家時代である。必要な時に鎌倉・室町・織豊の各時代に細分するが、私法史など不必要な時は分けない。公家法に加えて武家政治のもと武家法が普及する。
三、近世　徳川時代
四、最近世　明治以後

一の第一期については殆ど記録がない。一、二種あるがあまり確実なものではなく、疑問のあるものである。第二期の記録を材料として類推していくのであるから、非常に困難なのである。ゆえに、この時代については簡単に講義する。材料があるのは第二期以降である。

〔参考書〕

法制史の参考書で優秀なものは非常に少ない。これは研究が始まってから日が浅く、他方で材料が不足していることによる。しかも大部分は歴史家の手によるものである。論文は多いが纏まったものは少ない。

**I　歴史書・通史**

萩野由之・小中村義象『日本制度通』和装三冊、明治二十二年〜二十三年〔吉川半七〕。〔主として公法、官制について述べたもの。中学の参考書程度の易しいものである。大正十年頃より日本において歴史研究の風潮が盛んになり、その気運に乗じて大正十五年には洋装一冊となった〔吉川弘文館〕。歴史研究勃興の勢を示す。〕

三浦菊太郎『日本法制史』明治三十三年（博文館）。三版、明治四十三年。（極めて簡単なものである。大学の講義に少し手を加えたものにすぎない。）

池辺義象『日本法制史』明治四十五年（博文館）。（京大の講師として講義したものである。歌人で、その内容は推して知るべし。）

瀧川政次郎『日本法制史』昭和三年（有斐閣。講談社学術文庫、一九八五年）。

牧健二『日本法制史論』昭和四年（弘文堂書房）。（京大教授である。）

牧健二『日本法制史』昭和八年（国史講座刊行会編）。（国史講座に収める。簡易なものである。）

牧健二『日本法制史概論』昭和九年（弘文堂書房、第三分冊は一九三五年。完成版、一九四八年）。

三浦周行『法制史』昭和五年（『現代法学全集』第二十二巻〈日本評論社〉）。著者は法律家ではなく歴史家である。極めて簡単なものである。）

これらが法制史の参考書のすべてであり、他にはない。

## Ⅱ　特殊研究、論文集

通史よりこちらの方にむしろ有益なものが多い。

小中村清矩『官制沿革略史』明治三十三年（吉川半七）。

小中村清矩『官職制度沿革史』明治三十四年（勉強堂書店）。三版、明治四十一年（明治百

年史叢書（原書房）として一九七六年に復刊）。（官制の沿革である。内容は両者ほとんど同じであるが、後者の方が詳しく書いてある。著者は国学者であり、法律家ではないので、内容も法律的ではないが、よく纏まったもので、極めて立派である。これに及ぶものは今日までない。特に徳川時代の官制に対しては独自の見解を持たれている。）

横井時冬『大日本不動産法沿革史』明治二十一年（九春堂）。再版、大正十五年。（著者は文学博士で経済史の研究者として名高い。不動産に関する法律を纏めた最初のものであろう。多少、英法の立場に立って観察しておられる。）

横山由清『日本田制史』大正十五年（大岡山書店）。（著者は元老院の書記で国学者、その論文集である。度量衡の研究者として名高い。田制のみならず、他の分野に渉るいろいろな論文を集めている。）

『法制論纂』國學院、明治三十六年（大日本図書）。

『続法制論纂』國學院、明治三十七年（大日本図書）。（両者に好論文が収められている。）

三浦周行『法制史之研究』大正八年（岩波書店）。

三浦周行『続法制史の研究』大正十四年（岩波書店）。（歴史家の研究としては最も優れている。社会史的な分析である。法律家でないために法律的見地よりして多少重点をはずしている憾《うら》みがないでもない。）

中田　薫編『宮崎先生法制史論集』昭和四年（岩波書店）。（〔宮崎道三郎先生は〕法律家で法制史を研究した最初の人。比較言語学の立場から制度を考察している。上世第一期について優れている。）

中田　薫『法制史論集』第一巻、大正十五年〔岩波書店〕。（『国家学会雑誌』などに載せたもののうち、親族法・相続法に関するものを収集した論文集。）

中田　薫『徳川時代の文学に見えたる私法』大正十四年〔半狂堂、原題『徳川時代の文学と私法』。改題して明治堂書店から一九二五年に刊行。岩波文庫、一九八四年〕。（私法の研究は成文法なく極めて困難である。これに関する研究は文学に拠らざるをえない。）

瀧川政次郎『律令の研究』昭和六年〔刀江書院〕。

牧　健二『日本封建制度成立史』昭和十年〔弘文堂書房〕。

小早川欣吾『日本担保法史序説』昭和八年〔宝文館〕。

三宅長策『豊臣氏法度考』明治二十六年〔哲学書院〕。

## Ⅲ　史料集

『古事類苑』明治二十九年〜大正三年〔神宮司庁〕。（三十部門一千巻。洋装五十冊〔総目録・索引を加えて五十一冊〕。支那流のencyclopediaである。帝王部（二冊）、官位部（三冊）、政治部（四冊）は公法・私法、法律部（三冊）は刑法・訴訟法、そのほか、封禄部（一冊）、泉貨部、称量部（一冊）、姓名部（一冊）、産業部（二冊）などが法制史に直接関係がある。復刻本は昭和二年〜五年、普及版は昭和六年〜十一年〔吉川弘文館から一九六七〜七一年に復刻〕。なお、泉貨とは貨幣の意、称量とは度量衡の意。）

文館』)。(『増訂故実叢書』八冊、昭和三年〜五年〔吉川弘文館〕)(徳川時代に史料を集めたもの。名目とは武家のことに関する technical terms のことである。職名部、称呼部など数部に分かれている。)

『武家名目抄』塙保己一著、三百八十一冊、和本四十巻、明治三十六年〜三十八年〔吉川弘文館〕

『旧典類纂 皇位継承篇』横山由清・黒川眞頼編、元老院、明治十一年、大正六年増補。(三冊、系図一冊)(補遺一冊をいれて計五冊。出版年により巻分け多様)

『旧典類纂 田制篇』横山由清編、元老院、明治十六年。(和本十一冊)

『憲法志料』木村正辞編、司法省、明治十年〜十七年。(和本三十七冊)

『法制類聚』司法省、明治二十三年。(戸籍部四冊)

『徳川禁令考』菊池駿助編、司法省、明治二十七年〜二十八年。(前聚六帙、後聚四帙。重版、昭和六年〜七年。公法的色彩が強く、殊に刑法に関して詳らかである。)〔法制史学会編、石井良助校訂『徳川禁令考』創文社、一九五九〜六一年〕

## Ⅳ 経済史論

『大日本貨幣史 本篇・附録』四十六巻、大蔵省、明治九年〜十一年。

『大日本貨幣史 参考』三十五巻、大蔵省、明治十年〜十六年。(復刻、本篇二冊、附録二冊、参考三冊、大正十四年〜十五年)

『大日本租税志』大蔵省、三十巻、明治十五年〜十八年。新版三冊、大正十五年〜昭和二年。

『大日本農史』三冊、農商務省、明治二十四年。

『大日本農政類編』一冊、農商務省、明治三十年（『大日本農政史』と改題、文藝春秋社、一九三二年）。

『日本財政経済史料』十一冊、大蔵省、大正十一年〜十二年。復興版、大正十三年〜十四年。（徳川時代の私法をみるのに便である。）

### Ⅴ　解　題

池辺義象『日本法制史書目解題』二冊、大正七年。

### Ⅵ　辞　典

『日本社会事彙』二冊、経済雑誌社、三版、明治四十年〜四十一年。

『日本百科大辞典』十冊、三省堂書店、明治四十一年〜大正八年。

『大増訂　国史大辞典』六冊、吉川弘文館、大正十四年〜十五年。

# 第一編　上世

# 第一期　大化前代〈序論〉

# 第一章　国初における人種的関係

日本国の建設は、外来の大和民族が原住土着民たる種々の部族を征服し、同化することによってなったものである。この事情は、必ずや我が建国当時の国家組織・政治組織に種々の影響を及ぼしたに違いない。従って、この点は我が法制史の研究において頗《すこぶ》る重要視されなければならない事実であるが、今日までの歴史研究はいまだこの点を詳らかにするに十分ではない。ゆえに、以下に説くところは、ただ当時の人種的関係の一斑を窺うにすぎない。

大和民族がこの国土に移住して来る以前において、いかなる原住民族がこの国土に分布していたかについても、いまなお不明な点が多く、従来、史学・考古学・人類学の三方面より絶えず研究されているが、いまだ三者の一致した見解や結論をみるには至っていない。しかし、『古事記』などの史料に照らして私見を述べるならば、日本の原住民には少なくとも三種あったと思われる。

**㈠ツチグモ族**　その一は、ツチグモ族と呼ばれた種族で、一名クズともいい、穴居の慣習をもった部族であった。「土蜘蛛」「国栖」「国巣」「国樔」などと表記されるが、これらは後世の当て字であって、文字に拘泥してはならない。有史後にも九州中部・畿内・越後・常陸・磐城などの地方にその残跡を停めていたことが記録の上に現われる。このことから推察すると、国初における彼らの分布は広大で、日本全国に渉ったようである。おそらく人類学者・考古学者のいわゆる石器時代の穴居人種に相当するものであろう。近世まで穴居の事実と伝説とを有し、かつ自らを koushi（kushi）と称していた千島アイヌ族の祖先らしい。

㈡**エゾ族**　その二は、エゾ族（蝦夷）で、一名エミシともいう。また、カイといったという説も最近出されている。すなわち蝦夷をそのまま音読するというもので、支那の書に根拠があるという。事実はどうであったかわからないが、古史によればツチグモ族よりはるか遅れて現われたようで、おもに東北地方に拠していた。この民族がアイヌ族に属していたことは疑いなく、穴居および石器使用に関する記録を欠いていることから推察すると、現に穴居および石器使用の習慣・伝説を拒んでいる北海道本島アイヌの祖先だと思われる。言語および慣習の類似から考えると、この二族は広い意味におけるアイヌ族の二つの別派であろう。

㈢**ハヤト族**　その三は、ハヤト族（隼人）で、一名クマソ（熊襲）ともいう。両者は別族だという者もある。この民族は早くアイヌ族を駆逐して九州南部に割拠したらしい。今日の人類学者には隼人族を indonesians〔インドネシア人〕（negritos〔ネグリート〕）に属する人種だと主張する者もいる（鳥居龍蔵博士（一八七〇～一九五三））。

以上の三種族のほかに、なおいくつかの種族が地方に存在したかもしれないが、この点について今日いまだ断言することはできない。少なくとももう一つの種族がいたことは十分に推測される。すなわち、銅鐸、立派な船の絵や猟の絵などを残した種族である。それらがアイヌまたはハヤト族でないことは明らかであるが、何族であるかというと全くわからない。鳥居氏は苗族《びょうぞく》〔中国西南部貴州省周辺の少数民族ミャオ族〕だというが、にわかに信じることはできない。

＊ tsuchigumo の表記「土蜘蛛」は単なる当て字である。後世に付したものである。
北海道アイヌに穴居の伝説がないのに対して、千島アイヌは百年ほど前まで穴居していたことが分明になっている。伝説によれば、北海道アイヌは穴居しないが、北海道に来た時に tonchi（穴）kamui（神）族がいて、これが穴居していた。北部へ移ったクロボックル人種 tonchi-kamui が訛って「ツチグモ」になったと考えられる。これは十年前に私が称えて世を騒がせた論である。土蜘蛛の語は、言語学的に調べてみるとアイヌ語で説明することができるので、アイヌ人の一種だと考えることができるのである。

これらの各種の原住民族を征服・同化して我が日本国の基礎を建設した大和民族が、いかなる地方よりいかなる経路をとって日本国土に移住してきたかは、なお未解決の問題である。我が古伝説は、大和民族の故郷を高天原と呼び、大和民族を天神の後裔であると確信していたことが知られる。この大和民族の移住は、すでに有史前に数回、長年にわたって行われたようであるが、有史後に比較的大規模な移住を試みたことが少なくとも二回ある。

第一次は、出雲を中心とした地方に国家を経営した出雲族（仮に名づく）の移住である。我が古史には、素戔嗚尊《すさのおのみこと》の出雲移住およびその後裔たる大己貴神《おおなむちのかみ》（大己貴命）の国作り伝説として伝えられる。この民族の子孫は、次第に越後・四国・九州北部に勢力を伸ばして、アイヌ族を征服・融化して一国を建設したと思われる。すなわち、出雲帝国の出現である。

第二次は、天神の正統だという理由で出雲族に日本国土の支配権を譲与させた天孫族（仮に名づく）の日向移住である。我が古史には、天神の嫡孫たる瓊瓊杵尊《ににぎのみこと》およびその一族の日向降臨と国譲りの伝説として伝えられている。その後、天孫族は出雲族と相結合して九州より畿内地方に移り、付近のアイヌ族を征服して大和を中心として大和帝国を建設した。

天孫族と出雲族との結合は、我が伝説の上では極めて平和的・妥協的に進行したが、天孫族と原住諸民族との交渉は多くは戦争と征服の歴史であった。しかし、他の一面において通婚その他の方法によって被征服者の融合同化に努めた形跡もある。

瓊瓊杵尊の長男の火闌降命《ほすせりのみこと》はハヤト族の吾田君小橋《あたのきみおばし》の祖であると古史はいう。すなわち、天孫とハヤト族との縁組を想起させる。また、その小橋の姉の吾平津媛《あひらつひめ》は神武天皇の妃となったと伝える。これまた天孫族とハヤト族との縁組である。神武天皇の正后は事代主命《ことしろぬしのみこと》の娘で、事代主命は大国主神《おおくにぬしのかみ》の子である。このような記録は、当時天孫族がいかに諸族の平和的融合に努力していたかを暗示するものである。後世の語でいえば、すなわち政略結婚である。これによって日本帝国の建設は全うされたのである。

以上に述べたような建国当初における人種的関係は、必ずや建国当初およびその後の国家組織と法制の発達に幾多の影響を与えたと想像されるが、今までの研究の結果はその影響を十分に明らかにすることはできていない。しかし、大化前代の人民の階級制度の如きは、少なくともその成立原因の一部分をおそらく建国当時の人種的関係に求めることができるように思われる。

# 第二章　外国文化の輸入

建国当時においてすでに多元的であった我が国民の人種的関係は、建国後における朝鮮および支那との交通の結果、さらに複雑の度を加えた。我が国の文明の進歩・発達は、一方において朝鮮との交通、他方において支那との交通による外国の輸入に負うところが甚大であった。

朝鮮との交渉は早くから盛んで、伝説によればすでに神代においても出雲族と三韓人との間の往来が頻繁であったと伝えられている。その後、崇神天皇の代までは彼我の交通の記事は史上に欠けているが、崇神天皇の時代以来、朝鮮との国際関係はいよいよ頻繁となる。当時、朝鮮はいわゆる三国時代で、新羅が最大の強国であった。この時代には任那問題に関して我が国から大兵を朝鮮半島に派遣して新羅と交戦した事実がある。神功皇后の時代に朝鮮を征するが、まずは新羅を屈せしめ、次いで百済に朝貢させた。いわゆる三韓征伐である。それ以来、任那日本府を根拠として百済と結び、もって新羅を制する策を立て、我が国は一時半島の覇権を握った。

このように国初以来、神功皇后の時代に至るまでの間に、朝鮮より任意に日本に移住し、または戦闘の結果捕虜として伴われた者も多数あったと思われる。半島の文物は続々と我が国に輸入され、社会の各方面にわたり日本の文化を進めた。

応神天皇以後、朝鮮は実に我が国における学術・工芸の淵源にして、我が国の文化的発達は朝鮮に負うところがますます大きくなってきた。朝鮮文化の輸入の媒介をなした者は、実に我が国より招聘した、または彼の地より任意に移住した帰化人であり、その子孫は我が国において繁栄し、我が国の文化の増進に貢献したことは実に著しい。

まず工芸の方面では、応神天皇の代に百済から後の来目衣縫部《くめのきぬぬひべ》の祖先たる縫衣工女《きぬぬひのおみな》が献じられ、新羅から後の猪名部《いなべ》の祖先たる能匠が献じられた。また雄略天皇の御代には、百済から陶部《すえべ》・鞍部《くらべ》・画部《えかきべ》・錦部《にしきべ》など、いわゆる手末才伎《たなすえのてびと》が献じられた。仁賢天皇の御代には高句麗から後の倭の熟皮高麗《かわをしのこま》の祖先たる工匠が献じられ、推古天皇の時代には高句麗から僧曇徴《どんちょう》が来朝して彩色・紙墨・碾磑《てんがい》（いしうす）などの製作を伝えた。また、百済から味摩之《みまし》という者が帰化して、呉国で学んだ伎楽舞《くれのうたまい》を伝えている。

仏教渡来後は造仏工・造寺工・画工・鑪盤《ろばん》博士などの技術者が百済から相次いで来り、我が国に仏教芸術を起こした。このほか朝鮮は古くより日本に対する金銀鉄絹などの供給地である。あるいは私人間の貿易により、あるいは三国の朝貢船により、毎年幾多の輸入があったことも我が工芸発達促進の上に直接間接の関係があった。

次に、学術方面についていえば、我が国の百済に負うところは多大である。すなわち応神天皇の御代に百済から阿直岐《あちき》・辰孫王《しんそんおう》・王仁《わに》の三人が渡来して経典の学を伝えた。これ実に儒教思想および漢文学が輸入された最初である。そして、阿直岐の子孫は世々、史《ふみひと》（ふひととも）の業を継いだ。辰孫王の子孫、王仁の子孫もまた、あるいは天皇の侍臣となり、あるいは史の職を世襲した。王仁の子孫は河内書首《かふちのふみのおびと》となって後年帰化した漢人の阿知使主《あちのおみ》の子孫たる倭文直《やまとのふみのあたへ》とともに文筆の業を継いで、東西文氏《やまと・かふちのふみべ》と並称された。降って継体天皇の御代には、百済から五経博士を献じられ、推古天皇の御代には百済から僧観勒《かんろく》、易・医の二博士、採薬師、楽人が渡来した。

さらに宗教方面についていえば、欽明天皇の御代に百済から仏教を伝えられたことは、儒教輸入と共に我が文化史上に特筆すべき二大事実である。

最後に、朝鮮との交通が我が風俗・習慣に及ぼした影響については徴すべき史料は少ないが、上記の学者・技術家のほかに帰化人または捕虜が畿内地方に多く居住したことから考えると、我が国民より文化の程度の高い彼らの風習が、自ずからこの地方の人民に伝播して、その日常生活に影響を与えたことも少なくなかったと思われる。これら帰化人は支那より朝鮮に移住した者の子孫も少なくなかった。雄略天皇のとき直接支那東北部より移住帰化する漢人・魏人の子孫が増加して、朝鮮帰化人と相並んで我が国文化の増進に努めた。

支那と我が国との交通も古く遡り、支那の記録（『論衡』）によればすでに周の時代には交通していた形跡がある。また、『漢書』によれば、前漢の武帝が朝鮮を亡ぼした時（BC一〇八）以来、九州の西部に拠れる人種的に系統不明の倭人のなかには漢と通じるものもあり、『後漢書』にはその一つ倭奴国の首長が西暦五七年に後漢の光武帝から印綬を授けられたことがみえる。天明四年（一七八四）に筑前で掘り出された「漢委奴国王」の金印はこの記録と合致する。ただ、倭奴国がそもそも何かは問題である。

倭奴国王とは筑前の怡土《いと》にいた首長だといわれる。また、『魏志』の倭人伝は、倭国に関する地理・風俗をやや詳細に記述している。これによれば、九州西部の酋長と魏との間にしばしば使節の交換のあったことが明白である。これら倭人が果して大和民族であったか、あるいは他人種であったかについては、今日なお議論が一定しない。

翻って我が古史をみると、応神天皇以来しばしば支那人が朝鮮を経て我が国に帰化したことを伝えている。これはもとより我が国と支那との直接交渉ではないが、彼らが我が国に支那文化を輸入したのであるから、決して軽視され得ない間接交通である。すなわち、応神天皇の御代に弓月君《ゆづきのきみ》が百二十県の人民を率いて百済を経て我が国に帰化したが、この弓月王の子孫は世々大蔵の官を継いだ。率いて来た秦人は諸方に分れて養蚕と織絹とを業とした。これらの秦人は恐らく秦の世の亡命者からなる辰韓から渡来して来たものであろう。この御代にはまた、後漢の孝献帝（霊帝カ）の子孫たる阿知使主（阿智王）が、支那の帯方郡から十七県の民を引き連れて帰住した。その子孫は倭 漢直《やまとのあやのあたへ》、坂上《さかのうえ》、内蔵《うちくら》、文《ふみ》、調《みつき》、檜前《ひのくま》、高向《たかむく》などの有名なる氏族に分かれた。阿知使主もまた、仁徳天皇の朝にさらに朝鮮に残留していた者を呼んで来た。大和・摂津・近江・播磨・阿波に散在した漢人《あやひと》は、みなこの新来者の後である。

雄略天皇の御代、朝廷より身狭村主青《むさのすぐりあを》を呉の国へ遣し、織女（呉服の始め）をともなって帰朝させたが、その子孫が諸国に散じて衣縫部となり、衣を織り、衣を縫うのを業とした。この時代には（『日本書紀』には応神朝とあり）、また魏の文帝の後なる安貴公が四部衆を率いて帰化し（『新撰姓氏録』）、その子孫は絵画を業とした。

欽明天皇の御代には、呉人智聡が内外典と薬書（すなわち儒・仏・薬）、明堂図百六十四巻、そのほか仏像・伎楽調度を齎《もたら》して帰化した。その子の善那は孝徳天皇の御代に牛乳を献納した。その功を賞せられて、和薬使主《やまとのくすしのおみ》となる。これらの例は、支那人が朝鮮人と共にその文化を我が国に輸入し、我が学術・工芸に貢献すること多かったことを証明する。

降って推古天皇十五年（六〇七）に小野妹子を隋に派遣したのは、我が国が公式に支那と交通を開いた初めである。妹子が直接に隋の文明に直面し、いかにこれを嘆美・謳歌したかは、彼の帰朝の年、推古天皇十六年に直ちに我が国から八人の留学生を隋に送ったことでもわかる。そしてこの八人は、いずれもその血統を尋ねてみると帰化人の子孫であるということは興味深いことである。

まもなく支那では隋が亡び、唐の時代になった（六一八）。その間にも我が留学生で新たに支那に行くものがいた。学び成って帰朝する者もいた。彼我の交通はますます頻繁となった。推古天皇三十一年（六二三）に帰朝した医恵日《えにち》以下四人は朝廷に「大唐国者、法式備定珍国也」と奏した（『日本書紀』）。しきりに唐の法制の完備を賛美したのだが、そうして大唐文物は我が朝廷の理想となった。

先に留学した八人のうち、新漢人《いまきのあやひと》僧旻《みん》は留学二十五年後の舒明天皇四年（六三二）に帰朝し、高向漢人玄理《たかむくのあやひと》は留学三十二年後の舒明天皇十二年（六四〇）に帰朝した。この二人は孝徳天皇の御代にともに国博士に命ぜられ、大化改新の際に唐の官制に模して八省百官の制度を定め、もって我が王朝官制の基礎を定めた人物である。一説によれば、高向玄理と同時に帰朝した南淵漢人請安は大化改新の中心人物であった。中大兄皇子および中臣鎌子（鎌足）の儒学の師、南淵先生と同人であったといわれる。これによっても大化改新と律令撰定がその由来するところは遠く深かったことを知る。こうして唐の国家観に基づいて我が国の組織を一変し、唐の法律を継承することに立ち至った。

＊『出雲風土記』には出雲の国作りの記事がある。有名な国引き伝説である。これは朝鮮内部より人民が移住したことを示すものであろう。両者に交通があったことは明らかである。朝鮮との交通は極めて古くから頻繁に行われた。朝鮮文化の輸入時代といえる。それゆえ日本には帰化人も多くおり、これを遇することもまた厚かった。

朝鮮文化と従来いわれているものも、実は多く支那文化を朝鮮に流用したものである。支那との交渉が始まるとともに、支那より直接に文化・文物を移入するようになる。法制上、朝鮮そのものからどれだけの影響を受けたかは不明である。

# 第一期　大化前代〈本論〉

# 第一章　天　皇

## 第一節　統治権

我が国の統治権は、建国当時から天皇に属した。天皇のことは、我が古語に「すめらみこと」と称するのを正式とし、時に「すめらのきみ」「すめらぎ」「すべらぎ」「すめろぎ」などと称した。近世の学者の多くは、この「すめら」「すめろ」という語を「統べる」の意味であると説く。すなわち、天皇は「統君」の意味だというのだが、元来この「すめら」「すめろ」の語は、「すめみま（皇孫）」、「すめかみ（皇神）」、「すめむつ（皇親）」、「すめいろと（すめいろど）（皇弟）」といった場合の「すめ」と同語であることから考えると、「すめら」が「統」を意味するという理解は疑わしく、その意味は不明だが、「すめ」が語源であり、一種の尊称と解するのが穏当である。

事実、我が古語で天皇が国家を統治することを「すぶ」とはいわず、通例は「しらす」「しらしめす」「しろしめす」「きこしめす」「きこしをす」（所知、所知食、所知行、聞看、聞食）といった。これらの語は、元来は「国政を聞き知る」との意味を有し、それが「支配する」という意味に転用された語で、漢語でも「知」の字は支配の義に用いられる（「知事」など）。稀には「をさむ（治）」あるいは「しく（敷）」ともいうが、「をさむ」は「長《をさ》」になることを意味し、「しく」も領知の意味である。

　そして、天皇が支配する国土を「食国《をすくに》」「しきます国」という。この「をす」もまた支配の意味である。従って、国家統治の任務を「食国天下之政」といった。この語は皇位、すなわち「高御座」に固有の任務のことであり、しばしば「高御《たかみ》座之《くらの》業《わざ》」とも称された（『続日本紀』宣命など）。

　建国以来の国民の確信によれば、天孫の皇胤たる天皇が高御座にましまして我が国土を統治することは、天祖天照大神が天孫瓊瓊《にに》杵尊《ぎのみこと》（邇邇藝命）に詔した「此豊葦原水穂国者、汝将レ知国、言依賜」（『古事記』上巻）という「言依《ことよさし》」、すなわち委任に基づくという。『日本書紀』の神代紀下の一書にも「葦原千五百秋之瑞穂国、是吾子孫可レ王之地也。宜爾皇孫、就而治焉。行矣。宝祚之隆、当与二天壌一無レ窮者矣」とある。この神勅にみえるように、我が日本は天孫がこれを統治することが原則とされた。

＊「知ること」が「支配すること」を意味するのは支那でも同じである。「しらす」「しろす」が果してこの「知」の訳なのか、我が固有の語なのかは疑問である。「ことよす」は委任の意である。「すめら」をめぐっては、「すめらぎ」が「すめらの君」の意か「す

め の君」の意かの論争に帰着する〔「ら」を助辞とみるか否かの問題〕。「すめ」を「すぶ（統）」の変化とみるのは不自然であり、かつ「ぶ」なる語を用いることもありえない。

## 第二節　尊　号

我が上古、大化前代の慣例によれば、天皇は即位の後、都を遷して新たに皇居を建てて、そこにましまして四方をしろしめした。従って、当代の天皇または歴代の天皇を称するにその宮の名と御名とを併せ称するのを正式の方法とした。例えば、

磯城瑞籬宮治天下御間城入彦五十瓊殖天皇（崇神天皇）

（しきのみづがきのみやにあめのしたしろしめす、みまきいりひこいにゑのすめらみこと）

磯城嶋宮治天下天国排開広庭天皇

斯帰斯麻宮治天下阿米久爾意斯波留支比里爾波天皇（欽明天皇）

（しきしまのみやにあめのしたしろしめす、あめくにおしはるきひろにはのすめらみこと）

磐余池辺双槻宮御宇橘豊日天皇（用明天皇）

（いはれのいけべのなみつきのみやにあめのしたしろしめす、たちばなとよひのすめらみこと）

などの如きである。しかし、多くの場合は宮名または御名のいずれかのみを称する略式を用いた。例えば、

斯貴島宮治天下天皇
天国排開広庭天皇
池辺大宮御宇天皇
豊御食炊屋姫天皇（とよみけかしきやひめ、推古天皇）

などである〔以上は、中田が実例を組み合せて作成したもの〕。

＊なお、「神武」「欽明」などの漢風諡号は、はるか後の大化後代に奉ったものである。

## 第三節　皇位継承法

古語に皇位継承を「天津《あまつ》日《ひ》嗣所知《つぎしろしめす》」という。天祖の後を継ぐという意味である。前述したように、『日本書紀』（神代紀の一書）には、天孫瓊瓊杵尊が天降《あまくだ》った際に天祖天照大神が下した言依の言葉を「葦原千五百秋之瑞穂国、是吾子孫可レ王之地也。宜爾皇孫、就而治

焉。行矣。宝祚之隆、当与㆓天壌㆒無㆑窮者矣」と記している。この言依が我が皇位継承に関する不易不動の根本原則である。天孫の皇胤の誰がいかなる順序で皇位を継承するかについては、いまだ確定した原則は存在しなかったようである。しかし、神武天皇より皇極天皇に至るまでの三十五代の実例を調べると、次のような慣例をみることができる。

**㈠天皇生前の選定**　天皇が生前に予め皇位継承者たる日嗣皇子《ひつぎのみこ》、すなわち皇太子を定め置くのが常例であった。しかし、その選定は全く自由であって、直系傍系・嫡庶長幼などの順位に拘束されることはなかった。従って、時々末子継承のような観を示したことさえあった。

神武・崇神・垂仁・応神の各天皇がその皇太子を選定した実例は、上記を証するに足る。もし天皇に継嗣なく、または皇子があっても天皇がこれを太子となすことを欲しない場合には、皇兄弟またはその他の皇族を選んで「ひつぎのみこ」（後世の用語によれば皇太弟）とすることを妨げなかった。成務天皇には皇子がなかったため、甥の仲哀を選んだ。履中天皇は皇子がいたにもかかわらず同母弟の反正を立てた。安康天皇は同母弟がいたのに従兄弟を太子にしようと計り、清寧天皇は子なきをもって再従兄弟を選んだ。顕宗天皇は即位の時にすでに同母兄を皇太子とし、宣化天皇は異母弟を立て、敏達天皇は皇子があるにもかかわらず異母弟を立てた。推古天皇は甥の厩戸皇子を立てて皇太子とした。

一説によれば、日嗣皇子と皇太子とは別であったという（本居宣長。元老院『皇位継承篇』参照）。日嗣皇子は多くありうるが、皇太子はただ一人だというのだが、これは誤りである。この説の根拠はただ一つだけで、それもそのように解さなくて済むものである。

**㈡皇族・群臣の勧進**　天皇が生前に皇太子（日嗣皇子）を選定しないで崩御した場合には、皇族・群臣らが相計って皇子または他の皇族より継承者を推挙して勧進するのが慣例であった。もし天皇が皇子なく崩御したときは、常に皇族・群臣会議をなし、近親より一人を選んで即位を請うた。天皇崩御の後に生前に定められていた皇太子が皇位継承を辞退し、もしくはある事情によって皇位に即かない場合もまた、後嗣を定めないで崩御した場合と同じであった。

二つの実例がある。一つは仲哀天皇崩御の時で、当時皇后の胎中にいた子と、妃の生んだ三子とがいた。しかし、胎中皇子が遂に皇位を継承した。おそらく皇族・群臣の協議で定められたものであろう。もう一つは用明天皇崩御の時で、厩戸皇子がいたにもかかわらず、物部氏は用明天皇の異母弟にあたる穴穂部皇子を皇位に即かせようと計ったがならず、蘇我氏は皇族とともに計って穴穂部皇子の同母弟にあたる崇峻天皇を立てた。

また、允恭・継体の二天皇の如きは、前者は前帝の弟であり、後者は四従兄弟であって、いずれも皇族・群臣の勧進によって皇位を継ぐことになった。推古天皇が後嗣を定めずに崩じたときも、群臣が天皇の遺志を推測して姪孫の田村皇子を選定した。

このように皇子でなくても皇太子に選ばれることもあったが、皇位継承者に推挙された者はいずれもかつて皇位にあった者の五世孫以内の皇親で、それ以外に出た実例は一つもない。

㈢**女　帝**　皇位の継承者は、必ずしも男子に限らなかった。皇女や女王らが皇位を継承したこともあったが、例外的事実であって、大化前代では推古天皇とその後の皇極天皇の二帝がいるのみである。いずれも皇族であり、かつての皇后であった。

推古天皇は、欽明天皇の皇女、敏達天皇の皇后であって、弟の崇峻天皇の後、群臣に推されて立ったのである。その事情は不明だが、おそらく崇峻天皇の皇子が幼少で、しかも皇太子が選ばれていなかったためか、または皇子が夭死したためであろう。皇極天皇は、敏達天皇の曾孫の舒明天皇の皇后で、自分の出生の二皇子がいたにもかかわらず、舒明天皇の後を受けて立った。その事情もまた不明であるが、おそらく二皇子が幼少であったためであろう。また、皇后が即位する形式も舒明天皇の選定であったか群臣の推挙であったか不明である。

＊普遍の相続法も徳川時代ころまではこれと同様であった。後継者を生前に定め、その選択は自由であった。後継者を定めずに死んだ時は、原則として母または親族が定める。ただし、生前に定めなかった時、ある時代には男子のみが当然のように相続した。皇位継承法も臣民の相続法も同一であったのである。

以上の種々の実例からみると、皇位継承の資格として、

①皇統に属すること、

②前に日嗣皇子として選定されるか、または先帝崩御の後に皇族・群臣により皇位継承者として推挙されるかの事実があること、

この二条件を兼備することが必要とされた。そして、皇子でなく天津日嗣に推された者は、いずれもかつて天皇位にあった者の五世孫以外に出たことは事実上なかった。

天皇が生前に皇太子を選定しておいた場合でも、崩御と同時に皇太子が当然に皇位を継承するという思想は、大化以前にはいまだ認めることはできない。天皇崩御の後に皇太子が皇位に即くことを拒んで他に譲ることもあり、あるいは皇位継承権を放棄した例もあったからである。

ゆえに、大化前代において即位は践祚《せんそ》と同一で、即位は皇位継承の絶対的要件であり、また決定的な意思表示であった。そして、この即位は通常前天皇の崩御の後に多少の日月を経て行われる慣例であったから、前天皇崩御と新天皇即位との間には自ら多少の空位期間が介在するのが常であった。時としてその期間は数ヵ月または数ヵ年の久しきに及んだこともあった。従って、この空位の間、他の皇族が一時的に万機を仮摂した事例もあった。

清寧天皇の崩後には、皇太子とその兄とが互いに皇位を譲って久しく決しなかったので、その姉の飯豊青皇女《いいとよあおのひめみこ》が忍海角刺宮《おしぬみのつのさしのみや》で十ヵ月間にわたって政を執ったと伝える通りである。

天皇は即位の際にはその徽号としての神璽（御璽、または天皇の璽符、今では神器という。天璽といえば天皇の印を指す）、すなわち、八咫《やた》の鏡・〔天〕《あめの》叢雲剣《むらくものつるぎ》・八坂瓊曲玉《やさかにのまがたま》の三種の器を受けた。しかし、まず神器を受けてその後に即位をおこなったことがわずか一度、清寧天皇の時にあった。三器のうちの鏡・剣は宮中から大和の笠縫邑に移し、後にさらに鏡は伊勢に、剣は熱田に移したから、後世は崇神天皇朝に模造した鏡・剣、いわゆる護国御璽（護身御璽）を即位式に用いた。

＊崇神天皇は兄弟二人を夢によって継承者に選定した。垂仁天皇は兄弟の望によって継承者を定めた。末子相続説もあるがそうではない。自由選択権と解すべきである。

桓武天皇のころより、今日のように践祚が直ちに行われるようになった。フランスのルイ時代においてもVersailles〔ヴェルサイユ〕宮殿のバルコニーで次のように宣言した。“Le Roi est mort, vive Le Roi!”（王は崩御された。王様万歳）。そして即時に位を継ぐのである。

元老院『皇位継承篇』（明治十一年、第二版六冊は明治二十七年）、『纂輯御系図』二冊（三版、大正六年。合本三冊、補遺一冊、系図一冊〔須原屋松成堂〕）。『古事類苑』帝王部（明治二十九年）参照。

## 第四節　遷都および建元

この時代、天皇は即位の後に都を遷すのを慣習としたことは前に一言した。実例によると、この時代の三十五天皇のうち三十一代は大和国の内で遷都し、他の四代は近江・摂津・長門および河内に都した。

この時代において、天皇即位の後に新たに年号を立てた例は正史に現われていないが、信ずべき他の記録によれば、少なくとも崇峻天皇と推古天皇との両朝に「法興」という年号が用いられたことは疑いない。これが記録に現われているのは、「法興六年（丙辰年）」（『釈日本紀』所引伊予国風土記逸文）、「法興三十一年（辛巳年）」（法隆寺金堂釈迦三尊像光背銘）の二つの事例である。後者が推古天皇二十九年（六二一）厩戸皇子の薨去の年（一説には翌年）であることから推算すると、その元年は崇峻天皇の四年（辛亥年、五九一）にあたる。

＊正史には大化が最初の年号とされているが、記録・書物よりも確かな金石文には法興なる年号がある。法隆寺の仏像の光背に存す（金堂釈迦三尊像）。『日本書紀』の大化前代の年代にはかなりの誤りがある。大化に近づくにしたがって正確にはなるが、例えば厩戸皇子の死んだ年は、『日本書紀』によれば推古天皇二十九年とされているが、最も確かな厩戸皇子の御伝（『上宮聖徳法王帝説』）には推古天皇三十年とされている。

金石文は記録と異なり、当時彫り付けたものゆえ確かなものである。仏教渡来の年代も『日本書紀』のものは誤っている。いわんや古い神功皇后の時代の年代などは大いに誤っていることもある。これは朝鮮の歴史と比較すればわかることである。

『日本書紀』を編纂した時には、もちろん神武天皇の即位年などは不明である。そこで、支那の陰陽道の思想によれば辛酉の年には革命があるとされているので、神武天皇の即位は辛酉の年であるとした。辛酉の年は六十年ごとに廻り、何れの辛酉であるか不明であるため、いい加減に当てはめたため、百二十～六十年も違うことがある。日本の紀元も百二十年くらい古すぎるとされる。これは二十年前くらいから学者の間で唱えられ研究されている解釈である〔この部分、昭和四年（一九二九）の平川守ノートによる〕。

## 第五節　摂　政

この時代に摂政を置いた例は前後二回ある。一つ目は神功皇后で、その皇子の応神天皇のために摂政の位に即いた。これは前天皇の仲哀天皇崩御のときに応神天皇がいまだ皇后の胎中にあったために摂政となったわけだが、応神天皇が成人して後も摂政し、崩御の時にまで及んだ。二つ目は厩戸皇子である。姑の推古天皇のために皇太子として万機を摂った。これら二例は、ともに後世の摂政と性質を大いに異にし、厩戸皇子の場合には女帝と皇子との共同統治 Mit-herrschaft（泰西《ヨーロッパ》に例がある）というべきものである。神功皇后の場合も、皇子の成人以前は別として、成人以後は皇太子と母后の共同統治と解釈するのが至当である。

# 第二章　人民の階級

大化前代において人民の間に幾種の階級があったかは、今日なお未解決の問題である。一般に行われている従来の説では、公民・品部《しなべ》（部曲）・奴婢の三階級に分かれていたというが、私は公民の上にさらに貴族階級、または氏姓階級があったと考えており、すなわち四階級説を採る。もとより私の見解は不十分であるが、一つの仮定説として以下に具体的に説明しようと思う。

＊本居宣長『古事記伝』（一七九八年）、細井貞雄『姓序考』一冊（一八一四年）、栗田寛文学博士『氏族考』（近藤活版所、一八九六〜九七年）、『古事類苑』姓名部、栗田寛『新撰姓氏録考証』二冊（吉川半七、一八九四〜一九〇〇年）、『大日本史』氏族志十三冊、など参照。この部分に関する私の説は、通説とは見解を異にする。

## 第一節　貴族階級

私が古代の貴族階級と称するものは、『古事記』『日本書紀』に「臣連二造」（国造・伴造）と連称され、あるいは「八十伴緒《とものを》」「百八十部」などと総称された人民の一部である。彼らは臣・連・国造・伴造のような職務を帯びて国政に参与する政治的特権を享有し、氏・姓を有する点において他の平民すなわち公民に対して自ずから優越した一階級を形成していた。ゆえに、氏姓階級、換言すれば、古代における官職貴族（Beamten-aristokratie）と称することができる。我が古代には、氏の貴賤、姓の尊卑が政治上・法律上極めて重要な意味を有したが、この氏姓の制度はすべての人民の階級に通有するものではなく、貴族階級のみの固有の制度であったからである。

我が民族は、古来血族を重んじ、氏の尊卑を分かつことに厳格であった。しかし、諸々の氏が繁栄するとともに、氏姓の制度が次第に乱れ、詐称して事実を偽る者が多くなった。允恭天皇四年、氏姓が甚だ錯乱していることを愁き、諸々の氏姓の人々を会合させて盟神探湯《くがたち》という神判 Gottesurteil によって氏姓の真偽を判定させた。『古事記』はこの有様を「於㆑是、天皇愁㆓天下氏氏名名人等之氏姓忤過㆒而、於㆓味白檮之言八十禍津日前㆒、居㆓玖訶瓮㆒而、定㆓賜天下之八十友緒氏姓㆒也」（大和の味白檮《あまかし》の岬で玖訶《くが》の瓮を置く）と記し、『日本書紀』に載せる詔には「群卿百寮及諸国造等皆各言、……、難㆑知㆓其実㆒。故諸氏姓人等、沐浴斎戒、各為二盟神探湯一」とある。

この両書の記事を対照すると、天下のすべての人が集められたのではなく、特定の一部分の人々、氏姓人・八十友緒・百官・国造が集められたようである。すなわち、彼らのみが氏姓を有し、官職階級であったということが推測される。ゆえに、貴族階級をまた氏姓階級といっても差し支えない。

＊通説では、盟神探湯の参加者には普通の平民も含まれていたと考えるが、氏姓を正すために集められたのは官職階級の者のみである。これによってみれば、普通の公民は氏姓を有さなかったようである。

氏という以上は一つの組織があり、単なる親族関係ではない。姓は公侯伯子男のようなものである。もちろん単なる親族関係はいかなる階級にも存在した。

以上に述べた古代の貴族階級は、我が上古の国家組織の中枢をなした人民で、「氏」という血族団体を単位として組織された階級であった。しかし、これらの氏々は必ずしも同一の人種とは限らなかったように思われる。はるか後世の史料であるが、嵯峨天皇の弘仁六年（八一五）に官撰された『新撰姓氏録』は、当時畿内に居住していた氏々の本源に遡って、神別・皇別・諸蕃〔底本には「蕃別」とあるが、史料に従って改めた。以下同じ〕の三大系統に分かち、神別をさらに天神・地祇・天孫の三小派に細分している。

諸蕃とは、支那・朝鮮から移住した帰化人の子孫で、本来の大和民族ではない。皇別とは、神武天皇を始祖とした氏々である。神別のうち天孫派は神武天皇の皇祖・皇兄弟を始祖とし、皇別と同祖血族である。地祇派は、天孫派が移住する前に我が国土に定住していた諸々の国つ神の子孫であり、その大部分は天孫派と始祖を同じくする出雲民族に属する氏々である。他の一部は、これらと人種的に異なる異人種（国栖の酋長）で、例えば蝦夷など原住民族と認めるべき国神の血統に属するものである。最後に、天神派とは、大和民族の故郷の高天原に居住した諸神から出た氏で、伝説の上では天孫派と同祖の種族であるとされるが、その一部が天孫派と単に姻族関係にあったにとどまり、同一血族に属したことを明証する事実は存在しない。ゆえに、我が古代に氏族にして明らかに同祖血族と認めるべきものは、皇別・天孫派・出雲派に属する氏族である。

以上の事実からみて、氏姓階級の根本は出雲派と日向派とからなる大和民族で、これが原住民族の一部や後代の帰化人の一部を収容して、次第に雑種的になっていったことが窺われる。

＊神別（天神派・天孫派・地祇派）、皇別、諸蕃は、当時の人種的区別が制度に反映したもので、日本民族はそのいずれか一つに属し、それが集まって社会を構成していた。

我が上古における氏の組織については、不明な点が多い。社会学者や比較法制史家のある一派は、人類の原始時代（primitive age）における氏（clan, tribe）の原型は、今日のオーストラリア・北米・アフリカなどにいる原住民の間に存する totem clan、totemic clan の原型だと主張する。すなわち、各 clan は各々固有の totem、すなわち特定の動植物、その他の自然物を自己と同種とし、または同一血族として尊敬・崇拝して、その名称を clan の名、氏の名としている。例えば、カンガルー kangaroo、蛇 snake、鳥 bird、太陽 sun、水 water などを totem とする clan がある。しかし、我が太古の氏にはこのような totem の存在を示す事実は認められない。

また、ある一派の学者は、原始民族の clan は母の血統のみからなり、子は母の氏名を称するところの matrilineal clan（母系親的な氏族、female kinship）であると主張する。父は親戚でなく、女の兄弟が父のような親族関係にある。

我が上古においても、いわゆる母系親族 Mutterrecht がかつて行われていたことを推測させる断片的事実は存在している。例えば、親族のことは「はらから」（腹族、同胞）といい、同母兄弟姉妹に限って「いろ」という語を使う、すなわち「いろね」（家兄・家姉、家母系姉）「いろと」（家弟・家妹、家母系妹）と称し、生母に限って「いろは」（家母、matriarchal ＝「母系」「家母長制」の意味）と称した。「いろ」とは of the same family の意である。同母兄弟姉妹間の婚姻が厳禁されていたのに対して、異母兄弟姉妹間の婚姻は許されていたことがあげられる。また、上古には子の命名権は母に属した。氏の系譜のなかには明らかに女をもって始祖としているものもある。

これらより推察するに、我が太古の氏もまた matrilineal clan であったという推定は十分に可能である。しかし、少なくとも有史後においては女を始祖とした氏は稀で、ほとんどすべての氏は男子を始祖とし、父の氏に属している。

一夫多妻において、多妻が別居すれば、それぞれ妻の子は互いに他人の如きこともある。母系親によって現われる複合現象は polygamy〔複婚制。一夫多妻・一妻多夫〕においても現われ、母系親によるとは限らないのである。我が上古の氏は父系親 patrilineal clan であったと解するのが穏当である。なお、原始時代の clan においては、通常 exogamy〔外婚〔族外婚〕〕の制度が厳守されているが、この慣習もまた我が古代の氏については見出すことはできない。

原始諸民族の血族団体には、組合的組織〔組合的氏族団体〕（genossenschaftlicher Geschlechtsverband, genossenschaftliche Verfassung）を有するものと、族長的組織（patriarchalischer Geschlechtsverband, patriarchalische Verfassung）を有するものの二種があった。Sippe, gens〔前者は古ゲルマンの氏族、後者は古代ローマの氏族〕は前者の例である。我が古代の血族団体たる氏は、後者の族長的組織に属する。

すなわち、各氏には一族を統率する男子の族長（patriarch）がおり、古語ではこれを「このかみ〔子之上〕」「ひとこのかみ〔人子上〕」と称し、後世には「氏上」といった。「ひとこのかみ」とは「人の子の長」なる意味である。氏上は始祖の正統を伝えた family の家長、嫡流の年長者がその地位を世襲していたと思われる。

同一の氏に属する人のことを後世には「氏人《うぢびと》」といったが、古くは「はらから」と称したらしい。後世に親族を意味する「やから」「うから」なる語も、おそらく本来は生族すなわち氏人のことを総称したようである。なお、氏の始祖が稀に女子であることもあるが、最も普通には男子である。氏人は祖先の男系血族である。

氏上の氏人に対する法律的関係については、詳らかにする史料を欠くが、後世の史料によれば、少なくとも命令―服従の関係があり、ある程度の裁判権を有していたようである。各氏には本居《うぶすな》（郷土）たる居地があり、その祭神たる氏神があり、また居地もしくは行事に因んだ氏の名があった。そしてこれら三者は氏上と氏人の共有するもので、氏の団結の核をなすものであった。

古代の諸民族の間では一氏が一村落を占め、その占有地を共有した例が多いが、我が古代の氏の内部で土地の共有制が存した証拠はない。氏はまた戦時には一部隊を組織して軍役に服した。

社会学者や比較法制史家の研究によれば、原始民族または古代の文化民族の血族的団体clan の特徴として、血族復讐（blood feud, Blutrache）があげられる。一つの clan の氏人が他の clan の氏人に殺され、または侵されたときは、被害を受けた氏人の clan が全体として加害者の clan 全体に復讐戦争をなし、または composition, compositio（償金）を求めた。こういった私闘、氏と氏との戦いも我が太古の氏には認められない。このことは有史後の我が国の進歩と中央集権の強国なることを裏書きする証拠である。

＊「うぢ udi」の語源や本来の意味は、いまだ不明である。古来、これをめぐって種々の説がある。「うむ（生）」と関係があるともいわれる。「うち（内）uti」から来たともいわれるが、いかにして濁るのか、疑問である。「いづ（出）」「うみち・うぶち（生血）」「うみつち（生土）」「うみち（産地）」「うみすぢ（生筋）」に由来するともいわれるが、いずれも牽強付会の謗を免れない。

宮崎道三郎先生は、「氏」は韓語で ssi または si というが、それが我が国に来て、発音の便宜のために発声音 u が加えられたという（u＋si）。ただ、どうして u をつけるか、推測の域を出ない。

私の仮説は、蒙古語の udum（血族、氏、親）という語から来たとするもので、acham → asa（朝）、mom → mi, mu（身）のように m がなくなる原則があるから、udum も m をなくして udu となり、さらに udi となったと考える。このような音韻の変化を考えることはできないだろうか。

我が古代の氏には、技芸・職業を世襲して朝廷に奉仕したものがあった。私の考えでは、このような氏を「伴《とも》」といい、その長を「伴造」と称し、その氏人を「伴緒《とものを》」（伴男、友緒）と呼んだと考える。おそらく太古においては、すべての氏が特定の職をもって伴を形成して朝廷に奉仕し、その伴の長たる氏上はすべて伴造と称されていた。伴を組織している氏は、各々その職業に因んだ名を氏の名とした。

しかし、後世においてはすべての氏が必ずしも伴を組織するわけではなくなり、伴を組織する氏を名負氏《なおいのうぢ》というようになった。また、同種の伴が必ずしも同一の氏だとはいえない。伴造の如きも一部の伴の長の特称と化した（中田の仮説）。通説によれば伴造のことを伴緒といい、伴は部曲であるというが、元来は氏すなわち伴であって、部曲はその一部にすぎないと私は考えている。

＊伴、伴緒は朝鮮の tong-mo で、ou（男・雄）を語源とするか。to-mo は「伴」「友」「輩」「倅」などの漢字にあてられることから、companion, comrade の意味であろうとも思われる。国造が国を率いるものであるように、伴造は伴を率いるものである。伴とは何であるか、氏たることは明らかである。氏と伴との差は何か。伴を組織している氏人が伴緒であると私は考えている。通説では、伴＝品部《しなべ》とし、賤民にして職業団体といい、伴造はその長で自己の氏のほかに伴を率いており、伴緒は伴造であるという。中田「我古典の「部」及び「県」に就て」（『国家学会雑誌』四十七巻九・十号、一九三三年〔中田『法制史論集』第三巻上に再録〕）参照。

［通説］

伴長
＝
伴緒　品部
＝　＝
伴造―伴
→
（氏上・氏人）

［余の説］

伴緒
＝
伴造―伴―品部
→　→
（氏上）（氏人）

氏上は、氏の尊卑に応じてそれぞれ「かばね」（姓・尸・骨）を尊称として有した。例えば、臣・連・首《おびと》・造《みやつこ》・県主《あがたぬし》・稲置《いなぎ》・直《あたへ》・村主《すぐり》・史《ふひと》、また皇族では公《きみ》・別《わけ》などである。これらの姓《かばね》の一部分は官名より転化した称号で、他の一部は社会的敬称より転化した称号であって、氏の高下を表示することは今日の爵位のようである。この姓の制度はおそらく新羅の骨品制を模倣したもので、整備されたのは応神天皇以後のことであるらしい。各氏の氏人に至っては、古くは姓を称えず、「某氏の族《うから》某」（例えば「大伴族某」）といっていたようである。

＊国造・伴造が官名であることは明らかである。臣・連は疑わしい。村主は朝鮮より伝来したものである。

「かばね」とは何か。その語源や意味についても多くの説がある。崇名《あがめな》、株根《かぶね》、頭根《かぶね》、皮骨《かはほね》、神骨《かみほね》、韓骨《からほね》、幹、から来たともいわれる。しかし、宮崎道三郎先生が主張されるように、新羅の階級たる骨品の骨の韓語からきたとするのが妥当である。「骨」という字は、朝鮮（新羅）で「族」という意味がある。「骨 kot」は音便上 kol（kor）と発音するので、「族（親族）」を意味する kyor（kyöröi）という語に近く、これを音訳して文字に表すのに骨という漢字が借用されたわけである。そして、階級〔氏族の序列〕を骨品といい、第一骨・第二骨と称し、骨族・氏骨・貴骨という言葉もある。この骨を日本語に訳したものが「かばね（骨）」だという。「かばね」の制度が整備されるのは応神天皇の時代で、この時代は三韓との交通が盛んな時代であったから、この説にも理由があるのである。

＊ 貴族階級の特徴は、①官職を帯びる、②氏姓を有す、の二点で、一つの団体を形成し、その間にも階級がある。八十伴緒は氏姓階級を代表する。

## 第二節　公　民

公民は古語では「おほみたから」「おほむたから」と呼ばれた。これはおそらく「大御田族」、すなわち天皇・国家に属する農民の意味であるといわれており、私も賛成する。「大御宝」という説もあるが誤りであろう。従来の通説では、この公民を私のいう氏姓階級と同一視するが、私はこれを氏姓階級と品部との中間にある平民階級であると考える。公民は諸国に居住し、国造その他の地方官の管轄に属する人民である。『日本書紀』の孝徳紀の大化元年（六四五）〔八月庚子〕条に「凡国家所レ有公民、大小所レ領人衆」とあり、これによってみると公民が国家に直属し、品部と対立する人民であることが窺われる。

これら公民の間にも血族的団結は固く存在していたが、族長または家長が姓を有していたことはなかった。この点において氏姓階級とは区別されるべき一階級である。

＊ここに「大小」とは「大小の氏族」の意味である。これに属する品部ということである。

公民の語は、広義においては前の氏姓階級を含んで用いられるので、通説では公民階級すなわち氏姓階級と解している。しかし、私はこの公民の語を広義に用いたのは後世の転用であって、古くは氏姓階級の次に位置する平民階級を指す名称だと解している。例えば、推古紀二十八年（六二〇）条の「是歳、皇太子・島大臣共議之、録二天皇記及国記、臣連伴造国造百八十部并公民等本記一」（『日本書紀』。以下、「〇〇紀」は『日本書紀』〇〇天皇紀を示す」という文章は種々に解されるが、私の考えるところによれば、この文中には一方で臣連伴造に属する百八十部と、他方で国造に属する公民とが対照されているといえる。

また、孝徳紀の大化元年条の「凡国家所レ有公民、大小所レ領人衆、……」という文章の「大小」が臣連伴造を指すことは疑いなく、「大小所領人衆」は品部を指すものであるから、品部に対し国家に直属している平民を公民といったことは明らかである。

## 第三節　品　部

品部《しなべ》（この読み方は明瞭ではない）は、一名「かきべ（民部、部曲）」といい、「かきのうぢやつこ（部曲）」とも称された。種々の職業的な部に編成され、諸々の氏の氏上に隷属して各種の技芸に従事する人民である。これは公私の二つに大別することができる。

**㈠公品部**　これは朝廷が編成・設置した品部で、最も典型的なものは田部《たべ》・御名《みな》代部《しろべ》である。田部とは朝廷の御料地である屯倉《みやけ》に帰属して、その屯田の耕作に従事した部民である。御名代部とは一名御名入部ともいい、天皇・皇后・皇子など皇族の御名を部名として、その天皇・皇后らに奉仕する部民である。そのなかで皇子の養育料として設けられたものを壬生《みぶ》部《べ》（乳部）といい、皇子なきゆえをもって天皇や皇后の御名を後世に伝える目的で設置されたものを御子《みこ》代部《しろべ》と称した。

＊相続の根本の目的は祖先の「名を伝える」ことにあった。子なき時はその名を伝える

ことができない。そこで自己の御名を与えて、御子に代えて名を伝えさせたのである。

このほかに、鳥養部《とりかひべ》・犬養部《いぬかひべ》（猟犬を養う）・馬飼部《うまかひべ》・山守部《やまもりべ》、海人部《あまべ》なども公品部に属した。

これら公品部がいかなる人民から編成されていたかは詳らかでないが、帰化人・俘虜・犯罪人、また一私人の献上した部曲をもって充てた例もある。ゆえに、公の品部が一律に特殊の人民からできていたとはいえず、身分・職業によって上下の階級があり、そのうち上級の者は公民に近く、下級の者に至っては奴婢に近い身分を有したようである。そして、これら公品部は朝廷より伴造やその他の氏上に委任し支配させた。時には一つの部に正副二人の支配者を置いたこともある。

公の品部のなかには種々の階級があったらしい。例えば、馬飼部・鳥養部の如きは、古代においても賤まれた黥《いれずみ》を顔に施され、また陵守《はかもり》の如きは、後世まで賤民のうちに算《かぞ》えられていたことを考えると、彼らが他の品部に比して賤しい地位に置かれたと思われる。おそらく公の品部にはその職業により良賤の区別があり、良者は普通の公民と身分上大差なく、賤者は奴婢に近かったようである。そして大宝令の品部はこの大化前代の品部のうちの地位の高き者の後胤で、雑戸・陵戸は低い者の後胤であろうと思われる。

**㈡私品部**　古くは私民部《かきべ》といわれた。雄略紀十七年（四七三）条に「私民部」の語がみえる。これは氏上が私に設置して私有する部曲である。「うぢやつこ（部曲）」の名称は元来この私の品部を称したようである。時に朝廷に献納した例もある。大化前代の末期には臣・連、その他の大官たちが莫大なる品部（民部）を私有し、恣《ほしいまま》にこれを駆使し、上下の禍をなすに至った。これが大化改新の一原因となった。大化改新によって品部は解放されて、公民に編入された。

＊こういったことに関する古い記録は極めて稀である。『古事記』『日本書紀』『万葉集』より考証する。詳しい史料があれば興味深い社会事情を知ることができる。宮崎道三郎「部曲考」（『法学協会雑誌』二十五巻三号〔一九〇七年〕）、同「勝部考」（『法学協会雑誌』二十七巻三号〔一九〇九年〕）参照。ともに『宮崎先生法制史論集』〔岩波書店、一九二九年〕の中にあり。

＊部は「べ」と読むが、「ぶ」が訛《なま》ったものか、あるいは「べ」に特別な意味があるのかは不明である。「むれ」が「べ」になったともいわれる。通説では、部は伴と同じ訓であり、大伴を大部と書くこともあるから、伴＝品部だと主張され、そこで伴の長が伴造であり、伴緒は伴長・部長であるといわれるのである。これに対して、私は「伴造―伴―伴緒―品部」が氏だと考える。

民部（かきべ、かきのたみ）とは何か。kakc は「編」なりと宮崎道三郎先生はいわれる。「べ」＝「部」、「たみ」＝「田身」、「かき」＝「垣」も然り。なお、「品」とは「色々な」という意味である。

## 第四節　奴　婢

奴婢を古くは「やつこ」といい、その語源については種々の説明があるが、「家之子《やっこ》」の意味であるとの解釈が最も穏当と思われる。この時代の奴に関する古史の記載は至って稀であるから、その発生由来ならびに地位を詳らかに知ることはできないが、「高麗奴《こまやっこ》」「韓奴《からやっこ》」などの名称が現われるのをみれば、その一部は朝鮮から移入された捕虜も混じっていたと察せられる。そのほか、一私人のほか神社に属する「神奴」もあり、犯罪人にして没官《もっかん》されて奴婢に貶《おと》された者や、債務者で支払不能のために債権者の奴婢となった者も含まれるようである。その法律的地位もまた詳らかでないが、財産と同一視されていた形跡がある。また、この時代にも奴隷を解放して家人《やかびと》となすことができたように思われる。社会的地位は半人半物的である。

# 第三章　官　制（中央官制）

大化前代の我が国家は、天皇を元首として戴いた多数の氏の団体である。政治に参与する資格を有した人民は貴族階級のみである。この階級が氏々の組織を単位としていたことは既述の通りである。そして、各氏の氏上が氏人を率いて各種の公務に従事し、天皇に奉仕する制度であった。例えば、大伴氏・物部氏・来目部《くめ》（氏）の三氏は武事をもって朝廷に奉仕し、中臣・斎部《いんべ》（忌部）の両氏は祭祀をもって仕え、鏡作・玉作の二氏は各々氏の名の示す技芸をもって仕えた。

これらの各職務が多くの氏で世襲的職業となり、氏の名の本源となるに至ったので、この時代においては国家の官職と氏の世業とを区別することは難しく、また氏上の官名とその尊称も判別できない場合も多い。なお、古史の記載を総合して考えると、この時代に天皇に近侍し、平常朝廷に祗候《しこう》していた大官は、臣・連・伴造の三者のみであった。

## 第一節　臣　連

臣《おみ》・連《むらじ》はともに天皇に近侍して国政の枢機に参与する上級の官職で、この二者は高貴な氏の氏上が世襲した。臣は皇別に属する氏上で、連は神別に属する氏上であり、この両者を対立させたのは、両別の間の政治的均衡を慮《おもんぱか》った結果であるとの説もあるが、もっともな説だと思われる。

＊両大臣は皇別・神別で、出雲族と日向族である。両者の均衡を保つために設けられたもので、いずれを上ともいうことはできない。細井貞雄『姓序考』参照。姓の順序を考究している。

垂仁・成務天皇の時代に、臣・連の上に大臣・大連の二官を設置した。これは臣連を世襲する氏があまりに増加したため、これを統率する必要に出たものと思われる。

＊大連はなくなったが、大臣は今日まで残った。

## 第二節　伴造

伴造《とものみやつこ》（ともつことも）は、元来は特別の技芸または器量をもって朝廷に奉仕した氏、すなわち伴の氏上であり、伴に属する氏人たる伴緒（伴男）とともに、隷属する品部を率いて朝廷に仕えた官である。古くは、朝廷に奉仕する各氏はいずれも一つの伴を形成していたので、その長はすべて伴造と称されており、その尊卑に応じて臣・連・首・直などの敬称をもって呼ばれていた。しかし、時代を経るにつれて上級の伴造は次第にその地位と身分とを高め、専ら臣・連といった敬称をもって呼ばれることが通例となったため、結果として伴造なる名称は下級の伴造の専称と変化した。これらの伴造は、自己の率いる伴または品部の名称を冠して、某首・某直・某造などと称することを常とした。例えば、忌部首《いんべのおびと》・物部首《もののべのおびと》・錦部首《にしごりのおびと》・刑部造《おさかべのみやつこ》・佐伯造《さえきのみやつこ》・鳥取造《ととりのみやつこ》・衣縫造《きぬぬいのみやつこ》・秦造《はたのみやつこ》などである。

以上に述べた臣・連・伴造などの官名は、次第に他の尊称と混合して、氏の貴賤を表示する「かばね」へと変化したことは前述の通りである。この「かばね」は後世には天皇より有功者に授与し、また罪があった時は貶降したこともあった。氏上はこれを世襲する慣例であった点から考えると、今日の爵に相当するものと考えられる。

しかし、推古天皇十一年（六〇三）に厩戸皇子が冠位十二階を定めて、群臣に分かち与えた。十二階は大徳・小徳・大仁・小仁・大礼・小礼・大信・小信・大義・小義・大智・小智である。『北史』にはこのことが書いてあるが、それによると順序が異なっている。徳・仁・義・礼・智・信の順である。この冠位は「かばね」のように氏の尊卑を区別するものではない。一個人の功績を次第する目的を有したものである。ゆえに、冠位の制定は、すでに徳川時代の学者が論じたように、当時の門閥の弊を打破して人材登用の途を開く趣旨に出たものである。

冠の種類をもって身分の上下を区別する制度は支那には存在せず、かえって新羅・高句麗に類似の制度があることから考えると、推古朝の冠位はあるいは朝鮮の制度に倣ったものであろう。

＊これは厩戸皇子の功績である。官職を世襲し土地を兼併し、人民を私有し氏の勢力を強大して、氏々相対峙して勢威を争う門閥政治より、やがて大化の改新となる。皇子はこの門閥政治を打破せんとして、姓は家柄によって定まって動かすことができないものなので、これとは全く別に冠位を与えたのである。記録に徴するに、冠の高下と姓の上下は必ずしも一致せず。これによってその功績の大小により与えられた所以を知るべきである。

支那では一品《いっぴん》・二品……があって、各品によって冠が定められる。我が国はそうではなく、冠自身に位がつく。

# 第四章　地方制度

大化前代における行政区域の最も普通なるものは、「くに」「こほり」「むら」の三つであった。ただし、「むら」が果して行政区域であったかどうかは疑問の余地がある。

## 第一節　くに（国）

「くに」という地域に国造《くにつこ》なる官を置いて管轄させたことは、すでに神武紀に現われる。また、国造の下級地方官である稲置の名も景行紀以来、古史にみえる。しかし、この制度を普く全国に及ぼし、「くに」を単位として地方の行政組織を制定したのは、おそらく成務天皇五年〔九月詔。『日本書紀』〕の詔に「令二諸国一、以国郡立二造長一、県邑置二稲置一。並賜二楯矛一以為レ表。則隔二山河一而分二国県一、随二阡陌一以定二邑里一」とあるのが初めであり、それ以来のことであろう。

ここにみえる「国郡」とは「くに」、「造長」とは国造を意味したことは疑いない。しかし、「稲置」の行政区域たる「県邑」の文字で表現された県が和訓で何と読まれたかは疑問である。県の和訓には「あがた」と「こほり」の二つがあり、稲置の支配区域がそのいずれにあたるか疑問であるが、「あがた」には後述のように県主という官が置かれていたことを考え併せると、稲置が支配した県は「こほり」に該当すると考えられる（中田説）。ここをもって地方行政組織の基礎が確立したのである。

さて、大化前代の「くに」は後世の国より遥かに狭く、後世の郡にあたる大きさのものであった。従って、大化前代の「こほり」もまた後世の郡よりは遥かに狭く、ほぼ後世の里に相当する。

国造と稲置の職掌ならびに両者の関係は古史に明らかではなく、かえって支那の書に現われる。すなわち、『北史』（南北朝時代の北朝の歴史。唐の李延寿撰）の「倭国伝」に「有二軍尼一百二十人一。猶二中国牧宰一。八十戸置二一伊尼冀《いにぎ》一。如二今里長一也。十伊尼冀属二一軍尼一」とあることで推知される。国造は支那の地方官の牧宰のようなもので、伊尼冀はその国造に属する里長のようなものであることを知りうる。ただし、この文中の数字が果して真を伝えたものかどうかは別問題である。国造の職掌は不明ではあるが、後世の史料によれば国内の祭祀を掌り、公民を治めたことは疑いない。

＊ここにみえる「伊尼冀」は稲置に、「軍尼」は国造（くにつこ）にあたると考えられる。ただし、「冀」は原本に「翼」とあり、もしそうだとすれば意味は違ってくる。この『北史』の記事は成務天皇五年紀におおよそ符合し、大化年間に五十戸を一里と変更

したこととも符合する。この『北史』の語るところは、前述の中田説を裏書きするものでもある。

通説では上述のように解するが、そもそも「軍尼」が果して国造なのか、これにも種々の疑問がある。従来は kunitsuko の半分だけをとって「軍尼」と表記したとされる。漢音・呉音というが、決してかかる音が漢・呉の時代にあったわけではなく、日本語化したものにすぎない。

宮崎道三郎先生の新説は、「軍尼」を「軍尺」の誤写だとする。当時の日本では朝鮮人を通訳としていたので、彼らによって「軍尺」と漢字で表記されたものが、「軍尼」と誤記されて中国に伝わったのだという。

国造（くにつこ）kunitsuko → kunch'yŏk（韓語の発音）→「軍尺」と漢字表記 →「軍尼」と誤記 → 中国に伝わる。

伊尼冀の「尼」は間違いないので、それに引きずられて「尺」を「尼」と誤記したと推定されたのである。宮崎先生の説、あるいは然らんか。なお、「軍尼」の韓語の発音は kun-chung, kun-chyung であり、旧宮崎説のように kunitsuko からこれに転じたといえないこともない。

古く日本は朝鮮と非常に交際が深く、韓語の影響は極めて大であった。あるいは一部の民族は韓語を話せたかもしれない。当時の日本と支那との間の情報交換は朝鮮を介したものであったから、韓語で何と発音したかが重要となる。ともあれ、「軍尼」はいずれにしても国造であることは明らかである。

＊「こほり」kohori はいかなる意味か。古代日本人は支那の h 音を発音することができず、すべて k または p になった。ha, hi, hu, he, ho の音は、p, pf, f を用いて pa, pi, fu（pfu), pe, po と発音した。例えば、海 hai を読むことができず kai になり、波 ha は pa になった。香港 Hong-kong なども発音できなかった。従って、kohori と発音できないはずで、もとは kopori であった。村の古訓「ふれ」pure, puri と共通の語源をもつと考えられる。「ふれ」は韓語の「夫里 hul, pul」（平原 pŏl）に淵源がある。継体紀にみえる朝鮮の地名「己富里 ko-hul, ko-pul」は、k'u-pul 大きい夫里、すなわち大村の意味である。これが ko-puri に転じたのであろう。韓語では kopori が koeul となった。

＊「くに kuni」はいかなる意味か。本居宣長は「限り」あるものの意味で、垣を意味する「くね（久禰）」より生じたという。また、満州語の gurun 国に由来するという説もある。今の満州語は支那語が訛ったもので、真の満州語は亡んだ。女真語（金語）では「国倫儞 kuôh-lûn-ní」といい、時に語尾を略して「古倫 ku-lûn」「国論 kuôh-lûn」といった。これらの原形は kurunni だと考えられ、r が流失して kurunni → kuyunni → kuni と転じたと考えられる。

清寧天皇の時代以来、朝廷より国々に「くにのみこともち」あるいは「みこともち」（国宰・国司）なる官を派遣したことがみえる。これは地方行政の監督とその他の特別の任務をもって中央政府から派遣された臨時の官で、常設の官ではなかった。おそらく後世の国司はこれより変化し、郡司は国造より変化したものであろうと思われる。

「くに」は一に道《みち》とも称していたが、この時代においてすでに諸国をその方面に従って、東方十二道または東方八道などと総称したこともある。後世における七道の区分はこの慣例に由来したものらしい。

## 第二節　こほり

前述の稲置の官も古くから存在していたが、これを「県邑」の「県」、すなわち「こほり」の行政首長として全国に設置することは、前述のように成務天皇の御代に始まった。しかし、その区画は後の郡より遥かに狭く、後の里よりもやや大きなものであった。稲置の地位・職掌については明らかな材料はないが、『北史』にこれを牧宰の下に立つ里長にあたるとしていることによってその内実がほぼ推測される。

## 第三節　「あがた」および「むら」

「あがた」は、県主《あがたぬし》という地方官が支配した区域である。県主を任命したことは国造の任命とともに神武紀にみえるから、古くからの制度であろう。しかし、成務天皇五年の地方行政組織を改正したという『古事記』の文に「定二賜大国小国之国造一、亦定二賜国々之堺及大県小県之県主一」（『日本書紀』には稲置のことはあるが、県主のことは記載されていない）とあることによって考えてみると、各地に普く「あがた」（県）という地域を定め、県主を置いたのも、やはり成務天皇五年の改正に始まったものと考えられる。

この「あがた」の性質についても、古来種々の説がある。あるいは「上り田」すなわち畑（陸田）のことだといい、あるいは「班田《あがちた》」だといい、あるいは「成り方（生り方）」（なりかた、田舎の意）のことだといい、あるいはまた朝廷の御料地だという。御料地を「御県」といっていたのは事実だが、すべてが御料地だったとは考えられない。また、大県・小県の区別のあったことは『古事記』にみえるが、県主は県造と称されていたこともある。

「あがた」のほかに、古くより「さと」「むら」「ふれ」などという小区域の名称がみえるが、この小区域が果して大化前代の「行政区域」であったかは疑問である。我が古代の人民の定住法はいわゆる村落制で、少数の家族が一区域を占め、ここに群居生活をなしていたようである。そして「むら」という語は初めこのような群居団体を指す名称であり、その後にその定住区域の名称に変じたようである。通説では「村首《むらのおびと》」を行政上の首長と解するのだが、私は全く別物だと解している（後述）。村々にあった「屯倉首」もその別名で、「むらのおびと」と読んだと思われる。ただし、大化前代の「むら」の組織を具体的に研究する材料はない。

＊「あがた agata」は a-kat（辺・鄙）であろう。古く韓語で辺鄙の地方のことを kăt といった。現在の kyöt（傍）と同語である。日本語の「かたわら」「かたすみ」の「かた」も kăt と音義が近い。アイヌ語の村落 kotan に比す説もあるが誤りである。

＊「むら mura」は韓語の「牟羅」の転訛で、原義は人の集団である。日本語にても「むら」は群団を意味し、韓語でも群団を mun という。現今、韓語で村を ma-eul といい、関係がありそうにみえるが、古くは j 音が存して mă-jăl であったから、ma-eul と「牟羅」とは別物であろう。

＊「さと sato」は狭所の意味であるといわれる。「せと」も狭い所の意味で、瀬戸などの事例がある。ただ、京・京職のことを「みさと」「みさとつかさ」といい、京は大なる所と辞書にもあるゆえ、この説にも疑問が残る。

## 第四節　特殊地域

地方においては、例外的に別《わけ》・君《きみ》・直《あたへ》などの敬称を有する首長が管轄する特別行政地域があった。これらは国と県との間に介在したものだが、地方行政制度の例外的な歴史的産物で、全国に通じたものではなく、その法律的性質は不明である。

＊「わけ」「きみ」「あたへ」などは何れも「かばね」であるが、その意味は不明である。「きみ」は上（かみ）の意、「わけ」は皇族の血を分けたものの意などと説明される。私の説によれば、「あたへ」は atape にして、アイヌ語の首長の頭目の意味である atpa〔初め、先頭〕であると思われる。「わたつみ」の「わた wata」の如きも、すなわち pata にして、アイヌ語の海である〔pata（海）は古代朝鮮語。中田の思い違いか当該部筆録者平川の誤筆か〕。当時、アイヌとの交渉も深かったから、この説は比較的正しいと考えている。

# 第五章　税制および兵制

## 第一節　税　制

大化前代には、前述のように特定の技芸をもって朝廷に仕える伴なる職業団体とそれに属する公の品部があって、朝廷の需要に応じて各種の労務に服し、物資を調達して朝廷の公用を満していた。諸国には屯倉（屯田と田部）が置かれ、一説によれば御県も御料地であったから、朝廷の収入はそれだけで十分で、一般人民に対して広く租税を課す必要は少なかったようにみえる。

しかし、崇神朝には人民の数を校じて、臨時に男に「弭之調《ゆはずのみつぎ》」を、女に「手末之調《たなすえのみつぎ》」を課したという（『日本書紀』）。その後も人民に課役《えたち》（夫役）を課した例が散見する。その種類や方法は詳らかではないが、大化前代にはすでに後世の調庸（徭役）に相当する「みつき」「えたち」の二つの税が賦課されていたことは疑いない。ただし、土地に課す田租《たちから》が徴収されたかどうかは不明である。

「みつぎ」とは、広義では各氏の品部が製造・調進した貢物をも含んでいるが、これら調貢物その他は、雄略天皇の時代以来、三蔵の一つである大蔵に納めて貯える制度であった。伝説によると、神武天皇の時代には神物と官物とを分かたず、すべて斎蔵《いみくら》に納めて斎部《いんべ》氏に管掌させていた。ところが、履中天皇の時に別に内蔵を建てて官物を分納し、東西文氏の祖先たる阿知使主、王仁の二人にその出納を記録させ、また蔵部という官を付属させた。降って雄略天皇の朝には、帰化人の秦氏が奉った絹縑《きぬかとり》などの貢物を始め、諸国の貢物が充積してきたので、さらに大蔵を建てて諸国の貢物を納め、秦氏を大蔵の長官に任じ、別に蘇我氏に三蔵を検校させた。ここで三蔵が並立するに至り、国庫の制度が整備された。後世の大蔵省と内蔵寮《くらりょう》の前身である。

## 第二節　御料地

この時代の御料地には二種類あった。

一は県《あがた》である。これはその収穫を祭祀に供する目的をもって諸国に設置したものである。なかでも有名なのは倭大県で、都の近くにあったため特に重んぜられた。また、特に県主という官が設けられた。

二は屯田《みた》で、これは朝廷に属する開墾地で、その収穫を納める倉庫を屯倉といい、屯田に属して耕作するものを田部といい、田部を統率して屯田・屯倉のことを掌る屯官のことを屯倉首といった。屯倉は多くは「むら」に置かれた。ゆえに屯倉首を村主と称えたようである。しかし、これは帰化人の姓の村主とは別物である。屯倉および田部は垂仁天皇の代以来諸国に設置され、豪族の献納にかかるものもあった。また、これを朝廷から豪族に与えたこともあった。この時代には国家の屯倉であったものが豪族の私有に転じたものが多かった。

## 第三節　兵　制

大化前代においても、後世のように兵役は国民の上下に通じる一般的義務であったらしい。それゆえに、国家有事の際には、朝廷は各氏上または有司に命じて、その氏人あるいは管轄人民を率いて従軍させた。天皇が親征する場合は自ら全軍を統帥したが、そのほかは皇族または臣連などを将軍（四道将軍、征新羅将軍、国造将軍）に任命して、出征軍の指揮権を委ねる例であった。時にはその symbol として斧鉞《ふえつ》を授けた。このような国民一般からの国民兵のほかに、古くから特に武事を世職する氏（伴）および付属の部民からなる一種の常備親兵が存在した。

＊この氏は軍をもって朝廷に仕えたから、一つの伴である。

この親兵は、常時は皇居を守護し、有事には征討に従った。すなわち、大伴氏・来目《くめ》氏・

物部氏の三種で、そのなかで大伴氏と来目氏はその氏人たる大伴部と来目部、一名靫負部《ゆげいべ》を率いて宮門を守護し、物部氏はその氏人たる内物部《うちつもののべ》を率いて皇居を警備した。この三つの氏のなかで来目氏は早くに衰微し、その氏人は大伴氏の配下に編入された。大伴氏の支族に佐伯氏がいたが、雄略朝には大伴氏と相並んで左右の宮門の守備を分担することになった。物部氏は古来、犯罪人の逮捕・行刑のことを兼ね掌っていた。

＊　昔は警察と兵備を兼ね掌ることが普通であった。

# 第六章　土地制度

我が大和民族が古くから農業を主たる生業としていたことは、後述する我が古代の刑法に現われる罪名、天《あま》つ罪《つみ》の大部分が農耕に関する犯罪であったことからも推定できる。

そして、「むら」を単位として定住し、その「むら」はしばしば氏の本居となっていた。しかしながら、村民または氏人の間で土地を共有していたという証拠は見いだせない。一つの氏、一つの村落が土地を共有することは、古代の文化民族あるいは現今の原始民族によく見られる例であり、学者のなかには、あるいは県《あがた》が班田《あがちた》の意味だとの推定を根拠として、あるいは後世ある村で行われていた水口祭で毎年田主を定める儀式があったという事実を根拠として、我が太古においてもこのような氏族・村落の土地共有制が行われていたと主張する者もあるが、その根拠は薄弱なもので、これをもって古代の土地制度を推論することはできない。

むしろ反対に、古史には朝廷から一私人に土地を賜与し、一私人の土地を没収し、あるいは一私人が土地を朝廷に献上し、あるいは他人に譲与したという例が多く現われている。しかも、これらの私地は往々にして一村または数村にわたっていた。これらの事実によってみると、我が古代には早くより個人の土地私有制が発達していたことは疑いない。それゆえ、大化前代の末になると豪族が競って土地の兼併を行い、その弊害の甚だしきに至ったのである。これがやがて大化改新の一原因となった。

大化前代に大地主がその所有地を如何に管理・利用したかは詳らかではないが、多くは自ら有する品部・奴婢を使役して経営していたようである。しかし、この時代の末にはすでに百姓に年を限って土地を貸与する方法、当時これを「年季売」といったが、まさに後世の賃租法に類したものが発達していたようである。『日本書紀』孝徳紀の大化元年九月十九日の甲申詔に「其臣連等、伴造国造、各置二己民一、恣レ情駆使、又割二国県山海林野池田一、以為二己財一、争戦不レ已。或者兼二并数万頃田一、或者全無二容レ針少地一。及進二調賦一時、其臣連伴造等、先自収斂、然後分進。修二治宮殿一、築二造園陵一、各率二己民一、随レ事而作。……。方今、百姓猶乏。而有レ勢者、分二割水陸一、以為二私地一、売二与百姓一、年索二其価一。従レ今以後、不レ得レ売レ地。勿三妄作レ主兼二并劣弱二」とみえる。少し長いものだが、当時の状態を具体的に知るに足るものであるから、特にこれを引いておいた。当時から後世の賃租法に相当する方法が行われていたことがわかる。

＊「売与百姓」とは、貧乏な人に土地を売るのだが、しかもその百姓は貧しい。従って、これは真に土地を百姓に売るということではなく、土地を貸付けて百姓を小作人とし、年々その地代を取るということである。すなわち、収益権を売ることを意味している。

「頃」は支那語で町歩にあたる。

ローマ法においても賃料を取って与えることを「売る」という。インドでも貸賃を取ることを「売る」という。それと同一である。

後述のように、我が太古法では「畔放《あはなち》」（毀畔。田地の境を切り崩してしまう罪）をもって、祓を科すべき神法上の犯罪とみられていた。昔は犯罪をおかすと神が怒ると考えていたから、刑を科す前に祓をした。また、奈良朝時代でも所有地の境界に「しめ縄」（標、注連）を張って、他人の侵害を防止する慣習があった。このように土地の境を神聖視し、神の保護のもとに置く、あるいは神祓的な taboo, Tabu（タブー、禁忌）をもって保護するという慣習は、原始民族または古代民族の間に広く行われているところである。我が国にもこの慣習が認められる。これまた、土地私有権が発達していたことを証する一つの根拠である。

＊ taboo とは、何となく触れては不可なるものである。

共産制が我が国に行われていたか否かについては、学説が分かれている。法制史的にみると、民が一つの村を組織し、tribal commune（共産制）を作ることが行われた。従って、土地は古くは共産制であり、それから個人私有となってきたという。殊に Marx〔カール・マルクス〕は私有制を非難して、これを元の共産制に返せと主張する。近代になると、こういった研究方法が誤っていたことが発見される。すなわち、共産制が太古の名残りであるというのは誤りである。これは実に新しい時代において生じたものである。例えば、越中・越後の割地は太古の共産制の名残りだというが、記録を見ると徳川時代より以前には遡り得ない。実に殿様が租税徴収するために作ったものであることが明らかになった。このように、共産制が太古の制度だとする歴史的根拠が怪しくなってきた。さらに他国に共産制があったからといって、直ちに日本にも共産制があったということにはならない。共産制があったと主張する論者の根拠は次の通りである。

「県《あがた》」の Etymologie〔語源〕は班田《あがちた》で、すなわち集落がその民に班田なる土地を分ち与えていたという。これが後世の水口祭《みなくちまつり》に残っているのだという。しかし、水口祭は大化前代には存在しない。これも近世のものにすぎない。班田は「あがた」とは決していわず、必ず「あがちた」という。従って、「あがた」＝「あがちた」説はあたらない。従って、我が古代に共産制があったとの説を認めることはできないと解する。

神から法が出たというのが古代の思想である。ローマでは土地を特に神が保護していると解する。従って、土地の境を犯すことは神を汚すものとして刑法上最も重く罰せられたのである。この例は、ローマのみならず至るところにみられる。日本でも禁忌といって、神社では身を清めていなければならないとする。神秘的な感じは現今においてもある。ここに宗教が生まれる。Tabu は法の起源なりとまでいわれている（穂積陳重「「タブー」と法律」〔『土方教授在職二十五年記念　私法論集』有斐閣書房、一九一七年。穂積『タブーと法律』に再録〕)。このTabuの考えが一歩進んで神なる観念となり、神を犯す時に罰として災を蒙ると考えるに至った。神に御供物を上げるということは、実にこの災を蒙ることを避けるためにある。従って、所有権は太古にはTabuおよび神によって保護されていたという説も生じてくるのである。我が国における畔放は実にこの例をなすものである。占有のことを「しめる」というのは、しめ縄を張って自分のものだと主張することより起こったといわれている。

# 第七章　法　源

＊法源を先に述べるか、本講義のように後に述べるか、二つの方法があるが、ここでは後の方法による。

いずれの民族でも、古い時代には法律の大部分は慣習法よりなっていた。我が国でも法律の大部分は慣習法であったに相違なく、成文法ははるかに後に生じた。この慣習法のことを何と名付けていたかは不明である。

後世、法の一般的名称である法・則・式・典のことを「のり」といったが、この言葉は語源に遡っていえば、君主の「御言《みこと》」を受けて人民に「のりきかせ」（宣聞・告聞）るところのもの、すなわち宣命《せんみょう》法を意味した言葉である。すなわち、「のり」は慣習法ではなく、君主の宣命法、口頭で宣《の》べた君主の制定法をいったもので、法律の一部分にすぎない。後世における宣命の文体および朗読の式は、おそらく古代における「のり」の語調および公布の形式を伝えたものと思われる。しかし、我が古代法がすべてこの宣命式のものであったとは思われない。

＊宣命体という。詔勅は後には漢文で書いたが、立太子などの儀式や神を祭って奉告するような重いことには漢文式の詔勅を出さず、宣命体によった。しかし、群臣を集めて宣《の》ることは臨時のもので、すべてこの形式をとったとは思われない。奈良朝時代以後は宣命も次第に漢文体のものが多くなる。

「のる」とは「述べる」ことである。これは天皇自身が述べるのではなく、侍臣が「天皇よりこのような御言があった」とのりしものである。宣命の時には群臣を集めて音声に抑揚をつけてのる。これが宣命体の元である。その形式は次のようなものである。

「現御神《あきつみかみ》止大八嶋国所知《しろしめす》天皇大命《すめらがおほみこと》良《ら》麻止《まと》詔《のりたまふ》大命乎、集侍《うごなはれる》皇子《みこ》等王《たちおほきみたち》臣《おみたち》百官《もものつかさの》人等《ひとたち》天下《あめのした》公民《のおほみたから》諸《もろもろ》聞食《きこしめさへ》止《と》詔。……止詔《のる》。天皇大命乎諸聞食止詔。（これを繰り返す）」

「のり」は口頭により公布されたもので、漢字が渡来した後もこれを文字に記載して発布した例は大化前代には存在しない。ゆえに、推古朝の十三年（六〇五、『日本書紀』は十二年（六〇四）とするが誤り）に、時の摂政厩戸皇子の名をもって制定・公布されたいわゆる十七条憲法が、我が国の成文法として最初のものである。『日本書紀』には「憲法」という名で伝えられているが、それより古い聖徳太子の伝記で最も信頼すべき『上宮聖徳法王帝説』には「小治田《おはりだ》天皇（推古天皇）御世乙丑年、……、七月立㆓十七条法㆒也」（知恩院本は「十七餘法」。『證注』に「原條誤レ餘、今従二塙本一改」とあり、家永三郎『上宮聖徳法王帝説の研究』（増訂版、三省堂、一九七〇年）も「條」を採る」とあることより考えると、十七条の立法を憲法と称したのは後世の美称だと想像される。

この十七条の立法は、「法」なる名称が付けられているが、その内容をみると法律的規範というよりも、むしろ政治的・道徳的教訓に属するものが大部分を占め、法律的規範はごく一部にとどまる。それゆえ、皇子の伝記の一つである『上宮聖徳太子伝補闕記』（『日本書紀』以後の撰）には「太子即制二十七条政事修国修身事一」とあり、よくその内容を尽くしている。これを要するに、十七条は法というも、これを大化後における支那系統の法令と比べると内容・形式ともに類のない一種独特の立法であるといえよう。

＊『日本書紀』は推古天皇十二年（六〇四）四月戊辰条にこの十七ヵ条のことを「憲法」と書いている。しかし、この「憲法」にはconstitution, Verfassungの意味はない。「大法」「立派な法」という意味にすぎない。また、太子が自らこの十七ヵ条の法を憲法といったかも疑問で、十七条を立つとあることから、憲法はproper nameではなく、後世に与えられた美称にすぎないと解する。『日本書紀』には外国人に見せるための修辞が多く、憲法といったのも修飾であろう。『上宮聖徳法王帝説』や『補闕記』には「憲」なる字はなく、しかもこの二書は正確であるから、『日本書紀』が初めて使用した文字であろう。なお、「憲法」がVerfassung（国家の根本組織法）を意味するようにな

るのは明治以後である。草案では国憲といっていた。

最古の法は、紀元前二千年頃の「ハンムラビ法典」(the Code of Hammurabi, B. C. 2000) である。その内容はモーゼ法に似ている。ハンムラビ (Hammurabi) は Schamash〔シャマシュ〕の神より授かる。古代ローマのヌマ Numa Pompilius の制定したヌマ法も宗教的立法である。日本には神授法はないが、宗教との関係はある。それは刑法・訴訟法に現われる。すなわち、盟神探湯《くがたち》は西洋における ordeal, Gottesurteil〔神判〕と同一の性質を有している。支那人の書にみえる大化前代の日本の記事には、盟神探湯のほか毒蛇神判をあげている。

古代の文化民族の間では、しばしば法の起源を神に帰する思想を表わした伝説が存在した。すなわち神授法である。我が国の上古においてはこのような思想や伝説は存しない。しかし、古代法が宗教と密接な関係を有したことは古代の諸民族共通の現象で、我が固有の慣習法も宗教と密接な関係を有することは疑いない。この事実は殊に刑法および訴訟法において最も顕著である。すなわち、我が太古においても古代の諸民族に類例が多い神判、例えば盟神探湯が行われたが、これは我が古代法が宗教と密接な関係にあったことを示すものである。このことは次章において述べる。

* 神が法典を授けたとか、神より inspiration を受けて立法したとの伝説がある。名高

いのはモーゼの十戒である。宗教・道徳・法律の区別がなかったといわれている。あるいは法が宗教的・道徳的分子を多分に含んでいたのかも知れない。今日においても、法のなかにかかる分子があることは疑いないが、形式的には明らかに区別される。昔は形式的にも区別はなかったのである。

# 第八章　刑法および裁判手続き

　我が古代の刑法は、宗教的分子を含むことがとても多い。古語で犯罪を「つみ」と称したが、その語源は詳らかでない。本居宣長はこの語を「つつみ」の縮まった略語であるとし、単に悪行のみならず、疾病、災禍、その他の広義の醜穢なもの、醜穢なこと、すべてを総括した言葉だと説いている。すなわち、「悪」と同じなりと説く。その説が果してあっているか否かは不明である。昔の人は「反切」という方法、すなわち約することによってEtymologie〔語源〕を考えるのが常である。

＊裁判手続きとは今日の訴訟法のことである。「恙《つつ》がない」というのも「つつみ」と同根だと説かれる。

　この「つみ」は神話時代から、「天津《あまつ》罪《つみ》」と「国津《くにつ》罪《つみ》」の二つに区別されている（「つ」とは「の」の意。例えば沖つ風は沖の風の義）。

　天つ罪とは、伝説によれば素戔嗚尊《すさのおのみこと》が高天原において犯した諸々の罪であると伝えられ、

「畔放《あはなち》」（毀畔）、「溝埋《みぞうめ》」、「樋放《ひはなち》」、「頻播《しきまき》」（重播の意）、「串刺」（よく解らないが田畑のなかに竹や木の串をさして耕作者を害したものらしい）、「生剝《いきはぎ》」（家畜類を生きたまま皮を剝ぐこと）、「逆剝《さかはぎ》」、「糞戸《くそへ》」である。これらがすべて農耕に関する犯罪であることに注意すべきである。

国つ罪とは、人民が日本国土において犯した罪であって、「生膚断《いきはだたち》」、「死膚断《しにはだたち》」（人か獣かはっきりしないが、生身または屍に触れること）、「白人《しらひと》」（白子）、「胡久美《こくみ》」（瘤《こぶ》。たん瘤のことを昔の人はケガレと考えていた。従って罪となる）、「己母犯罪《おのがははおかせるつみ》」（子が母を姦すること）、「己子犯罪《おのがこおかせるつみ》」、「母与子犯罪《ははとこおかせるつみ》」（母と子を犯かす罪）、「子与母犯罪」（姦淫罪である）、「畜犯罪《けものおかすつみ》」（獣姦の罪である。これにより日本にも bestiality〔獣姦〕があったことが明らかである）、「昆虫乃《はうむしの》災《わざわい》」（虫がたかっているとケガレている、従って罪とされた）、「高津神乃災」（高津神は雷のこと）、「高津鳥災」（鳥が糞をひっかけるとそれがケガレとなり、罪となる）、「畜仆志《けものたほし》」（家畜をワナなどで倒すこと。これは純然たる罪である）、「蠱物《まじもの》為罪《なせるつみ》」（マジナイをすること、人を呪うこと）である（以上、大祓祝詞〔『延喜式』〕による）。

多くは不倫罪および穢《けがれ》に属する事実である。しかし、これらの犯罪は古来の神法および俗法の上で最も重大視された犯罪をあげたにとどまり、すべてを網羅したわけでないことは勿論である。

我が古代の人民もまた、他の多くの古代の文化民族と同様に、罪を神が嫌悪する穢の一種であると信じていた。それゆえ、少なくとも重大なる罪を犯した者には、刑罰を科するに先立って清祓《きよめはらえ》の儀式を行わせて犯罪から生じた穢を解除し、神怒を和げて解かせたのである。

＊一人が穢れると、神が怒って皆の者が災禍を蒙ると考えられていたから、清祓をなすのである。

天つ罪・国つ罪は、この種の祓を必要とする犯罪に属するものであった。しかし、やや後世になると、清祓と刑罰とは次第に混同され、清祓が刑罰の意味を有することもあり、清祓をもって罰に代え、刑罰だけをもって清祓に代える場合も生ずるに至った。清祓は、犯人に神への祓物《はらへつもの》（祓具）を供えさせ、神官に祓の言葉を朗読させることをその方法とした。そして、祓物は犯罪人の所有物を徴してこれに充てた。やや後世においては、馬や大刀のような特定の財物を供させることになった。従って、清祓は次第に一種の財産刑の意味をもつに至った。

我が古代に行われた刑罰の種類は明らかではないが、古史に散見するものをみると、死刑、放逐刑（素戔嗚命の神遂《かんやらい》）、流刑、貶姓（姓をおとすこと）、黥《いれずみ》、配賤（自由を奪って賤民とする）、財産没収刑などがあった。また犯罪の種類によっては、その刑が子孫に及んだものもあった。また贖罪を許したこともある。大赦は天皇の権利に属した。なお、行刑は物部氏に委任されていた。

＊「つみ」のなかには、今日では罪と思えないものもある。雷が落ちるとか、鳥に糞をかけられることは、それ自身は罪ではないが、何か犯罪をしたことの徴表と考えていたのではあるまいか（中田の私見）。しかし、これも正しいかどうか疑問である。「つみ」が果していかなる語からきたか。一説によれば、tsumi は蒙古語の djime、蒙古の方言 zeme のいずれともよく似ている。

フランスでは blâme、ドイツでは Schuld、これらと同類の語が我が「罪」であるとすれば、他から非難される「責任があること」となり、極めてよく解き得るが、果してこれらが同類の語であるかは疑いがないわけではない。また、一説によると、蒙古語の zeme, djime は日本語の seme 責と同じ語源だともいう。

「穢」が法律の一部をなしたことは、宗教と法律とが分化していない時代には多くの民族にみられる現象である。中田「古法と触穢」（『国家学会雑誌』三十一巻十・十一号〔一九一七年。中田『法制史論集』第三巻下に再録〕）参照。また、Theodor Mommsen 氏は Zum ältesten Strafrecht der Kulturvölker, 1905〔Leibzig. Duncker & Humblot〕なる著書において、刑罰は神の威から生じたものといい、これが各国法についていえるかどうかを論じている。このように古代の刑罰は神と関係がある。「穢」の思想もこの書物にもあるように各国にみられる。ローマでは五年ごとに祓をやったといわれている。日本には殊に多くの「穢」の史料がある。六月と十二月の大祓もこの遺制である。なお、Karl von Amira, Die Germanischen Todesstrafen, 1922〔München. Verlag der Bayerischen Akademie der Wissenschaften in Kommission des G. Franzschen Verlags〕も参照。死刑はすべて宗教に関係すると説く。いかに刑事制度が発達しても知り得ない犯罪がある。これが滞ると全国に犯罪が行きわたり神の怒を招く。この意味で、「穢」を「隠れた犯罪の Symtom, Symptom（症状）」と解し、それをはらうために「祓」をやった、このように考えると「罪」の概念は今日の「犯罪」に一致するから、一概に「つみ」が今日の犯罪より広い意味だとはいえない。

なお、清祓をする時には神様に供物をするが、その費用が犯罪人の負担とされた。これが後に罰金となったのである。

大化前代における裁判制度の詳細は、史料が乏しく明らかではない。最高の司法権が天皇に属していたのは明らかだが、後世の史料から逆推すると、氏上は氏人に対し、伴造は自己の率いる伴緒および付属の品部に対し、国造は公民に対して、ある程度の裁判権を有したように思われる。養老令によると、治部省と刑部省の二省に解部《ときべ》と称する十数人の官人が付属し、治部省の解部は譜代（本姓）に関する争論（氏姓の系譜をめぐる争論）を審理し、刑部省の解部は犯罪人を訊問・審理することを掌っていた。これらの解部はその名称からみて疑いなく大化前代から伝え来った遺制であって、大化前代には特定の氏の世職であったと思われる。支那から輸入したものでなくて、固有の制度であろう。このほか物部氏が行刑に与かっていたことは前述の通りであるが、忍坂部《おさかべ》なる氏が刑部氏とも書かれることから察するに、忍坂部氏もまた裁判または行刑に関係する職を世襲していたと推定される。

大化前代における民事・刑事の訴訟手続きもまた不明であるが、いわゆる神判(indicium dei, Gottesurteil, ordeal)という方法によって曲直を決する方法が広く用いられていたらしい。その一種として我が古史にみえているものは、盟神探湯《くがたち》だけであるが、『北史』にはこのほかに毒蛇神判が日本に行われていたことを伝えている。『北史』倭国伝に「或置㆔小石於㆓沸湯中㆒、令㆓所㆑競者探㆒㆑之。云㆓理曲者即手爛㆒。或置㆓蛇甕中㆒、令㆑取㆑之。云㆓曲者即螫㆑手矣」とみえる。また、地方によっては鉄火神判も行われていた。このほか訴訟手続きに犯罪人への拷問を用いた形跡もある。拷問として水責の方法を用いたようである。

＊この神判は各国でも盛んに行われた。鉄火などもこれに属す。支那には神判に関する記事はなく、「灋《ほう》」の文字よりその存在を知るのみである。この文字の部分を構成する「廌」は神獣で曲なる者を突撃するの意味、「法」は水で去るの意味である。中田「古代亜細亜諸邦に行はれたる神判」（『法学協会雑誌』二十二巻三号、二十五巻九・十号、明治三十七年、明治四十年〔中田『法制史論集』第三巻下に再録〕）参照。

# 第二期　大化後代〈序論〉

# 第一章　大化改新

我が建国以来の族長政治は、大化前代の末頃には政治上・社会上種々の弊害を生じて、皇室の運命も危うくなった。すなわち、国造・稲置ら地方豪族は莫大な土地と品部とを兼併して権威を地方に振い、しばしば国家の命令を奉じず、また大臣・大連ら氏々は互に党派を結んで権力を朝廷に争い、その勢力はややもすれば皇室を凌ぎ、皇極紀〔元年（六四二）十二月是年条〕のなかで上宮大娘姫王《かむつみやいらつめのみこ》（聖徳太子の娘）が蘇我氏の専横に奮慨して「蘇我臣専擅二国政一、多行二無礼一。天無二二日一、国無二二王一。何由任レ意悉役二封民一」（この言葉はすでに聖徳太子の憲法中にもある）と批判したような観を呈した。もしそのままに放置していたならば、我が国家は土崩瓦解の運命に落ちたかもしれなかった。

この時にあたり、一部憂国の士が蘇我氏を倒して族長政治の禍根を断ち、新政を樹てることとなった。新政の目的は、支那・唐の制度を典型として、天皇を中心とした強固な大権政治を行うことにあった。これより先、推古天皇三十一年（六二三）〔七月〕、支那より帰朝した留学生の医恵日《えにち》ら四人が、朝廷に奏して「大唐国者、法式備定之珍国也」と説き、唐の法制の完備を称揚した〔『日本書紀』〕。惟《おも》うに、彼ら留学生は我が国改造の理想を強固なる皇帝の大権政治の下に統一されている唐国に見出し、帰朝後その新たな国家観を朝廷の内外に宣伝鼓吹したのであろう。

＊ちょうど明治維新において、帰朝者が我が国改造の目標を欧米にみたのと同じである。

大化改新は、このような理想を実現したものにほかならない。かかる国外よりの刺激と国内の事情とに激成されて、多年の積弊であった族長政治を斃《たお》し、これに代えるに唐に倣った強度の大権政治をもってせんと試み、また他の一面においては我が制度文物を整備して、国際上隣国と対等な地位を占めんと期した。

この目的を貫徹するために実行したことは、次の三点に帰納し得る。

その一は、主権の所在を明らかにしたことである。このために多年皇室を侮視して政権を擅《ほしいまま》にしていた蘇我氏を誅し、君臣の分を正した後、大化元年（六四五）六月（十四日）、天皇・皇族・群臣が会同して天神地祇に対して次のような誓いを行った。「告㆓天神地祇㆒曰、天覆地載。帝道唯一。而末代澆薄、君臣失㆑序。皇天仮㆓手於我㆒、誅㆓殄暴逆㆒。今共瀝㆓心血㆒。而自㆑今以後、君無㆓二政㆒、臣無㆓弐朝㆒。若弐㆓此盟㆒、天災地妖、鬼誅人伐。皎如㆓日月㆒也」（「瀝㆓心血㆒」とは心血をしぼり出して誓うこと）（『日本書紀』）。すなわち「大槻樹下の会盟」と称されるものである。

その二は、氏族の勢力を削いだことである。そのためにあらかじめ諸国に国司を派遣し、戸籍を作り、田畝を校《かんが》え、武器を兵庫に収め、しかる後に皇族・諸氏の所有していた屯倉《みやけ》を廃してその土地を公に収め、品部（部民）を解放してこれを公民とした。

＊ 族長政治の氏が土地と人民を私したことが弊害となった。土地と人とは当時において は富であったからである。従って、まずこれらを私することを禁じ、さらに武力の源で ある武器をも取り上げた。『日本書紀』に以上のことが書いてある。

その三は、族長政治に代えるに大権政治、すなわち天皇の任免する官吏に政治を行わせる制度をもってしたことである。

そして、このために次のような諸改革を断行した。

㈠**地方制度改革**　大化二年（六四六）正月の改新の詔をもって、新たに京師を修《おさ》め、畿内を定め、全国を国・郡・里の三級に区画して、国には国司を任命して地方長官とし、郡には郡司として大領・少領・主政・主帳の四等官を置き、里には里長を置いて、また戸ごとに家長をもって戸主となし、五家ごとに相保たせて互に相検察する制度を設けた。これを五保の制度という。なお、郡の大少領には旧国造のなかで事務に堪える者を起用した。

㈡**班田収授の制度**　同じ詔をもって、一私人の私有地をいったん公に収め、さらに六年ごとに人民に田地を班給し、その死闕を待って再び公に収める制度を立てた。

**㈢税制の改定**　同じ詔をもって、新たに田租・田之調・戸別之調・調之副物という租税を定め、また各国から仕丁・采女を出させて、その粮《かて》として庸布・庸米を徴収した。すなわち、賦役に当たらない者は粮を出したのである。また、諸国より官馬を出させて、また兵士から武器を出させる方法を設けた。

**㈣戸籍・計帳の制度**　同じ詔をもって、戸籍・計帳の制を定め、将来の租税・兵役・班田収授の標準とした。

**㈤官位の改定**　大化元年（六四五）に左右大臣・内臣の三大臣を置き、もって以前の大臣・大連に替えることにしたが、同五年（六四九）には国博士の高向玄理・僧旻に命じ、支那の制度に模した八省百官を設置させ、官制の完備をはかった。ただし、当時の八省百官の内実・名称は伝わっていない。冠位に至っては大化三年（六四七）に織冠から建武の七色十三階を制定し（建武のみ大小なし）、推古朝の十二階の冠位に代えたが、大化五年（六四九）にはさらにこれを十九階に改定した。

以上が孝徳天皇即位の年から白雉三年（六五二）までの八ヵ年に実行した改革の大要である。もとより大化新政の序幕にすぎず、全部が終了したわけではない。天智天皇以後における数回の律令の撰定の如きは、すなわち大化改新の精神を継承して、その事業を完成したものにほかならない。しかし、これら後年における改革的立法の基礎は、孝徳天皇の御世における敷設によって基礎が築かれたといえる。

＊推古朝以来、隋と交渉し、さらに唐と交通して、留学生をたくさん送る。やがてこれらの学生が帰国して、唐の大国たるに憧れて日本の族長政治の腐敗を歎いたのである。彼らが唐の大権政治に感銘したことが、大化改新を生む気運を作った。明治時代に欧米に模倣して立憲君主制を作り上げたのと同様である。
国博士の高向玄理と僧旻は、いずれも厩戸皇子に抜擢されて留学した人物である。推古天皇十五年（六〇七）小野妹子が正式に外国に派遣されたが、翌十六年に隋より帰って、是非さらに留学生を派遣するように建議した。皇子は八人を抜擢して派遣する。この八人はみな帰化人の子孫で、釈僧旻などは新漢人《いまきのあやひと》と呼ばれたが、僧旻は二十五年間、玄理は三十三年間にわたり留学してきた。気宇雄大である。

# 第二章　律令の編纂

＊律令の説明は後述の法源論に譲り、ここではただ律令が編纂されるに至った沿革の説明にとどめる。

大化改新の目的は、従来の族長政治を倒し、これに代えるに唐の制度を型とした大権政治をもってすることにあった。唐における大権政治が律令の形式によってのみよく行われていたものであることを考えてみると、大化改新の後、我が国でも直ちに律令の編纂に着手したことは、単純なる唐制の模倣ではなく、当然の成り行きであった。

そもそも国家の根本法を刑罰法であるか否かによって、律（刑罰法）と令（刑罰法に非ざるものがみな入る教令法）との二つに区分することは支那特有の法の体系であって、支那では前漢以来、歴朝おおむねこの二つを制定して国家を統治する要具とした。

唐でも、武徳元年（六一八）に高祖が隋の禅《ゆず》りを受けて帝位に就くや、隋の時に行われた開皇律令を廃して、武徳七年（六二四）に新たに律令を制定・発布した。その後、貞観十一年（六三七）、永徽二年（六五一）、開元初年（七一三）、開元七年（七一九）、開元二十五年

（七三七）等数回、その修正を行った。

晋の時代、すなわち四世紀末には朝鮮においては、これの模倣をみるに至った。我が国が百済から儒学と仏教とを早く伝えられたにもかかわらず、律令のみを継承しなかったのは、我が国民間に漢字が普及していなかったことが一因かも知れないが、我が国家の地方分権的組織と族長政治には、強大な主権によってのみ維持されうる律令法を容れる余地がなかったという事情によるのであろう。そして、我が国が族長政治の弊害に堪えず、早晩一大改革を断行する必要に迫られた時、たまたま交通を開始した隋唐両朝は支那百朝のなかでもその主権が最も強大で、律令の制度も最も完備した時であった。これは歴史上の奇遇である。我が国家改造の理想を唐において発見した我が当時の政治家が、その理想実現と同時に唐の律令の継受を企てたことは、内外の時勢に照らしてむしろ必然の成り行きであった。

我が国においても、天智天皇の時に初めて近江令を制定して以来、しばしば修正または編纂を経て、遂に養老律令に及んだ。次にその間にできた各律令について、簡単にその特徴をあげておきたいと思う。

## 第一節　近江令

大化改新の際にはいまだ律令の編纂はなかった。しかし、大化二年（六四六）正月に発布された有名な改新之詔四ヵ条を唐令の逸文に対照してみると、その範を唐令に採ったことは一目瞭然である。この詔は我が国における律令制定の先駆をなすものであるといっても差し支えない。そして年代をもって推すと、この改新の母法であった唐令は、唐における最初の令なる武徳令（武徳七年、六二四）、これに次いで編まれた貞観令（貞観十一年、六三七）のいずれかにあたると思われる。

また、孝徳天皇の大化五年（六四九）、推古朝に支那に留学生として派遣された国博士高《たか》向漢人《むくのあやひと》玄理、新漢人《いまきのあやひと》僧旻の両人が詔を奉じて八省百官の制を定めたが、これもまた唐の三省六部の官制を模倣したものであることは疑いない。

孝徳朝にはいまだ律令そのものは編纂されていないが、その準備はすでに大化改新の指導者である中大兄皇子（天智天皇）、中臣鎌足（鎌子）と前の国博士らによって着手されつつあったと解して差し支えない。

＊推古朝の時、厩戸皇子が八人を隋に留学させたが、その八人はみな支那人・朝鮮人からの帰化人の子孫であった。けだし日本人は当時、学問に秀でていなかったからである。厩戸皇子の度量を賞すべきである。

その事業がいよいよ完成して我が国最初の令として公布されたのは、大化改新から二十二年を経た天智天皇即位元年（六六八）のことであった。二十二年も要したのは、一方においては、新旧過渡期における紛糾した我が国情が容易に法典の編纂を了することを許さなかったこともあっただろう。他方においては、我が母法たる貞観令はその後永徽二年（六五一）に一度大修正を受け、さらにまた数回の小修正を受けたため、我が令もその完成までに幾多の草案が改められ、多くの年月を要したものと思われる。

＊即位式と位につく時（践祚）とは今日と異なって時期が違っていた。従って、この令も前にできていたが、即位式の時に公布されたのであろう。

この天智天皇即位元年の令は、後世「近江朝廷之令」または近江令と称されるもので、二十二巻からなっていた。これをその母法とみられる唐の永徽令三十巻に比べると、その規模においてやや劣っているけれども、大宝令の十一巻、養老令の十巻に比べると、はるかに勝るものがある。

近江令は早くに逸亡して後世に伝わらない。今日では、ただ田令・考仕令・氏令（中田の仮定説）の篇目名と、一二の断片的な逸文、およびその規定に基づいたと思われる二三の法令とを伝えるにすぎない。これらのものによって想像すると、この令は我が国情を考慮し、古来の旧慣を保存したところ頗る多く、大化改新がやや急進的であったことに比して、反動的保守的傾向が現われているように思われる。

この令がいつ施行されたのか、全部が施行されたのか、いずれも不明である。この令の施行後、時勢に適応しないものが多かったとみえて、天武天皇十年（六八一）にさらに修正に着手して、持統天皇三年（六八九）にその業を終えて、令二十二巻を諸司に頒布した（修正近江令）。この修正の程度は不明だが、さほど大きくなかったようである。

このように、近江令は持統天皇三年に修正されて施行されたが、間もなく大宝令が行われることになって、同時に廃されてしまった。されば、この近江令は寿命が比較的短命であったが、後世における国法の基礎となっていることは、奈良朝時代の詔勅にしばしば「近江大津宮御宇大倭根子天皇乃、与㆓天地㆒共長、与㆓日月㆒共遠、不改常典《かはるまじきつねのり》止立賜比敷賜覇留法乎」云々とあることからも察せられる。これが即位の時に出ているから、即位令を定めたものだとする説もある。

＊近江令が伝わっていたならば、日本の文化史に貢献するところ大であったと思われる。この令は大化改新で打ち破られた制度を再び取り入れて作ったものらしい。大宝・養老令ではもう一度急進的になっていることは注目すべきである。

二三の史料には、天智朝に令とともに律が制定され、また天武朝に令とともに律が改正されたと伝えるが、この史料は相当劣る史料で、疑う余地があるといわなければならない。これはおそらく誤りで、当時律の編纂に着手したという事実はあるかも知れないが、完成したのは天武朝のようである。しかし、この天武律も果して実施されたかどうかはわからない。

## 第二節　大宝律令

持統天皇が修正近江令を施行した後八年を経て、文武天皇四年（七〇〇）に刑部親王と藤原不比等らが勅命を奉じてさらに律令を撰定し、翌年の大宝元年（七〇一）に律六巻、令十一巻を完成した。令はその年から、律は翌年から施行された。この時の律令は大体において「浄御原朝廷をもって准正とした」と伝えられているから、天武朝の律、持統朝の令と同じく唐の永徽令によって制定したものらしい。

しかし、最近の研究によると、なお貞観令その他の唐の法源をも参酌した形跡がある。この大宝律令も後世には伝わらない。しかしながら『令集解《りょうのしゅうげ》』（養老令の注釈を集めた書）に引用してある「古記（古令私記）」にみえる大宝令の逸文を総合して考えてみると、これは再び大化改新当時の急進的な性格に立ち戻り、近江令に保存された旧慣・古俗を排斥し、偏《ひとえ》に唐制を模倣しようとした形跡が著しく認められる。しかし、その規模が唐令に比して狭小であるのはもとより我が国情のよるところで、立法者の苦心はむしろこの点にあったかもしれない。なお、大宝令の篇目は養老令のそれとほとんど一致している。ただ、養老令の職員令を官員令と称し、養老令の考課令を考仕令と称していただけである。大宝律の篇目については知るところはない。

大宝律令は、その施行の年から養老律令施行年の天平勝宝九歳（天平宝字元年、七五七）

に至るまでの五十七年間、すなわち奈良朝以前から奈良朝後半期にわたって、我が国の根本法としてその効力が維持された。もちろん、その間に臨時の詔勅・官符の類、すなわち格・式によって部分的に修正・増補されたところも少なくない。

＊大宝令は、『令集解』のおかげで同じく散逸した近江令よりもその実態がわかる。「古記」とは想像するに「古令私記」の略だと思われる。

## 第三節　養老律令

大宝律令の撰定後十七年を経た元正天皇の養老二年（七一八）に至って、藤原不比等らは再び勅を奉じて律令を刊修して各十巻とした。これすなわち養老律令にして、今日伝わっているものである。

この律令は編纂の年をもって直ちに施行されたのではなく、その後三十九年の久しきを経て、天平勝宝九歳（七五七）にあらためて別勅をもって大宝律令に代えて施行された。それがいかなる理由に基づいたかは不明である。

養老律は今日では大部分が失われているが、その残存する条文を今日伝わっている唐の開元二十五年律（七三七、『唐律疏議』）と比較してみると、唐律の規模を縮小して字句に多少の修正を施している以外にはほとんど唐律の模倣・直写といってもよい。大宝律でもすでにそうであったのだろう。養老律令は大宝律令を修正したものであるから、その規定の大部分は唐の永徽律令によったものである。

令においても大体においては大宝令を踏襲し、字句の修正、条文の廃合を行っているにとどまり、根本的修正を加えたところはなかったらしい。一、二の史料に養老律令の撰定を指して「律令の刊修」と記しているのは、おそらくこのためであろう。

しかし、支那においては我が養老元年（七一七）に先だつこと四年の開元年間（七一三〜七四一）に二回の律令修正があったことを思えば、我が立法者が開元令を参考にしたことがないとはいえない。かつ我が養老律令が制定後三十九年に施行されたもので、その間には我が国情も種々に変化し、また支那においても開元二十五年（七三七）に開元令の公布があったことを併せ考えると、この間に多少の修正を施したこともありえるのであって、その形跡が認められないでもない。すでに奈良朝の後半以来、大宝律令のことを「古律」「古令」といい、現行法たる養老律令のことを「新律」「新令」といって両者を明白に区別していることを忘れてはならない。

養老令は全体としては短命で、施行の時においてその規定の一部はすでに死法であった。それは、大宝令に変更を加えた格などの各種立法が大宝令の規定をそのまま踏襲した養老令の規定に対しても依然として効果を保有していたからである。養老令の規定中にはすでに格式をもって修正増補された大宝令をそのまま襲った規定が多い。養老令が旧制度復活の趣旨に出たものでないことは、これらの格式が養老令施行後においても依然その効力を維持していたことからわかる。従って、養老令にはその施行のときすでに無効に属していた規定が多い。なぜすでに不要に帰した規定を保存したかは疑問だが、おそらく養老令の編集は大宝令の刊修、すなわち小修正を目的としたもので、大修正に至っては既存の格式に委ねるという方針に基づく結果だと思われる。

また、養老律令施行後にも、しばしばその条文に修正が施された。施行後十二年を経た神護景雲三年（七六九）に一度刪定《さんてい》が試みられている。また、二十二年を経た延暦十年（七九一）の刪定律令二十四条、延暦十六年（七九七）の刪定令格四十五条の如きは大修正であったらしいが、その内容は伝わらない。さらに二十五年を経た弘仁三年（八一二）にも再び神護景雲三年に刪定した令を修正している。ゆえに、養老令の寿命は比較的短い。

さらに、養老令施行後、その重要な規定で、特別の格式により、もしくは事実上において廃止変更されたものも少なくなかった。例えば、延暦年間（七八二〜八〇六）の諸国軍団の廃止、徴租法の改正、延暦年間、大同年間（八〇六〜八一〇）、弘仁年間（八一〇〜八二四）における諸官司の廃合、ならびに官員の増減、また延暦以降における戸籍計帳の廃頽、大同前後における班田制度の中絶は、いずれも養老令の効力を大部分において有名無実に帰させたものである。

嵯峨天皇の弘仁十一年（八二〇）に新たに大宝元年（七〇一）以来の格式を集めて『弘仁格』『弘仁式』として編纂させるに至ったことは、当時すでに法律の重心が律令法を出でて格式法に移ってきたことを証明するものである。しかし、その傾向はすでに早く養老令施行の際から認めうる。ただし、養老律令は形式上においては王朝時代末までその効力を有していた。

＊今日残っている令も養老令として伝わるわけではなく、ただ『令義解《りょうのぎげ》』として伝わっているにすぎない。従って、これが養老令であるか大宝令であるかについて、徳川時代から学者のあいだで争われていた。一説ではこれは大宝令であり、養老令はただこれを少し修正したにすぎず、二令は全く一つのものだとする。この説は明治時代まで正しいとされてきたが、これが誤りであることが明らかにされるに至った。

従来の説は、大宝元年をさほど降らない養老二年（七一八）にすでに養老令が作られ施行されたと考えていたから、養老令すなわち大宝令なりというに至ったが、実は施行は天平勝宝九歳（七五七）なのである。ゆえに、養老令と大宝令とは全く異なるものである。中田の新説で、今は一般にこれが認められている。

大宝令　　　　養老令……………施行
大宝元年——養老二年————天平勝宝九歳
（七〇一）　（七一八）　　　　（七五七）

徳川時代においては、養老二年（七一八）の制定は大宝律令の部分的修正にとどまると考えられていた。中田は、①養老令施行の詔勅があること、②『続日本紀』の記載にして養老二年より天平勝宝九歳（七五七）の間の制度にして養老令に合わずして大宝令に合するものがあること、③王朝時代の法律書目録中にも大宝令・養老令の二者の別を認めていることを理由とし、二者が別個の法典なること、および養老律令の制定施行には長い年月が経過し、大宝令が施行し続けられていたことを明らかにした。

『唐律疏議』は永徽律を内容とすると考えられ、疑いを差し挟む者はなかったが、近年仁井《にい》田陞《だのぼる》教授（一九〇四〜六六）によって開元七年律（七一九）を内容とすることが明らかにされた〔仁井田陞・牧野巽「故唐律疏議製作年代考(上)(下)」（『東方学報』一・二冊、一九三一年）。永徽四年（六五三）の長孫無忌ら撰『永徽律疏』ではなく、開元二十五年（七三七）の李林甫ら撰『開元律疏』であるとした〕。

以上で大化後における支那系の律令編纂の沿革の説明が終ったが、付け加えておきたいことは、天智天皇以来の数回にわたる律令編纂が我が国の法制に及ぼした効果である。大化以後の我が国家が律令撰定によって始めて近代的な中央集権的で文治的な組織を享有するに至ったことは、律令の効果として第一に特筆すべきものである。

次に、我が古代の混沌雑多な慣習が、律令の編纂を経て始めて洗練淘汰されて、これによって確定の形式と体系とが付与されるに至ったことは、我が法制の発達上、見逃すことのできないものである。この体系と形式とは、律令制度が廃絶して以後においてもなお永く我が法制を支配し、その後に新たな経済的・社会的状態のなかから発生した種々の慣習においても、依然として律令が残した旧形式を踏襲し、その体系に従って発達を遂げたものが少なくない。反対に、律令に起源するもので、それが中断した後にさらに新たな形式において復活してきたものも少なくない。

＊ 支那の法典たる律令、殊に隋唐の律令は完備したものであったが、この法典を基にした System のなかに慣習が入りこんで法制を作り上げたのである。そして、その内容は変化したが、その形式と体系とは後世まで残った。

# 第二期　大化後代〈本論〉

# 第一章　天皇および皇族

## 第一節　統治権

大化後代においても、天皇に属する国家統治の任務を「高御座之業」「食国天下之政」、また「天津日嗣」といい、国家を統治することを「所知」「所知行」（しろしめす、しらしめす）、「聞食」「聞看」（きこしめす）、あるいは「治賜」（をさめたまふ）などといっていたことは、大化前代と変わりない。

この国家統治は、天皇自身が万機を専制・独裁することを意味するものではない。そのような思想は大化後代の史料にも現れていない。むしろ国家の政治は常に群臣百官の翼賛によらなければならないとの思想、すなわち君臣倶治の思想が繰り返し語られている。これは君・臣・民を核とする支那の思想と対照的である。

すでに厩戸皇子の十七条憲法の第十七条に「夫事不㆑可㆓独断㆒、必与㆑衆宜㆑論」（『日本書紀』推古天皇十二年（六〇四）四月戊辰条）と衆議政治の必要を宣言しているが、孝徳紀の大化二年（六四六）三月（甲子）の詔では、さらにこの趣旨を具体化して「夫君二於天地之間一、而宰二万民一者、不レ可二独制一。要須二臣翼一。由レ是、代々之我皇祖等、共二卿祖考一倶治」と表現している。また、慶雲四年（七〇七）七月（十七日）の元明天皇即位詔にも「遠皇祖御世乎始而、天皇御世御世、天豆日嗣止高御座爾坐而、此食国天下乎撫賜比慈賜事者、辞立不在。人祖乃意能賀弱児乎養治事乃如久、治賜比慈賜来業止奈母随神所念行須」と歴朝ごとに宣言されている（本居宣長『歴朝詔詞解』（一八〇三年）参照）。

従って、天皇の統治権、高御座之業は御一身の利益のために存する私位ではなく、これを祖宗、皇祖皇宗から受けて皇子孫に伝えるべき公位である。この位に属する高御座之業は自身の利益のために行われるものではなく、歴代の詔勅に「撫賜比慈賜比（なでたまひ、いつくしみたまひ）」としばしば現われるように、常に国家の公民の安寧幸福を増進することを目的とするとの思想が宣命されている。

その後も、光仁天皇の宝亀三年（七七二）五月（二十七日）の廃太子詔に「其高御座天之日嗣座波、非二吾一人之私座一止奈毛所思行須」（『続日本紀』）とあり、改新から百四十年を経過した桓武天皇の延暦四年（七八五）六月廿四日の官符もまた「国以二百姓一為レ本」「国非二一人独理一、委二之牧宰一輯二寧兆庶一」（『類聚三代格』）と同一の思想を繰り返している。さらに平城天皇の大同五年（八一〇）五月（十二日）の藤原緒嗣の上奏文には「国以レ民為レ本、民以レ食為レ命」（『日本後紀』）とみえ、降って崇徳天皇の天承二年（一一三二）閏四月の中原師元の勘文にも「民者国之宝、君之本也。治レ国之道、不レ侮二匹夫一」（『朝野群載』二十一雑文〕とある。国家の基本は民にあるという「以レ民為レ本」という思想は、我が王朝時代に上下に通じて表明されているのである。もってその政治が君臣共治の思想を基礎としていたことを知るのである。

＊支那では「君・臣・民」といい、臣は役人、民は被治者であって、臣と民との区別があった。日本で「群臣百官」といったときは「君・民」の意である。高御座を公位とみなし、人民を愛撫することを政治の眼目とした。「以民為本」を民本主義というが、元来は支那の思想である。今日の democracy のように民が政治にあずかる権利を有するという意味とは異なる。政治をするにあたって、常に民を本としなければならないという思想である。

## 第二節　詔　勅

天皇の命令を総称して「みこと」「みことのり」といったが、令の撰定以来、種々の形式をもって公布されるようになった。

㈠**詔　書**　大宝令および養老令の公式令《くしきりょう》によれば、国家の臨時の大事に関して発する天皇の勅令を詔書という。その形式は外国に対して発するものと、内国に対して発するものとにより、また事件の軽重により多少の差異がある。しかし、いずれも詔旨を結ぶに「……咸聞」（「……ことごとくにきこしたまへ」「……みなみなきこしめされ」）の語をもってするのを特徴とした。

この詔書を発するには、中務省の内記が旨を受けて立案し、天皇の御画日《ごかくじつ》を経た後に中務卿がこれを大輔（次官）に宣し、大輔はこれを奉じ、少輔がこれを行う内旨を署記して太政官に送る。さらに太政大臣以下大納言以上の官がこれに副署し、御画可《ごかくか》を経て、これを太政官に留め、さらに一通を写して施行させた。施行に際しては、在京諸司に対して詔書の写しに官符を添えて渡し、諸国（司）に対しては詔書を官符のなかに謄載して下した。このような官符を「謄詔符」という。

この詔書は、我が古来の詔書公布式たる「みことのり」、すなわち口宣から転化したものであるから、いわゆる宣命体をもって記し、施行に先だって一度諸司に対して誥《かう》（朗読）することを本式とした。しかし、実際には純漢文体で記すことが次第に多くなり、宣命体の詔書は次第に少なくなって、神社・山陵への告文《かうぶん》、立坊（立太子）、立后、任大臣、その他二三の場合に限定されるようになった。

㈡**勅　旨**　大宝令・養老令によれば、尋常の小事に関して発する勅命を勅旨といった。その制定公布の式は、侍臣が内旨を奉じてこれを中務省に宣し、省で勅文を起草し、これを覆奏した後、卿輔がこれに署名し、その後に一通を写して太政官に送り、太政官の大中少弁や史らが連署して官に留め、さらに一通を写してこれを施行させた。施行については詔書と同じである。しかし、後世の勅旨は必ずしもこれによらなかった。

**㈢宣　旨（奉勅宣旨）**　令には宣旨なる式の規定がない。しかし、弘仁年間（八一〇～八二四）以後、尋常の政務に関して頻繁にこれを使用している。元来、宣旨とは勅旨を奉じてこれを下に宣すという意味の勅令の形式で、事件の種類に従って宣者や奉行者を異にしたため、種々の形式を生じた。その最も普通に用いられたものは上卿《しょうけい》（大臣以下中納言以上）が勅旨を職事《しきじ》（蔵人）から受けて宣し、外記《げき》がこれを奉じて書記するというものであった。これに次いで用いられた形式は、上卿が職事から勅を受けて、これを奉じて弁官に宣し、弁官がこれを史に伝え、史がこれを奉じて書記する式であった。時として、後の場合に弁官の史から弁官の伝宣を口頭で関係諸司に仰す場合もある。すなわち口宣の最も古い姿であった。この宣旨はまた、官符・弁官下文《べんかんくだしぶみ》（官宣旨）の形式で公布されたこともある。このほか、内侍が勅を奉じた内侍宣もある。

## 第三節　皇位継承法

皇位の継承者は皇胤、すなわち皇子孫に限るという我が建国以来の大原則は、大化後代にも種々の機会に繰り返し確認されている。また、この時代になると、皇胤であっても一たび臣姓を称して臣下に列した者は、再び皇親に列せられない以上は皇位継承資格を失うとの新しい原則が現われた。歴史上の実例によれば、この時代に天皇の二世孫以外から皇位を継いだ者はない。皇位継承法に関しては大化前代の原則が大体において維持されているが、若干の例外と異例が発生している。

**㈠天皇生前の選定**

⑴立　坊（立太子）　この時代に天皇が生前に皇位継承者を選定する最も普通の形式は、立太子の式、すなわち立坊の式（平安朝における呼称）で、特に立坊の宣命を発するのが定例である。皇胤のうち誰を皇太子に立てるかは全く天皇の自由な権限に属し、必ずしも嫡庶長幼の順序に従うことを要しなかった。また、皇子がいても、皇兄弟その他の皇族を選定することを妨げなかった。この時代には、皇弟の太子に立てられた時にも、皇太子と称することを普通とした。皇太子は立て替えることができた。すなわち、前に選定した皇太子が早世し、または罪があって廃され、または自らその位を辞した場合、他の皇太子または皇族を立ててこれに替えた例も少なくなかった。

⑵譲　位　皇極天皇以来、天皇が疾病・老衰その他の事由をもって生前に皇位を継承者に譲るという新しい例が生まれた。その実例は、この大化後代に属する四十六代の天皇のなかで実に二十八代の多きにのぼる。この譲位は通常はすでに選定された皇太子に対してなさ

れ、または譲位と同時に立坊を行ってなされる例であったが、ごく稀にはあらかじめ立太子のこともなく直ちに皇位継承者を指定して譲位した例もある。この場合には、譲位そのものが皇位継承者を選定する一つの形式であったともいえる。

⑶遺　詔　この時代に前天皇が遺詔をもって皇位継承者を指定した例が一つある。

**㈡皇族・群臣の勧進**　この時代、天皇が生前に皇位継承者を定めずに崩御した時は、皇族・群臣が相計って皇族のなかから皇位継承者を推挙し、皇位継承を勧進したが、その実例はさほど多くない。そのなかで疑いないのは光孝天皇の即位である。陽成天皇が継承者を定めずに譲位したので、明らかに群臣の勧進によったものだといえる。このほか、天武天皇・称徳天皇の即位も一見すると自立のようにみえるが、おそらく形式上はこの方法によって行われたものらしい。また、光仁天皇の即位は称徳天皇の遺詔によったとされるが、実は群臣の勧進であった。

以上に略述した皇位継承法の大原則に対する異例は四つほどある。

**㈠女　帝**　女帝の即位は大宝令でも予定されているところであるが、事実においては皇位継承法の例外で、この時代には斉明天皇・持統天皇・元明天皇・元正天皇・孝謙天皇・称徳天皇の六代がある。そのなかで斉明は皇極の重祚で、称徳は孝謙の重祚であり、異例中の異例である。これらの女帝の即位ならびに重祚の理由は必ずしも同一ではない。持統天皇と元明・元正天皇の即位は皇位を継承すべき皇子孫の幼少の間の政事・祭事を摂する意味で即位したものであり、孝謙天皇の即位は父の聖武天皇に男子の継嗣者がなく、あるいは他に皇位を継承すべき適任者がいないという事情で、やむを得ざるに出たもののように思われる。

**㈡廃位および遜位**　この時代に太上天皇（譲位した天皇）が現在の天皇を廃した例が一つある。すなわち、孝謙太上天皇が淳仁天皇を廃した例である。これは異例に属する。孝謙天皇は父帝の勅命を奉じて族叔祖父《いとこおおおじ》にあたる者を立てて太子として位を譲った。淳仁天皇である。しかし、孝謙太上天皇と淳仁天皇との間で融和を欠いたため、天平宝字六年（七六二）六月に孝謙太上天皇は勅を出して、爾今以後は国家の小事は天皇に委ねるが、大事に至っては太上天皇自ら行うとの旨を宣言した。これをもってみても、譲位は決定的に国家統治権を新天皇に授けるものではなく、ある場合にはその一部を回収することも妨げなかったことがわかる。この回収権は、前天皇がなお皇室の家長として有する家長権に基づいたもののようである。このことがあって後、天皇と太上天皇との間はますます疎隔し、同八年（七六四）に上皇は遂に淳仁天皇を廃して（淡路廃帝）、自ら重祚するに至った。当時の詔によれば、上皇が先帝から受禅したときに「爾後たとえ皇位に登る者といえども、太上天皇に対し礼を失うことがあった時にはこれを廃せよ」と勅したがゆえに、淳仁天皇を廃するのだと宣言した。これをもって考えても、太上天皇が譲位後もなお家長的権力を持っていたことが知られる。

廃位と似て非なるものは、陽成天皇の遜位（退位）である。これは、事実上当時の権臣藤原基経らの強制に出たもので、一面では廃位のようで、また一面では譲位によるが、あらかじめ皇位継承者を指定せずに皇位を退いた点では普通の譲位と異なる特例である。

**㈢法皇による皇位継承者選定**　法皇、すなわち出家入道した太上天皇が皇位継承者を選定したこともある。近衛天皇が崩御するも後嗣なく、父の鳥羽法皇が群臣と謀って近衛天皇の兄を立てて即位させた。後白河天皇である。これは皇族・群臣が相図って天皇を推挙したようにみえるが、法皇が皇室家長権に基づいて行った作用と見るべきものである。

**㈣皇太弟**　弟を皇位継承者に定めた時、これを皇太弟と称す。皇太弟が皇位を継承した場合には、しばしば礼譲の意味をもって受禅と同時に、または受禅後に前天皇の皇子を自己の皇太子に選定し、後日その皇太子が即位すると、また同一の礼譲の意味をもって前天皇の皇子を自己の皇太子に立て、互にあたかも両皇統が交々相受けて相継ぎ、迭立《てつりつ》の観を呈した。その色彩が最も濃厚なのは冷泉天皇から後一条天皇に至る六代である。しかし、それ以前においても、桓武天皇から文徳天皇に至る六代の間にも同様の傾向が現われている。

＊今日のような原則がなく、天皇は自由に生前に皇位継承者を選び得たから、このような例が行われたのである。

〔迭立〕

甲1
乙2（兄）—丁4
丙3（弟）—戊5

## 第四節　践祚および即位

践祚および即位について、この時代に大なる変化が起った。

＊前天皇が崩御すると天皇位には即くが、即位して始めて天皇と称されるのが大化前代の例であった。これが後代にいかに変化したかを述べる。

**㈠崩御継承**　斉明天皇以前は大化前代と同じく、践祚すなわち即位であった。天武天皇以後においては、前帝の崩御または譲位と同時に新天皇が皇位を継承することが定例となってきたので、弘文天皇以前までしばしば歴史に現われていた空位の事例はほとんど消滅した。天智天皇以来は、皇位継承の事実、すなわち後世の「践祚」と、これを国民に公示する儀式、すなわち後世の「即位」とが、次第に分離する傾向を生じてきた。もっとも譲位の践祚の場合には受禅と同時に即位式を行ったから、践祚と即位との区別は判然としないけれど

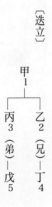

も、前天皇の崩御によって新天皇が践祚した場合は、後日に即位式を挙げ、しかも即位式挙行まではあえて天皇と称せず、依然として皇太子または皇女の名で万機を摂することが定例であった。従って、正史では即位式を挙げるまでの期間を「称制」と記している。

**㈡受禅継承**　孝徳天皇以来、淳仁天皇まで十二代の間、譲位によって皇位を継承したもの六代、この場合はいずれも受禅と同時に即位した。

しかし、桓武天皇は前例を破って、受禅・践祚と同時に天皇と称しつつも、時を経て他日に即位式を挙行した。このように践祚と即位とが相分離した後は、三種の神器は受禅または践祚のときに受けることとなった。爾来、文徳天皇を除く歴代すべてがこの新制に倣い、ここにおいて践祚と即位が国法上自ら別個の意味を有するに至り、即位式は全く践祚の事実を国民に公示する形式と化した。また、大化以前にしばしば存在した空位期間は、践祚・即位の分離の結果、天武天皇以後にはほとんど存在しなくなった。

## 第五節　監国

大宝令・養老令の公式令によれば、天皇が都を出て地方を巡幸する時、臨時に留守官を任命して政務を執行させた。皇太子がいる時は太子を監国に任じて留守官を統轄させた。

＊この制度は日本の憲法にはないが、西洋では中世まである。国王が海外に旅行する時、摂政を置かずに監国を置く。支那にもまたあった。

## 第六節　遷都および建元

大化後代においても、孝徳天皇から元明天皇に至る八代の間は天皇践祚の後に遷都することが原則であった。その地は大和国内が選ばれたが、稀に摂津・近江に定められたこともあった。その後、ようやく首府を固定しようとする傾向が生じてきた。特に元明天皇が和銅三年（七一〇）に平城に都を定めて以来、桓武天皇の延暦三年（七八四）に長岡の遷都の年まで、僅かに聖武朝の末の五年間を除いてその前後八代六十九ヵ年の久しき間、不変の帝都であった。そして、桓武天皇が延暦十三年（七九四）に長岡から平安に都を遷して後は、安徳天皇の治承四年（一一八〇）に数ヵ月の間摂津の福原に遷都したことがあるが、明治二年（一八六九）に至るまで一千七十五年間また遷都のことはなかった。

年号は法興の後、久しく中断したようにみえる。孝徳天皇の即位の年に大化の号を定めたが、古史にはこれを我が国の年号の初めのように記載されている。大化六年（六五〇）に白雉と改元したが、白雉五年（六五四）に天皇が崩御するとともに終わりを告げて、爾後、文武天皇の即位五年に大宝の年号を立てるまで四十七年間、その間に僅かに天武朝の末から持統朝の初めの称制の末まで四年間（六八六〜六八九）、朱鳥という年号を用いたほか、その前後に年号を立てたことが正史には見えていない。しかし、天武朝には白鳳という年号が存したことが他の史料にみえる。大宝以来は、ただ淳仁朝を除いて天皇践祚の後に新たに年号を立てることが歴代の通則となり、さらに国に吉凶祥瑞あるごとに改元する例が増加して、一代のうちに改元七回に及んだ例もあった。

## 第七節　尊号および諡号（おくり名）

大宝令・養老令の儀制令には、祭祀の場合には天皇は「天子」と称し、詔書を出す時には「天皇」と称し、夏夷すなわち国内の夷狄および外国に対する場合には「皇帝」と称するという定めになっている（「夏」は「華」に通じ国内のこと、支那の令よりそのまま採ったからである）。

また、（公式令には）外国に対する詔書においては、事の大小により「明神御宇日本天皇（あきつみかみとあめのしたしろしめす、やまとすめらみこと）」（大事）、「明神御宇天皇（小事）と称し、内国に対する詔では「明神御大八洲天皇（あきつみかみと、おほやしまくにしろしめす、すめらみこと）」（大事）、「天皇」（小事）と称することになっているが、実例に徴してみると、歴代の宣命では国内に対しても「明神（現神）御宇天皇」または「明神（現神）大八洲所知倭根子天皇」と称した例が多い。

他方、当代または歴代の天皇を尊称する場合には、なお前代と同じく「某宮御宇某天皇」「某宮御宇朝廷」または「某宮御大八洲（治天下）某天皇」と称した。

天皇崩後に諡《おくりな》号を奉る慣例は、大化後代に新たに発生した。当時の諡号には国風諡と漢風諡の二種があった。

**㈠国風諡**　孝徳天皇以来仁明天皇までは、天皇の崩御後、直ちに日本風の敬称を追号する慣例であった。例えば、文武天皇に「天之真宗豊祖父天皇（あまのまむねとよおおぢのすめらみこと）」との諡号を奉った。光仁天皇には「天宗高紹天皇（あまむねたかつぎのすめらみこと）」と追号した。この種の日本風の諡号が大化前代の例を襲ったものなのか、新たな発明だったかは不明であるが、仁明天皇以降は絶えた。

**㈡漢風諡**　支那式の諡とは、養老公式令の『義解』に「謂、諡者、累二生時之行迹一、為二死後之称号一。即経二緯天地一為レ文、撥乱反正《ばつらんはんせい》為レ武之類也」とあるように、天皇生前の行迹《ぎょうせき》功徳を考えて、これを表示すべき敬称を二字に表わして奉るのである。

我が国において天皇の崩御後にこの種の諡を奉ることがいつ始まったかは所伝に明らかでない。元正天皇の養老年間に、淡海公藤原不比等が初めて神武天皇から文武天皇に至る四十一代の諡号を選び、さらに桓武朝になって淡海真人三船が元明天皇から光仁天皇までの諡号を定めたとの説が、当を得たもののように思われる。その後、桓武・仁明・文徳・光孝の四つの諡号ができたが、いつ誰が奉ったか明らかでない。この諡号も光孝天皇以後は中絶し、崇徳天皇の崩御の時これを一度復興したが、また絶えて久しきに及んだ。

＊光孝天皇の次の崇徳天皇は諡号だとの説とそうではないという説とがある。淡海公（称号）と淡海真人三船（この淡海は人名）とが混同されて誰が作ったかが不明となったのだが、上述のように説明するのが至当であろうと思う。なお、淳仁天皇の「淳仁」は明治三年（一八七〇）に贈られた諡号である。

平城天皇崩御の後、御在所号または院号を追号として奉ることが頻繁に行われるようになり、宇多天皇以後になると漢風諡に代って歴代の称号となるに至る。これは厳格な意味での諡ではなく、単に歴代を区別するために生前の御在所または院の名称をもって追号としたものであって、時としては先帝の遺詔に基づいたものもある。また、時には前の天皇の追号に「後」の字を加えるにとどまったものもある（白河と後白河）。冷泉天皇以後においては安徳天皇を除いて単に「某院」と称するのみで、天皇という敬称をも略することが普通になった。

## 第八節　太上天皇および院政

譲位の天皇を太上天皇と称することは、持統天皇が譲位した時に始まったように思われる。従って、養老令には太上天皇という語を譲位した先の天皇の尊号と規定している。ただし、特に新天皇からこの尊称を先帝に奉呈する慣例は、淳和天皇が譲位した嵯峨天皇に奉ったのが最初であった。そして王朝時代には譲位が頻繁に行われたため、太上天皇が二人並び存したことも数回あった。宇多天皇以降は、出家した太上天皇のことを太上法皇と称する例が生じた。

太上天皇の現天皇に対する国法上の地位は、甚だ特殊なものであった。当時の思想によると、太上天皇と天皇との間には君臣の関係、かつ父子の関係があるものとみなされていた。天皇は太上天皇を陛下と呼び、自らを称して臣といい、また嵯峨天皇以来、歳首その他の場合に天皇は太上天皇に対して朝覲《ちょうきん》の礼を行うことを定例とした。そもそも朝覲とは支那の周代に諸侯が天子に謁見する式で、我が国に移入されて、至孝の礼とされていた。これにより考えれば、太上天皇と天皇との間には陽成天皇が清和太上天皇に奉った表文に「陛下、臣之皇天也。……。臣、陛下之臣子也」（『日本三代実録』元慶三年（八七九）二月十七日条）とあるように、君臣関係があったといって差し支えない。しかも、これは単に形式的な礼儀上のことにとどまらなかった。孝謙天皇は譲位後に詔を発して、国家の大事は自らこれを行うと宣言し、遂に淳仁天皇を廃して重祚するに至ったが、当時の詔には明白に太上天皇と天皇との関係を君臣に比し、また平城天皇も譲位後しばしば国政に干渉し、かつ詔を発して直接に官職の廃置を断行したこともある。これらの事実からも太上天皇と天皇との間には、名実ともに君臣の関係、かつ父子の関係が存在していたことを認めなければならない。

これは、明らかに太上天皇が譲位の後においても、依然として皇室の家長たる地位と権利とを留保していたことを意味する。公法と私法との区別の混同である。太上天皇が天皇に命令したり、国政に関与したり、天皇を廃したりする（淳仁天皇廃帝）、または皇位継承者を選定するが如きは、まったく太上天皇が自己に留保した皇室家長権の発動にほかならない。これは中田独自の説である。天皇と太上天皇とが併存する時には両者が共同して国家を統治しているとの思想すら表明されている。

平安朝の後半に国史に現われる院政も、国法上の基礎はいま述べた思想に存する。実に太上天皇がその皇室家長権に基づき天皇と共同して統治権を行使する一つの政治形式にほかならない。

院政は白河法皇以来発達した政治形式である。初め後三条天皇が藤原氏の専横を抑えるために、譲位の後に院中において国政を聴く意志をもったが、果せずして崩じた。そこで、白河天皇はこの後三条院の遺志を継いで、譲位剃髪の後も院中から国政を親裁すること三朝四十三年の久しきに及んだ。これが院政の始まりである。その後も鳥羽上皇が三朝二十八年、後白河天皇は五朝三十四年、前後相次いで万機を行い、天皇はほとんど虚位を擁する有様であった。太上天皇の命令は、古くは単に詔または勅命と称したが、院政開始後は「院宣」と称し、その権威は往々にして天皇の宣旨を凌駕した。

太上天皇の在所は古くから院と称したが、すでに嵯峨太上天皇の時以来、別当・執事・年《ねん》預《よ》・判官代《ほうがんだい》・主典代・庁官などの院司を置いて、院における事務を掌らしめ、記録所の延長たる文殿《ふどの》や蔵人所・武者所・北面などの諸所が付属した。院司は、院政開始後は院政の政治機関となり、院庁と呼ばれるに至り、その命令は院庁下文《くだしぶみ》といった。

＊今日の国法上からは説明のつかないところである。すなわち、太上天皇（上皇）は単なる皇族にすぎないが、当時においてはこのような権力を有した。院政の権威は天皇を凌駕した。これをいかに説明するか、これまで説明した者はいなかった。従って、これは私の説である。上皇は必ずしも現天皇の父ではなかったが、なお父子の関係とみなされていた。これは当時の詔勅に明らかである。その一例を示せば、陽成天皇が清和上皇に奉った表文のなかに「陛下、臣之皇天也。……。臣、陛下之臣子也」とみえる。上皇を称するに陛下といい、自己のことを臣とすることは注目すべき事実である。「朝覲の礼」とは、天皇が上皇の所へ御年始または御祝のある時に見舞いに行くことをいうが、これは「至孝の礼」とされている。これは父子の関係を明らかにしたものである。上皇が皇室の家長権を留保したことに基づくものと考えられる。そして、家長権と共に命令権をも有したから、すなわち家長権と統治権とが混淆され、君臣の関係にあるとされたのである。

この院政は、我が国法史上必ずしも突然の新例だとはいえない。既に孝謙天皇・平城天皇もその先例を作っているからである。政治史上の意義およびその影響の重大であることは、この二例と後のものとは同日の論ではないが、法律上の意義よりすれば、後の例も前例のように太上天皇の皇族家長権による統治権の一部留保であって、天皇・上皇が政治を共同する政治上の一様式なのである。

天皇と太上天皇とが共同して統治権を行使することは、持統天皇が孫の文武天皇に譲位し、その後に元明天皇が立ったが、その時の即位の詔（『続日本紀』巻四〔慶雲四年（七〇七）七月壬子条〕）のなかにも現われている。すなわち、持統天皇が文武天皇に食国天下之業を「授賜而、並坐而此天下乎治賜比諧賜岐」と共同統治を行ったのである。このように解する時、院政の行われたことも何ら怪しむにたらないことである。国法上の根拠が明らかだからである。

＊院政の法律上の根拠を明らかにしたのは私である。例えば、陽成天皇が清和太上天皇に上った表に「陛下ハ臣之皇天也。……。臣ハ陛下之臣子也」とあって、天皇が自らを称して「臣」といったのである。また、天皇は太上天皇に「朝覲の礼」をする。これは支那では元来、諸侯が天子に謁見することである。これは「至孝の礼」となされていた。Mit-herrschaft（共同支配）なる思想がドイツにあるが、これと類似する。

## 第九節　皇　族

大宝令・養老令は、天皇の玄孫（四世孫）までを皇親と称し、これを親王と諸王とに区別した。親王とは、天皇の皇子および皇兄弟姉妹である。皇孫以下玄孫までを諸王とする。五世の孫は令の規定では単に王という尊号を称することを許したのみで、皇親の外におかれた。その後に一二の改正があり、皇親の範囲がやや拡大されたが、かえって弊害を生じたので、延暦十七年（七九八）にすべて養老令の古制に復した。

＊己――1子――2孫――3曾孫――4玄孫――5五世孫

令の制度によれば、親王には一品《いっぽん》から四品《しほん》までの特別な位階があって、品にともなう品田・食封（封戸）を受け、また国家の任命した家司がその家務を掌り、その職員として文《もん》学《がく》・家令・扶・大少従・大少書吏が置かれた。このほかに、品によって帳内《ちょうだい》（従者）を賜った。諸王に至っては、これに叙すべき特別な位階はなく、ただ普通の位階の一位以下五位までを与え、それにともなう特権を与えたにすぎない。

この令の制度はその後種々の変化を受けた。その主なものは次の通りである。

**(一)皇族賜姓（臣籍降下）**　天皇より諸王に姓を賜って臣籍に下すことは大化前代よりあったが、皇子に臣姓を賜ることは桓武天皇のときに始まり、嵯峨天皇のときには特に多数に上った。爾来、歴代の例となった。これは皇室の経費削減の趣旨に出たものである。賜姓の多くは源氏で、稀に平氏があった。しかし、花山天皇以後は同一の趣旨をもって皇子を出家させる例が多くなったので、賜姓・臣籍降下の例は稀となった。

**(二)親王宣下**　淳仁天皇即位のとき、その兄弟姉妹に対して特に親王の尊号を下した。これが諸王に対して特に親王の宣下をなすことの始まりである。その後、光仁天皇がこの例を襲って、即位後にその兄弟姉妹および皇子に親王の号を下した。この両天皇はともに皇子としてではなく、皇孫として即位したので、諸王である自己の兄弟姉妹を優遇するために、特にこれを親王に列せしめたのである。

その後、嵯峨天皇が皇太弟として即位したときには、今度は単に即位前に生まれた一部の皇子のみを親王に列し、その他の皇子および即位後に生まれた皇子に対しては、皇室費を節減する趣旨で臣姓を賜った。このように親王宣下が種々の場合に適用された結果、ここに親王の意味は一変し、これよりは皇子といえども親王宣下がなければ王と称し、逆に孫王であっても宣下があれば親王と称することとなった。しかのみならず、白河法皇以来、出家した皇族にも親王宣下をなす新例を生じた。いわゆる法親王である。初めから親王でのちに出家した入道親王とは区別すべきものである。ただし、親王宣下の有無は皇位継承の資格とは全く関係がなかった。

㈢**待　遇**　後世、親王は食封のほかに年官・年爵を受けることになった。逆に食封の方は後に消滅した。また、家司の職員にも多少の変化を生じた。

# 第二章　人民の階級

既述のように、厩戸皇子が冠位十二階を制定して以降、氏の高下、姓の尊卑にかかわらず有能な人材を登庸する道が開かれた。大化前代の末に現われた門閥政治を打破することを目的としたものであった。しかし、いまだその目的を達成する暇なく、大化改新に及んだ。大化改新はこの新気運に乗じ、一挙に氏姓階級から政権を奪い、彼らに隷属していた品部・部曲を解放して国家の公民となし、ある程度まで従来の階級的差別を撤廃して、門閥政治の弊害を廃することを試みた。従って、大化改新の精神を継承した大宝令・養老令においても、人民の階級には良賤の区別を設けるにとどまった。しかし、過去数百年間の旧慣習を一片の命令をもって一朝にして改めることは不可能で、大化前代における階級制度は実際においては良賤両階級内部の階級として残影を留めた。以下においては、良賤に関する階級について略述する。

| | 大化前代 | 大化後代 |
|---|---|---|
| 貴族 | | 良 |
| 公民 | | 良 |
| 品部 | 賤 | 良 |
| 奴婢 | 賤 | 賤 |

↑
表面上に過ぎず。

## 第一節　良民階級

大宝令以来、良民のなかには次の三階級があった。

㈠**官位階級**　大宝令および養老令において有位者が一つの特権階級を形成していたことは、後述の通りである。事実においては大化前代の氏姓階級の後身で、奈良朝・平安朝における貴族階級である。

㈡**公　戸**　これは、平民・庶人・白丁（官なき者を白という）・百姓と称され、大化前代のいわゆる公民にあたるもので、良民の中枢を形成する階級である。奈良朝時代にも詔勅においては公民とも称された。

㈢**雑　色**「色」とは階級の種類（色目）という意味である。大化前代の品部（部曲）は大化改新の際に全廃されたようにみえるが、事実においては品部・雑戸の二階級として大宝令以後まで存続した。

⑴品　部　天智称制三年（六六四）、諸氏の氏上に大刀・小刀・干楯弓矢を授与したことがあるが、同時に各氏に民部と家部を賜った。おそらく民部とは品部のことで、家部とは家

人と同一のものと思われる。天武天皇四年（六七五）に、この民部（部曲）を「除」いた。「除」いたという意味は、おそらくこれを各部の所属から官司の管轄に移したことだと思われる。

大宝令の品部に至っては各氏に隷属する賤民ではなく、諸官司に分属して調庸（課役）に代えて特定の技芸を負担する良民で、毎年交替して所属官司に上番して、昔時の伴造の後身たる伴部と称する雑仕の指揮のもとで各々その任務に服する制度であった。

例えば、大宝令の付属法たる「別記」（官員令別記。『令集解』古記・令釈所引）には、治部省被管の雅楽寮に属する品部として、伎楽三十九戸、木登八戸、奈良笛吹九戸、大蔵省被管の漆部司《うるしべのつかさ》には漆部十戸、泥障二戸、革張一戸が、兵部省被管の造兵司に総名雑工戸として、爪工《はたくみ》十八戸（不明）、楯縫《たてぬい》三十六戸、幄作《あげはりつくり》十六戸が、また同省主船司に船守戸百戸が、また同省主鷹司に鷹養戸《たかかいべ》十七戸が掲げられている。

(2)雑　戸　大宝令・養老令には、品部と同じく諸官司に分属して、課役に代えて特殊の技芸を負担する雑戸というものがあった。その境遇は賤民に近かったが、その待遇は良人（良民）に準ぜられていた。すなわち、良民の最下級にあった人民である。

前述の「別記」によって二、三の例をあげれば、兵部省の造兵司に付属する雑戸に、鍛戸《かぬちべ》二百十七戸、甲作《よろいつくり》六十二戸、靫作《ゆきつくり》五十八戸、弓削《ゆげ》三十二戸、矢作《やはぎ》二十二戸、鞆張《ともはり》二十四戸、羽結《はゆい》二十戸、桙刊《ほこけずり》三十戸、また兵部省の左馬寮に、馬甘《うまかい》三百二戸、右馬寮に馬甘二百六十戸があった。おそらくこの雑戸は、昔の品部のなかの地位の賤きものをもって編成したものと思われる。

大宝令および養老令はこの二つを雑色と総称して良民階級に編入してはいるが、なお公戸とは明らかに区別されていた。大化前代における階級的差別の遺物だと思われる。品部と雑戸との区別も、おそらく大化前代における品部階級の内部に存在した高下の区別に由来したものであろう。雑戸の如きはしばしば「卑色」「卑品」「卑人」と称されて、良民階級に属すとはいえその地位は甚だ賤に近いものがあった。

しかし、大宝令施行後の趨勢はこれらの品部や雑戸の特殊地位を停廃し、機会あるごとに彼らを開放して公戸に編入しようとするにあった。従って、『延喜式』においてはほとんどが消滅し、わずかに宮内省被管の木工寮に鍛冶戸が、左右馬寮に飼戸が、兵庫寮に鼓吹戸が残存するにとどまった。

＊　良民　＝官位階級　＋　公戸（平民）＋　品部　＋　雑戸
（品部＋雑戸＝雑色）

「卑色」「卑人」なる言葉は法律上しばしば用いられた。すなわち、令にもそのように書かれている。品部・雑戸はいずれも平常は百姓をしているが、時々交替してかかる戸を構成する。そのかわりに調庸を免れた。もちろん租は班給された田地に対する租税であるから、この義務は負った。租調庸については後述する。

## 第二節　賤民階級

大宝令や養老令で賤と称された人民は、大化前代における品部の最下級の者と奴婢との二つを中心に構成された階級らしく思われる。令の規定によると、陵戸・官戸・家人・公奴婢・私奴婢の五色があった。これらの五種はともに居住の自由を著しく制限され、良民との通婚を禁止され、当色（同階級）以外と婚姻することは許されなかった。良賤が夫婦となった時にはこれを離し、生れた子は情を知らない場合に限って良民に従わせた（戸令）。また、これら五色も当色相婚の以外に相互に通婚することは許されていなかった。情を知らない場合に限って上級の色に従わせた。このような点において、良民より権利能力の劣った階級であった。

＊当色とは当該階級のことで、陵戸・家人はじめ、それぞれの階級の間のみで婚姻することができた。

㈠**私奴婢**　大宝令によれば、公私奴婢は法律上、資財（動産）・畜産（家畜）（後にこの二つを略して「財産」という）と同一視されて、売買・交易の目的物とされた。しかし、私法上においては、奴婢といえども婚姻をなし、口分田を与えられ、財産を取得する能力を有し、かつ主人も妄《みだ》りに殺害することは許されなかったので、決して無能力者ではなく、半人半物であった。

＊このように無能力ではない点で、西洋の奴隷と大いに異なる。西洋、殊にローマでは完全に物に化している。

この奴婢は、常に主人と戸口（家族）に属していた。自ら居住の自由を有せず、彼らの生んだ子は良民の子が父に従うのに反して、母の身分に従い、母の主人の所有に帰属した。また、良人と奴婢との間に生れた子は、大化元年（六四五）以来の法制によれば常に賤に従う原則だったが、延暦八年（七八九）に良に従う原則に改まった。人道的な一大進歩である。奴婢は主人がこれを解放して家人にすることもでき、あるいは直ちに良民とすることもできた。

奴婢にして寺に属しているものを寺奴婢といい、神社に属しているものを神奴といった（または、前者を寺賤、後者を神賤ともいった）。ある場合には一般の私奴婢と区別されたが、広義においてはやはり私奴婢だった。

また、別に氏賤という者がいた。これは個人に属さず、氏上（氏宗）が代々相伝する奴婢である。私奴婢の最も普通なる原因は出生であった。持統天皇の時代までは父母が子を買って奴婢となすことが許されていた。しかし、持統天皇のときこれを禁止した。降って延喜年間（九〇一～九二三）に至って、特別の格（詔勅）をもって奴婢の全部を廃止したらしい。その年代と理由は不明である。しかし、この廃止が事実において実行されたかは疑問である。

**㈡公奴婢（官奴婢）**　私奴婢が没官されたもの、そのほかの理由で官有に帰した奴婢である。公奴婢の法律上の待遇は私奴婢に優っている。六十六歳に達した場合または廃疾となった場合には、官戸に編入される。大宝令・養老令では官奴とともに宮内省被管の官奴司の管轄に属したが、大同年間（八〇六～八一〇）に廃止された。

＊奴隷を廃することは非常に困難であるから、この格の内容を知ることができれば大いに得るところがあると思う。「賤に従う」「良に従う」の二原則は注目すべき立法の例である。西洋の歴史には見られない例である。延喜年間に奴婢を廃したことも注目すべき事例で、西洋では最近になって奴隷廃止が企てられた。

**㈢家人《やかひと》（やけひととも）**　家人は元来、私奴婢の解放された者とその子孫であり（その他にもあったかも知れないが不明）、なお旧主人に隷属しているが、主人はこれを売買したり無制限に使役したりすることはできない。家人については史料に徴すべきものがほとんどない。私奴婢や家人はさらに解放されて良となることもできたが、いまだ姓（氏）を得るに至らない間の状態を今良《こんりょう》と称した。

**㈣陵　戸**　陵戸は、課役に代えて山陵を守護する義務を負う賤民である。大化前代では品部の一種であったと思われる。陵守戸ともいった。このほかに皇族・功臣の墓を守る義務を負う墓守戸というものもあったが、おそらく陵戸の一種であろう。この陵戸は『延喜式』においても明らかに存在していた。

＊ある条文には「官戸・陵戸」とあり、ある条文には「陵戸・官戸」とあって、いずれが上かは不明である。ゆえに、陵戸と官戸との間にあまり差はなかったと思われる。

**㈤官　戸**　官戸とは、良民にして犯罪（重罪）を犯して没官された者、および官奴婢で独立に一戸を立てることを許された者からなる階級である。また、先述したように官奴婢で老年（六十六歳以上）となり、あるいは廃疾になった者も含まれている。官戸は年七十六歳に達すると解放されて良となることができた。この官戸もまた延喜年間（九〇一～九二三）の奴婢廃止とともに自然消滅した。史料上で官戸が公戸すなわち公民の意に用いられた場合もあるので、注意して区別しなければならない。

＊公奴婢・私奴婢・家人の三つは、明らかに「奴婢系統」である。これに対して、官戸・陵戸は一戸を形成しているから「戸」という字が付く。公奴婢・私奴婢・家人はみな他人に隷属するから、戸を形成することがない。そこで、陵戸・官戸は奴婢系統なのかが問題となる。おそらくこれらは本来別系統で、大化前代の品部が分れて、品部・雑戸・陵戸となったのではないか。すなわち大化後代の賤は日本と支那の制度を折衷してできたものらしい。

## 第三節　僧尼階級

以上に述べた良賤の両階級の外にあって特別な地位を占めたのは、僧尼階級である。大宝令・養老令には僧尼令があり、その規定によれば、官戸・家人・公私奴婢といえども良民と同様に公の手続きを踏んで僧尼となることが許されていたのみならず、彼らが僧尼である間は良賤の区別が停止される。ただし、還俗した時は良と賤のいずれかの本色に還る。僧尼は財産の享有・取得能力に制限を受け、婚姻を禁じられた。特別法（僧尼令）の下に立ち、僧綱《そうごう》（僧正・僧都・律師）の管轄下に置かれ、刑法の上でも普通刑と異なった閏刑《じゅんけい》が科せられた。これらの諸点において普通人民とは異なった特別の法律上の地位を占めた。しかし、以上に述べた制限・禁制も平安朝後半になると事実上廃退した。

# 第三章　氏姓制度

前述のように、厩戸皇子は門閥政治の弊を改めるため、冠位十二階を定めて人材登用の道を開いた。大化改新はこの厩戸皇子の新政策を継承し、一方においては門閥政治の弊を改め、他方においては広く人材を登用するために、氏の世官世職を廃止し、族長の地位と国家の官職とを分離させ、姓と位の区別を明らかにしようと試みた。その結果、氏姓の政治的価値は大いに減少したかにみえたが、数百年にわたり我が国民の心理を支配していた血族的団結、氏族的階級観念、門閥を尊ぶ観念は一片の法令で消滅するほど脆弱なものではなかった。

されば、公法上依然として一定の勢力を保有し、年を経るに従い氏姓制度は再び法律上・政治上に新しい形式で旧時の意義を復活させるに至った。大化後における氏姓制度の運命およびこれに関する立法の大要は、以下の通りである。

＊　制度としては大化改新で廃されたはずだが、事実上はなお残っていた。

## 第一節　氏　上

天智天皇即位元年（六六八）に撰定された近江令のなかには、「氏令」という一篇が設けられ、氏上や氏・姓に関する種々の規定が設けられていたようである。これより先、天智天皇の称制三年（「甲子年」、六六四）に、諸氏の氏上を定めて、大氏の氏上に大刀を賜い、小氏の氏上には小刀を賜い、伴造の氏上に干楯弓矢を賜っている。おそらく、この時に始めて氏上の制度を設けた（氏上新設説）のではなく、諸氏に命じて氏上を推挙させて勅定することで、氏上の任免権を天皇の手に独占して諸氏を牽制する政策に出たものと解される。これは近江令の氏令の部分的な施行であったかも知れない。近江令制定後にもしばしば諸氏をしてその氏上を推薦させ、大氏にあっては族ごとに各々その氏上を分定させたことがあったが、これもおそらく氏令の規定に基づいたものであろう。

大宝令に至って氏姓に関する規定はほとんど削除されたが、なお継嗣令には三位以上の氏上は氏人のなかから嫡庶を論ぜず適任者を選んで勅定するという氏上勅定規定が存在している。養老令は大宝令の氏上の名称を氏宗《うぢのそう》と改めたが、そのほかは一に前令の規定に従っている。おそらく近江令・大宝令・養老令の三令を通して、氏上はまず氏人をしてその候補者を推薦させ、天皇がこれを勅定するという規定であったらしい。これは天智朝以来の制で、氏上の任免権を天皇に留保し、もって氏の勢力を牽制する手段とする趣旨であった。ただし、氏上や氏宗を勅定する制度がすべての氏に通じて行われていたかどうかは詳らかではない。氏上・氏宗はすでに奈良朝時代から氏長者とも称されていたが、平安朝の後半になると、氏上・氏宗を勅定する制度は事実上廃絶し、藤原氏・源氏（嵯峨）・橘氏・王氏（白川家、神祇を世襲した家）のような由緒ある貴族の間で氏長者と呼ばれる制度としてわずかに残存したにすぎなかった。

例えば、藤原氏は摂関に任ぜられた者を氏長者とし、嵯峨源氏は大臣・納言の第一の者で、奨学院・淳和院の別当（長官）を帯びた者を氏長者とし、橘氏は納言以上で学館院の別当に補された者を氏長者とし、王氏（白川家）では氏人で首位にある者を氏長者とする例であった。

鎌倉時代以降の史料によると、藤原氏の氏寺（興福寺）の僧侶が藤原氏の氏人で、興福寺に不利益なことをなしたものに対し、「放氏」（氏からの除籍）を宣言したことがしばしばある。反対にまた放氏を一度受けた者がさらに赦罪された時は「続氏」（復籍）を宣言して再び藤原氏に戻されるという慣例が、鎌倉時代以降の史料にみえている。平安時代後半の史料によれば、藤原氏の放氏は藤原氏の氏人の集会によって宣言されたものと思われる。放氏の制度は藤原氏のみならず、他氏にも遍く存した形跡がある。氏人が不法行為をした場合には、その氏の公卿が会してその者を放氏し、また続氏する慣例があり、おそらく大化前代からの古い氏内部の慣習法であろう。

後世における氏長者は一種の栄誉的地位で、公法上氏人に対して命令権を有した形跡はみられない。貴族間における氏長者なる名称がこのように有名無実となるのに対して、武士階級の勃興にともない、氏族的団結の観念が彼らの間に旺盛を極め、氏宗または別祖の嫡系嫡流が一氏一族の家督として血族団結の骨子となり、氏人すなわち家之子に対して絶大な権威を振い、両者の間には主従関係に等しい命令服従の関係が成立することとなる。かくて天智天皇の創設にかかる官職的な氏上は、古代の「ひとこのかみ」のような自然的血統的な族長制として再び復帰することになる。

＊近江令は大化改新が急進的であったことへの反動として、古い制度を保存しようとしたことは先に述べたが、この現われとして氏や姓を重んじた。歴史を読むと改革はなかなか実現できないことを知る。たとえ一時は改革しても、すぐ逆戻りをする。

＊「氏令」は中田の説である。後の令にはなく、以上の考察からみると近江令にのみ「氏令」があったと推定されるのである。

## 第二節　姓

天智天皇の近江令には、姓に関する種々の規定もあったと思われるが、ほとんど伝わるところはない。降って天武天皇即位十三年（六八四）〔十月一日〕に、天下の万姓を整理・統一する目的をもって八色の姓の序列を定めた。すなわち、真人《まひと》・朝臣《あそん》・宿禰《すくね》・忌寸《いみき》・道師《みちのし》・臣《おみ》・連《むらじ》・稲置《いなき》の八種に旧諸姓を整理したのである。爾後、しばしば旧制を改定したが、姓の改定権および賜与権は氏の名の改定賜与権と同様に天皇の大権に属した。以上の事実からも、天智・天武両朝において氏姓が法律上・政治上重要な意味を有したことは明らかである。

## 第三節　氏姓と考選法

大化改新は氏の尊卑を示すべき姓と身分の高下を分かつべき位とを分離して、大いに人材登用の途を開こうと意図したが、その後の立法と事業とはむしろこれに反していた。例えば、近江令の官人考選法は、族姓不明の者はたとえ功能があっても考選に入ることはできず、また考選の結果、官人に採用して冠位を授け、また進める場合も、氏姓の大小（尊卑）を斟酌することになっていた（近江令逸文による）。

大宝令・養老令はこのような考選法を置かなかったが、公式令の規定はすべての官人が姓を有することを前提としており、大宝令施行の後においても氏姓の大小に従って官位叙法を異にするという慣例は受け継がれていた。

## 第四節　本系帳

氏姓は大化後代においても公法上重大な意味を保有していたため、諸氏の系譜を詳らかにし、その正確を保つことは国家の枢要に関わる政務であった。ゆえに、大宝令・養老令の下においては、治部省に諸氏の本姓（origin）と系図とを掌らせて、譜代（血統）に関する訴訟を鞫問《きくもん》させるために、省内に大少の解部《ときべ》なる品官《ほんかん》を設けている。また、奈良朝の天平勝宝年間（七四九〜七五七）以前には天皇一代ごとに各氏に本系帳という系図を撰進させる制度があった。しかし、系図を尊重する風は一方にその偽造・改作の弊を発生させたため、奈良朝後半には天下の氏姓が紛糾してその真偽を弁じ難きに至った。そこで、淳仁天皇の天平宝字五年（七六一）に諸氏に新たに本系帳（系図）を撰進させて、これによって朝廷において「氏族志」を編纂しようと企てられたが、中途にして頓挫している。桓武天皇即位の後もこれを継続しようと撰修が企画されたが、これも中止に終わっている。

嵯峨天皇朝に至って、これら「氏族志」撰修の事業を受け、重ねて新進の本系帳、旧史、古説によって諸氏の源流を勘校させて、約十ヵ年を経てようやく畿内の氏、一千一百八十二氏の出身を勘定して一書をなすことができた。弘仁六年（八一五）になった『新撰姓氏録《しんせんしょうじろく》』三十巻である。今日伝わっているものは原本の抄本である。その後も一、二の修正を試みたことがあり、また一部の氏ではみずから図譜・氏文・本系帳を徴したこともある。ただし、『新撰姓氏録』のような一般的編纂は再び企てられることはなかった。

このように国家の方でも各氏の正確を保つことに努力しており、いかに奈良朝・平安朝初期において氏姓が法律上・政治上重要視されていたかがわかる。

## 第五節　新旧氏族の消長

氏姓と官位とは密接不離の関係を保っていたから、氏姓階級は律令施行後も公法上の特権を享有し、官位階級として政治上における旧時の勢力を回復した。氏姓ある階級が官位を独占するのみならず、氏姓の尊卑に従って各氏の極官（上り得る最高の官）が固定し、名門高氏でなければ高位高官に昇進する途は絶たれ、ここに再び門閥政治の発現をみるに至った。

しかし、こうして形成された貴族階級の内部においては、諸氏勢力の消長があって自ら新陳代謝が行われた。すなわち、旧時の神別に属する藤原氏（中臣氏）はその祖先の大化前後における勲功によって次第に朝廷に重用され、他の神別や皇別の諸氏を圧倒して、ひとり政権を恣《ほしいまま》にすることになったが、他の一方においては、奈良朝以来、高階・橘・在原・源・平といった新皇別に属する諸氏が相次いで繁栄し、なかでも清和源氏・桓武平氏の二氏は武士階級の中枢として兵馬の実権を握り、遂には藤原氏をも抑えて政権を掌握するに至るのである。

＊『新撰姓氏録』は一千一百八十二氏の祖先を明らかにし、功績や居地によりその氏姓の名の起こった所以を明らかにする。これは畿内地方のものを網羅したにすぎない。氏の組織からみると、平安朝になるに至って緩慢になってきたことは争えず、わずか少数のものにおいて氏上が存在するにすぎなくなった。

武士階級は戦をするために多くの人の団結を要するから、このように階級ができたのである。家督が中心となり、家之子・郎党を率いたのはこのためである。この本来の要求よりして、氏としての武士が強固な団結を形作るに至った。かくて中世に入るのである。

# 第四章　中央官制

大化改新は大権政治を行うために、大化五年（六四九）に唐の制度に模して八省百官を設置したが、十分に官制の完備を期することはできず、その後天智天皇の近江令、持統天皇の修正近江令を経て、文武天皇の大宝令に至って我が官制の基礎が確立し、組織も充実した。その間、実に五十余年を費やした。なお、養老令官制は大宝令のそれをほぼ踏襲したにすぎない。

大宝・養老両令は、諸官司のなかで在京諸司を京官または内官といい、その他の官司を在外官司または外官といって区別した。また、仗を帯するものを武官といい、その他のものを文官と称した。

大宝令施行の後にも特別の格によって種々の官が新設されたが、それらを後世には令外官《りょうげのかん》と呼び、令の職員令《しきいんりょう》に規定のある官を令内官といって区別した。以下には、令内・令外の諸官のなかで在京文官の主要なものについて説明する。

＊外官については地方制度において、武官については別の章で論ずる。

## 第一節　二官八省、弾正台（令内官）

大宝令に規定された中央官制は、二官八省・弾正台をもって主要なものとする。その制度は我が国の特殊の事情、大化以来の経過を参酌したことも少なくないが、唐の官制たる三省・六部・九寺・五監および御史台の官制に範を採ったことは明らかである。三省（尚書省・門下省・中書省）と六部（戸部・兵部など）が日本の二官八省にあたる。なお、寺とは寺院ではなく役所のことである。御史台が弾正台にあたる。

二官・八省・弾正台もまた唐の官制の通則のように、長官《かみ》・次官《すけ》・判官《じょう》・主典《さかん》の四等官をもって組織される。四等官の名称は太政官のそれを除けば、次の表の如きものである（なお、長官はいまの省の大臣、主典は書記官にあたる。長官と次官とは今日と異なり権限は等しかった）。

＊大・少丞などとあるが、大少は位の差で、掌る所は両者同じである。

| | 長官 | 次官 | 判官 | 主典 |
|---|---|---|---|---|
| 神祇官 | 伯 | 大少副 | 大少祐 | 大少史 |
| 省 | 卿 | 大少輔 | 大少丞 | 大少録 |
| 台 | 尹 | 弼 | 大少忠 | 大少疏 |

官司に管轄される下級官司を被管（諸司）といい、同じく官司に管轄されるが別に一官司を組織していない職官を品官《ほんかん》といい、官司に付属して四等官の職務を処理する下級官吏を雑任といった。いずれもその型を唐に採ったものである。

## 第一　二官

二官とは、祭祀を掌る神祇官と国家の大政を統括する太政官をいう。大宝職員令が神祇官をもって諸官の首位に置いたことは、祭祀を国家の最重要事項と考えていた我が古来の慣習を反映するもので、おそらく近江令で設置されたものと思われる。

神祇官には、伯・大少副・大少祐・大少史の四等官があり、雑任として神部・卜部・使部が付属していた。このうち神祇伯は後朱雀天皇の時代（寛徳三年（一〇四六）、後冷泉天皇の時代の誤り〕に花山天皇の孫にあたる延信王《のぶざねおう》が任ぜられ〔永万元年（一一六五）に延信王の曾孫顕広王が任ぜられて以降は〕、その子孫の世襲する職となった。いわゆる王氏がこれで、後には白川家と称した。

太政官の設置もまた近江令に基づいたものらしい。天智朝に太政大臣、左右大臣、御史大夫という官名が史料に見えることから推測できる。これより先、孝徳天皇の時代に左右大臣と内大臣が置かれたが、当時は太政大臣という官はなく、太政官という組織も確立していなかったらしい。

大宝令によれば、太政官は八省百官を統括し、大政を総轄する官司である。その職員には太政大臣、左右大臣、大少納言、大少外記、ならびに左右の大中少弁、左右の大少史があった。令の制度では、右大臣以上を長官とし、大納言を次官とし、少納言・左右弁官を判官とし、外記と史を主典とみなしている。しかし、その職掌上の系統からみると、太政官の本体を組織する四等官は、左大臣・右大臣・左右弁官・左右史の四つであって、納言と外記とはこれに対して傍系の一局、品官の一局を形成していた。

太政大臣も太政官の長官とは異なる地位にあった。養老令に「師二範シ一人ニ一儀二形タリ四海ニ一、経シテレ邦ヲ論ジテレ道ヲ、燮二理シテ陰陽ヲ一、無クバ二其人一則チ闕ク」とあり、『義解』に「有徳之選、非二分掌之職一」とあるように、元来は天皇を輔弼する高徳の人が任ぜられる官で、太政官の長官ではない。このように我が太政官制に多少雑駁たる観があるのは、全く唐の三師三公（太師・太傅・太保、太尉・司徒・司空）と尚書省・門下省の官制を折衷して編成された結果である。

＊「一人に師範たり」とは上御一人、すなわち天皇の師範のことである。「陰陽を燮理《しょうり》する」とは陰陽を調和することである。太政大臣を「則闕の官」という。

太政官の組織に至っては多少複雑である。次の図の通りである。

| （長官） | （次官） | （判官） | （主典） | |
|---|---|---|---|---|
| 太政大臣―左右大臣 | 大納言 | 左大弁（中・少） | 左大少史 | 〔弁官局〕 |
| | | 少納言 | 大少外記 | 〔外記局〕 |
| | | 右大弁（中・少） | 右大少史 | 〔弁官局〕 |

大宝令施行後に太政官官制にも種々変更が加えられた。令外官として参議（八人いたので八座と称し、唐名をとって宰相ともいった）や知太政官事（親王をもって任じたが、養老令施行前に廃絶）を新設し、大宝令以前に存在した内大臣・中納言を復活し、その他の仮官たる権官（権大納言など）を設け、また官職名の一時的変更（孝謙天皇の時に、太政官を乾政官と、中務省を信部省と改称したなど）もあったが、軽微な改正に留まった。なお、参議は

平城天皇の大同年間（八〇六〜八一〇）に一時廃された。

勅旨を太政官から被管諸司や諸国に下して施行するには「官符」または「弁官下文」（官宣旨）の形式をもってした。官符にはその事項に従って内印（天皇御璽）または外印（太政官印）を請うことを必要とした。従って、その作製の手続きは重かった。弁官下文・官宣旨に至っては官符の略式というべきもので、請印は要さない。従って、急を要する事件または尋常の小事について用いられた。

### 第二　八　省

孝徳天皇の時代にみえる八省の内実を示す史料は残されていない。近江令の八省は、おそらく法官・理官・民官（民部）・兵政官・刑官・宮内官・大蔵省・大炊省の八官のことらしい（現在の通説では浄御原令以前は六官）。大宝令は中務・式部・民部・治部・兵部・刑部・大蔵・宮内をもって八省とした。この八省は太政官の管轄下にあって国政を分掌する官司である。

具体的にいうと、⑴中務は礼儀・詔勅・宮人名帳・僧尼名籍、⑵式部は文官の考課・選叙・論功・封禄・文教など、⑶治部は族姓・祥瑞・喪葬・蕃客など、⑷民部は戸籍・賦役・橋道・津済・山川藪沢・田地など、⑸兵部は武官の考課・選叙・国防・兵士・兵器など、⑹刑部は裁判・囚獄など、⑺大蔵は出納・諸国調物・宝貨・度量衡など、⑻宮内は宮内の出納・供御物などを掌っていた。そして八省のうち、式部・治部・民部・中務の四省は左弁官が統轄し、兵部・刑部・大蔵・宮内の四省は右弁官が統括した。

＊中務は詔勅を閲覧し、これを奉じて命令を出す官司である。式部は儀式の事や文官の任命などを掌る。民部は今日の内務省と大蔵省にあたり、民政と税を掌る。兵部は軍事、刑部は司法省にあたり、治部は宗教や文治を掌る。文部省にあたる。大蔵とは官内の蔵、すなわち会計を掌る。今日の国庫ではない。宮内は今日の宮内省にあたる。

各省には、卿・大少輔・大少丞・大少録の四等官があり、省によっては四等官のほかに品官が被摂されていた。例えば、中務省には侍従・内舎人《うどねり》（宿衛）・大中少内記などがあり、治部省には大少解部がある。刑部省には大中少の判事、大中少の解部があった。このほか各省に雑任として史生・省掌・使部が付属していた。

これらの八省の官制も大宝令施行以降に多少変更を受けたが、おおむね定員の増減にすぎなかった。養老令の八省もまた大体において前令を踏襲している。その後、王朝時代末までに、あるいは権官を加え、あるいは被管諸司の廃合を行ったが、ここでは一々述べない。各省から被管諸司や諸国に下す命令は省符の形式を用いた。

各省には被管諸司が隷属しており、その権限の大小や地位の軽重により、あるいは職と称し、あるいは寮と称し、あるいは司と称した。例えば、中務省の被管に中宮職、式部省被管に大学寮があり、民部省被管に主計寮《かずえのつかさ》や主税寮《ちからのつかさ》があり、刑部省被管に贓贖司《ぞうしょくし》や囚獄司があった。

　これらも四等官をもって組織されるのが原則で、四等官の表記は職・寮・司で異なっている。職には大夫・亮・大少進・大少属、寮には頭・助・大少允・大少属の四等官がある。司は通常次官を欠き、正・佑・令史の三等官からなり、判官をも省いている司もあった。各省から被管の諸司および諸国に下す命令は省符の形式をもって発した。

| | 長官 | 次官 | 判官 | 主典 |
|---|---|---|---|---|
| 職 | 大夫 | 亮 | 大少進 | 大少属 |
| 寮 | 頭 | 助 | 大少允 | 大少属 |
| 司 | 正 | | 佑 | 令史 |

＊寮・職は今日の局にあたるが、あくまで独立の官司である。省を構成する局ではない点において、今日の局とは多少異なる。

八省および被管諸司の官制も、大宝令施行以後多少の変更を受けたが、おおむね職員の増減である。養老令の官制もほぼ同じであったが、王朝時代の末までには権官の増減、被管諸官司の統合が行われた。特に平安朝初期以来しばしば廃合され、大同年間（八〇六〜八一〇）、弘仁年間（八一〇〜八二四）、寛平年間（八八九〜八九八）に大きく進められたが、主として財政困難が原因であった。

八省は延喜年間（九〇一〜九二三）以降、またあるものはすでに延暦年間（七八二〜八〇六）以来、その権限の縮小と政務の曠廃が進み、田制の変化によって有名無実の官司と化した。すなわち、延暦以降における戸籍の廃絶と田制の変化、延喜年間以降における租税減少は、民部省を次第に閑職となし、延暦年間における諸国軍団廃止は兵部省の職掌を武官の任官叙任に限定させ、貞観年間（八五九〜八七七）以後における検非違使庁の発展は刑部省の権限を失わせ、寛平年間以後における蔵人所の権限拡張は中務省の職掌を半ば無用に帰させた。

### 第三　弾正台

弾正台は唐の御史台に模倣した糺弾官である。近江令ではその長官を糺職大夫と称した。大宝令によれば、弾正台は風俗を粛正し非違を糺弾（大臣をも糺弾できた）することを主たる職務とする官司である。その四等官は、尹・弼・大少忠・大少疏からなり、品官として巡察弾正というものが付属した。これは市中を巡察する任務を有していた。

## 第二節　令外官

### 第一　勘解由使《かげゆし》

これは桓武天皇の延暦年間（七八二～八〇六、延暦十六年（七九七）か）に設置され、その後一度廃され、淳和天皇の天長元年（八二四）に再興された令外官である。太政官に直属し、官吏が交替する際に後任者から前任者に与える解由状もしくは不与解由状の審査・勘定を掌る検査官である。

およそ内外諸司の官吏が交替する場合における事務引継を「分付受領」もしくは「交替政」といい、後任者はこの交替の政において前任者の保管していた官物・公文の状態を検査する。不法・不当の行為がないと認めたときには、前任者に対して責任解除の証明書状を付与し、これを解由状という。これに対し、官物の欠損、公文の錯乱が認められたときには解由状を付与せず、その理由を具して太政官に上申する。この上申状を不与解由状という。勘解由使の職掌は、この前任者から太政官に提出した解由状もしくは後任者が上申した不与解由状の当否を勘定・覆審するにある。この勘解由使も、長官（勘解由長官）・次官・判官・主典の四等官からなっていた。

### 第二　蔵人所《くらうどどころ》

これは嵯峨天皇の弘仁元年（八一〇）に設置された令外官である。最初は宮中の校書殿の機密文書を保管することを主要な職務としていたが、その後次第に権限を拡張し、設置後約八十年を経た宇多天皇の寛平年間（八八九～八九八）になると、政務執奏、詔勅伝宣、失政規諫、禁中礼儀、御物保管、殿中日記など、従来は納言・中務卿（詔勅を掌る官）・侍従などに属していた職務をも掌ることになり、かつその長官たる別当は大臣に兼摂させる慣例となった。

ここに蔵人所は国政上きわめて枢要な地位を有するようになり、その権威は往々に太政官を凌ぐに至った。蔵人所がこのように権限を拡大した理由は詳らかでないが、この変化はおそらく天皇が日常の政務をみるにあたって、太政官・中務省のような正規の官司を経由する煩を避けて、天皇に近侍している殿上の官人に命じて簡易な形式で処理させるという趣旨に拠ったものと思われる。

蔵人所の職員は時代によって異なるが、寛平年間以降は別当・頭・蔵人（五位蔵人・六位蔵人）・出納・雑色・小舎人・所衆・滝口などからなっていた。このうち別当は、執柄（摂政・関白）に非ざる第一の大臣に兼摂させた。頭は二人で、一人は近衛中将に兼ねさせ、他一人は弁官（多くは中弁）に兼ねさせるのを常例とした。前者を頭中将《とうのちゅうじょう》、後者を頭弁《とうのべん》と称した。

＊令によって東洋文明の最高の唐代官制を模倣しつつ官制を作ったが、そのままでは日

本の低い文化には適合せず、あまりに窮屈だったらしい。ここにおいて種々の令外官ができてきたのである。この変化はとても注目すべき点である。蔵人式が発布されてここに蔵人所の権限が拡大されるに至り、この蔵人所と検非違使との二つが発達し、他の二官八省は全く有名無実となった。これは簡易政治というべきだが、次の武家時代になるとなおさら簡単な政治となった。

**第三　検非違使（庁）**

これもまた令外官で、蔵人所と同じく嵯峨天皇の弘仁年間（八一〇〜八二四、弘仁七年（八一六）以前）に設置された。おそらく弾正台の職務を補助することが設置当初の目的であったらしい。従って、職務権限は弾正台とほとんど同じであったが、臨時の宣旨によって非違を糾弾できた点において弾正台よりもやや権限が大きかった。おそらく弾正台の組織が巡察捜査・追捕などの職務を執行するのに十分な職員を欠いていたため、それよりも実力があり、かつ行動において敏速な検非違使を置いて、弾正台の闕を補う趣旨によったものと思われる。このことは、検非違使の職責がいずれも左右衛門府の職員に兼摂されたという慣例からも察せられる。

そのため、貞観年間（八五九〜八七七）以降になると、弾正台のみならず刑部省や京職の権限をも侵蝕し、京中糺弾・追捕・断罪の三種はほとんど検非違使の独占に帰し、蔵人所と並んで有力な国政機関となった。ただし、断罪に関する権限は、貞観十七年（八七五）に検非違使式を発布してから表面上は盗犯・私鋳銭・闘乱の三犯罪に限定されたが、検非違使庁（使庁）の内部の慣例、すなわち「庁例」ではその他の犯罪をも裁判処決したから、事実上はほとんど一切の犯罪に及ぶことになった。北畠親房卿がその名著『職原抄』（官制について書いた本）〔一三四〇年〕のなかで「朝家置二此職一以来、衛府追捕・弾正糺弾・刑部判断・京職訴訟、併帰二使庁一」と述べた通りである。

＊ 衛府は武官だが、今日の巡査のようなもので宮中をも警護した。検非違使が刑事裁判を行うにともない、通常の「律」のほかに、検非違使内部の別種の刑法たる「庁例」が発達した。しかし、今日その内容は完全な形では残っていない。

検非違使の職員は、初め左右衛門府の武官をして兼帯させ、その庁も始めは左右衛門府内にあった。寛平七年（八九五）に至って衛門府から分離独立させたが、その後もまた旧制度に復し、遂に村上天皇の天暦元年（九四七）になって左右使庁を合併して一官司とした。

検非違使の職員も年代によって多少の差異があったが、『延喜式』では別当・左右佐・左右尉・左右志の四等官と、府生および火長と称する雑任とから組織されている。別当は天長十一年（承和元年、八三四）に置かれたもので、衛門督《えもんのかみ》（衛門府の長官）、時には兵衛督に兼ね、その人選は甚だ厳正で七徳（譜第・器量・才幹・有職（故実に精通）・近習（主上に近侍）・容儀・富有のこと。『職原抄』に書いてある）を具備することを要したと伝えられる。別当はその権限内で効力が勅宣に等しい別当宣を発することができた。佐以下もまた左右衛門府の佐・尉・志に兼任させるのが恒例であったが、尉以下は通常「通二明法一之輩」（明法出身者）を登用した。

＊弾正台の組織をみると、悪人を捕える役人の数が極めて少ない。すなわち、巡察弾正が十人で「巡二察内外一、糺二弾非違一」（養老職員令）を役目とした。実績が上らないために検非違使ができたのである。

左右衛門府は門部二百人、物部三十人などの下役人を有していた。また衛士は数百人（衛士は各地の軍団より京都へ交替に上って来ている人）。ゆえに巡察するに適当であった。検非違使例は今日でいう刑法として裁判の準拠とされた。

七徳とは、①譜第（系図が正しいこと、すなわち才歴々の家の人であること）、②器量（器量が優れていること）、③才幹（才能があること）、④有職（法律に通じていること）、⑤近習《じょう》（宮廷に出入していること）、⑥容儀（容貌の立派な人）、⑦富有、である。

左右尉は判官であるが、これを判官《ほうがん》とも呼ぶ。

## 第四　摂　政

大化後代に女帝のために置かれた摂政は、斉明天皇の時に中大兄皇子が皇太子として万機を摂した例があるだけである。これは推古朝の厩戸皇子の先例を襲ったものにほかならない。しかし、女帝の場合に必ず摂政を置いたわけではない。持統・元明・元正・孝謙（称徳）天皇は自ら政をみた。

幼帝の摂政は、清和天皇以来その例は甚だ多い。清和天皇が九歳で即位した時に、外戚（外祖父）で太政大臣の藤原良房が先帝文徳天皇の遺詔によって万機を摂行したことに始まる。これが人臣摂政の初めである。清和天皇が十五歳で元服した時に、良房は一度摂政の任を辞したが、間もなく勅令により再び万機を摂し、死すまで七年間その位にあった。清和天皇の禅《ゆずり》を受けて即位した陽成天皇も九歳であったので、清和天皇の譲位宣命を受けて右大臣藤原基経が摂政となった。陽成天皇も十五歳で元服すると、基経は辞任を願ったが許されず、陽成天皇遜位までその位にあった。

以上の二つの先例を受けて、その後は天皇が幼少であれば、譲位の宣命または別勅をもって太政大臣・左右大臣・内大臣などを摂政に任ずることが我が国法上の定例となるに至ったが、実際は常に藤原氏の独占するところであった。

摂政は幼少の天皇に代わって万機を摂行する官職である。今日の摂政と異なる。摂政が天皇の代位者たる資格を有することは、天皇宸筆の宣命を代筆する特権を有した点において最も顕著に現れている。摂政は天皇幼少時の官職であるから、天皇元服の際には復辟《ふくへき》奏を奉って職を辞することを例としたが、事実においては勅命をもってその後もなお職に留らせるという例もあった。天皇元服の年齢は通例十五歳であったが、実際はこれにかかわらず、十一歳・十二歳・十三歳の例もあった。

＊辟は君のことで、「復辟」とは「政《まつりごと》を君に復《かえ》す」ことを意味する。今日では「君を復す」、すなわち一旦廃した天皇を位に返す意味になっている。

三条天皇以来、関白や大臣に宣旨を下して准摂政の任務を授けることが往々あった。元来は天皇が病により国政を親裁できない場合における一時的制度であったらしい。後世には前摂政または関白を特に優待する意をもって、この宣旨が下されるようになった。

## 第五　関　白

歴史的にいえば、関白とは摂政の延長である。光孝天皇が即位すると、前帝の摂政であり、また自分を擁立してくれた太政大臣藤原基経を優遇するために、元慶八年（八八四）六月五日に「入輔二朕躬一、出総二百官一。応レ奏之事、応レ下之事、必先諮稟与」（『日本三代実録』）（稟《ひん》とは稟奏のことである。君と臣の中間に入って取次をする役を宣した）という詔を下して、旧のままに摂政の職を行わせ、天皇を輔弼させた。当時、いまだ関白なる職名は存在せず摂政と号していたが、事実からいうとこの宣命が我が国の関白の起源である。

その後、宇多天皇が即位すると、仁和三年（八八七）（十一月二十一日）にさらに基経に対し、「其万機巨細、百官惣べレ己ヲ、皆関二白於太政大臣一、然後奏下、一如二旧事一」（『政事要略』）という詔を下した。漢の宣帝が霍光《かくこう》に対して諸事の関白を命じた故事に倣ってこの優諚を下したのである。これが後世の例となった関白宣下の起こりで、関白なる職名の源である（「百官惣己」とは『書経』（『尚書』）とも。商書伊訓篇に「惟元祀、十有二月乙丑、伊尹祠㆓于先王㆒。奉㆓嗣王㆒、祇見㆓厥祖㆒。侯甸群后咸在。百官総㆑己、以聴㆓冢宰㆒。伊尹乃明言㆓烈祖之成徳㆒、以訓㆓于王㆒」とある）にある言葉で、百官が己にその職務を守ることを意味する。「関白」とは関《あずか》り申すことである。「奏下」とは応奏之事・応下之事を意味する。「旧事」とは元慶八年の詔を指す。ここでおかしいのは、「百官惣己」は先のように解釈すべきだが、「旧事の如し」とあるのを考えると、（元慶八年詔の）「総㆓百官㆒」を意味すると思われる。極めて奇妙なこととなる）。

爾来、天皇幼少の間は摂政を置き、そうでない時は関白を置くことになり、関白は摂政から名実ともに分離した独立の職となった。

＊北畠親房の『職原抄』に「漢宣帝立、霍光猶摂㆑政。非㆓幼主㆒之故、霍光還㆑政。宣帝猶重㆓其人㆒、令㆑関㆓白万機㆒。関白之号自㆑此而始」とあり、『漢書』霍光伝には「諸事皆先関白光、然後奏㆓御天子㆒」とある。これを要するに、藤原基経を優遇する意味でこのような関白が始まったのである。

関白は天皇を輔弼して万機に関白する職務である。万機を関白するというのは、天皇に奏上すべき政務を奏聞に先立って内覧し、天皇が宣下する詔勅を宣行に先んじて審案する特権である。この職は初め太政大臣に兼摂させたが、冷泉天皇以後には左右大臣・内大臣を任ずることになった。ただし、関白も摂政と同様にその設置以来、常に藤原氏の独占するところとなった。

醍醐天皇以来、関白に非ざる重臣に対して「内覧」の宣下をなす新例が行われた。これは、関白の号を与えずに関白と同一の職務を行わせる宣下である。この宣下の理由は当時の事情により異なるが、あるいは摂政・関白の仮摂者もしくは代理者を置く意味に出たこともあり、あるいは第二の摂政・関白を置く意味に出たこともあるが、多くの場合には政治的な意味を持って宣下されたものである。やむを得ずに特定の人を立てて宣下した例もある。

# 第五章　官　職（官吏法）

＊ここで扱うのは官人の任命や待遇に関する法で、今日の官吏法とは異なる。法制史上、官吏たることは同時に官吏として特権を有したことに大きな意味がある。

## 第一節　任　官（除目）

大宝令・養老令は、官の高下にしたがって任官手続きを、勅任・奏任・判任・判補の四等に区別している。勅任は、勅旨をもって任じるものである。奏任は、太政官が自ら詮擬し、これを奏聞して任じるものである。判任は、式部省が詮擬して太政官に上申し、太政官が任命するものをいう。判補は、式部が詮擬して自ら任じる場合をいう（今日の判任官は判補を指す）。

令では任官は闕官があるごとに補充する制度であったが、延喜年間（九〇一〜九二三）以降は奏任以上の者は定期に除目《じもく》の儀式を行って、多数の官吏を一時に任ずることが通例となった。除目は、初めのうちは春の期日に前後二回行い、第一回を「県召除目《あがためしのじもく》」と称して、主として外官（地方官吏）を任じ、第二回を「司召除目《つかさめしのじもく》」（京官除目）と称して、主として京官を任ずる例であった。王朝時代の末になると、京官除目は秋季に行われるようになった。そのほか臨時除目が必要に応じて行われた。また、大臣を任ずるには、特に任大臣除目（任大臣節会）なる特別な儀式を行って任命した。

## 第二節　官職にともなう特権・待遇

大宝・養老令によると、官吏は官職の高下に応じて種々の特権を与えられていた。政治史上・法制史上重要である。その主なるものは次の通りである。

### 第一　職《しき》封《ふ》

これは食封《じきふ》・封戸《ふこ》の一種である。そもそも封戸とは高貴な身分を帯びた者、または有功者（功労ある者）に対して、特定数の課戸（租税を負担する家）から国家に納める租調庸の全部または一部を所得として給与する制度である。これには三種類あり、位封《いふ》・功封《こうふ》・職封《しきふ》という。職封とは、ある種の高官に付随する封戸で、養老令の規定によると太政大臣は三千戸、左右大臣は二千戸、大納言は八百戸に限られていたが、その後この四官のほかに中納言・参議にも二百戸の職封が与えられることになった。なお、高位に伴う封戸を位封といい、有功者に伴う封戸を功封といった。支那伝来の制度で、支那では実封と虚封(nominal)の別があった。

大宝令・養老令によれば、封戸の調庸はすべて封主に与え、租はこれを二分し、一を官に納め、一を封主に給与する制度であったが、天平年間（七二九〜七四九）には租もまた全部封主に給与することに改められた。

＊これはかなり大きな特権で、高貴な官にのみともなったものである。

**第二　職分田《しきぶんでん》（職田）**

大宝・養老令によると、ある種の官職には特定数の職分田が付随した。これに三種あった。

(1)太政大臣、左右大臣、大納言（職分田）
(2)大宰府官人、諸国司（在外諸司職分田、一名公廨田《くげでん》）
(3)郡司（郡司職分田）

以上の官職が職分田を受けたが、その額は六段から四十町に及んでいる。この職分田は令の施行後、この三種以外にも若干の職分田が給付される例が生じている。

＊多数に上ったことは争えないが、官人すべてが受けるわけではない。

**第三　季　禄**

大宝令・養老令によれば、内外の職事官《しきじかん》（現に職務を有する官、すなわち官名のみを有する散官に対するもの）は、その位階に応じて二月と八月の春秋両季に特定額の絁《あしぎぬ》（荒い絹）・綿・布・鍬などの禄物が付与された（禄とは朝廷より給わる物をいう。今日の月給なるもので、現物を給付した）。

**第四　資人・事力**

大宝令・養老令によると、大納言以上にその従者として三百人以下一百人以上の資人と称する下級官吏を付属させた。これを職分資人という。また、大宰府官人や国司といった地方官には二十人以下二人以上の事力《じりき》（職分田の耕作者）が与えられた。この資人および事力は、令施行後にその他の一、二の官職にも給与したことがある。

## 第三節　官職と位階（官位相当）

大宝令以来、各職事官には相当する位階が定めてあった。すなわち、「官位相当」という制度で官位令に規定がある。一つの位階に叙せられた者は、それに相当する官に任ぜられることを原則とした。例えば、太政大臣は正従一位、左右大臣は正従二位、大納言は正三位、中務卿は正四位上（正四位以下には上下が付く）、その他の七省の卿は正四位下の類である。令の冒頭の官位令に規定され、表になっている。これについては後述する。昔の位は今日の高等官何等というにあたる。位階はすべて宮中の席次を決めるもので、また位封・資人などを得る特権がある。

事情があって高位をもって卑官を帯びる時は、某官を「行」といい、反対に下位をもって高官に任ぜられる時は、某官を「守」といった。例えば、「従三位行中務卿」「従四位上守民部卿」と称した（中務卿は正四位上で、官位相当によれば一位高いから「行」うと書くのである）。この位階は現官を去ってもなお保有されるもので、解官者のことを職事官に対して散位《さんに》または散官という。

＊律令の上で官位を分けるのは常だが、官が広義では位をも含む。すなわち、（広義の官）＝（職事官）＋（散官）である。

# 第六章　位階の制

## 第一節　位階の沿革

大化三年（六四七）、推古朝に厩戸皇子が定めた冠位の制を改めて七色十三階とした。さらに大化五年（六四九）には、冠位十九階を定めた。それ以来、大宝令の品位制に至るまで、さらに三回の改正が行われている。

**㈠天智朝の冠位二十六階**　天智称制三年（六六四）に従来の冠位を改正増補して、大織以下小建を設けた。さらに即位四年（天智天皇十年、六七一）にまた一度改正したことがある。天智朝には別に諸王のために一位から五位を設けたこともあったようである。それをこの三年に同時に定めたか後に定めたかは不明である。

**㈡天武朝の親王・諸王の位十二階、諸臣の位四十八階**　天武天皇十四年（六八五）の改正は特に意味深いものである。推古朝以来、各冠に支那的名称を付してきたのに対して、天武朝の位階は我が国固有の道徳的標語を名称としたことにおいて顕著な特徴を示している。すなわち、明位・浄位・正位・直位《じき》・勤位《ごん》・務位《む》・追位・進位の八位に分かち、各位をさらに大広二級に分かち、明位の大広を各一・二の二階に分かち、浄位以下の各位をすべて一・二・三・四の四階に分かち、明位の四階、浄位の八階、あわせて十二階を親王・諸王の位に充て、正位以下の四十八階を諸臣の位に充てた。

**㈢大宝令の位階**　大宝令の品位制に至って、天武朝の明・浄・正・直・勤・務・追・進の八種の秩序をふまえつつも、各位階を特別の名称で呼ぶ従来の慣例を廃して、単に数字および正従・上下の四等級を組み合せて各品位の順序を定めることにした。また、推古朝以来行われてきた賜冠の制度に代えて位記を授ける制度をもってした。

すなわち、親王と諸王の明浄の二階については、明位を一品から四品の四級に分けて親王の位にあて、浄位は一位から五位とし、各位を正従に、四位以下の正従はさらに上下に分かち、合計十四階を諸王の位とした。

諸臣の位階については、一位以下八位の各位を正従の二段に分ち、四位以下の正従を各々上下に分ち、初位を大初位の上下、少初位上下に分けた。そして、正位を正従一位から正従三位まで合わせて六階とし、直位を正従四位・正従五位としたうえで各位をさらに上下に分けて八階、勤位を正従六位上下の四階、務位を正従七位上下の四階、追位を正従八位上下の四階、進位を大少初位上下の四階とした。正位以下合計三十階を諸臣の位としたのである。以上がいわゆる内位と称されるものであるが、これに対して正五位以下初位までには外位《げい》が設けられた（外従五位下など）。これは元来、郡司・軍毅・帳内・資人といった外官（地方官）や下級官人を叙す位階であったが、後世にはその人の才能・経歴・氏姓などが内位に叙するに足らない時、これに叙することにもなった。

＊大宝令による位階を表にして示せば次のようになる。
正従一位、正従二位、正従三位、正従四位上下、正従五位上下、正従六位上下、正従七位上下、正従八位上下、大少初位上下、
外位とは、例えば「外従八位上」というが如きである。

## 第二節　勲　位

大宝令には位階のほかに、武功もしくは特別の文功によって叙すべき勲位十二等の定めがあった。勲一等は文位の正三位に、勲六等は従五位下に、勲十二等は従八位下に準ずることになっている。

## 第三節　位階にともなう特権

㈠**位封および位禄**　大宝令以前は五位以上相当に食封が付いていたようである。大宝令・養老令ではこの特権を一品以下四品以上、一位以下三位以上に限定し、八百戸以下一百戸以上の封戸を賜わった。四位・五位には封戸たる位封はなく、ただ位禄を支給するにとどまった。慶雲年間（七〇四〜七〇八）にこの特権を四位以下に及ぼしたこともあったが、平城天皇の大同年間（八〇六〜八一〇）に養老令制に復した。同令によれば一品から四品は八百から三百戸、一位から三位には三百戸から一百戸である。女子にはその半を減じた。

㈡**位　田**　大宝令・養老令によると、五位以上に対して八十町以下八町以上の位田を賜わった。女子は三分の一を減じた。

㈢**家　司**　大宝令・養老令によると、親王一品以下四品以上には、家司として文学・家令・家扶・大少家従・大少書吏が国家から支給された。職事官の一位以下三位以上には、家司として家令・家扶・大少家従・大少書吏が給された。

＊「職事官一位」とは、位のほかに官職をもっている者をいう。

㈣帳内および資人　大宝令・養老令では、四品以上に一百人から一百六十人の帳内、五位以上には二十人から一百人の資人（位分資人）という従者が給される。

㈤**蔭　位**　蔭位《おんい》とは、有位者の子孫が父祖の有する位階の蔭によって、二十一歳に達した時に一定の位に叙せられる特典をいう。大宝令・養老令によると、三位以上の蔭は子と孫に及び、五位以上の蔭はただ子に及ぶにとどまる制度であった。例えば、一位の嫡子は従五位下に、その庶子および嫡孫は正六位に、庶孫は正六位下に叙されることになっている。また、五位の嫡子は従八位上に、庶子は従八位下に叙せられる。蔭に与かる子孫を蔭子・蔭孫という。

㈥**位　子**　四位と五位の子孫で二十一歳以上にして現任を有さない場合には、式部省あるいは兵部省の簡試を経て、内舎人・大舎人・東宮舎人など各種の舎人や左右近衛に任ぜられる特権を持っていた。

また、内六位以下八位以上の嫡子が二十一歳以上にして現任がない場合には、各々その才能に応じて式部省または兵部省を経て大舎人・内舎人・兵衛府の兵衛・諸司の使部などに任ぜられる特権を持った。

これらの特典を総称して位子といった〔広義。狭義では後者のみをいう〕。

(七)不　課　大宝令・養老令によると、八位以上の者、五位以上の者とその父子、三位以上の者とその父祖兄弟子孫は、みな不課口として課役、すなわち庸調・雑徭を全免された。初位は徭役のみを免ぜられる特権があった。

(八)議請減贖章　八位以上、勲十二等以上、およびその近親は、後述のように〔三四一・三四二頁〕刑法上、議・請・減・贖という四章の特典、いわゆる議請減贖《ぎしょうげんしょく》の特権を享有した。

## 第四節　叙　位

大宝令・養老令は、内外五位以上を勅授、内八位・外七位以上を奏授、外八位・内外初位を判授と叙位の手続きを区別している。官職における勅授・奏授・判授と同様の区別である。令の規定では、諸司の長官は毎年その属官の功過・行能を勘《かんが》えて優劣を定め、太政官に送って考を与える。官職の種類により六考あるいは三考を重ねて、ある等級以上の成績を示した時に叙位の選に上る。その後に位が一階ないし数階進められる制度であった。

しかし、延喜年間（九〇一〜九二三）以降はかかる官人考選法も次第に廃れ、在官の年労（年功）または上日（出勤日数）などを加階の標準とするに至った。加えて、別功・年爵などの特別の事由による叙位・加階が頻繁となってきた。

別功とは、特別の功労を意味するが、なかでも著名なのは成功《じょうごう》に基づく叙位である。院宮・寺社の造営費を献納させて、その功によって官職または位階を賜わることであり、国家の財源の貧窮を救う一手段としてしばしば用いられた。

年爵とは、後述の年官とともに年給という制度の一種である。太上天皇・三宮（太皇太后・皇太后・皇后）・准三宮・東宮などの年爵の特権を有する者が、毎年叙位の際に爵一人、すなわち五位（四位の例もあり）に叙すべき候補者一人を推挙して叙位の恩典に浴させる制度である。その真の目的は、その位に付属する位田・位禄の所得を推薦者自身に取得させることにあった。従って、年爵による叙位者は単に位を得た名義人にすぎなかった。延喜年間（九〇一〜九二三）以降、奏授以上の叙位は毎年正月の恒例の叙位式で行われた。そのほか即位・大嘗会・朔旦冬至（十一月一日の冬至、十九年に一回）・行幸などに際して臨時叙位式が行われたこともあった。

# 第七章　地方制度

## 第一節　総　説

大化二年（六四六）の大化新政の際、京師を修め、畿内を定め、全国に国・郡・里の制を敷いた。その後の地方制度はこの大化の新制度を基礎として、各時代にこれを補修したものである。

里は大化前代の郡《こほり》・県《あがた》にあたるものと思われる。大化以後の制度では、五十戸をもって一里とし、五十戸未満の戸数はその多少に従って、あるいは付近の里に付属させ、あるいは別に小里を立てさせる原則であった。大宝令以降の史料によればこの小里を余戸《あまりべ》と称した。地名に余部《あまべ》とあるのはこれが変化したものであろう。

郡は大化前代の「くに（国）」の後身であって、大化改新の詔において里数の多少によって大・中・小の三等に分かたれたが、養老令では大・上・中・下・小の五等に分かたれた。大宝令もおそらく同一であったであろう。

大化以後の国は、数郡を併せた郡の上級区画として新たに設立されたもので、少なくとも大宝令以来は郡の数の多少によって大・上・中・下の四等に区別されていた。

国には国司を置き、郡には郡司を置き、里（後には郷）には里長（郷長）を置いて三級制をもって地方を治めることは、大化以後の地方制度の中枢で、ただ政治上・軍事上特別の意味を持っている辺要の地方には特別の制度が敷かれた。例えば、奈良朝時代には、後の和泉国に相当する地方に和泉監《いずみのげん》が、大和国には芳野監《よしののげん》が置かれた。また、摂津国には摂津職が置かれた。要津をひかえ交通の要衝にあたっていたからである。また、坂東八国・吉備・周防・伊予・筑紫といった諸地方には、総領または大宰という官を置いて統括させた。総領または大宰は、おそらく隣国までも兼帯する一国の国守で、他の国司より重い地位と権力を有したと思われる。しかし、大宝令では筑紫大宰以外は廃止され、筑紫には九国を管轄させるために大宰府が置かれた。和泉監・芳野監は奈良朝の終りには廃され、和泉国が生じ、摂津職も延暦十二年（七九三）に廃され、摂津国となった。

国郡の分合廃置は大化以降しばしば行われ、国郡の数には増減があった。天武朝における国境制定を経て、持統朝には畿内が四ヵ国に分かたれ、文武天皇の大宝年間（七〇一～七〇四）には七道の区別が確定されて、全国を四畿七道とし、総国数は五十八国、三島（壱岐・対馬・種子島）を数えるに至った。その後、畿内の地を割いて、芳野監・和泉監の二監が新設され、一時は四畿内二監と称されたが、天平年間（七二九～七四九）に相次いで廃止され、天平宝字元年（七五七）に別に和泉国を置くに及んで、ここに五畿内の名称が生じた。

畿外諸国もまた和銅五年（七一二）以来しばしば増減を経て、遂に淳和天皇の天長元年（八二四）には五畿七道を通計して六十六国二島と定まった（種子島は大隅に編入）。これが実に明治維新まで一千四十四年間続いた我が総国数である。

郡の数も大化以来、次第に増加し、奈良朝には五百五十五郡、平安朝には六百内外を算した。里は和銅年間の末に郷と改称されて、それ以後は郷の下にあった村を里と称する慣例を生じた。平安朝における郷の数は四千内外であった。

## 第二節　国司、郡司、里長、保長（附、駅長）

### 第一　国司

国司は一国の民政と司法とを掌る地方官で、特に辺要の土地（陸奥・出羽・壱岐・対馬など）の国司は軍防・鎮撫の特別任務を兼ねていた。国司の員数は国の等級によって異なるが、大宝令・養老令によると大国には四等官として守《かみ》・介《すけ》・大少掾《じょう》・大少目《さかん》が、雑任として大史生（書記）などの下級官吏がいた。上国以下は員数の一つまたは二つを欠く。ただし、大宝令施行後、諸国を通じて四等官や雑任の員数を増減し、また史生のほかに書生・国掌などの雑任を増し、四等官に員外または権任の国司を設けた。

大宝令・養老令の制度では国司四等官の任期を六年と定めているが、その後変遷があり、四年交替に短縮、再び六年に復し、遂に承和二年（八三五）に四年に確定した。ただし、陸奥・出羽・西海道は五年交替とした。

　国司はその任国において職分田（公廨田）を受け、また毎年国用に充当した公廨稲《くげとう》（公廨とは官司の意。稲とは租税の意。すなわち、官庁の費用に充てる資金）の残余を特定の割合で分配される特権を有した。その結果、奈良朝後半には、遥授国司が現われるに至った。これは公廨稲の分配に与かる目的のため京官または在京のまま国司に任ずる制度で、畢竟外官に比して薄給の京官の収入を豊かにする目的に出たものである。従って、彼ら遥授国司は任国に赴任せず、京にあって国務をみることが許され、ある種の多忙な京官に至っては全く国務に関与することを免除された。遥授国司が現われて以来、在国の国司を受領国司（または受領）と称するようになった。また、前に述べた員外・権任国司の如きは多くの場合は遥授であった。

　淳和天皇の天長三年（八二六）に上総・常陸・上野の三国の守を太守と改称して親王を任ずると定め、この三国を親王任国と称したが、これも全く親王の収入を増すことを目的とする改正で、初めから遥授であった。従って、親王任国の国務は次官たる介が国に赴任して専行した。これを三介という。三介と大介とを混同する者がいるが、別物である。平安朝の中頃から大介《おほひすけ》というものが現われるが、これは実力があっても経歴がいまだ直ちに受領の守またはは権守《ごんのかみ》に任ずるに足らない者を採用して、国守の任務を執行させるために、弘仁年間（八一〇～八二四）に設けられた官職である。しかし、長保年間（九九九～一〇〇四）以後は大介もまた多く遥授となり、その他の受領大介も次第に庄園内部の在官職のように職務的収益権と化し、王朝時代末には世襲的大介職というものをみるに至った。

＊稲は「束」を単位として数えた。京官は国司のような副収入がない。そこで京官は何とかして国司の空位を満たそうと努めていた。これが遥授官の任免された理由である。公廨稲の分配は今日から見ると不当にみえるが、今日の官庁の年末賞与なども実は俸給予算の余ったものを分配するもので、これをみれば当然といわねばならない。

国の政庁のことを国府あるいは国庁・国衙《こくが》と称し、ここに執務する介以下の職員を在庁官人（在庁・庁官）と総称した。守が遥授の場合には、在庁官人を留守所と呼んだ。この在庁官人は、介・掾・目・国史生・書生などからなっていたが、後世には彼らの多くも遥授となったため、目代・判官代など他の職員が介・掾・目などに代わって国務を執ることとなった。目代は守の代官で、判官代は掾の代官であったらしい。

そのほか国衙《こんでい》には幾多の下局が設けられ、多数の下級官吏が分担していた。例えば、大帳所・朝集所・健児所・国掌所・検非違使所（検非違所・検非所）・政所《まんどころ》・税所《さいしょ》などである。

これら在庁官人の多くは土着の人または守の所従・郎従などから任命されたもので、いつしか世襲となり、留守所は王朝時代末に至って留守職（留守所職）というものになり、さらに留守代という代官をも生じるに至った。また、掾の如きも地方豪族の世襲に帰した。国司は国司宣または庁宣と称する命令を発することができた。これを施行するために発する留守所の命令を下文と称した。

国司は年に一度諸種の任務を帯びて交替で上京することになっていたが、そのうち部下の移動や考課を太政官に上申するため上京する者を朝集使と称し、税帳使・大帳使・貢調使の三使者とともに国の四度使と称された。四度使の上京時に持ち来る報告文を四度の公文といった。

国司は地方長官として撫民・勧農の重任を負っていたにもかかわらず、平安朝初期以来その任に忠実でなく、かえって部内の民を虐げ、不正を営み、私利を貪る者が次第に多くなり、朝廷もしばしば令を下してこれを誡めたがその横暴は改まらず、地方行政は年を追って荒廃した。

当時、受領国司がいかに剛腹貪慾であったかは、「受領は倒るる所に土をつかめ」という諺《ことわざ》が行われたことでも十分に察せられる。ゆえに、一たび受領となった者は一任期のうちに巨万の財を積み、数国を歴任した者はその富天下に冠たるところとなり、常に京官の羨望するところとなった。

一条天皇の永延二年（九八八）に尾張国の郡司・百姓らが尾張国司の横暴に憤って、その行跡を書いて太政官に訴えた尾張国郡司百姓等解文（解文とは下から上に奉る文書）が今日残っているが、これを見てもいかに当時の国司が横暴を極めたかがわかる（小中村清矩『陽春廬雑考』第三巻〔吉川半七、一八九七年〕参照）。

宝亀六年（七七五）〔八月十九日〕に太政官の奏上した文章のなかに「伏奉二去七月廿七日

勅一、如レ聞、京官禄薄、不レ免二飢寒之苦一、国司利厚、自有二衣食之饒一。因レ茲、庶僚咸望二外任一、多士曾無二廉恥一。朕君二臨区寓一。志在二平分一。思下欲割二諸国之公廨一。加中在京之俸禄上」（『続日本紀』）という光仁天皇の言葉がある。しかし、こうした状態は救済されることなく、いつまでも続いた。

円融院の天元二年（九七九）（七月二十二日）、平兼盛が国守に欠員のあった時にそれに任ぜられんことを請うた奏状が残っており、名文として伝えられているが、そこには「拝二一国一者、其楽有レ余。金帛満レ蔵、酒肉堆レ案。况転二任数国一乎。老二諸司一者、其愁無レ盡。荊棘生レ庭、煙火絶レ爐。况窮苦多年乎」（『本朝文粋』巻第六）と述べられている。「老二諸司一」とは京官にあって苦しい状況をいう。京官が地方官に任ぜられることを願った奏文である。このように、地方官となって富を得て、家来を有した者が後に武士となり、ここに武家時代を生じるに至るのである。

地方の国司はそれほどまでに富んでいたが、これについては崇徳院の時、大外記中原師遠の日記の大治二年（一一二七）の記事に、祖父《（父）》のことを記して「祖父安芸守、毎年所レ得米万石、大筏二艘、榑十万寸、雑穀八千石云々。故殿淡路守、米毎年六千石、塩五百余石云々。此外、彼国無レ別取盡。次、土佐守、無レ故重任、米年三万石、軽物卅万疋、油百石、糯三百石、白布三千端、此外不レ可二勝計一」（中原師遠『鯨珠記』逸文。大治二年に肥前国から鯨珠が献上された経緯を記したもの）とあり、その豪勢・富裕を察するに足る。

＊地方長官が大いに地方において巨万の富を得るということは、ローマにおいてもみられる。シーザー〔カエサル〕の例などはこれにあたる。

国司は毎年の県召除目《あがためしのじもく》において任命されるのが少なくとも延喜年間（九〇一～九二三）ころの慣例であったが、次第に県召の際に年官によって国司に任ぜられることが多くなってきた。

年官とは、既述した年爵とともに広く年給と称されたもので、天皇を初めとして太上天皇・三宮・准三宮・東宮・親王・女官・公卿のような年官の特権を有する者が、毎年または一定の巡年の除目の際に、特に諸国の掾（三分）・目（二分）・史生（一分）三官のなかの数人あるいは一人を推挙して任命に預からせる制度である。その目的は、掾以下が分配を受けるべき公廨稲を、これら特権を有する給主、すなわち推薦者の方に収入として取得させることにあった。従って、年官によって任命された掾以下の官は多く遥授で任に赴かず、純然たる名義人にとどまった。実際の収入はないから全くの名義にすぎず、有名な揚名介《ようめいのすけ》の如きがすなわちそれである。王朝時代の末には、大介もまた年官により遥授となったらしく、そのほか武功をもって国司が再任を求めたことも多かった。いわゆる武功重任である。

この年官による国司任命と似て区別すべきものは、王朝時代末以来現われた賜国（分国）の制度である。王朝時代の末に、国郡の庄園化の結果として現れたものである。これは摂政・関白・公卿らに対して一国または数国の吏務を委任するもので、その主たる目的は、封戸のようにその国の租税の全部または一部をその人に賜与することにあった。このような土地を収益地という意味で知行国ともいった。また、時として寺社の造営料・修理料に充てるために、ある年限（三年）の間、ある国を賜給したこともある。寺に「吏務」職を与えるという名目で、実はその収入を与えたのである。彼ら国主（知行国主）は分国または賜国の国司を推挙したが、時には単なる名義上のもので、毫も国務に与らないものもあった。これを仮名国司という。鎌倉時代に入るとこの傾向はますます甚だしくなり、種々の院分国が現われ、行政区域の庄園化がいっそう進んだ。

### 第二　郡司

郡司は国司の監督指揮の下にあって、郡の民政および司法を掌る地方官である。その職員の数も郡の等級により異なるが、大領・少領・主政・主帳の四等官（大少領を郡領という）で組織される原則で、下級の郡ではその一、二を欠いた。大領は「こほりのみやつこ」と呼ばれたが、時として評造、評督ともいった。評という字をなぜ郡に当てたか、韓語から借りてきたものらしい。大宝令・養老令施行以後に員数を増減し、員外または権任の郡司を増設したこともある。

大化前代において「くに」（郡にあたる）の行政首長であった国造《くにつこ》は、大化後代においても国内の祭祀官として保存されていた。大化新政当時、郡領は国造から選任する例であったが、大宝令・養老令では郡領の資格を国造に限定せず、才能相同じ者の間にあっては、まず見任《げんにん》の国造を選任することを規定したにとどまる。しかし、その後の任命の例をみると、郡領は終身官であり、譜第のなかから国司がこれを選任することを常とし、有功の常人をもって任ずることはむしろ例外であった。譜第とは世襲的家格で、国造の氏にほかならない。従って、国造にして郡領を兼官する例が少なくなかった。

天平勝宝元年（七四九）〔二月二十七日〕になって、郡領の選任に家格を軽視する風が生じたために、その選任方法を改めて、譜第のなかで立郡以来の重大の名家を簡定し、その家に嫡々その職を相承けさせる制に改めた。ほとんど大化前代の国造の復活にほかならない。降って延暦十七年（七九八）〔三月十六日〕、郡領世襲の弊に鑑み、郡領を国造から採る譜第選任の制度を廃止し、普通の庶民から郡領を任命する才能選任制に改めたことがある。これは一見すると朝廷の英断のようにみえるが、門閥を尊び、家格を重んずることに慣れてきた郡の民は、庶人出身の郡領を信頼せず、その結果は予想に反して「為レ政則物情不レ従、聴レ訟則決断無レ伏。於レ公難レ済、於レ私多レ愁」という結果をみた。そこで弘仁二年（八一一）に再び譜第を尽して、遂にその人なき場合に限って才能を任用する旧制度に復した〔二月十四日。『日本後紀』〕。国造の氏が我が民心を支配したこと久しく、いかにその勢力が強大であったかを察しうる。これより以降、郡領の職は父子で相譲り受ける旧慣が再び起こり、元慶〔七〕年（八八三）〔十二月二十五日〕に一度これを禁止して、いわゆる「代遍之格」という制度を励行せんとしたが、遂に行われず、郡領は再び古来の国造の家の世襲となり、王朝時代の末に地方豪族の世襲するところとなった。日本では、やはり門閥が重んぜられるのである。

＊日本の政治は合理的というけれども、実際においてやはりこの門閥が大いに力を有することは、しばしば歴史においてみるところである。

郡司の子弟は兵衛あるいは健児《こんでい》に任ぜられ、国造もまた兵衛を兼ねる例が多かった。しかのみならず、宿衛（兵衛・近衛・内舎人）のなかの若干名は毎年郡司に詮擬され、また反対に郡司で宿衛を兼ねたものも多く、国造および郡司の一族と宿衛とが密接な関係を有したことは、彼ら一族を次第に武人化することを助長した。このことは、平安朝前半期における社会史上大いに注目すべき現象である。これによってみても、国造がいかに政治史・社会史上で有力な勢力を有したかが窺われる。

以上に述べた各種の郡司のほかに、奈良朝以来の史料には郡の吏員の種々の名がみえる。しかし、それらの職掌や沿革は不明である。

## 第三　里　長

里長は、里内の戸口・勧農・賦役などを掌る職で、大化新政以来里内の百姓の清正強幹なるものを挙げてこれに任じる制度であった。和銅年間（七〇八～七一五）の末に里を改めて郷とするに及んで、里長も郷長と改名された。大化後においても、里の下に村なる区域があったが、里を郷に改めた後には村のことを里と称した地方もあった（一般的なことであったかは疑いがある）。この里には里正または村長と称する職があったが、これらの職務は律令には規定されていないので、詳細は不明である。また、郷または村に刀禰《とね》という職があったことが種々の史料にみえているが、これらの沿革も不明である。

**第四　保　長**

大化新政の際に、唐の制度を模して五保の制度を設けた。これは「五家相保」の意味である。保は村里内の五家の組合であって、五家をして互いに相検察させて、非違を予防させるために強制的に組織させた組合で、いわゆる行政区分ではない。大宝令もこの大化の制度を踏襲し、その五家のなかの一人を保長とし、保内の事務を掌らせた。平安時代後半の史料には、郷の下に保という小区域がしばしば現われるが、これが五保より変化した制度か、または後に設けられた下級の行政区域か、その性質と由来はともに不明である。五保は後に江戸時代に五人組として復活する。

＊保は唐の制を模倣したものだとの説については異説がある。すなわち、保は日本に昔からあると主張される。三浦周行博士（一八七一〜一九三一）がこの説を採られる。すなわち、「結《ゆい》」といって農家で刈入の時や種蒔の時に助け合って仕事をする相互扶助の組合があった。これが保の後身だという。しかし、この説は誤りである。古く日本では

国＝「くに」、郡＝「こほり」、里＝「さと」と訓をつけているのに、保だけは和訓が全くついていないから、日本固有のものではないと思う（中田説）。

## 第五　駅　長

大化新政の際に、駅馬・伝馬の二つの制度が定められたが、大宝令もこの制度に関する規定を掲げている。それによると、日本全国の諸道を、大路・中路・小路の三路に分かち、各路の三十里ごとに一駅（駅家）を置き、路の等級に応じて五匹から二十匹の駅馬とそれを引導する駅子とを常備させた。そして、各駅には駅田という田と駅戸という家を付属させている。駅田はその収益で駅の費用を支弁するためのもので、駅戸は駅馬の飼養と駅子の労務を負担するための戸である。その代わりに駅戸は徭役を免除された。各駅には一人の駅長が置かれ、駅子のなかから適当な者が選ばれた。陸駅のほかに、津渡には水駅が設けられ、馬の代わりに二舟が配備され、陸駅と同様な設備を有した。伝馬とは、各郡に常備された官馬で、郡に付属する伝戸が飼養して伝子を出す義務を負っていた。伝馬は国郡が直轄しているので、駅長の管轄するところではない。なお、伝馬の方は横道に入る所にあって街道にはない。

以上に述べた駅馬・伝馬は、官の使である公使や公文書を伝える駅使、その他の官人の公用旅行に限って使用が許されたものである。それゆえ、彼らが出発する際には、所属官司から官吏の身分に応じて特定の剋《こく》数が付された駅鈴・伝符を受け取り、その剋数に応じた馬数を使用する法であった。駅鈴は鈴で、符は書付である。

＊駅長は実質は交通機関であるが、ここに附録として述べる。私用のためではなく公用のために馬を備え付けた。一定数の馬を調達するに際して、駅馬を使う場合には駅鈴を用いる。剋とは「刻《きざ》み」である。鈴に何かを刻み付けてあったらしい。これが何であったかは不明である。そもそも駅鈴がどんなものかも判然としない。駅鈴が全く残っていないわけではなく二三あるけれども、みな形が異なっている。それらには刻みが付いていない。ともかく鈴であって、これを受けて公用の旅行をした。あるいは駅鈴と剋とは全く別物で、剋は何か札のようなものだったという人もいる。符というのは一つの文書である。これも現物は分からない。今日残っている伝符がないからである。徳川時代には駅が宿になった。このように道路が整備されて駅ができると、そこに私人が集まって営業する。すなわち、私人が私用のための馬を飼養して私の旅行者に備えるようになり、個人の交通も便利になった。以上述べた駅馬・伝馬の制度は支那の模倣である。

## 第三節　京職と大宰府

国には国司を、郡には郡司を、里には里長を置いて、三級制度をもって地方を治めるということは、大化以後における我が国の地方行政の通例であったが、例外として政治的に重要な意味を有した地方には、特別の地方行政組織が置かれ、特別の支配の下にあった。それには三ある。すなわち、京職および大宰府、そして摂津職である。

## 第一　京職

大化改新の際、唐制を模して京師を定め、京を四坊に区画して各坊に坊長を置き、四坊全体に坊令を置いて管轄部内の戸口と非違を掌らせた。大宝令・養老令もまたこれを踏襲している。坊長はほぼ他国（京以外の国）の里長（郷長）に該当し、坊令は坊長より地位が高く、一名条令とも称した。四坊が一条をなす制度だからである。

大宝令・養老令では、京を左京・右京の行政区域に区分し、各京に左右京職を置いて、京内の行政と司法とを分ち掌らせた。近江令に始まったものらしい。京職には、大夫・亮・大少進・大少属の四等官が置かれたが、ほぼ国司の四等官にあたる。また、左京職は東市司を、右京職は西市司を管轄した。平安朝の後半の史料によると、坊をさらに二十六町に区分し、四町を組み合わせて一保となし、これに保の刀禰という職務を置いて保内の事務を掌らせたが、これは前述の五保の制度とは別物である。

＊これは京における特別の制度で、支那の都城制度に模して作

ったものである。

## 第二　大宰府

大宰府は、大化前代から存在した九州の筑紫大宰の後身である。おそらく近江令によって改められたのであろう。大宝令・養老令によると、大宰府は日本西部の重鎮として外交・国防を掌るほか、西海道の諸国司と島司とを統轄し、九国二島全般にわたる行政と司法を統べ、あわせて筑前国の国務（当初は筑前には国司がなかった）を管掌した。従って、その組織もやや大規模で、帥《そつ》・大少弐・大少監・大少典の四等官のほかに、主神（祭祀を掌る）・大少判事（裁判を掌る）・主船（船のことを掌る）・主厨（料理・外交を掌る）といった特別の品官が付属した。また、被管として防人司《さきもり》があった。後年には、このほかに権帥《ごんのそつ》や権少弐が加わっている。これら諸官のうち、大宰帥は弘仁年間（八一〇〜八二四）以来親王の遥任となり、権帥か大弐のいずれかに府務を主掌させる慣例となった。

大宰府は天平十二年（七四〇）に少弐藤原広嗣が叛乱を起こしたために同十四年に廃されたが、まもなく同十七年に復活した。また、防人司は延暦年間（七八二〜八〇六）に防人廃止とともに廃され、筑前の国務もいろいろな変遷を経て、大同三年（八〇八）に大宰府から分離されて独立の筑前国司に委ねられることになった。

＊大宰府の組織に「主神」がある。これは面白い現象である。国には国造がいて祭りを

する。朝廷でも古くは政事と祭事とが一致していたといわれるほどであるが、大化改新で分離された。摂津には摂津職があって大宰府と連絡をとっていたが、これは早くに廃止された。

**(附)摂津職**

摂津は、かつて帝都(例えば仁徳天皇の宮)があった所で、かつ要津を控えて交通の衝にあたっていたために、国司の代わりに摂津職を置いてこれを管轄させた。ここにもまた京職と同じく、大夫・亮・大少進・大少属の四等官が置かれたが、その職権はほぼ国司に同じく、ただ大宰府との間を上下する公使を接待し、海上交通を掌るという点が異なった。この摂津職は延暦十二年(七九三)には廃されて、普通の国司をもってこれに代えた。

## 第四節　地方行政の監督機関

天武朝以来、地方官の治績を勘《かんが》え、民情を視察する目的で、大化前代の国宰《くにのみこともち》に相当する種々の官が設けられた。すなわち、巡察使・按察使(畿内は摂官)・観察使である。

**(一)巡察使**　事実上は天武朝に設置され、その名称は持統天皇八年(六九四)以来の史料にみえる。大宝令・養老令には規定があるが、天長年間(八二四〜八三四)以前に廃止されたたらしい。

**(二)按察使《あぜち》（あんさつしとも）および摂官**　両官とも養老三年（七一九）に新設されたもので、按察使は畿外諸国の地方行政を監督する訪察官で、摂官は畿内の監督官であった。両官ともに後年に廃止されたが、陸奥・出羽の按察使だけが鎮守府将軍の兼官として後世まで存続した。

**(三)観察使**　延暦五年（七八六）に地方行政監督のために条例十六ヵ条が制定されたが、実行に至らず、大同元年（八〇六）に観察使を各道に置き、同二年に参議を廃してその兼任の官として地方行政の監督にあたらせた。そして延暦五年の条例を敢行する任にあたらせたが、弘仁元年（八一〇）には廃され、参議を復活させた。

＊地方行政は国司の横暴により乱れた。地方行政監督の官吏を設けても役に立たないのですぐにやめてしまったのである。

# 第八章　戸籍および計帳

## 第一節　戸籍

戸籍の制度は、大化改新の際に始めてこれを全国に及ぼした。爾来、国家の政務のなかで常に重要なものとなり、平安時代の前半まで行われた。当時の戸籍は人の氏姓・身分・本貫（本籍）などを登録し、家族関係を明らかにするにとどまらず、班田・課役（調庸）・兵役などの基礎条件を詳らかにする目的をもって人民の生活状態を調査するもので、今日の国勢調査にも比すべき制度である。

＊班田は身分によって異なり、課役は男女によって異なる。

そこで大化以来、戸籍調査は口分田の収授の年期と同様に六年ごとに一回、全国を通じて行われた。これを実例に徴しても、ほぼこの年限に従っており、特別の事情がある場合に中止したり延期したりしたことがあるにすぎなかった。大化元年（六四五）から延暦九年（七九〇）までの百四十五年間で史料にみえる戸籍調査を計《かぞ》えれば二十二回にわたる。やはり平均すれば六年余に一回の割合である。

大宝令および養老令によると、戸籍調査はその年の十一月から始めて翌年の五月までに作り終るという規定である。里別に同じものを三通作り、一通は管轄の国に留め、二通は太政官に送り、太政官から民部省と中務省とに分かち収める。そして、五比（六年一比、三十年間）保存させ、その後に破棄した。ただし、天智天皇即位三年（六七〇）に近江令に基づいて作られた「庚午籍《こうごじゃく》」のみは「氏姓之根本」〔『続日本紀』天平宝字八年七月丁未条にみえる〕として永久保存する規定になっている。戸籍に記載すべき事項は多いが、次にそのうちの四つについて述べる。

＊「氏姓の根本」と称されるところをみると、庚午籍において氏や姓について詳しく書いてあったらしい。近江令は大化改新の反動として保守的であったから、氏や姓を重んじた。私の考えでは、おそらく氏令という篇目もあった。庚午籍も今は残っていない。班田の手続きは、まず戸主をして申告書を出させて、後に検査に来る。あやしいと思うと実見して訂正する。六歳になると班田がもらえるから、四歳くらいでも偽って六歳と書くことがあったのである。

**㈠戸主と戸口との別**　戸主は一名戸頭ともいい、一戸の代表者にして継嗣令に従って家を相続した者である。戸口は一戸に属する戸主以外の者で、三種に区別することができる。第一は戸主の妻子と同居親族であり、戸籍には戸主または戸口の分を別々に記載し、一々戸主との続柄を注記してある。第二は寄人または寄口として戸籍に記入された者で、おそらく他に本籍があって一時他の家に寄留している者である。第三は家人・奴婢である。戸主または戸口の奴婢として一々書き分けてある。もっとも戸籍面には家人という呼称は出てこない。

＊私法でも詳しく講じるが、令にいう戸主は国家に対し戸口を代表する行政機関であり、公法上の存在である。ゆえに、戸は数家からなり、家とは異なるものである。他方、日本の今の戸主権は私法的なものである。

　里に里長があるように、戸籍調査の時は戸主が代表して申告し、また課役も戸主が代表し、口分田も戸主が代表してもらってくる。今日のように家族との関係においての戸主ではない。これは今日の戸主の起源ではないのである。

**㈡課口および不課口の別**　大宝令は、唐の制度を模して人をその年齢に従って六つの等級に分けている。すなわち、男女三歳以下（三歳を含む）を「緑児《みどりご》」、十六歳以下を「小子」（少子とも。どちらとも書かれる）、二十歳以下を「少丁」（小丁とも、昔は文字を喧しくいわなかったから、公文書でも「少」と書いたり「小」と書いたりした）、二十一歳以上をては〕男のみが問題で、女についてはこの区分は問題にならない。「正丁」、六十一歳以上を「老」といい、六十六歳以上を「耆《き》」といった。〔課口区分においては〕男のみが問題で、女についてはこの区分は問題にならない。

また、不具・疾病の程度によっても、人を三種類に分けている。一は残疾（例えば、一目盲、両耳聾など）、二は癈疾《はいしつ》（例えば、癡瘂《ちあ》、一支癈）、三は篤疾（例えば、悪疾（これは癩病と解されている）、癲狂、二支癈、両目盲など）である。

以上の分類で、男子の小子以下、耆、癈疾、篤疾、妻妾、女子、家人、奴婢、皇親、八位以上の有位者、五位以上の父子、三位以上の父祖兄弟子孫などを不課口として、調庸を免じた。その他を課口とし、課口をさらに分けて少丁・正丁・次丁の三つとした。次丁とは老および正丁残疾者をいう。養老令の制度もほぼ同一であるが、ただ緑児を「黄」と、少丁を「中男」と改称したにすぎない。支那式に改めたのである。緑児は日本的である。

しかし、天平勝宝九歳（七五七）に中男の年齢を十八歳に引上げ、正丁を二十二歳以上に改めた。その結果、天平宝字二年（七五八）には老を六十歳、耆を六十五歳に繰り下げた。

大宝令および養老令によれば、一戸内に一人でも課口があれば、その戸を課戸といい、全戸が不課口のみからなっている戸を不課戸と称し、これが戸籍面に明記される。戸籍面には年齢と残癈の区別〔残疾・癈疾などの区別〕を詳記したが、大宝・養老令の制度によれば、正丁でありながら進んで老・耆に入るなどの疑わしき人物については、国司が形状を見定することとなっていた。

＊一方で若い人を引き上げて、十八歳までは租税・課役を免除または減軽し優遇したから、老人の方も優遇しようとしたのである。

**㈢戸の等級**　大宝令・養老令は、あるいは戸口の多少によって戸を上中下の三等に分かち、あるいは戸の貧富によって九等（上上～下下）に分かったことがある。戸の等級は戸籍に記載されている。大宝年間の戸籍で今に残るものに九等の政戸に分けて記載したものがあるが、政戸は令に規定がないので、その意味は詳らかではない。この政はおそらく力役（賦役）の意味で、徭夫の多少による区別だと考えられる。

**㈣郷戸および別房（房戸）**　大宝令・養老令によると、戸は戸令の規定によってのみ分析（分籍のこと。今日の分家）を許した。しかしその結果として、一里（郷）の法定戸数の五十戸（一里は五十戸。例外として六十戸あるいは四十戸もある）を超過する場合には、新たに分析した戸を戸籍面に独立した一戸として記載せずに、これを本戸の別房（内訳）として付記する慣例であった。このように付記された別房を房戸といい、本戸のことを郷戸といったこともある。分析された戸が独立の戸であったことは、房戸の記載中に嫡子（家督相続人）の記載があることから明らかである。

＊戸籍には、

戸主、……
妻、……
子、……
弟、……

と書く。例えば、その弟が独立して分籍すると、

房弟、……
妻、……

とする。本来は戸主ではあるが、そうすると里の戸数が増えるから、このまま戸主とせずに措いて、里の戸数を数える時は戸主の名の付いた者のみを数える。次に、房とは一つの部屋のことである。これは支那からきたもので、古代支那では共産の大家族制度であったから、一戸が幾つかの房に分かれ、一房がさらに小さい family を形成していた。史料編纂所から出している『大日本古文書』に載っている正倉院戸籍には、別房になった戸籍が沢山ある。以上に戸籍記載事項として重要なるものを㈠㈡㈢㈣と述べたが、これらの戸籍記載事項は全国的に統一されていたわけではない。地方によって異なっていた。

以上に述べたような戸籍制度は、奈良朝末以降には次第に紊乱《びんらん》して、その記載事項も全く実を失うに至った。その原因は、口分田を貪り、課役（賦役）を規避（昔は忌の代わりに規

と書いた）するために、偽って戸口を増減したり年齢を変更したりして、他人の名を冒し、あるいは死亡や逃亡の事実を詐称し、また他郷に逃亡・流浪して無籍者となる者が年を追って増加したためである。

延暦年間（七八二〜八〇六）以来、朝廷はしばしば命令を下して無籍・浮浪の徒を隠首《おんしゅ》（隠れていた浮浪人を誘い出し自分で申し出させる）・括出《かっしゅつ》（官司が浮浪人を勘出する）して、本貫（本籍）に送還し、あるいは現在の寄留地に編付（その地に戸籍を設け編入する）したが、その効なく、庄園が発達するにともなって公民が逃亡してこれに入って庄民と化す者が続出し、遂に戸籍制度の廃絶をみるに至った。延喜二年（九〇二）〔三月十三日〕の太政官符には「又、戸籍所レ注大略、或戸一男十女、或戸合烟無レ男。推二尋其実一、為レ貪二戸田一妄所二注載一。是以、一国不課、十二倍見丁一」〔『類聚三代格』〕（丁は課口のこと）とみえる。田租に対し調庸は重く、返済に迫った借金者・貧民の増加が浮浪人を多くした。庄園はアジールである。

＊何となく戸籍ができなくなったので、方々でやめてしまった。今日残っている戸籍で一番新しいものは、一条天皇の寛弘元年（一〇〇四）の讃岐国の戸籍の断片である。しかし、その頃まで全国的に行われてきたわけではない。それ以前にやめていた地方も多かろうと思われる。

延喜二年太政官符の「合烟」とは家中の意。「不課」とは不課口の意。「見丁」とは租税を納める者の意である。

支那でも戸籍の作成には困難がともなった。支那の戸籍においても女が多い。もらうだけもらって租税を免れんとするのである。次に庄園が発達すると、流浪者のみならず、公民までもが庄園に入ってしまった。

以上述べたのは一般の戸籍であるが、この他に特別に作成する戸籍があった。皇親名簿（皇族の戸籍）、僧尼名籍、市人・神戸・封戸・陵戸・雑戸・官戸・官奴婢の特別戸籍などである。

## 第二節　計　帳

計帳とは、各国の課口の損益ならびに調庸（「みつき」と「ぶやく」）の納額を詳らかにするために、毎年各国において作成する統計表である。大化改新の際に唐の制度に倣って初めて作成されたようである。大宝令の制度ならびにその後の実例によれば、京・国で毎年六月末日までに各戸主に戸口の年齢・生死・逃亡・新付（新しく戸籍についた者）・分生（分籍）・課不課の別などの事由を詳記した届出、すなわち計帳手実を提出させ、その後、里・郡においてこれを整理し、さらに国においてその結果を集成して、課口・不課口の総数と損益を集計した計帳を作成する。ゆえに、計帳のことを国帳、大計帳あるいは大帳と称した。

この大帳は八月末までに各国から太政官に送り、太政官はこれを民部省に下し、民部省は管轄の主計寮に下して監査させる。計帳（大帳）は調庸収納と口分田班給の基礎であるのみならず、王朝時代には戸口の増益は国家の奨励するところ、戸口の損益は国司の功過にかかわるところであったから、この大帳の作成と審査は税帳・調帳の作成・審査とともに重要な政務の一つであった。しかし、その制度もまた延喜年間（九〇一～九二三）以降には廃絶した。

＊大化改新で支那の制度を模倣したけれども、日本の文化が発達していなかったとみえて全部崩れてしまった。代表的な東洋文明の精髄たる唐の制度をまねるには、それ相当な文明が発達していなければならない。例えば、行政においても蔵人所とか検非違使とかいった簡単な役所が、太政官・八省に取って代わったのである。

# 第九章　土地制度

## 第一節　田積、田品、条里、および四至

大化改新の際、新たに土地を測量する丈量単位を定めて、高麗尺の方五尺を一歩《ぶ》（面積）とし、長さ三十歩・幅十二歩の面積を一段とし、十段を一町とした。すなわち、一段は三百六十歩、一町は三千六百歩にあたる計算である。この測量法の由来は不明であるが、大化以前に行われていた制度に多少の修正を加えたものと思われる。支那では面積の単位として町・段などは使われず、畝《ほ》・頃《けい》が使われていた。

＊大化改新の時にはすべて唐の制度を模倣したが、長さや面積には違ったものを用いた。段や町は日本固有のもので、測る物差しは高麗尺というが、どこからきたのかわからない。

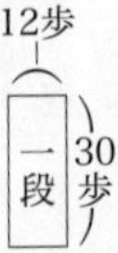

しかし、この新制は旧慣とは合せず、実行上困難であったらしい。その後、さらに改正があって、高麗尺の方六尺を一歩とし、五歩を一代《しろ》とし、二十五歩を五代とし、二百五十歩すなわち五十代を一段とし、五百代を一町とした。これを大化の制度と比較すると、町段の歩積においては異なるところがあるが、実際の面積においては異なるところはなく同一である。この改正はおそらく近江令によってなされたもので、大化前代の旧法をそのまま復活したのではないかと思われる。大化の時に旧法を多少修正したので、すべてに保守的・反動的な近江令で再び旧法の「代」に復したのであろう。

大宝令では再び大化の制に復したが、和銅六年（七一三）に度量衡全体にわたる改正が行われるに及んで、従来土地を測るために用いられていた高麗尺を廃し、これに代えるに新大尺（和銅大尺）をもってし、その六尺を一歩とした。ただし、この和銅大尺の方六尺は高麗尺の方五尺に相当するから、一歩の実積は前後で差違がない。これ以降、王朝時代末まで変更はなかった。

＊大宝令には大尺と小尺とがあり、いずれを用いるかそれぞれ規定してある。大尺は高麗尺に相当し、小尺は唐の大尺に相当する。大尺・小尺の二つを設けたことは支那の模倣である。和銅年間（七〇八〜七一五）の改正では、大尺を唐の大尺とし、小尺を唐の小尺にした。今日でもメートル法について議論があるが、度量衡は改正しても急に行われるものではない。いろいろな人の慣習によって変遷が生ずる。西洋の真似をしたがる

今日と同様、この大化の時も何でも唐の真似をしたがった。その時において特に度量衡だけは旧慣習を用いたことは面白い現象である。

高麗尺五尺がいかなる長さかは、いまだにわからない。唐の尺も十分にはわからない。現在、高麗尺として残っているものは皆それぞれ異なっている。今日までの研究によって最も近似的なものとしては、高麗尺一尺は今日の曲尺一尺一寸七分三厘六、小尺すなわち唐の大尺一尺は九寸七分八厘五だとされる。今日の曲尺または小尺を標準としたものであろうということである〔曲尺一尺は三〇・三センチメートル、一寸は三・〇三センチメートル〕。

田地に品位を付すことは、大宝令・養老令には規定がない。しかし、奈良朝以来実際に行われていたようである。後世の『延喜式』によると、公田は獲稲の多少により上・中・下・下下の四等に分かたれている。上田とは五百束、中田は四百束、下田は三百束、下下田百五十束の獲稲を標準とした。しかし、実際には必ずしもこの規定に準拠せず、時代や地方により同一ではなかった。

＊このように上・中・下・下下の品等に分けることは、徳川時代でも行われた。

田地の位置を示すためには、奈良朝以来王朝時代に至るまで二種の方法が行われた。これは大宝令・養老令に規定があるものではなく、支那において行われた制度を模倣したものである。

その一は、条・里・坪《つぼ》・並《なみ》の順をもって示す方法である。およそ一村落内の土地を開墾して田地とする場合には、通例方一町（三千六百歩）を一坪または一坊とし、三十六坪（方六町）を一里とし、全開墾地を碁盤の目のように一里を基準として縦横に区画して、条里の順序を定める。条とは東西にわたる里の単列を指し、その順位は北から南に進んで、一条・二条・三条と数えて三十六条に至る。里の方は条ごとに西から東に向って、一里・二里・三里と数えて、三十六里に至る。この方法によって、田地の位地を表示するには、五条一里七坪の田幾段、または七条五里の田幾段などと、その田地の属する条里坪並の順位をあげて示すのである。しかし、この条里制は原則を示したものにすぎず、国によって地形によって配列や計算方法に種々に異例があったらしい。

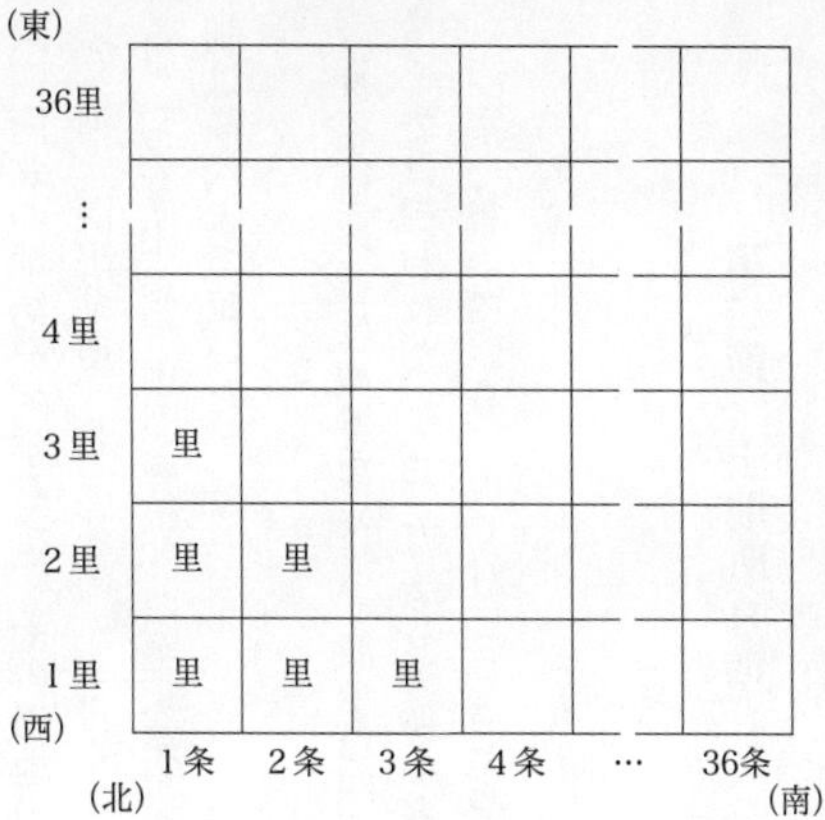


その二は、四至という方法である。これはその土地の限界をなす道路・田・山川・隣地など

東西南北の地勢を列挙して、その田地の位置を示す方法である。例えば、「東限某寺田、南限某河、西限某道、北限某山」と書く。あるいは「限」の字を「至」をもって書くものもある。「東至山路、南至寺田、西至駅路、北至某道」などである。条里は中絶するが、四至の制は後代まで続いた。

＊条里坪並は複雑なので、簡単な四至が長く用いられた。徳川時代に至るまである地方では行われた。この方法も支那からきたものである。さらに支那では「限」「至」の文字を省いている。古くバビロニヤやアッシリヤの古蹟にも、日本の四至と同じ方法がみられる。

## 第二節　土地所有権

大化改新は、大化前代の末における土地兼併の弊に鑑みて、日本全国にわたって私有地の大部分をいったん国家に収め、さらにこれを唐の土地制度に倣って人民に分配した。ただし、当時の土地収公《じゅこう》の範囲および唐田制の模倣の程度については、詳しい史料は存在しない。大宝令・養老令の土地制度も唐制を模倣したものであるが、我が国情に鑑みたことも多かった。特に土地私有権は唐制よりもはるかに制限的であった。おそらく大化改新当時の精神を遵守した結果であろうと思われる。

しかし、大宝令・養老令の土地制度が国有主義をもって根本原則としたとはいえない。従来、我が国の歴史家や法制史家の間に行われていた通説によると、大化新政以来、我が国では土地国有主義をとり、極めてわずかな場合に限って例外的に個人の私有を認めたにすぎないとされてきた。しかし、近年私自身はこの従来の説に反対して、我が国の土地制度の基礎をなしているものは、大化以後においても依然土地私有主義であると主張している。大宝令以後の法源を総合的に研究してみると、位田・職田・口分田、さらに大功田以外の功田や賜田などの一私人の手にある主要な田地を「公田」に対して明らかに「私田」と称し、その所持者を永代私有が許された私墾田の所有者と同じく一般的に「田主」「地主」と称し、両者の間に名称上の区別を設けていないからである。

もっとも、これらの私田は必ずしも永代私田ではなく、その多くは終身間もしくは有期の私田であり、これを処分する自由にも種々の制限が付されていた。永代所有権を認め、自由売買を許した土地は宅地・園地・大功田の三つにすぎず、他の土地は概ね終身間もしくは三代間に限って占有を許すにとどまった。位田・職田・賜田・口分田は長くとも終身間の占有を許されたにとどまり、上功田は三世、中功田は二世、下功田は一世に伝えることを許されたにすぎない。しかし、その所持者が田地に対して行使している権利は、その本質においては永代私田（墾田・大功田）の権利と同一の田主権（地主権）であって、公田の租借権、借佃権とは明らかに区別されている。されば、我が律令に規定されている土地所有権は、これを有期所有権と無期の永代所有権との両種に区別して論ずることが適当である。

この推論に誤りがなければ、我が王朝時代の土地私有権は、ローマ法または自然法説の影響を受けた近代の自由所有権のような絶対無限の所有権観念ではなく、ゲルマン法系の土地所有権のように、周囲の状況に適応して種々の等級を生じうる伸縮性に富んだ所有権であるといわなければならない。すなわち、我が王朝時代においても永代世襲的な所有権の傍らに数代間・終身間・期間付といった有期的所有権が存在し、自由・無制限的所有権の傍に制限的・負担付所有権が存在することを妨げなかった。

＊　以上が前置きであるが、大きな問題は「所有権とは何ぞや」ということである。大化のころのことであるから詳細は不明であるが、要するに、土地を取り上げ、土地兼併の弊を廃して、これを班給する口分田とした。口分田は人民が生まれると与え、死ぬと国に返すのであって、これは今日の所有権とは異なる。要するに、これは土地国有主義で、人民に一生の間の収益権を認めたにすぎず、ただ僅かな例外として永代所有権が認められていたにすぎないというのが今日の通説である。しかし、土地が個人に属するか、国家に属するかの判断は、所有権という概念をまず決めてかからなければならない。従来の法制史家の所有権概念は全く常識の域を出ていない。

これをローマ法流の、すなわち今日の所有権の観念から考えれば、たしかに土地国有制度なのであろう。しかしながら、所有権の概念はローマ法のものに限らない。現にゲルマン法系では期限付所有権がある。要するに、当時の人々が国家から土地を借りていると考えていたか所有と考えていたかの「意識」を調べてみなければならない。この点より考えると、地主権・田主権（財主、物主）の一種と考えていたことは明らかで、ただ永代のものでないというにすぎない。借佃の制がこれとは別に存在するのであって、その場合は決して田主とはいわず、作人という点からみても、所有権とみるべきことは明らかである。王朝時代の土地には、永代所有権と期限付所有権とがあったと説明する方が正しいと思う。この証拠については、中田「律令時代の土地私有権」（『国家学会雑誌』四十二巻十号〔一九二八年。中田『法制史論集』第二巻に再録〕）を参照されたい。

元来、所有権という概念を完全に定義した者はほとんどいないといってもよい。要するに、法制史家はまずこの所有権の概念を決めてかからねばならない。すなわち、所有権は歴史的に決めるべきもので、dogmatic に決定すべきではないといった Gierke〔オットー・フォン・ギールケ（一八四一～一九二一）〕の説が正しいと思う。例えば、ゲルマン法の Obereigentum〔上級所有権〕、Untereigentum〔下級所有権〕のようなものので、これはローマ法では到底説明の付かない所有権である。

## （甲）有期所有権

### 第一　口分田

支那の古い記録によると、周の時代に土地の公有主義と均分主義の両主義を結合した井田《せいでん》という制度が行われていたが、秦の時代になって有名な政治家商鞅《しょうおう》の富国強兵策（今日の帝国主義）を実行する必要から、井田制を破棄して初めて土地私有制、土地の自由獲得を認めたと伝えられている。この伝説が果して事実か否かは別問題として（今日では疑いを抱く者が多い）、近時の研究では支那においても私有制は秦以前においてすでにかなり発達していたと考えられている。少なくとも秦以来、土地私有という制度が歴史の上に明らかに見いだされ、かつ土地兼併の弊がにわかに起っている。次の漢の時代になると、この土地兼併の弊害が極まり、重大な社会問題と化した。

ここに時の政治家や学者はこれをめぐって種々の解釈を出しているが、漢の武帝の時に大儒董仲舒《とうちゅうじょ》はこれへの対策（救済策）として占田限定説を唱えたが、採用されずに終わった。その後、四百年を経て晋が天下を統一するに及んで、突如としてかつて董仲舒が唱えていた占田法が実施され、人民が占有できる田地の最高額 Maximum を限定した。次いで後魏の時代には、さらに一歩進めて均田制を行った。これは男女が特定の年齢に達した時、国家から均一額の露田を班給し、その死亡を待って再びこれを公に収める法で、事実上は周の井田法の復活にほかならない。この均田法は、後魏から北斉に伝わり、後周および隋を経て、唐に至って口分田の班給に至った。これが大化改新の時に我が国に輸入されたのである。

支那では後魏以来、公から班給した露田・口分田のほかに、永代所有と相続を許す桑田(後魏)・永業田(唐)といった永田・私田を認めていた。また、口分田といえども、ある場合には売買を許可したために、土地兼併の弊は依然として絶えず、唐の開元年間(七一三〜七四一。唐の初期)の頃には、その弊は漢代を凌ぐものがあった。

＊支那の歴史が極めて重要であるから、簡単にここで述べておく。

周代の事柄には信用がおけない。井田の如きもそうである。井田は土地を九つに分けて、その一つが公有地となる。私有地を有する者が交代で公田を耕していくという。土地国有主義で、財産は均分主義となる。理想的な共産国家である。これが秦になると、武力で略奪することとなったから、王道政治から離れて覇道政治となってきた。そこで軍国主義となり、まず国を富ませることを目指すようになる。それには人民の財産を増やさねばならないから、自由競争を認める必要がある。そこで、井田という均分主義を破壊するに至ったのである。

ここから、やがて土地兼併の弊が起こり、漢の時代に至ってその弊が極まったといわれる。この弊をただすために、二つの方策を歴代の政治家は考えた。すなわち、その一は井田に戻せという方策である。その二は他になんらかの社会政策を起して緩和するという方

策である。

董仲舒はその折衷として占有田限定法を唱えたが、消極的方策であることを免れなかった。漢ではこの制を採らずに、浮浪人に対して開墾などの方法で職を与えることによって緩和しようと努めたのである。

支那ではこのようにして唐代において失敗しているにもかかわらず、日本では口分田を施行した。その結果、日本でもやがて無茶苦茶になるに至った。

**㈠班田の範囲**　我が国における口分田班給の制度は、唐の制度の模倣で、大化新政の時に初めて日本で施行されたが、全国一斉に実行されたものではなく、長年の間に徐々に各地に及ぼしたものである。現に薩摩・大隅などは、延暦十九年（八〇〇）に初めて実施された。しかし、平安朝初期にはこの制度も全国に行きわたったように思われる。

我が班田制は唐のそれに比すると手続きが複雑で、また奈良朝以来この制度を破壊する私墾田が発達してきたために、平城天皇の大同年間（八〇六〜八一〇）には実行難に陥り、その後は次第に廃頽して、延喜（九〇一〜九二三）の後数十年を経ずして事実上廃絶した。

**㈡受田年齢**　唐令では特別の場合のほかは男子が十八歳に達した時に口分田を授けたが、大宝令・養老令では男女を問わず六歳をもって受田資格の発生年齢とした。ただし、唐の制度では口分田の収授は毎年行われたのに対して、我が国では六年ごとに全国を通じて一時に行う制（六年一班）であったから、班年（田を班《わ》かつ年。暦の上で決まり、人の年齢にはよらないのである）以降に六歳に達した者は、次の班年に及んでようやく班給に与かることとなる。

＊ 六歳で受田資格は生じるが、班年の時にちょうど六歳にならない者は五年から一年分の損をすることとなる。

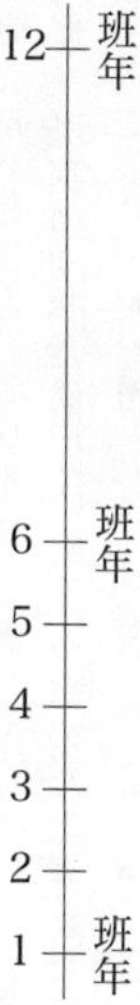


**㈢受田額**　大宝令によれば、口分田は良民および官戸・官奴婢には男子二段が、女子にはその三分の二が、賤民のうち家人・私奴婢には良男良女の三分の一（男は二段の三分の一、女は二段の三分の二の三分の一）が班給される。しかし、受田額は郷土の寛狭に応じて多少増減することは許された。また、易田はこれを倍給する制度であった。

**㈣返還時期**　口分田は、私の説によると終身間の私有地であって、田主が死亡した場合、または逃亡した場合には、これを公に収める。ただし、班年以前に死亡した場合には同居親族に佃作させて、班年に至って公に収めた。このほか、逃亡した者や戦争で外蕃に没落した者の口分田も同居親族または五保に特定年限の間は耕作させ、その後公に収めた。

㈤班　年　唐の制度では口分田は毎年収授したが、我が国では大化以来六年に一回班給する制度であった。これは毎年の班田の煩雑を避けるためだろうと思われる。これを実例に徴するに、平安初期の延暦二十年（八〇一）に一紀一班（一紀は十二年）とされたこともあったが、大同年間（八〇六～八一〇）頃までは遅速もあっても六年一班に従ったようである。しかし、大同以降次第に班田制は弛み、国によって十数年あるいは五、六十年の久しきにわたり絶えて、班田を行わなかった。

その結果、正丁であるが田を受けない者、絶戸田にして富豪の家に隠された者もあって、諸国の田制は頗る紛乱し、班田収授の制はますます実行困難に陥った。当時の為政家はその原因を六年一班制の期間が短促に失するためだと考えたらしい。そこで、承和元年（八三四）には畿内に限り一紀一班とし、延喜二年（九〇二）にはこの一紀一班制を全国に及ぼした。しかし、この改正もまた効果をあげず、その後班田制は廃絶した。

㈥班田方法　大宝令から延喜年間（九〇一～九二三）に至るまで行われた手続きによれば、班年の十月中に国司が国内の田地を校《かんが》え（校田）、戸口を調査して授口帳を作り、田籍を作り、これに準拠して翌年二月末までに班田を終える。あわせて田図を作製し、これを民部省に送った。このように手続きが繁雑だったこともまた、班田制の実行を困難にした一因であった。かつ、授口帳の基礎たる戸籍・計帳も前述のようにその実を失い、口分田を増すため口数を偽り年数を偽るなどの姦策を弄したため、班田制はますます実行が困難となった。

**(七)口分田の処分**　この口分田は、処分の自由が著しく制限されている土地であった。唐では口分田もある場合には永代売買が許されたのに対して、我が大宝令ではわずかに一年間を期限とした売買、すなわち賃租を許すにとどまり、永代売買は禁止されていた。しかし、班田制が行われなくなるに至って、この禁も弛んだ。

＊我が国では手続きが複雑であったこと、すなわち班年の制があったことが実行困難になった理由である。支那では毎年だから簡単に片付くが、日本では六年間も止めておくからかえって複雑となる。戸籍をごまかして口分田を余計にもらおうとするものも現われる。毎年の収授ならごまかしがたいが、六年間ではごまかすことが容易となる。ゆえに、不正が行われることにもなる。

この口分田の方法が次第に的確に行われなくなってきたので、政府は六年ごとにやることが頻繁で人民が嫌がるのだろうと考えた。そこで、十二年に一班とした。このためにますます混乱するに至った。

土地私有権の制度は厳格であった。いかなる場合にも口分田を永代売買することは許されなかった。これは大化前代の土地兼併の制に懲りた反動かもしれないが、これは実際の生活に合わなかった。そこで逃げ道を作り、役人の方もまた大目にみていたのである。

**第二　位田、職田**

位田・職田の性質についてはすでに述べたが、これらは私田であって公田ではない。位田とは原則として終身間の私有地で、享有者が死亡した時に公に収める制度であった。ただし、奈良朝の宝亀九年（七七八）以降は死亡後一年間遺族に耕作させせて、その後に収公することになった。職田も原則として享有者の在職中に限って所有することが許された土地である。位田・職田は一年間を限って賃租することが許されているだけで、永代売買が禁じられていることは口分田と同じである。

**第三　功田、賜田**

功田とは、特別の勲功がある者に賜給された田地で、唐には存在しない我が国特有の制度である。大宝令・養老令によれば、功田には大功田・上功田・中功田・下功田の四等があって、大功田は永代に世襲させ、上功田は三世に、中功田は二世に、下功田は子に伝えることが許された。従って、上功田以下は制限的世襲地である。賜田とは、特別の勅旨によって賜わる田地の総称で、原則として終身の間の私田であった（永代賜田も例外的にあり）。これらの功田・賜田もまた一年を限って賃租することは許された。

＊一年を限って賃租するという制限があるようにみえるが、繰り返して貸すことは差し支えない。なお、一世・二世の数え方は今日のそれと異なる。今日では、自己が一世、子は二世となるが、当時は一世が子となる。

| | | | | |
|---|---|---|---|---|
| | 子 | 孫 | 曾孫 | 玄孫 |
| ○ | ○ | ○ | ○ | ○ |
| | 一 | 二 | 三 | 四 |

## (乙) 永代所有権

### **第一　宅地、園地**

唐では宅地もまた国家から人民に分給する制度であったが、大宝令・養老令では宅地は全く一私人の自由取得に任せ、その広狭・段歩についても何らの制限をも加えず、また永代売買をも許していた。園地に至っては、大宝令もまた唐制と同じく公給主義を採っているが、唐のように戸口の多少によらず、郷土の寛狭に応じて一戸内の各人に均一の額を班給し、ひとたび班給した後は戸絶（絶戸）の場合のほかは公に収めることはなかった。この園地もまた宅地と同様に自由売買や任意期間の賃租が許された永代所有地である。しかし、令の規定によると、園地の地主は戸の等級に応じて特定数の桑漆を植え付け栽培する義務を負った。これは唐の永業田の制度を模倣したものである。

＊支那では、永業田には桑や種々の植物を植えることが要求された。そのほかに園地（野菜を植える田地）もあった。我が国では永業田を認めず、園地の方に桑を植えさせている。日本ではできるだけ支那の真似をしようとしたから、妙な規定が生じるのである。

**第二　大功田、永代賜田**

大功田が世襲的所有地であることは前述の通りである。賜田の方は原則としては終身間の所有地であったが、時として別勅によって永代私田として賜った賜田もあった。ただし、これらの大功田や永代賜田の永代売買が実際に行われたか否かは不明である。というのも、所有権の問題ではなく、功労に対して賜ったものを売り得たかという問題があるからである。

＊大功田・永代賜田は全く例外的なものである。

**第三　私墾田**

律令の上では永代所有地とみるべきは宅地・園地・大功田だけであるが、律令制定後に新たに私墾田というものができた。大宝令では一私人が公有の荒地の開墾を願い出ることを認めていたが、特定年限の間の借佃権を付与するにとどまったようである。しかし、養老七年（七二三）に荒地の開墾を奨励する目的で、一私人が新たに溝池を築造して開墾した田地は三世に伝えることを許し、旧溝池を利用して開墾した田地は開墾者の一身（終身間）に限って所有することを許した。いわゆる墾田三世一身の法である。自ら開墾した土地であっても永代所有は認めなかった。最も苦労して開墾した田地ですら三世を過ぎて所有することはできなかった。

このように開墾者の権利が薄弱なため、この改正も功を奏せず、一度開墾した田地も再び荒廃に帰する現象を生じた。そこで、天平十五年（七四三）に断然私墾田の永代私財を許容し、他方において身分に応じて開墾できる土地の数量（占田最高額）を限定した。その結果、天下の諸人は競って開墾を企て、富豪の徒は貧窮の百姓を駆使し、かえって民業を圧迫する輩も出て、その弊害が続出した。そこで、天平神護元年（七六五）に一度私墾田を禁止するのやむなきに至った。しかし、宝亀三年（七七二）には再びその禁を解いて、開墾の自由を認めた。爾来、皇室を始めとし（勅旨田）、権門勢家（門とは家のこと、三位以上を家という）・寺社（今日では社寺というが徳川時代まではかくいう）、その他の地方豪族が、盛んに山野を占めて開墾し、荒地を修め、広く墾田を買収し、しばしば民田を侵略して、土地兼併の弊が至るところに興り、遂に庄園の勃興を促して、班田制の崩壊を見るに至った。

＊従来は土地を均分し、所有年限を終身間とするなど、土地の永代所有を禁じていたが、ここに荒地を開墾させて三世終身の例を開いたことは、全くの大英断であった。しかし、三代ではなお一旦開墾した土地も改良が加えられず、すぐに荒廃に帰した。ここに永代所有を認めたのである。しかしながら、大々的に開墾するためには労力が必要で、財力・権力のある者が大きく土地を所有するに至った。ここに土地兼併の弊が再び興るに至った。これが庄園となり、政治上の害悪を流すに至ったのである。

この時代の開墾法によると、開墾をするためにはまず開墾する土地の町段を指定して、管轄官司に願い出て許可を受けることが必要であった。いわゆる墾田の「国判」「公験《くげん》」（国判とは今日の裁決のこと）である。そして、許可を受けて三ヵ年を経ても開墾に着手しなかった者はその権利を失う。

開墾は公有地のみならず、時には私有地についても許された。大宝令・養老令によれば、公私田が荒廃して三年に及ぶものがあれば、一私人は官司に願い出て特定年限これを借佃することが許された。弘仁年間（八一〇～八二四）には京中に廃閑の土地が増加し、富豪の徒はこれを占有するのみで、利用することがなかったので、荒廃地活用の目的で令の制度を改めて、廃閑地があるときはまずその地主に対して耕種を命令し、一年を経てもなお耕種しない時にはこれを希望者に授受し、その者が二年を経ても耕種しない時は、さらにこれを別人に付与し、最後の開墾者をその地の永代所有者にすることにした。

これら諸種の開墾地（田に限らない）は、天平十五年（七四三）以降はすべて開発者の永代私財であり、永売の自由がある常地（永地、いつまでも取り上げられない永代地の意）であって、開墾者はその土地の永代地主（田地の場合は田主）である。

このように、開墾田の所有権は、他の有期田主権（地主権）に比してその効力は非常に強大である。ゆえに、平安朝の後半には、その開墾所有者のことを特に「開発《かいほつ》地主」「開発領主」あるいは「根本領主」と称して、他の田主・地主と区別した。今日、所有権の取得を原初的・伝来的と称するようなものである。特別に他の地主と区別していたのである。

＊根本領主とは、開墾の時に根本的に取得したという意味である。今日の法理にも所有権の根本的取得と伝来的取得とがあるのと同じである。これに対して、相伝領主というものがある。これは人から伝わったものである。後世の所有権にあたるような土地所有権は、墾田において初めて生じたといっていい。大功田・永田賜田は今日の意味での土地所有権ということはできない。常地・永地とある以上、このほかに一時的なものがあったことは明らかである。すなわち、他は違うがこれだけは取り上げられることはないという意味で常地と称したのである。しかし、常地の地主権とそれ以外の土地（例えば班田）の地主権とは、その性質上は異ならないものであった。

平安朝末の史料には、開墾地の一種として名田というものが多数現われている。その起源は奈良朝に遡るようだが（奈良朝時代にこれに関する放言がある）、これは開墾者が自分の名を付けた小規模の開墾地である。名主《みょうしゅ》という名称も「某名」（名とは土地のことである。太郎名・次郎名の如し）と称する名田の地主を意味した。同じく王朝時代の末に現われる大名・小名という名称も、大名田・小名田の所有者（大名・小名は後に武士の名となった）を指した名称である。

＊大きな土地を開墾する場合には、条里といって碁盤目に作ったのであるが、小規模なものがこの名田にあたる。墾田は大きなもので、寺社・富豪が行ったが、中産階級は小規模の名田を作った。本来「名」は土地を指すが、徳川時代に入って「名主《なぬし》」となった。「名主《みょうしゅ》」とは明らかに区別すべきものである。武士も昔は地主が多い。財産を持っていた者が武士となった。ゆえに、大名・小名が現われる。後世のような殿様ではなかった。

## 第三節　土地収益権

### （甲）土地貸借法

律令に規定された土地貸借法には、賃租（法）と借佃（法）の二種類がある。私法に属することであるが簡単に説明しておく。

#### 第一　賃租

大宝令・養老令によると、公私田は一年間を限って、功田と園地は任意の年限の間、他人に貸借することが許されていた。これを「賃租」という。「賃」と「租」との区別は借地料の種類と納入の時期によるものであって、借地人に佃借権（佃作権）が発生する点では同一である。「賃」とは、春時に土地を貸与し、その際に借地料として特定額の賃を前納させる貸し付け方法である（お金とは限らない。前払いである）。「租」とは、秋の収穫時に収穫の一定歩合を租（地子）の名で地主に納付させる貸し付け方法である。賃も租も借地料と借地行為の両方を意味する。すなわち、租は今日のいわゆる分果小作に相当する方法である。『令集解』の諸説は、この賃租を土地の一年間の「売買」とみなし、地代としての賃・租を土地の「直《あたい》」、すなわち「値段」とみなしている。賃租なる方法は大化元年（六四五）の詔にみえる私地の年期売（年季売）と同一物で、すでに大化前代から行われていたものと思われる。

＊今日でも支那では小作のことを租という。租借地なる言葉もまたこれに起源する。貸借を一年売とみる観念は、西洋でもみられる。ローマ法においても同様である。

## 第二　借佃

借佃も土地の佃権すなわち作田権を生ずる貸借である点で賃租と同一であるが、ただ無償貸借であること、およびその目的物が荒廃地または空閑地（国有の空いている土地）に限られることの二点において、賃租法と異なる性質を有する。借佃法もまた二種に分類できる。

**㈠公私荒廃田の借佃**　大宝令・養老令によると、公田であろうと私田であろうと荒廃して三年以上に及ぶと、一私人はその土地の借佃を管轄官司に出願することができる。そして、公田の借佃は六年後、私田ならば三年後に国家または田主に返還する必要があった。

＊これは面白い制度だ。公田はその収入を官費に充当したので、使用しない時には荒廃している。これを借佃すると、租税は納めるが借地料は納めないでよい。これと似たことは平安朝の初めのことであるが、京に空いた屋敷ができてこれを富豪が買い占めて放って置いた。その時、政府がその利用を持主に命じた。持主がその命を聞かない時は、私人でこれを願い出た者に利用させ、さらに土地所有権までもその者に与えたことがある。

**㈡公有空閑地の借佃**　公有に属する空閑地があった場合、国司は官に出願して管轄内の公有空閑地を借佃・営種することができた。ただし、国司交替の時には公に返還しなければならない。

＊この有償・無償の佃権が物権であるか債権であるかは、今日から決定することは不可能であるが、これらが口分田とは明らかに異なっていたことは確かである。借佃する人を佃人・作人という。すなわち、口分田をもらってその田主が個人に土地を貸したのだから、これからみても口分田が所有権の目的物であったことは明らかである。そのころ債権とも物権とも考えられていなかったとしても、その時代にはそれで万事が動いていたのだから、その当時の国民の気持ち、意識で判断しなければならない。

(乙)　山林原野（後の入会）

＊入会《いりあい》なる言葉は鎌倉時代から生じるが、それに相当するものゆえこの題下で論ずる。

律令の規定には入会なる言葉はないが、事実上で後世の入会に相当する土地の生産物（草木）を村落の人が共同に収益する制度は存在した。養老令の雑令の規定に「凡国内有下出二銅鉄一処上、官未レ採者、聴二百姓私採一。……。自余非二禁処一者、山川藪沢之利、公私共レ之」なる規定がある（前半はいま関係ない。「自余」以下が関係する。この規定は後世まで我が国の入会の原則となる。足利時代でもこの言葉を引く例がある）。一個人の私有に属さない無主の山川藪沢は公私の共同利用とした。律令の上では公有とは書いていないが、延喜年間（九〇一～九二三）の法源には公有に属すると書かれている。しかし、山川藪沢の「公私共之」の原則は延喜年間でも保持されており、百姓は任意に山に入って薪を取り、野に出でて秣《まぐさ》・芝草を刈り、牛馬を放牧し、沼川で魚を採る自由を有していた。平城天皇の大同年間（八〇六～八一〇）にこの種類の土地を指して「民要地」といっているのは、とても適切な用語だと思われる〔大同元年八月二十五日官符。延暦十七年十二月八日官符にもみえる〕。

しかし、すでに奈良朝以来、権門勢家・寺社はこの種の山野を独占して開墾地にしようと企てて民利を壟断したので、朝廷は常に令に規定された「公私共之」の原則を履行することに努め、しばしば彼らの占有地に開放を命じて民衆に解放して利用させた。もっとも官要地や水源地のような特別の林野は、これを禁処・禁野として一般の使用を禁じた。

＊後世の入会地にあたる。日本の入会地の本源はこの養老令の規定にある。農民の生活にはこの入会がどうしても必要である。西洋でも同じで、Allmende（ゲルマン）、commons（英）はすべて一村で共同収益しうる土地を指す。富豪たちは許可を得ていない入会地までをも開墾地として私有してしまうに至ったので、朝廷はこれを取り上げ

た。しかし、朝廷で禁令を出しても、これらの土地を兼併する者は朝廷の大官たちであったから、実際にはこの弊を免れ得なかった。

# 第十章　財　政

## 第一節　租　税

大化改新以来の租税制度は、租調庸（租庸調でもよい）の三種を中核とした。元来、このうちの租は田地の収益を課税物件としたもの、調は一戸または個人の生産能力を課税物件としたものであり、庸は一戸または個人の労働能力を課税物件としたものである。例えば、工事に使われる場合には年齢で能力が決まるわけである。この三者はすべて大化二年（六四六）の新政の際に唐の制度を模して移植したものである。調と庸に相当する租税は、すでに大化前代において我が固有の税法として行われていたことは前述の通りである。王朝時代の租税はこの三つに尽きない。この他に雑徭などの徭役があり、特別の公役があり、また義倉・出挙《すゐこ》などの雑税と称すべきものが存在した。平安朝の後半になると律令に規定のない種々の国役というものが発生している。

＊租調庸の三つの system は支那独特の制度である。これを我が国で模倣した。以上が大体の税であるが、以下ではこれらを区別して説明する。租とは田地を課税物件としたものに限ったことには注意すべきである。

## 第一　田　租

大宝令以来の税法は、田地を租という負担の有無によって輸租田と不輸租田の二つに区別した。「輸」は「いたす」と読み、納付することを意味する。輸租田とは、郡司職分田（前述、郡司のものだけが輸租田で、それ以外の職分田は不輸租田である）・位田・功田・口分田・私墾田の類である。このほかにもあるが、注意すべきは、これらがみな私田であって公田ではないということである。不輸租田とは、神田（神社に奉った田地）・寺田・職分田・勅旨田などをいう。

輸租田の税率は、時代によって変遷している。田租を初めて設けた大化二年（六四六）の制度は、後の大宝令の制度と全く同一で、一段の獲稲を不成斤（小斤）で計って稲七十二束（斤目〔重量〕）と見積ったうえで、租の税額を一段につき二束二把、一町につき二十二束（十把＝一束）と定めて徴集した。税率は三・〇五五パーセント強である。

近江令の税制は、後世「令前租法」と称されるものである。五十代すなわち上田一段（田積。高麗尺方六尺＝一歩）の穫稲を成斤（大斤）で五十束と見積ったうえで、税額を一段につき稲一束五把、五百代すなわち一町につき十五束と定めた。税率は三・〇パーセントとなる。

大宝令では再び大化の旧率、一段（高麗尺で方五尺＝一歩）につき不成斤で稲二束二把、一町につき二十二束に復し、税率は三・〇五五パーセント強となったが、慶雲三年（七〇六）には一段につき不成斤で一束五把、一町につき十五束に改定したので、一時は税率二・〇八三パーセントに減じた。しかし、和銅六年（七一三）には度量衡全体が改正され、令前租法に復し、一段につき成斤（大斤）で一束五把、一町につき十五束とした。税率は再び三・〇パーセントとなる。それ以降は、長保年間（九九九〜一〇〇四）までのおよそ二百八十年間にわたり、税率そのものに大きな改正はなかった。

＊束・把とは斤目（重さの度量衡）である。物差し（秤）には種類があり、斤目が変わるに従って一束や一把の重さも変化したわけである。この当時の束把は、不成斤（小斤。金を計る時は大斤、薬を計る時には小斤によるという区別があった）という斤目で計算していた。

しかし、延暦十六年（七九七）に各人が耕作する田地の田租額の八分を納めて二分を免ずる「不二得八法」が行われて以降、七分を納めて三分を免ずる「不三得七法」、あるいは六分を納めて四分を免ずる「不四得六法」といった不得法が恒常的に行われたために、実際の田租は法定額より常に軽減された。これは元来毎年行われたのではなく、民の困った時に認めたものであった。

また、長保年間（九九九〜一〇〇四）には量制が改められ、従来の一升の桝の容積が増したために（この時には稲によらず穀によっていた）、再び租の額は旧より増加したが、当時はすでに諸国に庄園が勃興・発達して、輸租田は著しく減少し、田租の収入もまた大いに減少していた。

＊大化改新の時の租税の定め方である。大化の新政と大宝令とでは変化があった。

田租は秋に各国において徴して国内に貯蔵し、一部は不動倉に貯えて永年の用に備え、他の一部は動倉の一つである穎倉に収めて年中の公用に支出した。その収納は租帳に記載され、貯蓄および支出の計算は税帳（正税帳、大税帳）に記載して毎年太政官に送り、官はこれを民部省被管の主税寮に下して検閲させた。田租は天災地変その他の法定事由がある時には、全部または一部を免ずる制度であった。また、国家に吉凶ある場合には、臨時に詔勅を下して免租することもしばしば行われた。

＊私の考えでは、田租は当時あまり負担がひどくはなかったようであったが、次に述べる調・庸は過酷な重圧であった。租の説明はこれで終る。

## 第二　調

調とは、義務者が毎年法律上定まった額の絹・絁《あしぎぬ》（荒絹）・絲・綿（今日の綿とは異なり、真綿）・布、その他その郷土の産物を租税として輸納するものである。農民が家で生産したものから貢《みつき》として出させたので、品物も家内産物に限らず、その他の産物でもよかった。

大化二年（六四六）には、田調、戸調、調副物の三つを設けたが、その後に田調を廃し、戸調と合わせて身之調とした。近江令の制度については伝わるところがないが、大宝令になると身之調、すなわち正調と副物（付加税のようなもの、身之調が本税）の二つを徴することになった。

大宝令・養老令の賦役令には、正調は絹・絁・綿・布、その他の郷土の産物で、物品ごとに正丁の納めるべき数量が定めてある。例えば、絹は正丁一人につき長さ八尺五寸・広さ二尺二寸、六丁で一匹（疋）となし、調布は正丁一人につき長さ二丈六尺・広さ二尺四寸、二丁で一端（長さ五尺二寸）という割合で、次丁、すなわち老以上と残疾者は正丁の二分の一、中男（少丁）は正丁の四分の一を納めた。調副物は正丁に限って課し、その品目も数十種の多きにのぼっている。また、令によれば京・畿内は特に優遇され、調は畿外の半分であった。

以上に述べた大宝令・養老令の税額は、令の施行後しばしば改められた。調布の長さを縮め、副物もいつしか全廃され、中男の調も中男作物と改称され、また京では現品に代えて調銭を納めることになった。

『延喜式』では調物の数は大いに増加したが、大略は延喜年間（九〇一～九二三）以前に行われていたものを併記したにとどまり、新制ではなかった。調庸は各国において収納して、各国から京に輸送する。これを輸送する人夫は調庸を出す戸の負担で（これが別に新たな負担となる）、輸送する事務は国司・郡司が統括する。これを貢調使といった。なお、庸は賦役に服さない時にはそれに代えて物を納める制度であるから、結果的に両者は似ている。貢調使が京に至ると、まずこれを民部省に納め、民部省から大蔵省に移し、調帳・庸帳は貢調使から直ちに太政官に納め、官はこれを主計寮に下して検査させた。

課丁といえども、特定の公務を帯びる者や公役に服する者、特定の事情のある者は法律上調庸の賦課が免除され、また種々の場合に臨時に免除されることとあった。また、臨時の処分として一生間の調庸を一時に全納することを許した例もある。

調庸とは純然たる人頭税で、その税額は毎丁均一で、資産の有無を問わず、浮浪人・無資の輩にもこれを課した。従って、多数の人民にとって重税であって、調絹・庸布の質が年々粗悪となり、忌避逃走する者が増加し、国司の怠慢や蠲符《けんぷ》（租税免除命令）が乱発したため、延喜年間（九〇一～九二三）以後には調庸からの収入額は著しく減少した。

＊調庸がいかに下層人民に苛酷であったかの例を一、二あげてみよう。孝謙天皇の天平

宝字元年（七五七）〔十月六日〕に勅があり、「如聞、諸国庸調脚夫、事畢帰レ郷、路遠粮絶。又行旅病人、無二親恤養一、欲レ免二飢死一、餬レ口仮レ生。並辛二苦途中一、遂致二横斃一」（『続日本紀』）とみえる。富家では輸送するには傭人を利用するが、貧民はこれができないから困難を極めた。「路遠粮絶」で食料も自費であった。貧人にとって調庸を規定どおり納めるだけでも困難であるのに、さらに輸送までさせられるので、その過酷なること言語を絶するものがあった。従って、納物の質が悪くなるのもやむを得ない。調物の素質が悪くなった例としては、平城天皇の大同二年（八〇七）十二月二十九日格に「而今諸国所レ貢絹布等、惣是麁悪、専無二精麗一。或如レ絹非レ絹、尤同二蜘蟵之秋網一、或如レ布非レ布、不レ異二連瑣之疎文一。加以尺寸多欠、短狭無レ数」とみえる（『日本三代実録』貞観六年八月九日勅所引）。

### 第三　徭　役（賦役）

大宝令以来、課丁の負担する徭役には二種類あった。

**(一)歳　役（庸）**　その一は、歳役（正役）である。大宝令によると、正丁は国家の必要に応じて毎年十日間の労役に服する義務を負った。これを正役という。この歳役はさらに三十日以内に限って延長することができた。その特例を留役という。ただし、留役の場合には就役者は当年の租調を全免される。正役・留役ともに義務者は代人を出して義務を果すことが許された。また、次丁の歳役は正丁の半分、中男（少丁）と京・畿内の課丁は歳役を全免された。このほか特殊の公務を帯びて公役に服している者、特殊事情がある者についても正役は免除された。

他方、義務者がその年の正役に徴発されなかった時には、これに代えて庸を輸納しなければならなかった。庸は調のように特定額の布・綿・米・塩の類を納めるもので、通常は庸布をもってした。その額は大宝令では正丁一人につき二丈六尺、次丁はその半分であったが、その後に減ぜられ、最後は正丁一人一丈四尺となった。

＊正役十日が本来の徭役である。しかし、国家に労力を必要としない場合や全部を徴集する必要がない時には、代わりに庸を納めさせた。全国に賦役を必要とする大規模な工事がない時には、みな庸を納めさせたのである。

㈡**雑　徭**　その二は、雑徭である。大宝令・養老令によると、歳役のほかに正丁は年に六十日以内（次丁は三十日以内、中男は十五日以内）で国家の必要に応じてさまざまな種類の労役に服する義務を負った。その期間は後には三十日以内に軽減された。京ではこの雑徭だけがあって、歳役はなかった。また、雑徭の代わりに徭銭を出し、その期間も五日間に減ぜられていた点において、京はさらに大きな特例を示していた。

以上に述べた各種の徭役を課するにあたって、戸口の多少、貧富の程度、差科の時期や方法を考慮して負担の公平を期する制度であったが、これも富者に軽く貧者に重きを免れなかったので、回避者が次第に多くなり、課丁の減少とともにこれまた延喜年間（九〇一～九二三）以後は事実上廃絶した観がある。

＊雑徭については令に規定があるが、詳しいことは不明である。実例が不明だからである。これも平安朝半ば頃になると、逃亡する者が続出して行われなくなった。

**第四　公　役**

大化二年（六四六）以来、普通の公民や特殊の人民を徴発して調庸・徭役に代えて特定の公役に服させることが多かった。例えば、五十戸ごとに仕丁二人を徴し、三年間京の諸司の雑役に服させて、その間はその戸の雑徭を免じた。また、飛騨国では調庸を免ずる代わりに里別に匠丁十人を出させ、京の木工寮《もくりょう》において一年間造営に服させた。また、駅戸は駅馬・伝馬の飼養引導の義務を負い、その代わりに駅戸は徭役を、伝戸は雑徭を免ぜられた。そのほか、品部・雑戸は毎年諸司に分番して仕え、その代りに調庸・雑徭の一二を免ぜられた。これらの公役は、一般の調庸に代わるべきものである点で、一種の賦役・租税であった。

**第五　雑　税**

大宝令・養老令では、義倉と公出挙《こうすゐこ》（出挙には公私の別がある）の二つを雑税と総称し、その他の調庸や租と同様に人民の負担する租税の一種と規定している。

㈠**義　倉**　義倉とは、国ごとに窮民の賑給《しんごう》に充当するために、その国の人民から穀物を徴収して貯蓄しておく制度である。大宝・養老令の規定では、一位以下、百姓、雑色（品部・雑戸を総称していう）まですべて戸口の多少に応じて上上から下下までの九等の戸に区別され、その等級に応じて穀物、殊に粟一斗～二斛（石）を田租と同時に義倉に輸納させる規定であった。その後、慶雲三年（七〇六）に輸納義務を中中戸以上に限定し、和銅六年（七一三）には九等戸の標準を改めて財産の多少とした。『延喜式』もまたこれに従ったから、有位階級は官位の高下に応じて納額を異にした。しかし、延喜年間（九〇一～九二三）以降、この制度も廃絶した。

㈡**公出挙**《こうすゐこ》　出挙とは利子付の消費貸借である（「出レ本挙レ利」の意味。私法において詳しく論じる。王朝時代にはお金を貯めることを嫌い、稲や布が重視された。これが当時の通貨ともいい得る。出挙も多くは稲を貸し付けた）。この出挙にも公私の別があって、個人間で行われる稲粟出挙・財物出挙（布・酒など）を私出挙といい、国家が収入の財源として国ごとに行うものを公出挙という。公出挙の性質は名義上消費貸借であるが、強制的である点で一種の租税であった。それゆえ、大宝令は義倉と公出挙とを雑税と呼んでいる。

公出挙の主要なものに三つある。正税・雑稲・公廨稲《くげとう》という三種の本稲の出挙である。正税出挙とは各国における恒例・臨時の雑用に供する出挙である。雑稲出挙とは国分寺料・文殊会料・池溝料・救急料・修理官舎料など特定の用途に充てる出挙である。公廨稲出挙とは官物の欠損・未納を塡補するための出挙である。国々で租税のなかから貯蓄したそれぞれの本稲を出挙して、すなわち貸し付けて費用を出す点で、今日の基金にあたる。例えば、国分寺料には三万両の本稲があった。

各国司は毎年春に国内の課丁に資力や営田数に応じて三種の本稲を貸付け、秋に至って本・利（元本と利子）を徴収して、指定された用途の支出に供した。公出挙の利率は五割あるいは三割で、時代によって増減している。この三出挙の本稲には、国ごとの定額があった。ある時代には全国の出挙本稲が四千三百余万束（束はほぼ斗とみてよい）の巨額におよび、国家の主要な財源となり、出挙の成績は国司の功過にも影響した。

しかし、この公出挙の制度も平安朝の後半には課丁の減少、庄園の発達、地方政務の廃頽の結果として次第に本稲の数も減少し、王朝時代末にはその収入も有名無実となった。

以上の三種の公出挙のほかに、郡稲・公廨銭の出挙があった。郡稲は郡の費用に充てるもので、四百六十日をもって期間とし、利子は元本の一倍としていたが、後には一年に半倍の制度に改められた。公廨銭は官司の貯蔵銭貨を貸し付けて官司の費用に充てるもので、極めて高率であった。

## 第六　国　役

平安朝の後半になって、諸国の租調庸が減少したので、その結果造神宮、造内裏、その他の朝廷の大小の臨時の費用を特に宣旨または院宣を発して国々に割り当てて賦課し、財源の欠乏を補うことが慣例となった。当時これを総称して、勅事・院事・雑役といい、あるいは大小国役と称した。その種類は詳らかではないが、歴史上に現われているものは、（造大神宮）役夫《やくぶ》工《く》米《まい》（役夫とは人夫、工とは大工、この二つの費用は米で支払われたので、米で徴収した。役夫米および工米のこと）、造内裏料、御願寺料、大嘗会用途（大嘗会料）、乳牛役などが主要なものである。

＊　律令にはこのような規定はなかった。

## 第二節　公有地

奈良・平安朝には国家の所有に属する多くの土地があり、国家の財源となっていた。これは二つに分かつことができる。

**第一　剰余田（乗田）**

これは、現在特定の用に供せず、国家が留保している土地の総称である。例えば、無主の位田・職田および口分田の剰《あま》り（乗田）である。これらの田地はいわゆる輸地子田の一つに属している。所在国司のもとで一年間に限って賃租することが大宝令以来の制度であった。前述のように、賃とは春時に貸与する時に価を納め、租とは秋時に返還する時に地子（租）を徴する土地貸借法である。しばしば売買とも称された。賃の額は地方の慣例に従い、その額はおよそ穫稲の五分の一であった。

**第二　諸料田**

これは、その収入をもって特定の費用に供する田地である。その種類はとても多い。例えば、諸官司に属して、その職員の給料に供した諸司田および駅田・采女田《うねめでん》・惸独田《けいどくでん》などである。これらの諸料田の管理には、二種の方法があった。一つは公営法で、管轄官司が営料を支出し、徭丁を使役して直接に収穫を得る方法である。もう一つは賃租法（地子法）である。

## 第三節　皇室御料地

奈良朝以来、特に皇室財源に指定された土地または所領が多くあった。

**第一　官田**

大宝令・養老令、また『延喜式』によれば、畿内に宮内省の管轄に属する官田というものがあった。その収穫は供御《くご》に充てた。各国の国司がその管理を担当した。

**第二　勅旨田**

平城天皇の時以来、特に勅旨をもって諸国の空閑地を開墾させて皇室の所有とした。しかし、種々の弊害が生じたので、延喜二年（九〇二）にこれ以降の勅旨開田を禁じた。しかし、後三条天皇がまたこれを復活して皇室御料の増加をはかった。これを新勅旨田と称す。

**第三　御《み》厨《くりや》**

これは供御の贄《にえ》たる魚鳥の類を貢進させるために便宜の地に設けた御料地で、多くは志摩・近江・畿内などの江辺・海浜に設置された。なかでも有名なのは、近江の筑摩御厨である。初め御厨は宮内省被管の大膳職の管理に属したが、後には内膳司の処理するところとなり、さらに後には御厨子所《みずしどころ》に属した。地方によっては御厨のなかに鵜飼・網曳《あびき》・江人《えひと》などの品部を置き、調庸に代えて魚類の調進を負担させていた。また、後世には蔬果《そか》（野菜と果物）を貢がせるために御厨を置いた。

**第四　御　園**

これは供御の蔬果を種植する園地で、大宝令では宮内省所管の園池司の管理であったが、後には内膳司に属した。初め園戸という品部が付属していたが、後には消滅した。『延喜式』によれば山城・大和に御園が七ヵ所あった。

**第五　封　戸**

奈良朝以来、中宮・太上天皇・皇太后・東宮などに封戸をあてた。

**第六　後院領**

これは天皇の譲位後に隠退する院、すなわち後院の費用に充てるために、嵯峨天皇以来荒・熟田や勅旨田を割いて後院領としたものである。

**第七　庄　園**

皇室付属の庄園は後三条天皇以来増加し、鳥羽天皇以降は特に増加した。

# 第十一章　兵制

## 第一節　兵役の義務

奈良朝以来、法制の上では兵役もまた、徭役の一種とみなされていた。それゆえに、男子が特定の年齢に達すると、国家の召集に応じて軍役に服する義務を負った。この課丁が兵役に服する制度は大化改新の時に初めて設けられ、近江令を経て大宝令に至って整備された。大宝令によると、兵役の義務は男子二十一歳に始まり、六十歳に終る。すなわち、租税を納める正丁の義務に属し、義務者の一部は各国において徴集されて現役に服した。現役に服するのは当時の常備兵で、その割合は近江令・大宝令制下ではおよそ各国正丁の四分の一、養老令制下では改正されて三分の一であった。そして、国ごとに徴集された現役兵の大部分は、国内の軍団（今日の師団、これより小さい）に配賦され、上番して教練を受けた。従って、軍団兵士は徭役を免除された。兵役は賦役の一種だからである。しかし、武器や食糧は各兵士の自弁で、彼らの負担は他の課丁に比するとかえって重きの感があるのみならず、国司（文官であってまた兵役にも関係する）や軍団将校は兵士を私用に駆使して顧みるところがなかったから、兵士はあたかも役夫や奴僕に異ならない状況で、兵役義務は国民の嫌悪すべき卑賤・過重な労役の観を呈した（兵営生活をするのではなく通う。しかも一年二年と異なり、二十一歳から六十歳までである）。他方、諸国の財政は次第に窮乏を極め、諸国の軍団を維持することが困難となったために、天平十一年（七三九）および延暦十一年（七九二）には辺要諸国以外の諸国軍団を停廃し、それ以降は国造の家柄である郡司の子弟や帯勲者、あるいは地方の有産階級から簡点した健児《こんでい》・選士などの少数の特殊兵をもって従来の軍団兵士に代えて、諸国の守衛に備えさせた。

＊これも唐制の模倣である。大化前代には物部・蘇我氏が一族として常備にあたっていたが、大化後代に至って軍団を設けた。唐制を模倣してはみたが、実際に運用していくことができなかった。従って、堅苦しい制度から簡易な制度へと移るに至った。兵制もまたこれに洩れなかったのである。国司や将校が私用に兵士を乱用したことが、その弊の極みである。その例を示せば、天長三年（八二六）十一月三日の太政官符に「兵士、名備二防禦一、実是役夫。其窮困之体、令二人憂煩一。屢下二厳勅一、禁二制他役一。時代既久、曾无二遵行一。其故何者、兵士之賤、无レ異二奴僕一、一人被レ点、一戸随亡。軍毅主帳、校尉旅帥、各為二虎狼一、……、裸身蓬頭、知レ用二鎌鉼一、弱臂痩肩、何任レ彎レ弓」〔『類聚三代格』〕とみえる。軍毅主帳・校尉旅帥《りょすい》とは軍人の名称で、後に説明する。軍

団廃止後には門地・財産・武勇の三つの要素を基礎とする選士が取って代わった。これは武家政治が行われる端緒をなすものである。健児は馬に乗って騎兵の用をなした。

各国で徴集された兵士は、大部分は軍団に配賦されるが、その他はある者は一年交代で衛士として京の衛門府・衛士府に上番させ、ある者は三年交代で防人《さきもり》（岬を守るの意）として筑紫に派遣されて、大宰府・壱岐・対馬の守備に配された。また、ある者は鎮兵《ちんぺい》として陸奥の鎮守府に派遣され（年限は不明）、奥羽の城柵の守衛に充てられた。ただし、防人は天平二年（七三〇）以来、次第にその数を減じて有名無実となったので、延暦十四年（七九五）には経費節減のため廃された。衛士交替の制もまた延喜年間（九〇一～九二三）以降は自然に廃絶し、鎮兵も延喜年間までは存続していたが、もはや軍団兵士からは配賦せず、帯勲者から選出された健士をもって代えた。

## 第二節　武　官

**㈠軍団、将校**　諸国に軍団を設置した年代は不明であるが、歴史に現われるのは大宝令施行以降である。当時、軍団は国の大小に応じて、多いもので十団、少ない場合は二、三団を置いた。史料では詳らかでないが、軍団の全盛時代には毎国五百～一千人の兵士を収容していたようである。各軍団には大少毅（軍毅）・主帳・校尉・旅帥・隊正といった将校とその他の職員が属し、常備兵の訓練と地方の警備にあたっていた。

**㈡六衛府**　大宝令によると、京に衛門府・左右衛士府・左右兵衛府の五衛府があり、宮城諸門の護衛と儀仗、供奉、そのほか京中巡検を分掌していた。その後、中衛府・授刀衛（後の近衛府）・外衛府の新設もあり、時には八衛府になり、七衛府となったが、大同年間（八〇六～八一〇）には衛門府の衛士府への合併があり、その他の統合・改称もあって、嵯峨天皇の弘仁二年（八一一）以来は左右近衛府・左右兵衛府・左右衛門府の六衛府に確定した。

大宝令では五衛府に督・率（かみ）、佐・翼（すけ）、尉・直（じょう）、志（さかん）などの職員があったが〔それぞれの後者は左右兵衛府の官〕、養老令以来、近衛府以外の各衛府はすべて督・佐・大少尉・大少志の四等官（佐・尉の称は今日でも残っている。志は裁判を行った）に改まった〔統一された〕。近衛府の方は設置当初から大中少将・将監・将曹といった武官があり、後世まで変化はなかった。このほか、衛門府には年代により異なるが、五百から六百人の衛士と、これを統率する一百から二百人の門部《かどべ》なる雑任があり、近衛府には三百から四百人の近衛が、兵衛府には同数の兵衛なる雑任が付属していた。

門部は主として世襲の家から採用され、近衛・兵衛もまた郡司・国造の子弟や六位以下の有位者の嫡子、ならびに武芸に通じた異能ある平民のなかから試験をして任ずる制度であった。衛士は各国の軍団から一年交代で上番させた。門部・兵衛・近衛の三者は六衛府の舎人と総称され、寛平年間（八八九～八九八）にはその数が定員を超過して、その多くは銭貨を納めてこの職を買得した地方の強豪凶暴の徒であって、京に宿衛せず諸国に散在して、至るところで暴威を逞《たくま》しくして良民を苦しめた。三善清行が昌泰三年（九〇〇）〔延喜十四年（九一四）〕に奉った有名な封事において、六衛府の舎人を目して「徒為㆓諸国之豺狼㆒、曾非㆓六軍之貔虎《きょこ》㆒」〔意見封事十二箇条。『本朝文粋』所引〕（六軍とは六衛府、貔虎とは兵士として守護することを指す）と非難している。

**㈢左右馬寮、左右兵庫寮**　左右馬寮とは官馬を飼養・調習することを掌る官司である。左右兵庫寮とは京にある武庫・兵仗を保管する官司で、この二寮には頭・助・允・属の四等官が存在した。以上の軍団・六衛府・二寮は、令に規定のある武官である（令外のものは後述）。

**㈣陸奥鎮守府、秋田城**　陸奥鎮守府は古く鎮所と称したが、奈良朝の神亀元年（七二四）に鎮所を陸奥国宮城郡の多賀城に置き、延暦二十一年（八〇二）には同国胆沢郡の胆沢城に移した。これが後世に鎮守府と称されるものである。この鎮守府には鎮守府将軍・副将軍・軍監・軍曹などの武官がいた。その職制からいえば、陸奥鎮守府は出征軍の屯営といって差し支えない（軍事編成でとどまっている）。将軍・副将軍は陸奥の国守が兼官する慣例であった（文官が武官となる）。

秋田城は奈良朝の天平宝字年間（七五七〜七六五）に出羽国秋田村の柵を改造したもの

で、鎮守府と相俟って蝦夷に対する守備の重鎮で、城司は出羽国の介の兼官で、それゆえに秋田城司のことを秋田城介と称した。

**㈤押領使、追捕使《ついぶし》**　軍団常備兵が衰退した後、征討ある時は各国に命じて臨時に土民（百姓）を徴発し、勇士を選んで兵士に抜擢して、征討地に派遣する慣例となった。これらの兵を統率する者を押領使と称し、多くは国司の掾《じょう》の武事を解する者にあたらせた。後世、ある地方では常置の職となり、平時はその地方の警備を務めた。

追捕使もまた、初めは凶徒追捕のために臨時に朝廷または将軍が任命した武官であったが、後世にはある地方では押領使と並んで地方の警察を掌るものになった。王朝時代の末に地方行政の乱れてきた時に出てきたものである。なお、追捕使は鎌倉時代には特別の意味を有するようになる。

## 第三節　行軍の編成

大宝令・養老令によると、軍団兵士二十人以上を差遣する時には勅符を発することを要し、三千人以上を動員する場合には軍を編成して、その大小に従って将軍・副将軍・軍監《かみ》・軍曹と録事（両者ともに主典《さかん》にあたる）という司令官を置いた。三軍ごとに大将軍一人を任命する制であった。

これを実例に徴するに、将軍を任命する際には特に征東将軍・鎮東将軍・征西将軍・鎮狄将軍・征夷（大）将軍といった特別の名称を授与した。このなかの最後の征夷大将軍は延暦年間（七八二〜八〇六）に有名な坂上田村麻呂をこの名称で任命したのが最初である。

＊征夷大将軍は、常設のものではなく臨時のものであった。鎌倉時代以後、征夷大将軍として政治をとることになるのは全く奇妙なことである。当時の征夷大将軍は低い官の人が任命されていること、政治に関係しないことの二点からして、後の将軍とは全く異なる。

## 第四節　関

大化改新以来、諸国の辺要地には関を設けて、国司の監督のもと軍団から兵士を派遣して守備させた。その最も重要視されていたのはいわゆる三関《さんげん》と総称されたものである。大宝令の三関は養老令の三関と同じく、おそらく伊勢の鈴鹿《すずか》関、美濃の不破《ふわ》関、越前の愛発《あらち》関の三つであったと思われる。この三関は延暦八年（七八九）に一度廃止されたが、後に復活した。ただし、文徳天皇の天安元年（八五七）に大化の時の近江逢坂《あふさか》の古関（相坂関）を再興して、それ以来は鈴鹿・不破・逢坂の三つを三関といった。このほか、養老年間

（七一七〜七二四）に長門と摂津に、また承和二年（八三五）には白河と菊多《きくた》に、昌泰二年（八九九）に相模の足柄《あしがら》と上野の碓氷《うすい》に関を設けた。

律令によれば、関を通過するには公の証明を要した。すなわち、公使は官給の駅鈴・伝符をその証とし、庶人については本属の官司から受ける過所という公の文書を呈示させる制度だった。これらの公証なくして関を通過した者は私度の罪に処し、関門によらず禁所を通過したものは越度《をちど》（をっどとも）の罪に処した。中世には収入の淵源として関は増加した。

## 第五節　武士階級の勃興

前述の軍団の常備兵が廃れて以来、各地方に徐々に武士という一つの職業的階級が発生し、遂に兵馬の実権を握るに至った。武士階級の成立は、簡単にいえば門閥・土地・武力の三要素の結合に起因するものである。そして、この武士階級の発達の中心をなした人民は次の二種の豪族であった。

㈠**地方土着の豪族**　前述したように、軍団兵士が停廃されて以降、それに代わって常備兵の中心を形成したものは六衛府舎人、各国の健児、大宰府の選士、陸奥の健士などの特殊兵であったが、彼らはいずれもその地方において門閥・財産・武勲をもって誇りとしている郡司や国造の子弟で、帯勲者・地主などから選ばれた武勇の徒であって、その大部分が武人的生活を営む武士に変化したのである。

㈡京より地方へ移住した豪族　すでに平安朝の前半において、各地方には京・畿内から移住した王臣一族の後裔が繁茂しつつあった。あるいは国司に任ぜられて、任期が満了してもなおその国に留まり、あるいは国司の郎党・所従として国郡に来住し、あるいは貴族の子孫で栄達の機会なく、禁制を犯して諸国に移住を企てるなど、諸々の経過を経て王臣一族が盛んに地方に移住して諸所において繁栄した。王臣一族の京よりの移住は、承和から寛平年間（八三四〜八九八）のころにすでに盛んに行われていた。

彼らは王臣の子孫であり、または有位者の子孫であり、あるいは彼自身官職を帯びていたから、地方の人士から相当の尊敬を受け、国郡の豪族と婚姻を通じ、また国衙の在庁官人に補され、あるいは庄園の職員となって、自己の名田を開墾し、多くの田園を蓄えて至るところで大地主と化した。ひとたび兵馬・追討のことが起こると、押領使や追捕使となり、または将校や軍士となって戦場に赴き、地方行政の停滞に乗じてしばしば私闘を逞しくするなど、武器を執って起つ機会が多かったため、子弟を武装させて多くの私兵を養い、平時といえども武人的生活を営むに至った。

以上、二種の豪族が兵馬の権、武的実権を独占するに至ったのは、平安朝後半において地方に叛乱があるごとに、彼ら武人をして征討の任にあてた結果である（承平・天慶の乱、すなわち藤原純友の叛と平将門の乱、長元の乱、すなわち平忠常の変）。そして前九年・後三年の役の鎮定は、いずれもこれら武人の功を表わす機会を与えたもので、兵権が武人に移る経過にほかならなかった。

＊地位・身分・高識のある者が地方に降ったのである。土豪は痛くこれを歓迎して婚姻を結んだ。源平の勃興する前に、すでに源平の祖先が地方に勢力を有していた。

大名・小名は名田の所有者で、開墾田の所有者である。寛平三年（八九一）九月十一日の太政官符に「頃年、京貫人庶・王臣子孫、或就二婚姻一、或遂二農商一、居二住外国一、業同二土民一。既而凶党相招、横二行村里一、対二捍宰吏一、威二脅細民一。非三唯妨二国務一、抑亦傷二風教一」（『類聚三代格』）とみえ、諸々の村に禁令を出したが、何ら効果がなかった。

武人生活に関して、法制史研究の上で注目すべき特徴が二つある。

その一は、主従関係である。彼ら武人間の主従関係は、保護と奉仕との相互的義務より成り立っている。当時彼らの間で慣用された言葉でいえば、「御恩」と「奉公」との相互的関係である。「奉公」とは従者が主人に対して献身的勤務に服することをいい、軍事上の勤務すなわち軍役に服することが奉仕義務の中心となっている。「御恩」とは主人が従者に対して与える有形無形の保護で、土地の宛行《あておこなひ》すなわち恩給（給恩）に預からせることが最も普通の方法である。この武人間の主従関係は、従者たらんとする者より主人に自己の「名簿」

（みゃうぶ、なつき、二字、今日の名刺）を捧呈して主従関係になる意思を表示することを関係成立の形式とした。他人に名簿を捧呈することは、王朝時代においては自己の一身を他人に委託するという意志を表示した行為であった。武人の従者の最下級の者を郎党（郎等）といい、あるいは郎従（所従）と称し、郎党を有する資格のある武人を侍といい、侍にしてさらに自己よりも有力な者の随兵・従兵となった者を家人といった。

＊ Benefizialwesen〔恩給制〕と Vasallität〔家士制〕との結合に起因するフランク時代封建制との比較については、中世のところで論じる。

Senior（lord）〔封主（主君）〕 —— Vasall〔封臣、家士〕
Schutz〔保護〕 —— Dienst〔奉仕〕
beneficium〔恩恵として封土を授与〕　Kriegsdienst〔戦闘奉仕〕

ここでは commendatio〔託身式〕という形式について説明する。「自己の手を合わせて主人の手の上に置く」ことで、se commendare は「自己を託す」ことを意味する。すなわち、per manus〔vassalicum〕in manibus se commendare は「手（従者の手）によりて身を託す、手（主人の手）の中に」という意味である。Hand, manus〔手〕は人格を代表する。例えば、持手・旗手・騎手・投手・捕手などの手はすべてその人を現わす。

このような commendatio の形式が我が国になかったかどうかを探ったところ、果然主従の間に名簿を渡すという形式が存在したことがわかった（中田「『コムメンダチオ』と名簿捧呈の式」（『法学協会雑誌』二十四巻五号、明治三十九年〔中田『法制史論集』第二巻に再録〕）参照）。『後拾遺和歌集』には、源重之が「小一条右大将〔藤原済時〕になつきたてまつるとてよみて添へて侍ける」として「みちのくの安達の真弓ひくやとて、君にわが身をまかせつるかな」という和歌が掲載されている。自分の身を引立ててくれるかとse commendareと名簿とを捧げている。「なつき」は名簿の訓である。武士の名は二字よりできていることから「二字」も名を意味する。名は実の賓であり、名代が人格を指すことは「手」と同じである。「名簿」を捧げるのは、支那に淵源があるようである。

その二は、血族的団結である。武人生活には常に強固な団体的結合が必要であることはいうまでもない。そこで古来我が国民の間に根深い根底を有する「親族相親しみ、相頼る」という風習、親族の団結は、武士階級の間では特に重んじられた。武士階級の間では大化前代の氏に比するような血族的団結が発達した。一家の子弟が家長を見ることはあたかも主人を見るように、一家の家長が一族を見ることはあたかも臣下を見るように、家長と家族との間には自ら主従関係に比すべき命令・服従の関係が成り立っていた。武人の間の言葉では、家長のことを「家督」といい、家督の下に服従している族人のことを「家の子」といったが、家督は大化前代の氏上にあたるもので、家の子は氏人に比すべきものである。そして一族一家は自ずから一軍一隊を形成し、その祖先の嫡流がその首長として族人を率いたのである。督は「かみ」、家は族であって、大化改新以後やや解体した氏族制度も、この武士階級の勃興とともに再び強固な形で回復することになった。

# 第十二章　庄　園

## 第一節　起　源

奈良朝以来、庄園（荘園）が次第に発達してきたが、元来は支那の唐代における土地制度を模倣したものである。

支那の隋・唐代において、郊外にある大地主の所有地を荘と称し、荘内に寄住して地主に特定の租課（小作料、地代の如きも租という）を輸納してその田地を佃作する農民のことを寄荘戸・荘戸・荘客などと称し、地主は荘吏を置いて荘園・荘客を管理させた。

この種の土地管理法がいつごろ我が国に輸入されたか不明であるが、奈良朝以来、寺社・富豪の徒が広く山野を開墾して私墾田とするに及び、これに庄名を付し、庄内に庄家・庄倉を建て、庄民を集めて庄司・庄官を置くといった慣例が次第に盛んとなった。

ここに我が国でもまた庄園の制度が発達することになったが、後世における我が国の庄園のすべてが必ずしもこうした開墾によって興ったわけではない。あるいは位田・職田・賜田・功田・封戸などが変化して庄園となったものもあり、あるいは権門勢家・寺社が他人から墾田・私田を買収し、または寄付・寄進・施入を受けて新たに庄園を設け、またこれを拡張した例も多い。要するに、我が庄園が私墾田を中心として起こり、次第にその他の土地に及ぼされたといってよい。

＊参考書

一、栗田寛博士「荘園考」（『栗里先生雑著』中巻〈吉川弘文館、一九〇一年〉に所収）。
二、星野恒博士「守護地頭考」（『史学雑誌』第二・第三編〈一八九一年。『史学叢説』第一集、冨山房、一九〇九年に再録〉）。
三、中田薫「日本庄園の系統」「王朝時代の庄園に関する研究」（『国家学会雑誌』二十巻一〜十二号、一九〇六年〈中田『法制史論集』第二巻に再録〉）。
四、吉田東伍博士『荘園制度之大要』（日本学術普及会、一九一六年）。

## 第二節　特　権

支那の荘園は単に経済上の制度にすぎなかったが、我が国の庄園はこれと異なり、公法上二種の特権を享有する点において、政治上・法律上重大な意義を有した。すなわち、我が国の庄園は不輸と不入の二大特権を有し、中世の種々の弊害はこの二大特権に由来する。

不輸は、不輸租ともいい、庄園内の土地および庄民が元来国家に輸納すべき租調庸や大小国役などの一切の租税を免除される特権である。不入は、元来租税を徴集するために派遣される国衙使の入部（立入）を拒否する特権であったが、後世には庄園の領主・領家が国家官吏が裁判権を行使するために庄園に立入ることを排除し、自ら代わって庄民に対して裁判をなす特権を行使することをも包含するに至った。

不輸・不入の特権がいかにして我が庄園に付随することになったかは、我が歴史における一大疑問である。おそらく不輸の特権は、庄園設立の際に特に免租の宣旨、または勅旨、官省符（土地に関することは民部省が出すのが常である）を申し受けることによって設立者に付与されたもののようである。

庄園裁判権については、権門勢家が有する家司裁判権にその源を発しているらしい。前述のように、権門勢家はその位に応じて家司（後に政所と称す。家の執務所）を置く特権を有したが、この家司（政所）は主人の命を受けてその職員や付属の帳内・資人に対して国家裁判権に代わる一定の裁判権を行使していた。おそらく権門勢家は自己の庄園内の庄民を家司と同視して、これに家司裁判権（政所裁判権）を行使し、その結果として庄園内部の裁判権が発達したと思われる。以上の二種の特権は、後世のほとんどすべての庄園に付随していたようだが、果してすべての庄園に当然与えられたものかどうかは疑問である。

庄園はこのように強大な特権を有する地域であったから、少なくとも平安朝後半になると設定の手続きは厳重になった。すなわち、庄園の設立には、まず官省符の申請という手続きと立券庄号の手続きとが必要とされた。官省符の申請とは、特定の地域に庄園を設立することを太政官に願い出て、その地域に賦課される租税・大小国役の勅免を申請する手続きであり、立券庄号とは、この官省符に基づき設立者が国の官使とともに庄園の土地を測量して、その四至を境し、牓示を打ち、庄園内の田畠等の目録を注記して、これを太政官に言上する手続きをいう。

＊フランク王国の初期には、フランスの南に latifundium〔ラティフンディウム、大土地経営〕がみられた。大土地を地主が奴隷労働者を（安い労銀で）使用して耕作し、その収益をみな収めたのである。大地主制度の大弊害である。

ゲルマン民族では、Streubesitz〔分散所領〕といって、Aなる地主の土地が村中に散在しており、それらの各土地を一部は地主が経営し、他は安い地代で小作たちに貸付けて耕させた。従って、土地所有権は集中するが、収益は均分される。こちらでは大地主の弊害は緩和されるのである。支那の荘も latifundium ではない。土地をみな貸し付けて、国家の租庸調のように物を賦課した。

ところが、我が国の庄は不入といって、租税徴収や裁判権が国家によって行われることを排除した。すなわち、ちょうど国家内に治外法権ができるのと同じである。勅免を受けない庄園があったという説もあるが、史料によればほとんどすべての庄園が勅免を得ていたらしい。裁判権が庄園に発達したことについての先の説明は、私の独自の説である。律令の官制によると、民部省主計寮の長官は品部・雑戸などを有するから、その管轄内の職員・人民について裁判権を有した。これは王朝時代の組織である。すべて高官には家司が付属し、さらに資人・帳内がいたから、これらの者に対して裁判権を持っていた。ここに庄園裁判権の基礎があるのだと思う。国家は耐えかねてやがて庄園を弾圧したが、到底これを押さえ付けることはできなかった。

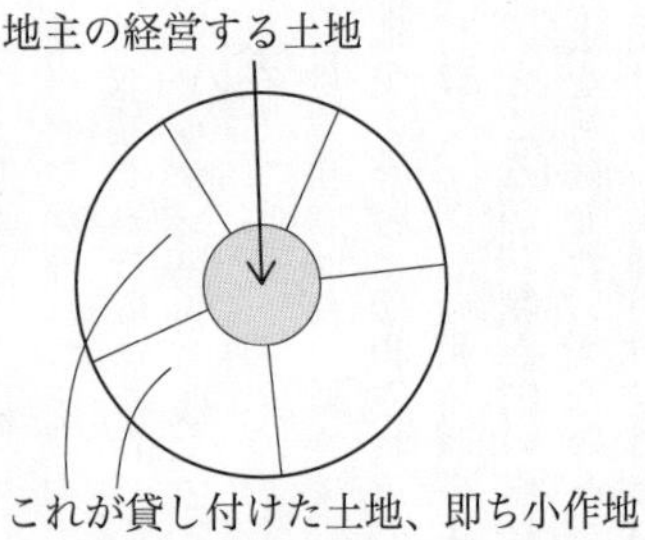


武士間の主従関係と西洋の Vasallität〔家士制〕とはよく似ているが、庄園と似たものもまた西洋にある。しかも封建制度の発達に役立ったものである。これすなわち immunitas で、フランク王国で発達したものである。immunitas とは免租のことである。フランク王国時代の用語は免除地と訳せば正しい。今日の医学では Immunität といえば免疫を意味する。王から与えられる文書によって免除地となる。この特権を分けてみると三つになる。

**(一) introitus の禁止**　王が国家の官吏に対してこの土地については introitus してならないと命じたものである。これは踏み入ってはならないという意味で、我が不入にあたる。裁判するために入ってはならない。大事件においては国家の裁判権に服すべきだが、小事件の時にはここに入り得ず、土地の所有者が裁判する。

(二) **exactiones の禁止**　取り立ててはならないということで、租税を取り立てるためにその土地に入ってはならないとした。不輸の特権にあたる。

(三) **districtio の禁止**　強制を加えてはならないということ。国家の力で強制をなしてはならない。特に民事上のことで債務者らに強制を加えてはならないということである。

日本では(一)(二)で十分である。ヨーロッパには三つあった。ここにおいて治外法権の土地が発生し、王権は次第に衰えて Feudalismus〔封建制〕となるに至ったのである。

## 第三節　組　織

庄園は開墾田から起こったから、庄園の所有者は普通の土地所有者と同様に領主といわれ、三位以上のときは尊称して領家と称された（家とは三位以上の特称である）。後に領主とは国主を意味することとなったが、当時は地主と同じく公法上の支配権はなかった。庄園内に寄住して領主・領家の進止権（支配）に服従する人民を庄民といった。庄民の多くは庄園の田地を請作《うけさく》（願い請けて作ることで、古くは「こひさく」といったと私は考える）して、領主・領家に租調庸に比すべき年貢（地子）・公事《くじ》を提供する農民である。年貢が租に、公事が調庸にあたる。ゆえに彼らは庄園の田堵・百姓・作人などと呼ばれた。なお、このほかに寄人《よりうど》という者もいたが、その性質は詳らかではない。

これら庄民の借耕権（請作権）のことを作手《つくて》と称した（手とは人を意味したから、おそらく作人の意味で、そこからその抽象的権利を指すようになった）。作手は百姓の「所望」「懇望」と地主の「宛行《あておこなひ》」という二つの行為によって設定されたものである。「宛行」は元来「さしつかわす」のことで、権力的意味があることに注意すべきである。王朝時代の末には永年作手（永代小作のこと）というものも現われている。

このように、庄園領主は庄民に対して経済的に優勢な力を有したのみならず、他方で国家に対して不入の特権を享有していたから、領主・領家と庄民との間はいつしか命令・服従の関係に転じ、領家・領主は「進止権」（指揮命令すること）を有するようになり、庄民は領家・領主の「所勘」（思召・分別）に従う義務を負うことになった。その結果、我が土地所有権は、次第に公法的分子を加味することになった。

＊最初、庄民は小作人という私法的関係にあったが、このように領家が命令権を有するに至ると、公法的関係をも生じるに至った。そして、公法・私法の混在する妙なものが

できてきた。土地所有権に多少公法的要素が付加してきたのである。

ローマの precarium〔乞索、容仮占有。懇望 preces に対する無償の恩恵的土地貸与。任意に解消される。中田は日本律に由来する「乞索」の語をあてる〕と欧州中世の precaria〔プレカリア。寺院の土地管理法。懇望に対する一定期間の土地貸与契約〕とは異なっていた。中世の precaria も「懇望」にあたるものだが、百姓が懇望状 (Bitteschrift) を寺院に出し、寺院は praestaria（宛行にあたる）を与える〔という点で契約なのである〕。それは beneficium、すなわち恩恵に基づくものとされたが、後には beneficium は〔恩給、恩貸地として〕家士に与え〔られる封土とみなされ〕、precaria は一般百姓に与えられるものとなる。かくて、ヨーロッパの小作は precaria から発生したのである。これは日本の庄民の作手とよく似ている。

領家・領主は、庄園内の勧農・収納・聴訟などの事務、すなわち庄務・所務（国の事務を国務、郡の事務を郡務といった）を執行するために、種々の職員すなわち庄司・庄官を置いた。その種類は時代により変遷があり、古くは庄長・総検校《けんぎょう》・検校・定使・預・専当などがあったが、王朝時代の末には、下司《げし》・公文《くもん》・田所・案主・検非違使などの諸職が普通となり、鎌倉時代には下司・公文・検非違使が最も多く現われている。足利時代では下司・公文・田所は庄園三司といわれた。下司は長官である。公文は文書を扱う。田所は土地に関することを扱う。案主は書記官で文書を扱う。検非違使は警察官・裁判官であった。

このほかに、王朝時代の末には地頭なる職名も現われるが、その起源や職掌は不明である。源頼朝の置いた地頭とは全く異なる。また、ある庄園では庄官のほかに預所《あずかりそ》という職が置かれた。これは領家・領主に代わって庄務を処理する代理者で、前述の庄官の上に位置する職員であるから、下司職に対して上司職と称されたこともある（領主は京都にいて庄務をみるわけにいかないから預所に任せた。収入さえ入ればよいと思っていたのである）。

これら庄園の諸職には、領家・領主の家人または地方豪族の子弟を任じ、職務の報酬として庄園内に「給田」（人給）および「給名」（雑事免、雑免）を宛行《あておこな》った（恩給）。給田とは領主に対する年貢・公事（夫役を含む）が免除された田地で、支給者が自由に収益することが許された土地であり、給名とは雑公事だけが免除された田地である（今日のように月給がないから、田地を与えた。国家の官吏ですら月給がなく、田を給わったのである）。給田・給名のほかに、職によっては庄民から領家・領主に納付する年貢公事の幾分かを得分として受けた。預所などはこれが多かった。

## 第四節　収益権

**㈠職務的収益権**　このように、庄園の諸職には給田、給名、その他の土地得分権が付随していたが、次第にこれらの諸職を給田・給名の得分権、ひいては庄園全体の収益権であるかのようにみなし、かえって職務ではなく、職務が付随した収益権として重んぜられる傾向を生じるに至り、さらに一歩を進めて「職《しき》」という語そのものに土地収益権（土地収納権）の意味が付与される結果を生み出した。

ここにおいて、領家・領主の所有権も領家職・領主職と呼ばれるようになり、開墾した名田の地主である名主の権利も名主職と呼ばれ、百姓の作手《つくて》権もまた作手職・作所職・作職、あるいはまた百姓職などと呼ばれるに至り、後に述べる本家の収益権も本家職と呼ばれるに至った。これらの権利はいずれも土地を収益する不動産物権すなわち「職」を含んでいるからである。

この意味における職（不動産物権）を土地の上に現に行使している事実を、「知行する」「領知する」「領掌する」「進退する」「進止する」などといい、「知行」「領掌」の目的物を「所領」と称した。この意味において、百姓が作手権すなわち作手職を行使していることもまた、その土地を知行していると呼ばれ、その目的物たる田畠は百姓の所領であった。この「職」と「知行」とが、王朝時代末以来の不動産物権の二つの特徴である。

＊下司職には三段の給田がある。年貢が不用だから全部自分のものとなる。これは職務（主）に付随する収益権（従）である。これが何時しか逆になって、三段の収益権が主でこれに職務が負担されていると考えられてくる。すなわち、庄園の職員になりたいのは土地を得たいからである。やがて職を抽象化して、職があれば土地収益権があるとし、しかもこれを本体とみなした。職が土地収益権の意味に用いられるに至り、「下司

職三反を売る」などと表現されたのである。職には「公法的分子」が入っているから、厳密には今日の物権とはいえないが、とにかく我が不動産物権をなすに至った。

この職《しき》は、さらに鎌倉時代に進むと、単に土地収益権のみではなく、土地収益権に似たものへと拡大する。例えば、問屋に付与した特権をも問職といい、商売する特権をも商売職と表現するようになった。さらに、中世の人々はなぜ職というか、その本源を忘れて、式・作式・名式などと書くようになった。この残存が今日の株式である。株式の式はすなわち職の当て字である。

特許営業権の如きは明らかに株である。これを職といったのが今日の株式の意義の起こりである。抽象的ではあるが、この中世の準不動産物権としての職なる権利が存在したことを主張しうる。土地に現に職を行使していること、物権を行使していることを知行という。知行・領知が徳川時代になると公法的なものとなることにも注意すべきである。徳川時代では私法的に百姓が土地を知行するとはいわないが、ある地域では徳川時代末期まで私法的に知行することが行われていた。

領知とは支配するという意味である。今日の知事もまた同じである。物権を土地の上に行使していることが、すなわち土地を支配することなのである。物権とはドイツ式にいえば、Herrschaftsrecht（物を支配する権利）という。歴史的にこのようにみることは正しいのである。日独、計らずも同じになっている。また、知行とは占有でもある。possessio〔ローマ法の占有〕、Gewere〔ゲルマン法の占有〕、Besitz〔ドイツに輸入され変質した possesio〕のなかの Gewere にあたる。領主でない者が領主として土地の上に領主のように振舞った時には知行となり、すなわち Gewere として本権を離れて保護されている。占有の保護としての萌芽をみせている。

庄園が勃興してくると、普通の地主で自分の所有地を権門勢家や寺社のような有力者に寄進して（自分より目上の人に贈与すること）、その庄園の預所・下司職などの庄官職もしくは作手職を、自己および自己の子孫に永久に留保する者が続出した。預所・下司職は職務的収益権となっており、自己の土地の所有権を贈与して収益権を留保するので、これを「収益権留保付所有権寄進」という。

その目的は、権門勢家の権威、当時の言葉で「御勢《おんいきおい》を募り」「権威を借り」て自己の所領（知行の目的物）を他人の圧迫から保全する、もしくは国衙の干渉を免れることにあった。このような留保付寄進を受けた権門勢家や寺社は、名義上はその土地の領家・領主となるが、職務的収益権を留保した権利者は、寄進契約で定めた義務に違反があった場合のほかは改易する自由を有さないのみならず、領家・領主自身も当初の寄進契約に違反する行為をなした時には、かえって自己の権利すなわち領家権・領主権を喪失する。従って、この種類の寄進を受けて領家・領主となった者は全く名義上のもので、事実においては後述の本家と異ならない。

＊小地主は、一方では庄園から、他方では国衙から侵害される不安が絶えない。そこで所領を「私的保護制」のもとに置いたのがこの寄進という行為である。所領とは、知行の目的物であって土地に限らない。すなわち、二百石とれる土地を寄進する時には、所有権を贈与する代わりに自己を預所としてもらい、百五十石を得分として受け取る。あと残り五十石は租税として領主に納めることとする。この五十石は保護料といった形である。

**㈡本家権**　勢力のない庄園の領家・領主もまた、同様に自己よりさらに有力な権門勢家・寺社の「御勢を募る」（「募る」とは求めるの意）ため、自己の庄園をその保護の下に置いて、外部の圧迫に対して保全することを計ったが、その方法の一つとして優勢者に対して毎年特定額の年貢公事（地利・上分）を収納する権利を設定・寄進して、彼ら有勢者を自己の本家と仰いだ。王朝時代の史料はこのような収益権の寄進のことを「為レ募二御勢一、寄二進本家一」と表現しており、「本家寄進」「所有権留保付収益権寄進」と称することができる。この本家権もまた、寄進された特定の土地から年貢公事を徴収しうる点で職であり、本家職（本所職）と呼ばれ、その収納地たる庄園もまた本家の知行する所領と呼ばれた。従って、本家は一方で寄進された年貢公事の徴収権を行使できるとともに、寄進された庄園の領主を外部の圧迫に対して保護する義務を有していた。

＊本家は、広義には本所の意味に用いられる。本所と本家は元来同一の意で、領主が所当徴収権であるのに対して、庄民に対する公法上の支配権（進止権）の主体を意味する。しかし、所当徴収権と進止権とは密接な関係があるから、本所・本家と領主・領家とは混同されることが多かった。

これに対して、狭義の本家は領主または領家の上に位置する庄園支配者を指す。この意味の本家は所領保護の目的をもってする本家寄進の特約で成立するものである。鎌倉時代以降の史料においては普通この意味で用いられる。

前の「収益権留保付所有権寄進」に対して、後のものは「所有権留保付収益権寄進」だといえる。本家たりうる者は、家と称する三位以上であることを要する。本家は所有者ではないが、庄園において職を行使しているから、これも本家の所領ということになる。その庄園はその所有者たる領主の所領であるとともに本家職を行使する本家の所領でもあることになる。これは所領の競合する場合である。寄進契約は債権契約ではない。全くの Reallast（地上負担、物上負担。土地に固定した不動産視された権利。日本の所当（年貢・公事）に類似するが、こちらは不動産視された義務）であって、今日でいう物権的なものといえる。土地の上に固定した負担である。従って、職もまた物権といえる。

所有権を寄進して収益権を留保する前者と、収益権を寄進して所有権を留保する後者とは異なるが、事実において両者は全く同じである。結局は所領を保護するための制度である。このようなやり方は、ドイツでもフランスでも行われたものである。ガリヤ地方では寺院が領地を有した。これを precaria によって貸し付けた。これを precaria data〔授与 give されたプレカリア。寺院側の自由意志にもとづく直接的貸与契約〕という。これに対して precaria oblata〔提供 offer されたプレカリア。寺院が寄進者に借地として貸し戻す契約〕なるものもあったが、これは土地の地主がその土地を寺院に与えて、この土地に precaria を設定してもらったもので、こちらは全く日本の寄進契約と同じである。precaria data は一代が普通であったが、precaria oblata の方は子々孫々に伝わるのが原則であった。これがドイツの永代小作の origin である。

普通の史料では、寄進の目的をよく書いていないために不明なことが多い。例えば、『百錬抄』に「（寛治五年、一〇九一）六月十二日、給二宣旨於五畿七道一、停下止前陸奥守義家随レ兵入京、并諸国百姓以二田畠公験一好寄二義家朝臣一事上」とみえる。この田畠の寄進もまた、留保付寄進と解すればその意味も明らかとなる。

**㈢作手《つくて》権**　前述のように、庄園内には領家・領主の進止権に服従する多くの庄民が寄住していたが、大多数は領家・領主に年貢公事を提供してその田地を小作している農民であった。ゆえに、これを田堵・百姓・作人と称していた。そして、この土地の耕作権（借耕権）は、百姓の「所望」と地主の「宛行」という二つの行為によって設定されたものであって、その借耕権を作手といったが、王朝時代の末には永年作手（永作手）と称した。この永年作手の多くは小地主が自分の私領を保全するためにその地主権を優勢者に寄進した際に、自己およびその子孫にその作手権を留保したものである。この作手も土地を収益する物権であったがゆえに、少なくとも鎌倉時代の初めには作手職と称され、その耕作地は百姓の所領と称されるに至った。

＊宛行は恩恵的な小作権の給与を意味する。欧州においても、小作の起源たる制度 precaria は所望を意味し、また beneficium〔恩給、恩貸地。寺院法の precaria とは異なる封建的恩給〕も古くは precaria と同意義であった。私人的保護制の第三形式である。永年作手として私人的保護制のほかに、純然たる所望―宛行により設定されたものもあったかは疑いがある。precaria data は恩恵的、precaria oblata は私人的保護制の一つの形式である（永代小作の起源）。

## 第五節　准庄園

庄園の勃興にともない、従来権門勢家・寺社に属していた園・御厨・牧の土地で、庄に准ずべき特権を享有するに至ったものも少なくない。また、王朝時代末に一私人の所有地で、保と号して半不輸または全不輸の特権を有するものが発生したばかりでなく、国の行政区域なる郷の如きも、往々にして権門勢家の所領に帰して庄園化し、さらに進んで国さえもまた庄園に準ずべき所領とみなされた。これを国領と呼び、国司は庄園の本家・領家に準じて本所と呼ばれるに至った。先に述べた賜国・分国の制度は、明らかに国郡の庄園化といってよい。

## 第六節　庄園の弊害と庄園抑制策

庄園には皇室に属する院宮領があり、寺社に属する寺社領があり、摂政関白やその他公卿に属する諸家領があり、藤原氏の如きは摂政関白の地位に上った者が世襲する渡領《わたりりょう》（渡庄）というものも設置していた。そのほか、地方豪族・武人の庄園が全国に満ち、一家の所領が往々にして郷を兼ね、国郡を跨ぎ、その数が数十ヵ所に及んだものもある。平家の庄園などは五百ヵ所もあったと伝えられる。

庄園の領家・領主は自己の権威を恃《たの》んで、しばしば付近の民田を兼併し、公領を侵略し、租税を対捍し、国司を凌辱して国政を妨害し、他方では租課を軽減して、農民の庄園内への移住を勧誘するなどの不法所為に出たので、国郡の土地は次第に庄地と転じ、国郡に属する公民（課丁）や諸国浮浪の徒は、相競って自己の土地を有勢者に寄進して庄官や寄人となり、あるいは租税を免れ課役を忌避するために庄民・田堵となって庄園の土地を請作し、あるいは庄園領主によって強制的に庄民にされるような弊害が生じた。その結果、国郡の公領・公民は次第に庄園の領家・領主の私領・私民と化し、その政治上・経済上に及ぼす弊害は頗る甚大となった。

ここに朝廷も黙視するに忍びず、遂に延喜二年（九〇二）に太政官符を下して断然将来における庄園の新立を厳禁し、既存の庄園といえども公験なきものは一切これを停廃するという英断に出た。しかし、歳月を経るに従ってこの禁令もいつしか弛緩したので、寛徳二年（一〇四五）、天喜三年（一〇五五）の両度に、重ねて延喜の官符の趣旨に従って新立庄園の抑圧を試みた。

しかし、その効果は予期したほどではなかったので、後三条院の即位の翌年、延久元年（一〇六九、治暦五年）に再び寛徳以来の新立庄園廃止を命じ、太政官に庄園の記録券契所という官司を置いて上卿・寄人などの職員を任じ、全国の庄園の券契（文書の案）を徴し、その真偽を審査させ、証拠不充分な庄園、無公験の庄園を停廃したので、その成績にはやや見るべきものがあった。

しかし、白河・鳥羽の両朝にその禁がまた緩んで、新立庄園の数は却って増加した。されば、北畠親房は『神皇正統記』のなかで「白河・鳥羽の御時より新立の地いよ〳〵多くなりて、国司のしる所、百が一になりぬ」と語っている。鳥羽天皇の天永二年（一一一一）に再び記録所を開いたが、単に国司と本家・領家との間の相論（訴訟）を裁断する機関たるにとどまった。その後、後白河院の保元元年（一一五六）、重ねて新立庄園の停止命令をなし、記録所も復興して、今度は多少の効果を収めた。しかし、後の関白藤原兼実が日記『玉葉』〔承安三年（一一七三）十一月十二日〕のなかで「抑、我朝者、偏依二荘園一滅亡者也。然者、神社・仏寺・権門勢家之領、併被二停廃一、且逐二延久之先符一、且反二延喜之古風一者、非二此限一」と語っているのをみると、なお庄園の弊害は甚だしいものがあったといわねばならない。なお、鎌倉時代になると武士のもとに庄園は大いに抑圧を蒙ることになる。

＊奈良の興福寺（藤原氏の寺）は、庄園を王朝時代の末に二百五十ヵ所あまりを所有していたという。関白藤原忠実は上野国に三千町に及ぶ庄園を有した。平氏の庄園は五百ヵ所あまりだという。『源平盛衰記』には「抑日本秋津島は僅かに六十六箇国、平家知行の国三十余箇国、既に半国に及べり。其の上、庄園五百箇所、田畑はいくらと云ふ数を知らず」と書いてある。

朝廷が庄園を禁止せんとしても、これにより一番困るのが朝廷の高位高官の人々であるから、この禁が行われるはずがない。ことに藤原氏がその威を振っていたからである。

藤原氏と関係のない後三条院が関白藤原頼通に文書を提出させて、庄園を潰そうとした時、頼通は答えていった「五十余年、君ノ御ウシロミヲツカウマツリテ候シ間、所領モチテ候者ノ強縁ニセンナンド思ヒツ、ヨセタビ候ヒシカバ、サニコソナンド申タルバカリニテマカリスギ候キ。ナンデウ文書カハ候ベキ」と（『愚管抄』）。その意味は次の通りである。「五十余年間、関白として天皇の御補佐をしてきたものであるから、所領を持っている者共が、私の御勢を借りようとして寄進するので、左様か、それならそれでよしと申して放って置いたにすぎないのである。どうして庄園に関する文書などあるものでしょうか」といって、その文書の提出を拒んだのである。〔また、元永二年（一一一九）三月に上野国司が関白家の五千町に及ぶ立荘を訴えたことを受けた白河院の〕問いに、忠実は「只如レ此庄園以二人寄一為二家領一也」と答えている（『中右記』同年三月二十六日条）。関白すら、庄園の圧迫についてかかる態度をとるのだから、禁制がうまく行われなかったのも当然である。

# 第十三章　法　源

## 第一節　律令格式の区分

律令格式の区別は、元来唐の制度を引き継いだもので、支那法の継受以来、我が国の法律を大別して律令格式の四つとした。「弘仁格式」の序は、その区別を説明して「蓋聞、律以二懲粛一為レ宗、令以二勧誡一為レ本、格則量レ時立レ制、式則補レ闕拾レ遺」と説明している。律は刑罰法、令は教令法（制裁はない）を意味し、格は時世の変遷・推移に応じて律令の規定を改廃・補正する特別法で、式は律令を施行・運用するために細目を規定してその闕を補足する法令である。従って、律令は国家の根本法で、格式は従属法であるということができる。「弘仁格式」の序に「律令是為二従レ政之本一、格式乃為二守レ職之要一」といい、「貞観格」の序に「格者、律令之条流」（支流の意）といっており、これにより四者の性質を窺い知ることができる。

＊律令編纂の沿革はすでに述べたので、ここではその具体的内容を述べる。

律は今日の刑法といえるが、令は今日の民法とは異なる。令は刑法以外の公法・私法すべてを含む。民法・商法・行政法すべてがこれに入るのである。要するに国家の根本法を刑罰法と非刑罰法に分けたもので、この制度が支那の根本制度である。この制度は西洋の制度と大いに異なる。令は行為・不行為を命じるもので、令違反のときは律の規定するところに従う。律には違令の制裁規定がある。

律令格式のなかで、律・令・式の三者は秩序的・体系的に編纂された法典である。これに対して、格は特別の形式を有する法典ではなく、時勢の変遷に従い、律令の制度を改廃補修することを目的として公布された個別の法令を総称した言葉で、関係事項の大小・軽重に従って、詔勅・太政官符などの各種形式をもって公布されている。しかも、その内容は必ずしも一般的法規を定めたものではなく、しばしば個別の事件の処分にとどまるが、この処分が先例となるのである。

＊格のみは単行法であって、前三者が法典であるのとは異なる。ただ、後になって格を集めて編纂したものはある。形式も一定しておらず、詔・勅・官符のいずれかの形式によった。

これらの詔・勅・官符は一般民衆に対して公布されたものではなく、関係官司・寺社、もしくは特定個人（処分の場合）に対して発令されたものである。これも今日とは異なる。もっとも大宝令・養老令によると、これらの詔勅・官符で百姓の利害に直接関係がある時には、上級官司から下級官司に次第に「行下」し、国郡を経て里（郷）に至った時に、里長（郷長）が管轄部内を巡歴して百姓に法令の趣旨を宣示し、暁悉《ぎょうしつ》させる制度であった。

## 第二節　律令の篇目および注釈書

＊　主として養老律令について述べる。

㈠**律**　養老律より以前の篇目は不明である。養老律の篇目は次の通りである。

○名例律

刑名と法例に関する律である。二つの事柄を縮めて篇目を作ることは支那流である。刑名とは刑罰の名（五刑）であり、法例とは今日の総則にあたる律全部に適用される事項で、例えば年月は何をもって数えるかといったような規定を集めた部分である。今日の「法例」の語はこれから取ってきた呼称である。

○衛禁律

警衛と監禁に関する犯罪を規定したものである。

○職制律
職司と法制に関する律である。職司とは官制を、法制とは礼制をいう。官司の事務と朝廷の儀式に関するものである。
○戸婚律
戸口と婚姻に関する律である。家族と婚姻、および田地に関する犯罪を規定したもの。各戸には田地が付属するから、これをも含めて規定しているのである。
○廐庫律
廐と庫に関する律である。廐は牛馬を入れる馬屋、庫は兵庫や財帛《ざいはく》を入れる庫のことで、米を入れる倉ではない。これらについての犯罪を規定したものである。
○擅興律《せんこうりつ》
「興レ戎動レ衆」。擅《ほしいまま》に兵を動かすこと、および民衆が暴動を興すことをいう。
○賊盗律
賊は徒党を組んだ大衆的土匪をいう。盗とは強盗・窃盗をいう。賊と盗とは異なっている。
○闘訟律
闘殴と告訟に関する律である。闘殴とは喧嘩すること。告訟とは訴訟のこと。前者は刀の上の戦い、後者は法律上の戦いである。
○詐偽律

詐事と偽造に関する律である。詐事とは今日の詐欺であり、偽は偽造のことである。

○雑律
他のどの篇目にも入らない、洩れたものを入れている。妙な中途に入れたものである。

○捕亡律
追捕と逃亡に関する律である。

○断獄律
断罪と決獄に関する律である。断罪は裁判に関する犯罪。決獄は獄屋に関する犯罪である。

以上十二篇から成り立っており、これは唐の永徽律と一致する。

＊永徽律と思われていたものが、実は唐律の開元二十五年律であることが最近明らかにされた。

しかしながら、原書の体裁で今日まで残っているものはわずかに職制・賊盗の二律のみで、名例律と衛禁律は各々一部分が残るにすぎない。養老律公布後、『唐律疏議』にならって我が国でも『律疏』三十巻を撰んだ。その年代は詳らかではないが、今日伝わる養老律の多くは『律疏』が伝えたものである。このほか『本朝法家文書目録』によれば、『律附釈』十巻、『律集解』三十巻という書があったというが、いずれも伝わっていない。後者は惟宗直本の撰である。

このように律の多くは散逸したが、後世の諸書に引用する律の逸文を集めてその大体が恢復されている。文政年間（一八一八〜三〇）のころ、尾張国の国学者石原正明が古書を博捜して律の逸文を集成して、『律逸』という本を作って『律疏』の闕を補った。また、『律疏残篇』も出たが、いずれも博文館の『日本古代法典』（一八九二年）に収められている。新しいものに、瀧川政次郎氏の『律逸々』（『法学協会雑誌』四十四巻二〜九号、一九二六年。瀧川『律令の研究』に再録）『律令の研究』（刀江書院、一九三一年）がある。

しかし、律は甚だしく唐律に似せたものであるから、『唐律疏議』をみれば大体において日本の律の内容や principle を解することができる。

＊ 逸文といって、種々の律が方々の本に引用してあるものがあって、今日ではこれを集めて大部分が回復されているのである。しかし、これは原本ではない。

**㈡令**　次に、令の篇目について述べる。最初の近江令の篇目は僅かに戸令・考仕令・氏令（近江令に氏令があると主張したのは中田である。氏令は他の令にはない。氏姓に関する制度を集めた氏令があったと主張する）の三篇の名だけが知られる。その他は不明である。

大宝令の篇目は、養老令の職員令を官員令といい、考課令を近江令と同様に考仕令といった以外は、養老令の篇目と全く同じであったらしい。養老令の篇目は、

○官位令
　官位相当表である。
○職員令
　国家の政務を直接掌る職員、すなわち太政官と八省に関する国家の官制の規定である。宮内に関するものもまたこのなかに入る。大宝令で官員令といっていたものである。
○後宮職員令
　後宮の職員に関するもの。
○東宮職員令
　東宮職に関するもの。
○家令職員令
　親王、一定の位階の高官には、国家より家令が与えられたが、その官制に関するもの。
○神祇令
　神祇・祭祀に関するもの。
○僧尼令
　僧侶・寺院に関するもの。
○戸令
　家族制度に関する公法・私法の規定。
○田令

口分田、その他の土地に関するもの。田租のことはこちらに規定する。
○賦役令
調庸・雑役・賦役に関するもの。
○学令
大学・国学の制度に関するもの。
○選叙令
才を選んで位階に叙す意で、官吏任用に関するもの。叙は位に叙すことで考叙、一言でいえば叙位・任官に関するものといえる。
○継嗣令
今日の家督相続法にあたるものである。
○考課令
官吏の勤務評定に関するもの。官吏の功過を割り出して成績を付ける。これにより位を進める制度が考であり、課は課試で試験によって官吏を採用する方法。
○禄令
月給はないが春秋に禄を給った。その給禄についての規定。
○宮衛令
「くえりょう」と読むのが正しい。宮は宮城を守ること。衛は禁処を守ること。王宮の警備・護衛に関すること。

○軍防令
軍士と防人に関するもの。軍士とは軍団の兵士のこと。兵役に関する規定である。
○儀制令
儀は朝儀、制は礼制のことで、これらに関する規定。
○衣服令
文官・武官の服制などに関する規定。
○営繕令
営造・修繕に関する規定。「ようぜん」と読むのが正しい。
○公式令
「くしき」と読む。公文の様式をいう。詔以下の公文書を出す場合、その様式などに関する規定。
○倉庫令
倉庫に関する規定。倉は米を入れる「くら」。庫はその他の物を入れる「くら」。
○厩牧令
厩牧は「きゅうもく」と読む。畜園のこと。厩は馬屋。厩と牧場に関する規定。
○医疾令
医者の養成と薬に関する規定。
○仮寧令

「けにゃう」と読む。休暇のことを假という。寧とは帰寧といって帰省して父母の機嫌伺をすること。要するに休日に関する法制である。

○喪葬令

喪は親族が死んだ時の喪に服する期間などの規定。葬は墓に関する規定。すなわち死亡や埋葬に関する規定である。

○関市令

「げんし」と読む。関は関所、市は市場をいう。これらに関する規定。

○捕亡令

逃亡・追捕に関する規定。

○獄令

獄屋や刑の執行に関するもの。

○雑令

以上のいずれにも入らない事項に関する規定。

以上の三十篇に掲げてある条文の数は九百五十三条である。

右に述べた篇目は、大体は唐令によったものであるが、必ずしも両者同一ではなかった。しかし、両者で名称を異にするものもある。例えば、我が神祇令は支那では祠令といい、官位令のことを官品令といった。支那には位はなく、品といったからである。また、選叙令のことを選挙令（今日の選挙とは異なる。人材を登庸する意）といい、継嗣令に相当するものを封爵令といった（封爵などの貴族の相続法を書いている。我が国に爵などなかったから、受け入れなかった）。また、獄令を獄官令といい、我が僧尼令にあたるべき篇は唐令にはない。我が国の僧尼令は、唐の道僧格という特別の法を材料として編纂したものである。支那の条文は開元令では一千五百四十六条であった。

以上の令の各篇のなかで、倉庫・医疾の二令は中世においてすでに散逸して、全文を見ることはできない（徳川時代の学者が、諸本から逸文を取り集めて reconstruction し、ほとんどは回復されている）。

＊唐令と日本の令との内容の比較は、面白い研究である。仁井田陞氏（一九〇四〜六六）が唐令の復元を行い『唐令拾遺』（東方文化学院、一九三三年。東京大学出版会、一九六四年）を書いた。支那では律が残って令が亡んだ。我が国では令があって律が残らなかった。そして、この仁井田陞『唐令拾遺』の終りに唐令と日本令とを比較して意見を述べておられる。戸令・田令では日本は大いに真似をしているが、神祇令などでは模倣の跡がみえない。

大宝律令が公布されて以来、当時の明法家《みょうぼうか》（今日の法律家）で律令の注釈書を著す者が多かった。その結果、学説が多岐にわたって、律令の運用上甚だ不便となったので、明法博士で外従五位下の額田国造今足がその解釈の基準を示す必要があると解文を上奏した。淳和天皇は天長三年（八二六）に勅を下して、右大臣清原真人夏野以下、法律に通ずる者十余人をして養老令の官撰の注釈書を作らせた。これが天長十年（八三三）にできた『令義解《りょうのぎげ》』十巻三十篇である。翌年の仁明天皇の承和元年（八三四）に至って全国に頒布して遵行させた。

今日伝わる養老令は、『令義解』の体裁で伝わっているもので、倉庫令と医疾令の二令はすでに中世の間に義解と共に失われている。『令義解』の刊本は徳川時代にいろいろ出たが、そのなかで寛政十二年（一八〇〇）に、塙保己一が紅葉山文庫所蔵の旧金沢文庫本以下、諸々の良い写本を校訂して同二十一年に出版した本、すなわち塙本といわれるものが最も良いものである。明治になってからの国史大系本は、これにいくらかの校訂を加えたものである。ただし、塙本も倉庫・医疾の両令は諸書に引用された逸文を集録して補っている。

同様に、養老律についても勅命を下して『唐律疏議』に模倣して『律疏』三十巻を撰定させたが、その年代は不明である。今日伝わるものは、いずれも『律疏』の形式で残っている。

大宝年間（七〇一～七〇四）以来に現われた私撰の令の注釈書は、あるいは「……問答」といい、「……私記」と称し、その数も多かったようであるが、これらの原本は一つも伝わっていない。延喜年間（九〇一～九二三）前後に明法博士の惟宗直本が『令義解』および種々の私撰注釈書などの法源を抄録して、『令集解』三十巻を編集した。この書は軍防令・倉庫令・医疾令・関市令・捕亡令・獄令・雑令の七篇をいつしか失って、今日伝わっているものは三十五巻である（従来の一巻を分けて数巻としたものがあるから巻数は増えている）。この『令集解』に引用してある「古記」は「古令私記」というもので、大宝令の注釈書である。「古記」の編纂の年代は天平十一年（七三九）前後であったらしい〔今日では天平十年ころとされる〕。この時代には養老令はいまだ行われておらず、大宝令が行われていたことを示している。『令義解』は Institutiones〔ユスティニアヌス一世（在位五二七〜五六五）制定の『法学提要』〕にあたり、『令集解』は Digesta（Pandekten）〔同制定の『学説彙纂』〕にあたる。

＊新法典ができれば、その注釈書ができるのは通例である。注釈書といっても、先生のいったことを書き写したものにすぎないから、多くは後世には伝わらない。幸い後世に伝わったものも、明治時代に入って初めて出版されたにすぎず、それまでは写本で伝わっていた。それゆえ、誤り伝えられることが多く、出版する時には校合したり史料批判したりして、正しく印刷しなければならないが、明治時代にはこれが十分になされなかったから、今の学者が Kritik〔史料批判〕をやっている。従って、『令集解』は読みづらいものである。

『集解』のなかには種々な説や本が引用されているが、そこに「古記云」という文が多くでてくる。「古記」は「古令」すなわち大宝令を注釈したものである。このために、大宝令が断片ではあるが後世に伝えられたのである。歴史家や法律家が大宝令といっていたのは実は養老令であった。すなわち、養老令を大宝令だと思いこんでいた。

また、『令集解』のなかに「令釈」という本が引用されているが、これは『本朝法家文書目録』(後世の人がこの名を付けた)という王朝時代の法律書の目録のなかにある「令釈七巻」にあたると思われる。「古記」「令釈」が名高いのは、古くできたものだからである。この他に、『集解』には「穴云」「讃云」「物云」「伴云」といった諸説が掲載されている。これらはいずれも「穴太《あなほ》の某」「讃岐の某」「物部の某」「伴宿禰の某」といった人名の略で、これら明法家の注釈書または講義を引用・集録したものである。

これもまた伝写を経た結果、誤脱が多くて甚だ読みにくい書である。出版された本には明治四〜五年(一八七一〜七二)の石川本(校訂はなく間違いが多い)、大正元〜二年(一九一二〜一三)の国書刊行会本(三浦周行・瀧川政次郎校註『定本令集解釈義』内外書籍、一九三一年。国書刊行会、一九八二年)(主として三浦周行がこれをやった。最近、これをやり直す計画ありと聞く)の二つがある。

次に、養老律に関する私撰の注釈書も多数あった。『本朝法家文書目録』と『本朝書籍目録』のなかに「律附釈十巻」「律集解三十巻」がみえる。このうち「律集解三十巻」は『令集解』を編纂した惟宗直本が編んだものである(惟宗家は代々の明法家である)。

*「律附釈」を作った人は不明である。今日『令集解』の出版したものには額田今足の上

奏文がついている。官撰注釈書の必要をよく説いている。

## 第三節　格式の編纂

大宝令施行以来、令の規定は特別の格・式その他の立法によって変更されたところがとても多く、その結果、平安朝の初めには法律の中心には律令を離れて格式に移った。「弘仁格式序」によると、桓武天皇の時に格式の編纂が企てられたという。これは明らかに現行法の重心が律令を去って格式に移ってきたことを示すものであるが、この企ては嵯峨天皇の弘仁年間に初めて実現された。

**㈠格**　元来、格は律令を時世にしたがって改正・補修していくことを目的とした法律であるが、律令や式のような特別の形式を備えた法律ではない。律令を改廃・補充することを目的とした各種の法令、詔勅・官符の類の総称である。すなわち、事案の大小性質によって種々の形式をとり、内容はたいてい処分にとどまり、必ずしも一般的な法規を定めたものではない。これらの詔勅・官符は一般民衆に公布されたものではなく、関係官司や寺社・個人に対して発せられるのが通例であった。ただし、大宝令・養老令によれば、その内容が百姓の利害に関係する場合には、行下して里・郷に至った場合、里長・郷長もしくは坊長が部内を巡歴して百姓に宣示して諸人に暁悉させるのが大宝年間（七〇一～七〇四）以来の制度であった。

種々の年代の格、すなわち詔勅・官符を編纂した最初は、嵯峨天皇の弘仁十一年（八二〇）の『弘仁格』十巻で、大宝元年（七〇一）から弘仁十年（八一九）までの詔勅・官符を編纂したものである。淳和天皇の天長七年（八三〇）に修正、仁明天皇の承和七年（八四〇）にもまた補修を加えた。次いで清和天皇の貞観十一年（八六九）に編んだ『貞観格』十二巻が、最後に醍醐天皇の延喜七年（九〇七）に編んだ『延喜格』十巻と付属の臨時格二巻、合わせて十二巻が作られた。以上の三つを三代格と総称しているが、三代格の原本は散逸して後世に伝わらない。しかしこの三代格を類に従って分聚した『類聚三代格』三十巻（現存するのは二十巻）によって原本の面影を知ることができる。この『類聚三代格』が作られた年代や作者は不明だが、平安朝の末には存在した証拠がある。

延喜年間（九〇一～九二三）以後、格の編纂は中絶したが、格の一部分を蒐集した『新抄格勅符第十巻抄』（略称『新抄格勅符抄』）（何巻かあったなかで第十巻のみが残っている）、『類聚符宣抄』十巻（『左丞抄』とも、現存八巻）が伝わっている。これは太政官の左大史であった小槻家の私記であるが、三代格以後の格の一端を知ることができよう。いずれも私撰のものである。『類聚符宣抄』は、延喜年間以後延久年間（一〇六九～一〇七四）まで官符・宣旨を載せている。このほか同じようなものに『別聚符宣抄』一巻がある。いずれも国史大系に収められている。

＊左大史の官は、小槻家が明治前まで世襲していた。そこで小槻家で代々必要な法律を写し伝えていたが、『左丞抄』はその一つである。すなわち、「左丞」とは左大史のことである。左大史を支那流に呼んだ名である。

㈡式　式にも三代の格と時を同じく三種類あり、弘仁十一年（八二〇）に撰進された『弘仁式』四十巻（官司をもとにして各官司の事務規定を集めたもの）、貞観十三年（八七一）に撰進された『貞観式』二十巻、延喜五年（九〇五）に編纂が開始され、延長五年（九二七）に撰進された『延喜式』五十巻がある。この三代の式でほぼ完本として残っているのは『延喜式』のみで、『延喜式』は前の『弘仁式』『貞観式』を合わせて編纂したものである。そのなかには一々記号を付されているから、おおよそ前二者の体裁を知ることができる。近年、九条家の古文書を整理しているなかで、『弘仁式』の写本の断簡（式部省下と主税式上の一部）が発見された。大学の史料編纂所で出された『古簡集影』の第二輯・第四輯に収録されている。

＊朝廷の大法典はほとんどみな失われてしまったのである。

このほかに延暦二十二年（八〇三）の勘解由使の『交替式』一巻、貞観十年（八六八）撰述の『新定内外官交替式』三巻〔二巻ヵ。貞観十年閏十二月二十日施行〕（現存一巻）、延喜二十一年（九二一）の『内外官交替式』一巻、また貞観十七年（八七五）撰述の『左右検非違使式』、寛平二年（八九〇）の『蔵人式』などがある。このなかで『左右検非違使式』『蔵人式』は纏まった形では伝わっておらず、一部分が残るのみである。

＊「民部省式」など官司別にできていた式を集めたものが、『弘仁式』などの式である。

## 第四節　先例集

前述の『本朝法家文書目録』および『本朝書籍目録』（「仁和寺宮本を以ってこれを書す」と奥書にあり、『御室書籍目録』ともいう）には、文武朝以来の諸官司で慣行された先例・法令を収録した書物や、各種の政務・制度を類聚した書物の名が多く出ている。しかし、後世にはほとんど伝わらない。菅原道真が編纂したと伝えられる『類聚国史』二百巻（現存六十一巻）は、元来は六国史の記事を類聚したものであるが、政務や法律に関する部分は一種の先例集とみて差し支えない。この書は、定説では大部分は菅公の撰で、少々後に増補を加えたものと伝える。なお、『本朝法家文書目録』は『古事類苑』法律部のなかに、『本朝書籍目録』は『群書類従』のなかに収録されている。

## 第五節　儀式書（年中行事）

朝廷における年中行事や儀式というものもまた、弘仁・貞観・延喜の三代に編纂された。『弘仁儀式』『貞観儀式』『延喜儀式』である。今日では、ただ『貞観儀式』十巻（単に『儀式』とも）を伝えるのみである。このほか、弘仁十二年（八二一）に撰進され、天長十年（八三三）に修訂された『内裏式』三巻、村上朝に撰進された『新儀式』（残欠が伝わるのみ）がある。

以上は官撰であるが、私撰のものでは、明法博士惟宗公方の撰した『本朝月令《ほんちょうがつりょう》』、左大臣源高明（醍醐天皇の皇子）の撰した『西宮記』二十五巻（せいきゅうき、または、さいぐうき〔現在では「さいきゅうき」と読み習している〕）が有名である。それから四条大納言藤原公任撰の『北山抄』十巻、大江匡房が撰んだ『江家次第』二十一巻（現存十九巻）などがある。

## 第六節　法律書（Rechtsbuch）

＊格式もまた広義の法律書に入るが、ドイツではGesetzbuchとRechtsbuchとに分けている。前者は法典で、それ以外が後者である。ここではRechtsbuchの意味の法律書

について述べる。

王朝時代の法律書としては、前述の律令の注釈書のほかに、各種の政務に関する先例を集めた官撰の先例集と称すべきものが沢山あったことは、上述の『本朝法家文書目録』『本朝書籍目録』から知られるが、ほとんど伝わっていない。また、種々の問答を集め、法令の大要を記載した私撰の法律書もある。こちらも大部分は亡逸したが多少後世に伝わっている。そのなかの主なるものを掲げると、次の通りである。

㈠**藤原通憲**（**信西入道**）**撰『法曹類林』二百三十巻**　現存するのは、巻百九十二、巻百九十七、巻二百、巻二百二十六（この一本には二種類あり）、と巻数不明の断簡のみである。巻百九十七はつい十年前に発見された〔尊経閣文庫蔵。巻頭第一紙が剝離し、書名不明とされてきたが、大正初年に和田英松が内閣文庫蔵第一紙と接合することから『法曹類林』と考定、再発見に至った〕。巻数不明の断簡は昭和七年（一九三二）に金沢文庫で発見されている〔金沢称名寺で『性霊集鈔』版本の表紙裏打紙として発見。金沢文庫で修復・保管されている〕。

＊これは問答をもって書かれている。法律の実際の通用について書いているので、極めて面白いものである。藤原通憲は信西入道ともいわれる人物で博学であった。著述もこ

のほかに多い。

**㈡惟宗允亮《まさすけ》（ことすけとも）撰『政事要略』百三十巻**　一条院の時代のもの。現存二十五巻のみである。

**㈢坂上明兼撰『法曹至要抄』三巻**　崇徳院の時代に大判事の坂上明兼が撰したもので、律令格式を読略した法令大意書とでもいうべき有名なものである。法律の大体を知るにはきわめて便利なものゆえ、後世まで用いられた。

＊学問が廃れてくると手軽なものが要求されてきた。この要求にちょうど適った本がこの書物であった。鎌倉時代以後はこれを種本としたほどである。殊に徳川時代には珍重された。

### 第七節　法律文例

王朝時代の政務・法制に関係した公文その他の法律文例（書式）を記載した主なる書物として、次の二つがある。

㈠三善為康撰『朝野群載』三十巻　鳥羽天皇の時代に編纂されたもので、内容は個々の官司に関するものから、売買の証文や庄園文書の文例まで、公私にわたっている。現存二十一巻。

㈡『雑筆要集』一巻　撰者不詳。鎌倉時代初期に編纂されたものだが、王朝時代末の文例を多く集めている。

このほかに、官撰の国史、実際の古文書（『大日本古文書』などに収録）が残る。こちらも法文上の意味を有している。これによって Geltendes Recht（現行法、現実に機能している法）を知りうる。当時は慣習法の意義が重大であるから、これら古文書の価値は非常に大きいのである。古文書のことはここでは略す。

## 第八節　法律学

律令の学は、大宝令以来式部省の被管である大学寮において教授していた。大宝令およびそれ以降の制度によると、大学寮には紀伝道・明経道・明法道・算道の四道があり（今日の学部にあたる。紀伝道は文科、算道は理学部）、明法道の学生で国家試験に合格した者は、明法出身として大初位に叙せられた。大学寮には教授として各道専門の博士（官名）と助教があった。明法道の博士のことを明法博士という。平安朝後半からは、中原家・坂上家の世官となり、多く明法博士に任ぜられた。

＊博士は「はかせ」と読む。教授の官名であり、その下に助教がいる。今日の博士は学位であるから「はくし」と読むのが正しい。

このように大宝令以来、大学寮で律令の学を教授しており、その結果、奈良朝・平安朝の前半には多くの明法家が出て、一時は律令の研究が盛んになされた。少なくとも京師に近い文化程度の高い地方では、一般人民の間にも法律の智識が普及していた形跡がある。例えば、孝謙天皇の天平感宝元年（七四九）〔聖武天皇譲位、孝謙天皇即位の年〕六月十日の「左京職移」（東大寺文書）にみえる某氏女の訴状のなかに、関市令の奴婢売買の法文を引用して奴婢売買の代償を請求しているものがある。東大寺を相手取って左京職に訴え、これを左京職が東大寺に移牒した文書である。

また、延喜七年（九〇七）に三善清行が撰んだ『参議藤原保則伝』のなかに「（元慶六年、八八二）二月、出為二讃岐守一。此国庶民皆学二法律一、執レ論各異。邑里彊レ畔、動成二諍訟一。自二公入一レ境、人々相譲、如三虞芮《ぐぜい》之有二恥心一焉」とみえる。

＊西伯なる徳望の高い人がいたが、その隣国にいた虞芮が相争ったとき、西伯に裁いてもらおうと思って西伯の国に入ると、みな相譲っているのを見て感心し、自分らの争っていることを恥じて、西伯に裁いてもらわずに帰ったという古例である。

# 第十四章　刑　法

## 第一節　律令の刑法

我が大宝律・養老律は、唐律を忠実に模倣したものである。唐律は漢代以来発達した支那の刑法を大成したもので、十九世紀初期における欧州諸国の刑法典と比較しても遜色ない卓越した法典であったから、それを模倣した大宝・養老の両律もまた頗る見るべきものがあった。今、比較法制史の上で重要な諸点について述べる。

**㈠刑罰の目的**　律令系統の刑法における刑罰の目的は、犯罪人の懲戒と一般人民への威嚇（粛正）という二つの目的を兼ね有していた。先述の律の定義で「懲粛」といったことによって十分に窺われる。

**㈡責任能力**　律は刑事責任能力について、年齢や健康状態を考慮して三つの分類を設定している。

⑴九十歳以上の者、七歳以下の者（七歳以下とは七歳を含む）を絶対無能力者とみなして、その行為について刑法上の責任を全免している。

⑵八十九歳以下八十歳以上の者、十歳以下八歳以上の者、および篤疾者の犯罪は原則として罰しないが、ただ非常に重い特別な犯罪、すなわち謀反（「謀レ危二国家一」）・謀大逆（「謀レ毀二山陵及宮闕一」、山陵を毀ち宮殿を毀つこと）・殺人・盗傷を犯した場合に限って、特に勅裁を仰いでその罪を定めて刑に処し、あるいは贖銅《しょくどう》を納めさせて実刑を免除した（贖銅とは罰金のようなもの）。

⑶七十九歳以下七十歳以上の者、十六歳以下十一歳以上の者、および廃疾者が流罪以下に相当する罪を犯した時は、贖銅を納めることをみとめた（換刑）。

### ㈢縁坐および連坐

＊縁坐とは血族関係によって罪せられること、連坐とは一定の法律関係に基づいて罰せられることである。

犯罪の成立には、通常は犯意、少なくとも過失があることが必要であった。しかし、ある種の犯罪、例えば、謀反・謀大逆・謀叛（「謀二背レ国従一レ偽」）については、全く情を知らない犯罪人近親（父子・兄弟・祖孫など）を縁坐させる場合があった（謀反・謀大逆は、本人を斬、その父子は没官して奴婢とする）。また、同司の四等官（同じ官司の四等官）の一人の犯した公罪（職務に関する罪）についても、情を知らない他官を連坐させたことがある。

そのほか、いわゆる結果犯とみるべきものも認めていた。最も顕著なものは「保辜《ほこ》」である。これは、人を殴傷した者をまず監禁し、被害者が特定日限内に死んだ場合、これを殺人罪として処罰する制度である。

過失犯については、ある犯罪については有意犯よりも軽く罰したが、多くの犯罪においてその過失犯をも罰したかは明らかでない。

予謀の行為は、原則として不問に付したが、謀反および謀叛については特に処罰した。

実行未遂は、ある犯罪については無条件に罰し、ある犯罪については特定結果が生じた場合にのみ罰した。しかし、多くの犯罪については規定を設けていない。後に述べるように、不応得為条の規定によってすべての未遂犯もまた罰せられたようである〔雑律逸文、『金玉掌中抄』所引〕。

正当防衛は認められていない。緊急状態は刑の減軽事由としてある場合には認められた。すなわち、夜間の家宅侵入者を殺害した場合、および尊属親侵撃者に反撃した場合がそれである。

共犯は、律では造意をもって主となし、随従をもって従となし、従よりも主を重罰し、数罪倶発は、吸収主義をとって重きに従って処罰し、累犯は各犯を各別に論定することを原則とした。ただし、共犯・数罪倶発・累犯に対する原則に対して種々の例外を設けていた。

**㈣刑の宥恕軽減**　刑の宥恕軽減に関しては諸種の場合を定めているが、特に注目すべき律の規定（支那特有の制度である）は「議請減贖」、すなわち議章・請章・減章・贖章（議章とは議に関する制度の意）の四章の制度である。

議章とは、親・故・賢・能・功・貴の六議の一つに該当する者が八逆の罪（謀反・謀大逆・謀叛・悪逆・不道・大不敬・不孝・不義）以外で死罪を犯した時に、裁判官がその罪状を議して勅裁を仰ぎ、その刑を定める制度をいう。

なお、ここにいう「親」とは、皇族またはその近親、「故」とは天皇の故旧の知人、「賢」とは大徳行ある人、「能」とは大才芸ある人、「功」とは大勲功ある人、「貴」とは三位以上の人のことで、これらの人の犯罪を普通刑法で罰することは当を得ないとして、この規定を設けたのである。

八逆は支那では十悪という。「謀反」とは国家を危うくすることを謀ること、「謀大逆」とは山陵や宮の破壊を謀ること、「謀叛」とは国に背き偽に従うこと、自治制を施行することなどがこれにあたる。なお、「謀」は単に謀ることでなく、名例律に二人以上を謀るとあるから、二人以上の共同謀議であることを要する。「悪逆」とは尊属を殴打・殺害することを謀ること、「不道」とは例えば一家の三人以上を殺すことや、人を殺してばらばらにすること、「大不敬」とは神社を毀したり御物を盗んだりすること、「不孝」とは祖父母・父母を告言したり罵ったりすること、「不義」とは主人・故の主人・先生を殺すことをいう。八逆の罪は死刑にあたるものである。

請章・減章・贖章の三章は、議章にあたる者の近親、その他の有位帯勲者およびその近親がある種の重罪を犯した場合に、その身分の高下に応じて、あるいは勅裁を請いて科刑し（請章）――議章の時は事実審理のみをして擬律をしないが、請章では擬律までする――、あるいは後にその刑を減刑し（減章）、あるいは贖銅を納めることを許す（贖章）制度である。

このほか、七十九歳以下七十歳以上、十六歳以下十一歳以上、ならびに廃疾の者が流罪以下に処されるときには、贖を納めることを許した。また、自首もまた軽減事由の一つであった。ただし、例外もあった。

なお、錯誤については、名例律のなかに「其本応レ重、而犯時不レ知者、依レ凡論。本応レ軽者、聴レ従レ本」という規定がある〔名例律下逸文、戸令集解所引〕。

＊これは国家の特権階級の擁護ともいえるし、他方からみれば刑の個別化ともいえる。

**㈤刑罰の種類**　刑には、笞・杖・徒・流・死の五刑があった。笞は十に始まり、十を加えるごとに一等を加えて、五等すなわち五十に至る。杖は六十に始まり、十を加えるごとに一等を加えて、五等すなわち百に至る。徒は一年に始まり、半年を加えるごとに一等を加えて、五等すなわち三年におわる。徒は畿内では京に送り、畿外ではその地に留めて着鈦《ちゃくだ》・居作（配役）させるものである。流は近・中・遠の三等があり、特定の地に配して配所で一年間着鈦・居作させ、その後はその地に貫属（籍を付ける）した。別に、遠所に配して配所で三年の役を科す加役流があり、遠流よりも重かった。死には絞・斬の二等があった。絞は軽いものである。ただし、五位以上および皇親が罪を犯したときには、悪逆以上の罪を犯した場合を除いて自尽を許した。支那の制度に由来するものである。

五刑のほかに、付加刑の性質を有する没官と移郷《いごう》という二つの准刑があった。没官とは犯罪人の家口・妻子を没収して官戸とする、または資財を没収するものである。移郷とは人を殺して赦にあって死を免れた者を、殺された者の近親からの復讐を避けさせるために他郷に移配する制度で、流刑に准じた一つの刑でもある。

以上の正刑のほかに、有位官・僧尼には閏刑《じゅんけい》という特別の刑があった。正刑とは一般人民に科する刑、閏刑とは特別の階級のみに科する刑をいう。有位者の閏刑には、官当・除名・免官・免所居官の四等があった。

官当とは、有位者が徒・流の罪を犯した時に、特定の標準に従ってその歴任した一官（位）をもって徒一年に充て、歴任の官を逓下《ていか》させることである。除名とは歴任の官位・勲位をすべて免奪することである。免官とは官位と勲位の各一つ（二官）を並び免ずること、免所居官は現に帯びている官位のうち一つを免ずることである。

僧尼の閏刑は、苦使・外配・還俗の三つがあった。苦使とは徒にあたり、外配とは畿内から儀外に移配するもので流にあたる。

これら閏刑のほかに換刑があって（律に換刑の名称があるわけではない）、種々の場合に適用された。贖銅以外に、杖を加重する加杖（百以上、例えば百二十にするなど）で徒に代えたり、居住地に留まらせて労作させる留住という制度で流に代えたりしたことがある。

**㈥律適用の原則**　律の適用については、断獄律に「断㆑罪、皆須㆔具引㆓律令格式正文㆒」との規定がある（逸文、官位令集解所引）。これは一見すると罪刑法定主義を採っていたように思われるが、『律疏』を読むと明らかなように、各条文の適用において類推・解釈を許したのみならず、雑律に「不㆑応㆑得㆑為而為㆑之者、笞四十。事理重者、杖八十」という規定があって（逸文、『金玉掌中抄』所引）、「不応為」の規定ともいわれるように、当時の社会情勢から行ってはならないことをした時のために、律の正条に洩れた一切の犯罪を処罰することができる途が設けられていた。罪刑法定主義が完全に貫かれていたわけではない。

律令法は属人法主義を基礎とするから、律もその主義によって適用される。名例律に「化外人同類、自相犯者、各依㆓本俗法㆒、異類相犯者、以㆓法律㆒論」と規定がある通りである（名例律下逸文、『法曹至要抄』所引）。化外人とは外国人のこと、本俗法とは本国法のことである。「異類相犯者……」とは、例えば支那人と朝鮮人とが日本において犯した時は我が国の法律によるという意味である。

以上述べたことのほかに、律の適用に関して比較法制史上注目すべき点が種々ある。例えば、各種の犯罪を概括的よりも個別的に、抽象的よりも具体的に、主観的よりも客観的に扱う傾向が強いことである。このことは、まさに古代刑法の特徴を示すものといえる。その事例として次の二つについて詳説する。

⑴第一は、同一性質の犯罪といえども、犯意、状況、方法、犯人、ならびに被害者の身分、犯罪の目的物、場所の如何によって、その犯罪の処罰法を種々に分けて、各別の罪名を立てていることである。例えば、同じ殺人罪でも謀殺・闘殺・故殺・戯殺・誤殺・過失殺に分け、さらに同じ謀殺でも被害者が尊長・卑属・長官・主人・親族・常人など相手方によってその罰法を異にした。

謀殺とは今日のそれと異なり、二人以上で人を殺した場合である。闘殺とは喧嘩を始めて、相手を擲《な》ぐることが条件で、その過程で殺した場合である。そのなかでも武器による場合と手による場合とがある。故殺とは闘によらずに殺す場合、戯殺とはお互いに遊戯をしていた場合に一方を誤って殺した場合である。殺人を具体的に考えていることの好例である。誤殺とは盗人を殺そうとして他の人を殺してしまった場合、過失殺とは思慮の及ばない、十分の注意を払っていてもわからないうちに殺してしまった場合である。例えば、誰もいないと思って鳥を射たがその矢が人に当たって殺してしまったような場合である。

⑵第二は、犯罪をできるだけ実害の程度に対応させようとし、各種の犯罪について甚だ煩雑な罰法を設けていることである。talio 同害刑〔同害報復刑〕の制度に似ている。例えば、同じ傷害罪でも闘訟律に「闘殴ㇾ人者、笞三十〔陽明文庫本では笞卌〕。傷及以㆓他物㆒殴

㆑人者、杖六十。傷及抜㆑髪、方寸以上、杖八十。若血従㆓耳目㆒出、及内損吐血者、各加㆓等㆒」「闘殴㆑人、折㆑歯欠㆓耳鼻㆒、眇㆓一目㆒、及折㆓手足指㆒、若破㆑骨、及湯火傷㆑人者、徒一年。折㆓二歯二指以上㆒、及髠髪者、徒一年半」（逸文、『法曹至要抄』所引）とあり、傷や抜髪が共に方寸以上になる時などとあるように、被害の程度によって罰法を異にした。

## 第二節　律令以後の変化

律令の刑法は施行後に種々の点で変化したが、特に検非違使庁の慣例に基づいた変化が多かった。宝亀四年（七七三）には、放火および盗賊に科する格殺という新刑を設け、死刑が三種となったなどの変化がみられる。以下、主な変化について述べる。

㈠**死刑の廃止**　嵯峨天皇の弘仁元年（八一〇）から保元元年（一一五六）に至るまでの二十六朝三百四十七年間は、死刑は行われず、死刑にあたる者は寛恕して遠流に処する慣例であった（弘仁九年（八一八）に正式に死刑廃止宣旨）。仏教の影響であろう。

㈡**放逐刑の発生**　奈良朝以来、流罪の一変体として、流にあたる場合には京外に放逐するという例が始まった。後の放逐刑の初めである。

**㈢検非違使庁の庁例**　検非違使がその権限を拡大して以来、刑の適用、刑の種類が庁例によって種々変化してきた。使庁が通常行った刑は散禁（禁獄）で、これは徒のように着鈦・居作させるのではなく、単に罪の軽重に従って便所《びんしょ》・政所・獄舎に禁錮するものである（今日の禁錮刑）。刑の適用について述べると、検非違使庁では徒にあたる者を獄舎に禁じ、笞杖にあたる者は政所・便所に禁じた。謀殺・故殺の重罪でも獄舎禁、放火でも軽い者は政所禁、重い者も獄舎禁となっている。

## 第三節　恩　赦

恩赦権は、律令においては天皇に専属していた。律令は常赦を規定するにとどまるが、施行後の実例から、常赦・大赦・非常赦の三種があったことが知られる。

常赦とは、律の常赦所レ不レ免者と、八虐、故殺、謀殺、私鋳銭、強窃二盗（これらは時によって入る）を除く罪を赦すもの、大赦は、常赦所レ不レ免者以外の一切の罪を免ずるもの、非常赦は、天皇崩御、即位、天災地変など非常の重大事があった際に一切の罪を免ずるものである。

いずれも詔勅（赦令）を発して行った。ただし、後世には大赦は行わないことになった。また、奈良朝時代にも常赦・大赦を一地方に限ったことがある。これを曲赦（局赦）といった。以上述べた恩赦のほか、詔勅を以って一般に、もしくは特定の者の罪を宥免することもあった。また、臨時に左右囚獄（獄舎）の未断囚（今日の未決囚）および軽犯囚を減免することもあった。これを臨時免という。また別勅を以って一般に、または特定犯人の罪を降減することもあった。

# 第十五章　裁判所（司法制度）

大宝令・養老令は天皇を司法権の源泉とした。ゆえに軽罪は裁判所自ら判決をなし得たが、死刑のような重罪については常に勅裁を待って裁決を下す制度であった。

律令の司法組織について述べる前に注目すべき点が三つある。第一は、行政官と司法官との区別がなかったこと、第二は、すべての行政官司はその職員および管轄人民に対してある程度の裁判権を行使したこと、第三は、当時の司法組織は大体において三級審の制度であったことで、上級審は下級審に対して上訴裁判所をなし、またある犯罪について上級審は下級審の覆審裁判所であった。

裁判所の種類は大別して地方裁判所と中央裁判所の二つであった。以下、刑事・民事の裁判所の権限を述べる。

## 第一節　刑事裁判所

**㈠地方裁判所**　これをさらに諸国裁判所と京都裁判所との二つに分かつことができる。

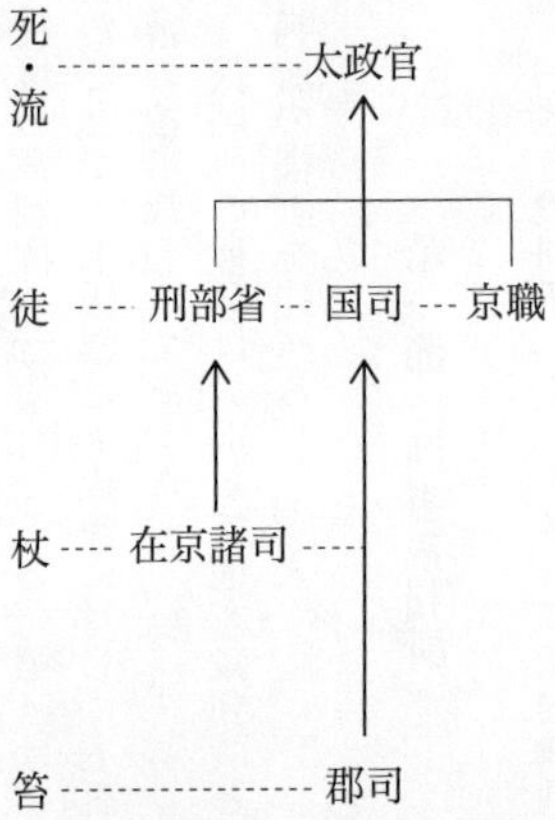


(1)諸国裁判所　これにもまた郡司裁判所と国司裁判所との二種があった。

①郡司裁判所　郡内で発覚した一切の犯罪を審理することができるが、笞罪を判決・執行できるにとどまり、杖罪以上は断定・擬律の後に国に移す必要があった。

②国司裁判所　郡が断定し移送した杖罪以上を覆審し、徒・杖に処するものは自決執行し、流以上は断定して太政官に上申し、太政官の案覆を待って国で刑を執行した。

(2)京都裁判所　これは四種に区別される。

①京　職　京中の平民に対して国郡両裁判所の権を合わせたような権限を有した。

②自余の在京諸司　部内の官人および管轄の平民の犯罪で、部内で発覚したものを審理し、杖以下は自決し、徒以上は刑部省判事局に移送する。

③刑部省判事局　在京諸司の移送した徒以上の犯罪、および京人以外の京都における犯罪で衛府の移送した笞以上すべてを審理し、徒以下は自決し、流・死は太政官に上申してその案覆を待って刑を執行する。そのほか諸国で決することができなかった疑獄（難決の獄）

を裁判する権限を有した。

④検非違使庁　初めは在京官司の一つとして杖以下を決するにとどまっていたが、次第に権限を拡張して盗犯・私鋳銭・闘乱については流・死をも判決する権限を取得したのみならず、庁例をもって遂に一切の犯罪を専断する権限を得るに至った。

**㈡中央裁判所**　これは太政官で、その管轄する裁判は次の数種である。

①国司・京職・刑部省から移送されてきた流以上の重罪の案覆・奏上で、もし原裁判を理不尽と認めたときには、国および京職に対して専使を遣わして案覆させ、省に対しては再審を命ずることもあった。

②六議の議定（議章）。

③刑部省において決し得なかった疑獄の裁判。刑部省は国で決し得なかった疑獄を太政官の命で裁判したが、それでも決し難いときは太政官が自ら行った。

④地方官の非法、地方官に対する部下・官民の重罪、その他の重要事件の初審。この場合には、しばしば太政官から推問使（詔使・推訴使）を派遣して審理させた。

## 第二節　民事裁判所

民事訴訟については、被告の本司・本属が常に第一審、その上級官司は常に上訴審であった。従って、地方では郡が第一審、国が第二審である。京では被告が官人である時には第一審はその本司、第二審は刑部省判事局、被告が平民である時には第一審は京職、第二審は刑部省である。そして、太政官はすべての裁判の最上審であるから、国司および刑部省に対しては第三審に、京職に対しては第二審となるわけである。

## 第三節　糺　弾

律令の訴訟法によれば、犯罪の起訴には被害者・公衆の告訴、本司官人の劾挙、および弾正台の糺弾の三方法があった。

このうち弾正台の糺弾は、犯罪嫌疑者の身分および犯罪の軽重に従って、あるいは奏弾式によって弾奏し、あるいは自ら糺問した後に断罪し、本司に移送する。このほか、官人の害政および枉屈を太政官に告訴する者があるときには、官はこれを弾正台に下し、台はこれを推問して、理由ありと認めるときはこれを弾奏し、不当と認めたときは訴人を弾劾して刑部省に移す。以上の弾正台の糺弾権は、律令施行後には、一部は太政官に移り、一部は検非違使に併合された。

（以上、〔昭和十年〕十一月二十五日）

# 第二編　中世

# 第一章　天皇および朝廷

## 第一節　皇位継承法

中世における皇位継承法の一大変例とも称すべきものは、皇兄弟たる後深草・亀山両天皇が相次いで即位した後に起源を発した持明院・大覚寺の両皇統の迭立である。そもそも皇兄弟が相次いで即位した後に、礼譲の意味をもって両統が互に皇位を譲ることは、すでに桓武天皇以後、および冷泉天皇以降、前後二回その先例があったことはすでに述べた。

しかし、鎌倉時代における持明院統と大覚寺統の両統迭立は、両統の反目暗闘と、それに由来する鎌倉幕府の干渉とに基いたもので、政治上の重大な影響と結果をもたらした点で、平安朝の前例とは全く異なる意味をもったのである。

この両統迭立の大略を説明すると、初め四条天皇が継嗣なくして崩御したため、鎌倉幕府の推挙によって後嵯峨天皇が仁治三年（一二四二）に皇位を継いだ。これは皇族・群臣が皇位継承者を推挙する例の変形である。後嵯峨天皇は在位四年の後、寛元四年（一二四六）に

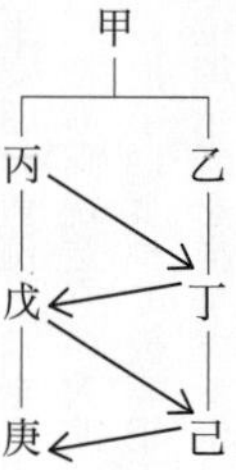


皇太子の後深草に譲位したが、この機に新帝に命じて自分が寵愛する後深草の幼弟（亀山天皇）を皇太弟に立てさせた。後年の幾多の災はここに端を発している。

先例によれば、亀山天皇受禅の後には、礼譲の意味をもって後深草の皇子を立てて皇太子となすべきであった。しかし、亀山天皇は自分の子の後宇多を立てた。後深草上皇は心平らかならず。また、文永九年（一二七二）に久しく院中にあって政を聴いてきた後嵯峨法皇が崩じたが、先例によれば後深草上皇がこれに代わって院政を行うべき順序であったにもかかわらず、後嵯峨は遺詔して大政の出ずるところを幕府の裁許に一任しており、幕府はこれを後宇多に譲位した亀山上皇に帰した。後深草上皇の憤怨はここに極まった。

そこで、幕府は後深草上皇の子（伏見）を後宇多天皇の皇太子となし、しばらく上皇の怒りを収めた。伏見天皇受禅の後、後深草上皇は亀山上皇に代って院政をとったばかりでなく、皇位を永く自己の皇統に伝えようとして、幕府の援助の下に伏見の子（後伏見）を皇太子に立てた。形勢はここに一変する。

その後、後深草統（持明院）と亀山統（大覚寺）との暗闘は甚だしく、両皇統は鎌倉幕府の後援を求めて相闘争した。花園天皇の時に至って幕府は両統の和解を勧誘し、文保元年（一三一七）に両統の代表者たる後宇多と伏見の両上皇の間に両皇統十年ずつ迭立するという議定が成立した。「文保の議定」（文保の和談）という。

しかし、花園の譲りを受けて即位した大覚寺統（亀山統の後身を大覚寺統という）の後醍醐天皇は、皇太子邦良親王早世の後に文保の議定に従うことに肯んじず、これを無視して自己の子を皇太子としようとした。ここにおいて持明院統は幕府と謀り、その意思に反して後伏見の皇子で文保議定の順位にあたる量仁《ときひと》親王を皇太子に擁立した。後醍醐は期に及んでも譲位せず、再び文保議定を無視した。幕府と持明院統がその不信を鳴らすにおよび、後醍醐天皇は怒って元弘倒幕の挙に出るも敗れ、幕府は花園上皇の詔をもって皇太子量仁親王を即位させた。これが光厳天皇である。寿永二年（一一八三）に平家一族が安徳天皇と三種の神器を奉じて西走したとき、後白河法皇は安徳の幼弟の後鳥羽を立てて一時東西両天皇の対立を見たことがあったが、光厳の践祚も甚だこれに似ていた。神器なくして践祚したこともまた、寿永の例に同じである。

元弘三年（一三三三）に及んで、後醍醐天皇は勤王諸氏に迎えられ隠岐より還幸、光厳を廃してこれに太上天皇の尊号を奉った。その後鎌倉幕府が崩壊すると、延元元年（一三三六）に足利尊氏は光厳上皇の院宣をもってその弟光明天皇を擁立し、後醍醐天皇に対立させた。これ北朝の第一代の天皇である〔最近では光厳を北朝第一代天皇と呼ぶことが多い〕。幽閉された後醍醐天皇は逃れて吉野朝廷を開き、これより南北朝対立して干戈を交えて相争うこと五十余年の久しきに及んだ。

そもそも、後醍醐天皇が文保議定を廃案したことは道徳上の非難を免れないが、皇嗣の選定および譲位の自由が天皇大権に属することは古来の大原則で、文保議定のような幕府の干渉に由来する上皇間の契約をもって制限できるものではないから、この違約は国法上責任なきことである。また、後醍醐天皇は廃位されたのでもなく、退位・譲位したのでもない。ゆえに、光厳天皇の即位は花園上皇の命に基づいたとはいえ国法上の根拠を欠いている。南朝が正統であったことは明白である。

その後、後亀山天皇（南朝四代）、後小松天皇（北朝六代）の時、南朝の元中九年（一三九二）、北朝の明徳三年に両者の間で和議がなって、後亀山が後小松に正式に譲位すると同時に三種の神器を引き渡し、ここに皇統が一に帰した。当初の和議は依然として持明院・大覚寺迭立を条件としたものであったようだが、爾後皇位は常に北朝に伝わり、南朝より出たものはなかった。これを要するに、鎌倉時代における両統迭立は、天皇の後嗣任意選定権、譲位の自由、太上天皇の院政など、我が皇室制度の不備・欠陥がこの時代に相錯綜して、その弊害が一時に露呈したものであるといって差し支えない。

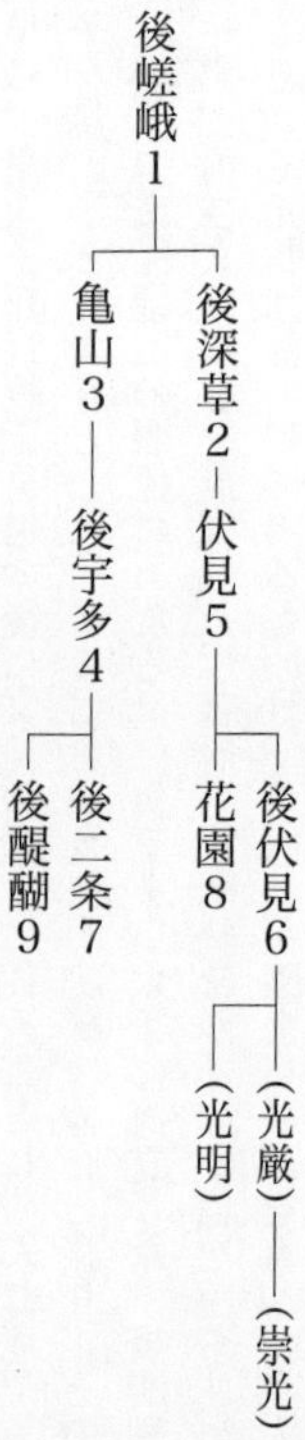

## 第二節　詔　勅

鎌倉時代以後においても、天皇の勅旨には詔勅・宣旨が行われていたが、そのほかに綸旨・口宣《くぜん》の二つの形式を用いることが多くなってきた。綸旨とは、蔵人が勅旨を承けて特定の人に当てて下す宣旨の一形式で、すでに王朝時代末から用いられていた。口宣に至っては全く宣旨の略式で、すなわち蔵人が伝宣の職務に関与して以来、宣旨を下すに至って蔵人頭（職事）が勅旨を奉じ、これを口頭で上卿（大臣・納言）に伝達した。これを仰詞《おおせことば》または口宣といった。王朝時代末以来これを書して、宣旨に代えて直ちに交付することが多くなった。上卿はまたこの口宣を外記に伝達するに際し、本文を自己に留保し、その写しを外記に送った。これを口宣案（案は移したものの意）といった。しかし、鎌倉時代の末には叙位叙目などの位記辞令の代用として、この口宣案を外記より直ちに関係者に与える例も生じた。

## 第三節　院　政

鎌倉時代の天皇は、長くても在位十四、五年を経ずに譲位したので、一時に数人の太上天皇が併存したこともあった。後二条天皇即位の時には、後深草・亀山・後宇多・伏見・後伏見の五太上天皇が並存した。太上天皇はおおむね院中より政を聴いたことは旧の如くである。後鳥羽の三朝二十三年間、後嵯峨の二朝二十六年間の如きはその最長の例である。このように太上天皇が一時に数人ある場合には、第一の上皇たる本院（一院）または現天皇の父たる上皇が院政を行うのが例となった。ただし、両統迭立の影響を受けて、上皇も両統から交わり出て院政を行った。後宇多以来、室町時代には院政もまた有名無実となり、後花園上皇以後には一時譲位の例が絶えて、院政もまた久しく中絶した。

鎌倉時代の院政で注目すべき異例が三つある。第一は、後堀河が践祚した時にその父守貞親王に太上法皇の尊号を奉ったことである（後高倉院）。この上皇は二年間院政を行った。第二は、後嵯峨法皇の崩御の後、後深草が院政を聴くべきであったのに、亀山が聴いたことである。第三は、後宇多天皇が院政を行うこと三年の後、政を後醍醐天皇に返したことである。

院中の政務は、すでに王朝時代の末以来、院司たる公卿の評定（会議）で議決するのを例とした。また、王朝時代末以来、院の伝奏という職員を置いて、院と外部との間の伝達執奏のことを掌らしめた。後嵯峨法皇の時には、特に院伝奏・評定衆の人選任命を厳格にし、院政を補佐させた。院中の文殿《ふどの》（ふみどのとも）は鎌倉時代においても太政官内の記録所に相当するもので、院に提起された雑訴の問注・勘決を掌った。ただし、事件によっては院の雑訴も記録所に下して勘決させた。文殿には文殿衆・開闔《かいこう》などの職員が付属した。

## 第四節　議奏および伝奏

後鳥羽天皇は、文治元年（一一八五）に頼朝の奏請により朝廷に議奏を置き、政の得失を論議して奏上することを掌らせた。当時の人員は十人、大臣・納言・参議から補した。ただし、これは後世にはあまり顧みられなかった。

建武中興の時、院伝奏にならって朝廷にも伝奏二十人を置き、公卿から補任した。足利氏が政権を握るに及んで、その奏請によって特に武家伝奏を置き、武家に関する政務の伝達奏上を専当させた。

## 第五節　親王家

鎌倉時代以後、皇子・皇女は出家して仏門に入ることが多かった。法親王のほかは親王宣下のことは少なくなった。そして、他の一方には、世襲親王家なるものが発生した。これはその家の嫡流が代々天皇の猶子となり、親王宣下を受ける親王家である。中世には世襲親王家が三つあった。

(1)常盤井宮　これは亀山天皇の子恒明親王の後である。六代にして絶えた。

(2)木寺宮《きでらのみや》　これは後二条天皇の子邦良親王の後である。これも六代で絶えた。

(3)伏見宮　これは崇光天皇の子栄仁《よしひと》親王の後である。初め栄仁は有栖川と称していたが、第二代後崇光院のときに至り、伏見宮と改称した。爾後、連続して今日に及んでいる。

## 第六節　朝　官

**(一)摂　関**　藤原氏は摂政・関白に任ぜられた者をもって氏長者となし、これを嫡流とみなす習いであった。そのため、摂政・関白の要職は王朝時代以来藤原氏一族の中で争奪され、往々内訌の原因となっていた。その結果、鎌倉時代に及んで五摂家の分立をみるに至った。初め藤原基通は平清盛の縁故によって摂政たるを得たが、その叔父の兼実はこれを快しとせず、平家倒滅後に源頼朝の援助により甥の基通（近衛家の元祖）に代わって摂政に任ぜられた。以来、この二人の血統、すなわち近衛流と九条流とが交々摂関の職を継ぐことになったが、兼実の孫道家（九条家の祖）の三子の時代に及び、九条・二条・一条の三家に分かれ、近衛家の系統も基通の孫の時代に近衛・鷹司の両家に分かれた。爾後、この五家より摂関に任ぜられる慣例になった。五摂家というのがこれである。もっとも建武中興のときには関白を置かず、また正親町・後陽成両天皇の時には豊臣秀吉・秀次が相次いで関白に任ぜられたが、これは特別の異例である。

**(二)記録所**　太政官・八省以下の王朝時代の朝官は、中世を通じて形式上存続していたが、鎌倉時代以後は幕府のため著しくその職権を侵され、室町時代以後ますます有名無実となり、ほとんど実務に与らない一つの栄誉官と化した。そのなかで鎌倉時代においても盛んに活動した朝官は記録所である。鎌倉幕府開府以来、庄園・所領に関する公家と武士との間の訴訟が頻発したので、源頼朝は後鳥羽天皇に奏請、後鳥羽天皇は文治三年（一一八七）に延久・保元の先例にならって記録所を再興した。爾来、歴朝はおおむね即位の後にこの官司を置いて、庄園・所領に関する訴訟を審理させることが定例となった。

その権限は王朝時代より拡張され、庄園の券契に関する事件のみならず、広く領地に関する訴訟（雑訴）を審理し、兼《あわ》せて朝廷の財用を掌るに至った。ただし、雑件の審理は訴論人（原告・被告）の問注および事件の勘決（これを書き記したものを勘文、勘状（鑑定）という）にとどまり、判決は公卿議定または院評定によった。記録所の職員は時代により異なるが、後世には上卿・弁（または勾当）・開闔《かいこう》・寄人などであった。寄人は主として明法出身者を任用した。この記録所も後小松天皇以後は中絶した。

**㈢雑訴決断所**　これは後醍醐天皇が元弘三年（一三三三）に、鎌倉幕府滅亡後の庄園・所領に関する訴訟を裁判するために記録所の外に新設した官司で、一時的なものであった。先の記録所との権限の分配は明らかではないが、決断所は下文で自ら判決を下し得た点において、記録所とやや性質を異にしていた。その職員は公卿・明法家からなり、後には武士からも選任された。建武元年（一三三四）にはその数は百人の多きに及んだ。数組に結番せしめ、交番して会議させる例であった。しかし、当時内奏が盛んに行われ、決断所の判決もそのために威信のないものとなり、南北朝の対立後、間もなく消滅した。

＊中世は武家政治が本体となるから、朝官のことはこれくらいにしておく。

# 第二章　将軍および幕府

＊ここにいう将軍とは名称にすぎず、官そのものではない、適当な名がないから、この名を便宜上用いたにすぎない。

## 第一節　将　軍

### （甲）鎌倉時代

治承四年（一一八〇）に源頼朝が高倉宮以仁王の令旨を奉じて東国の源氏を糾合し、平家追討の軍を起こして鎌倉の地に拠ったが、その時令旨に基づいて関東諸国を頼朝自身の分国として知行し、源氏の一族・家人を指揮して平氏の征討に従った。当時、頼朝は「前右兵衛佐」（頼朝はかつて右兵衛佐に任ぜられたことがある。唐名では「武衛」という）の官名、または「鎌倉殿」の名称をもって命令した。その後、寿永三年（一一八四）に平家残党追討の院宣を蒙るに及んで、朝廷から正式に叛徒の征討権と武士の支配権とを委任された。次いで文治元年（一一八五）、源行家・義経追捕の院宣を蒙った後、奏請して日本六十六ヵ国の総追捕使に任ぜられ、次いでまた日本六十六ヵ国の総守護職となり、同時に総地頭職に補された。ここにおいて頼朝は日本全国の警備権（守護職）と国領・庄園の一部の知行権（地頭職）とを獲得した。

＊総追捕使は臨時のもので、後にあらためて総守護職とされた。さらに収入が必要なために、知行権を得たのである。

ここに鎌倉殿の軍事権と知行権は、その範囲をさらに拡大するに至った。その後、建久元年（一一九〇）天下が漸く鎮静に帰したので、頼朝は初めて上洛し、勲功の賞として権大納言（さほど高くない官職、四位相当）に任ぜられ、次いで右大将に兼任された。しかし、頼朝は両職を直ちに辞して帰東した。建久三年（一一九二）、遂に多年にわたり望んでいた征夷大将軍の宣旨を蒙ることになった。

そもそもこの職は、朱雀天皇の天慶三年（九四〇）に平将門討伐のために参議右衛門督であった藤原忠文を任じて以来、「皇家二十二代、歳歴二百四十五年」の間その任例がなかったが、後鳥羽天皇の元暦元年（寿永三年、一一八四）に源義仲が伊予守とともに兼任することになり、その当時「希代朝恩」として武人の耳目を驚かした。頼朝も多年これを嘱望し、建久三年に遂にその宿望を達したのである。

＊「 」内は『吾妻鏡』からの引用。

しかし、当時鎌倉殿が行使していた権利は、単に征夷大将軍の職権、すなわち国郡の叛徒追討権に限定されていたのではない。関東分国（御分国、十一ヵ国ないしは九ヵ国、時代により変わる）の知行権、六十六ヵ国の総守護職ならびに総追捕権、国領・庄園の総地頭職を含み、さらに源氏の一族・家人に対する主人権を有していた。すなわち、頼朝は一身に軍事大権、所領知行権、家士進止権の三権を兼有した点において、鎌倉殿の地位および権利は征夷大将軍の地位より高く、征夷大将軍なる名称は鎌倉殿が一身に集結した各種の政治権・軍事権を象徴する一種の官名にすぎないといってよい。かかる沿革に基づき、頼朝の後継者もその地位を継承し、征夷大将軍の宣下を蒙ることが例となったが、彼らの下した命令または公文においては、依然として「鎌倉殿」なる名称を用いるのが例で、「征夷大将軍」なる官名を用いることは稀であった。

＊「鎌倉殿」なる地位に付属する名称が「将軍」であり、「将軍」とは武家の棟梁の名で、これが朝廷より公認されたのである。その権利は綜合的なものであった。判決を下す時にもまた「鎌倉殿」といわれた。

さて、鎌倉将軍の正統は頼朝死後二代で絶え、その後の二代は藤原氏から、その後の四代は親王家から選ばれ、その職と地位とを継がせた。いずれも執権北条氏の擁立したもので、虚器（ロボット）を擁したにすぎない。歴代将軍のなかで第二代頼家は、承統の後数年を経て将軍の宣下を受けている。その他は承統と同時に将軍宣下を蒙る例となった。

征夷大将軍は元来臨時の官で本官でなかったから、歴代将軍は宣下の前後を問わず、別に朝廷から文武の官に任ぜられて次第に昇進する例であった。その昇進の最速であった三代実朝は建仁三年（一二〇三）に十二歳で従五位下に叙されたのに始まり（同時に征夷大将軍宣下）、右兵衛佐・加賀介・右中将・美作権守・権中納言・左中将・権大納言・左大将・左馬寮御監《ごげん》（みかんとも）に任じて、遂に内大臣となり、右大臣となった。

将軍の命令は下文《くだしぶみ》・下知状・御教書などの諸形式をもって発布した。下文と御教書とは共に公卿の家司が主人の上意を奉じて下に命令する書式を用いたもので、頼朝の発した初期の下文には頼朝自身が加判し、または家人の一人がこれを奉じて署名するという形式であった。しかし、後に政所を置いて以来は、その家司たる別当以下がこれに連署することになった。御教書とは元来主人の命を奉じて相手に執達する形式のもの、一名執達状または奉書といった。北条氏が執権となって幕政を専行するに至って以来、執権と連署との署名した御教書を関東御教書といい、六波羅両探題の署名した御教書を六波羅御教書といった。下知状とは主人の仰せにより奉行がこれを下知する形式のもので、これにも関東下知状・六波羅下知状の二つが生じた。

＊日本に「将軍」なる地位ができるには、このように複雑な過程を経たのである。征夷大将軍は本体でなく、これによって代表される本体があり、この本体たる権利がいかにしてできたかは、歴史的に重ねられてきたものなのである。

国に国司があり、行政を行うとともに利権をみなその官にある者が取った。これを分国といった。後には天皇の分国ができたほどである。また、神社・寺院にも分国があった。すなわち、国が庄園のようになったものを分国というのである。関東の分国が頼朝の最初の知行国となった。分国には幕府から人を遣って行政させ、その利権を鎌倉殿に収めた。もちろん一部は朝廷にも奉った。

「追討」は軍をもって討つことであるが、義経の時は「追討」ではなくて、これを捉えよというのだから、こちらは「追捕」にあたる。

かくて、頼朝が武力と財力とを握るために、全国の軍事権や収益権を獲得し、将軍は絶大なる権力を握るに至った。また、地頭を各地の庄園に置き、その収益の一部は兵糧米として鎌倉殿に収めさせた。不輸の地たる庄園に鎌倉殿の勢力が割り込んでいったのである。地頭にはみな臣下を任じて、兵備費に充てさせた。将軍家政所下文は後には頼朝は用いなかった。というのも、頼朝は一度将軍を辞したが許されなかった。しかし、自分では辞したつもりであったから、将軍家政所下文なるものを用いなかったのである。

## （乙）室町時代

鎌倉幕府倒壊の後、足利尊氏は建武五年（一三三八、北朝の暦応元年、南朝の延元三年）に征夷大将軍の宣下を蒙り、鎌倉時代の将軍の後継者となった。その後、彼の子孫が十五代の間、継統と同時に、あるいは継統の後に征夷大将軍の宣下を蒙るのが例となった。このことからも、将軍と幕府の首長たる地位とは別物であることは明らかである。ただ、その地位を将軍といったのにすぎないのである。三代足利義満以来は将軍が隠居して、その職を後継者に譲り渡したこともあった。

将軍の本官は初めの尊氏と義詮の二代は権大納言にとどまったが、三代義満は累進して左大臣に昇り、隠居後は太政大臣となった。これ以来、内大臣や左右大臣まで累進したものがある。また、義満以来は源氏長者、奨学院・淳和院の別当、右馬寮御監を兼ねる例となった。

室町将軍の権威は三代義満および四代義持の時に最も盛大で、幕府制度もこの時に整備された。三代将軍義満は在職二十七年にしてその職を嗣子の義持に譲り、北山荘の鹿苑院に隠居して院政に模してなお政務をみた。当時、彼を尊称して大御所または公方と称した。後にこの公方なる名称は転じて現将軍の尊称となるに至った。徳川時代では、将軍が代って将軍宣下の後に公方といった。

応仁の乱以後は、諸国の守護が独立の地位を有したので、将軍の権威は全く地に墜ち、虚位を擁するにとどまった。

将軍の命令には御教書・下文・下知状などが用いられたことは鎌倉時代と同じであるが、その文書の形式には多少変遷がある。下文は文書の袖に将軍が袖判を押す。御教書には三通りあって、将軍が袖判を押すもの（御判御教書または御判物）、年月日の下に将軍が判を押すもの（御書御教書、日下御判）、管領が上意をうけて執達し、または下知するもの（単に御教書）がある。下知状は管領以外の者が上意を奉じて執達または下知するもので、あるいはこれを奉書といった。

その後、織田信長は天正元年（一五七三）に足利将軍最後の義昭《よしあき》に代って兵馬の実権を握り、その官職は累進して右大臣にまで上がったが、殺されてしまった。豊臣秀吉は天下をほぼ平定して天正十三年（一五八五）三月に内大臣になった。この時征夷大将軍になりたいと願ったが、この職が頼朝以来久しく源氏の世職であるとの伝統を破り得ず、七月に関白に任ぜられて天下に号令した。信長・秀吉は官名では将軍ではないが、事実においては室町将軍の地位を継いだ幕府の首長であったといえる。

＊　将軍はもともと源氏の独占ではなかった。むしろ関白の方が藤原氏の世職だった。古い伝統たる関白の方が破られて、将軍についての伝統は破られなかった。

## 第二節　幕府の組織

### (甲) 鎌倉時代

#### 第一　政　所

源頼朝は、元暦元年(寿永三年、一一八四)、平家追討の院宣を受けて間もなく、鎌倉に公文所を設け、別当・寄人などの職員を任命して政務を執行させた。これは元来、領家・領主が自己の所領・庄園を管理するために置いた私の役所で、それを模倣したものである。文治元年(一一八五)、頼朝は平家征討の功によって従二位に叙せられたので、三位以上の特権に基づいて公文所を政所と改称し、別当・令・案主《あんず》・知家事・寄人といった家司を設置して、源家の家政と分国の政務とを兼ね掌らせた。すなわち、頼朝は従来三位以上の公卿がその家領・庄園を管理する機関をもって自己の分国と家人とを統治することに応用したのである。しかし、別当以下知家事の職は、その後次第に政所下文に連署する形式的役職と化し、政所の実務は新たに増設された執事と旧来の寄人の二職員の執行するところとなった。執事の職務は二階堂氏から任ずることが例になった。

＊王朝時代の官にともなう特権に基づき、高官が家司を置くことはすでに述べたところ

である。庄園の家司の執務する所を政所といった。頼朝はこれを早く置きたかったが、位が三位以上でなかったので、やむをえず公文所を置いた。これは王朝時代でも三位以下の者は公文所を置いたことに倣ったものである。頼朝は政所という極めて簡単な公家の政治組織をもって天下の政治を執ったのである。その後、武士のそれに合わせるため政所は次第に有名無実となって、執事・寄人がこれを行うに至った。

政所は初め鎌倉幕府最高の官として一切の政務を執っていたが、嘉禄元年（一二二五）に評定衆が設けられて以来、幕府の重要政務は評定会議によって議決され、政所の職権は著しく縮小されて、将軍家の家務と財政、および鎌倉市中の雑務沙汰と称する訴訟を管轄するにとどまった（民事は「所務沙汰」すなわち土地所領に関する訴訟と、「雑務沙汰」すなわち今日の民事に当るものとの二つの訴訟に分かれていた）。

### 第二　執権と連署

執権とは、元来は政所別当の別名であったが、第三代将軍実朝以来、北条氏が別当の職を独占するに及んで、公文書に連署する場合のほかは多くは執権と称したのみならず、その後は執権なる職は一方において将軍の後見、他方において侍所別当の職権を併合したものとなる。単に政所の長官たるのみならず、幕政総理というべき独立の重職と化したのである。ゆえに、理非決断職・後見職・探題職・政務御代官などと称されたこともある。

連署は、執権の次官として元仁年間（一二二四〜二五）に設けられ、初めから北条氏の独占する職であった。執権とともに両執権・両探題・両後見職などと呼ばれた。

＊　これはもはや別当の職務でなく、それ以上の重職となった。

**第三　問注所**

問注とは、平安朝後半以来、太政官・検非違使庁・記録所・公卿政所などにおいて行われた訴訟手続きの一階段で、訴訟関係者を訊問し、原告・被告の間の問答を注記する手続きのことである。頼朝は公文所を設置した後、別に問注所を設けて民事訴訟を聴くことを掌らせた（従来は、頼朝の御殿の一部に訴訟を聴く所を置いていたが、頼朝にとって喧しいので問注所を置いたという）。問注所の権限は一切の民事事件に及んでいたが、建長元年（一二四九）に新たに引付衆が設置されると、問注所の権限は狭められ、以後は関東御分国内の雑務沙汰の裁判と一般の民事訴訟の受理・配賦《くばり》（管轄所に分配する手続き）に関する事務を掌るにとどまった。問注所には執務・寄人・問注奉行・賦《くばり》奉行などの職員が置かれていたが、執事は三善氏の世襲するところであった。

**第四　侍　所**

侍所もまた公家の制度で、王朝時代の末には大臣・納言などの公卿がそれぞれその家に侍所を置き、所属の侍を指揮させていた。頼朝が治承四年（一一八〇）に兵を挙げた時、鎌倉にまずこの侍所を置いて和田義盛を別当に任じた。建保元年（一二一三）に和田氏が滅亡した後は、この別当職は執権の兼任するところとなり、後には執権の職権として侍所別当を含むに至り、実際には別当だか執権だか曖昧になる。侍所は幕府最高の軍職で、侍・兵士を指揮し、警察を掌り、刑事裁判すなわち検断沙汰を行った。ゆえに、一名検断沙汰所とも呼ばれた。侍所の職員は別当・所司・開闔《かいこう》・寄人などで、執権が別当を兼ねて以来、侍所の次官たる所司は事実上の長官たる地位に上った。一に侍所の預人とも称された。承久元年（一二一九）に将軍の親兵の指揮官として、別に小侍所を置いた。北条氏をその別当に任ずるに及び、侍所の権威は漸く軽くなり、所司の如きも北条氏の家臣長崎氏の世襲するところとなった。

＊鎌倉時代に発達した訴訟の分類は以下の通り。

検断沙汰……………刑事
雑務沙汰
所務沙汰｝……………民事

**第五　評定会議**（評定所・評定衆）

＊評定会議を組織する member が評定衆。

北条泰時が執権となると、頗る民政に意を用い、嘉禄元年（一二二五）に評定衆なる職員を新設し、執権・連署と共に立法・行政に関する重要政務を合議し、民事（主として所務沙汰）に関する最高裁判を行わせた。これ以来、この会議は幕府施政機関として重要な地位を占め、政所・問注所に従来属していた事件も多くこれに帰した。評定衆の員数は時代により異なるが、十一人から十五、六人で、その多くは北条氏の一族、その他は大江・清原・中原・三善・二階堂・斎藤などの文筆をもって世襲する家からこれを任命した。武士だけではとても行えないので、彼らを抜擢したのである。

**第六　引付会議（引付衆）**

北条時頼が執権となり、建長元年（一二四九）に民事裁判の迅速をはかるために、従来あった評定会議の外に引付会議を設けた。これは評定衆と新設の引付衆とをもって組織させた会議で、両衆を組み合せて数番に分かち、番（一方引付。方は番に同じ。番とは組に同じ）ごとに評定衆一人を頭人とし、別に開闔・右筆など下級官吏を付属させ、各番に交代で裁判を行わせた。引付衆の員数は四人から十四人の間で、その番数は初め三方に分ち、後には八方に及んだ。

＊従来、引付衆と評定衆とは別々に会議が作られていたと誤解されてきたが、引付会議

には評定衆も入ったのである。引付会議の方が大いに活動し、訴訟法を発達させた。

**第七　寄合衆**

執権北条貞時の時代以後、北条氏の元老を会合して政の枢機に参与審議させたことがある。この会議を寄合衆といったが、別に組織のある会議ではなかった。

**第八　公事奉行人（奉行）**

以上に述べた諸職のほかに、各種の奉行を置いて事務を分掌させた。例えば、安堵奉行（所領確認係）、恩沢奉行、官途奉行、越訴奉行（上訴掛）、寺社奉行などで、これらの諸公事奉行人の多くは評定衆の兼職であった。

＊　安堵奉行は、所領の相続があった時にその確認を求めることを掌るところである。すなわち確認して安堵させる意である。恩沢奉行は、今日の賞勲局にあたる。官途奉行は、武士は朝廷の官が欲しいが、頼朝はこれを禁じていたので、そこで制限して、幕府の認可がある時にのみ朝官に叙せられるよう、このような奉行が置かれたのである。越訴奉行は、上訴する所である。すなわち、普通裁判について不公平の時、やり直しを求めるものである。

＊中央の官制は以上に尽きる。極めて簡単なものである。政所・問注所などは、朝廷、殊に公家の模倣であった。しかし、それらのものは形式的となり、実権もなく、執権・連署・評定衆・引付衆・奉行人に実権は移った。

## （乙）室町時代

### 第一　管　領

鎌倉時代の執権は、室町時代の建武年間（一三三四〜三六）には執事と称され、後に管領と称されるようになった。三代将軍義満の時以後、斯波・細川・畠山の三家から交々任ぜられる制度となった。三管領がこれである。現任者を当職《とうしき》といった。応仁の乱後、三家の衰微とともにこの職もまた権威を失って消滅した。

＊管領は執権と同じものだが政治的には異なる。鎌倉時代には将軍は陰にすぎず執権が実力を握っていたが、室町幕府では将軍が実権を握っていたからである。

### 第二　政　所

室町時代の政所は、ほぼ鎌倉時代の政所と問注所とを合わせたものにあたる。すなわち、将軍家の家務、財政、軽微な民事訴訟（政所沙汰）を掌っていた。その長官は執事あるいは頭人といい、ほかに政所代・執事代・寄人などの職員があった。執事は後世には伊勢氏の世職となり、政所代は初め執事の私設した代官であったが、後に本官となり、伊勢氏の被官蜷川氏の世襲となった。執事代は一名政所開闔と呼ばれ、政所内の会議（政所内評定）における議事整理職である。

**第三　問注所**

室町時代の問注所は、単に公文書の保管および公私文書の証明、およびその偽造に関する訴訟を掌った。職員には長官たる執事および寄人があって、執事は多く〔三善氏一門の〕町野・太田二氏から任命された。

**第四　侍　所**

侍所の職務権限は、鎌倉時代とほぼ同じく軍務・警察・刑事裁判である。長官を所司、次官を所司代と称し、開闔・寄人などの職員からなっていた。所司は三代義満の時代以来、赤松・一色・山名・京極の四氏から交々任ずる制に定まった。いわゆる四職家である。応仁の乱後は三管領と同じ運命を辿った。所司代は初め所司の被官から任命したが、応仁の乱後には同じく亡びた。開闔は侍所内談（会議）を整理するもので、文明年間（一四六九〜八七）以後は所司に代って侍所の事務を掌った。このほかに小侍所もまた室町時代にも存続していたが、大した権限はなかった。

＊鎌倉時代の別当は室町時代にはなくなり、所司が長官となり、徳川時代には所司がなくなり、所司代のみが残った。

### 第五　両検断職

十二代将軍義晴の時に、侍所の職務を補助するために特に両検断職を置いて、京畿内の取り締りおよび訴訟を掌らせたが、その権限は詳らかではない。

### 第六　評定衆

室町時代にも評定会議は存続したが、定例の評定会議（鎌倉時代は式日評定といった）は二代将軍義詮の時に廃絶したようである。その後も評定衆の会合はあったが、単に毎年正月、または将軍の代替り、管領職の交替の初めに行われる評定始という儀礼的な会合にすぎなかった。この評定始に列席する者も上級の評定衆、すなわち式評定衆だけに限定され、その他の普通の評定衆に至っては、一方引付の会議を組織するにとどまり、評定始には列席しなかった。ここに注意すべきは、室町時代の一方引付とは評定衆から任命された頭人および権頭・権々頭・評定衆・右筆からなっていたが、別にその下に引付衆なる特別の職員が加わっていない。室町時代にも引付衆なる名称はあったが、引付会議を組織する評定衆の異名として使用されたにすぎなかった。室町時代にも引付衆があったという説もあるが、誤りである。

**第七　御前沙汰衆**

室町時代に重要な政務は主任の奉行から将軍に上申し、その裁決を仰いで執行する制度であった。これを伺事《うかがいごと》といった。この伺事を掌る職員を御前沙汰衆といい、数番に分れて交代して掌った。

**第八　公事奉行人（奉行）**

室町時代にも官途奉行・恩賞奉行・安堵奉行・越訴奉行・寺奉行、社家奉行などの奉行があって、種々の事務を分担した。

＊　寺奉行・社家奉行は鎌倉時代の寺社奉行にあたる。要するに、室町時代は鎌倉時代よりも政治は劣っている。その制度を伝えるにすぎず、かつこれが悪くなってきた。これは人材を得なかったからで、これに反して北条氏には泰時・時頼ら名執権がいたから、政治には見るべきものが多かった。

### （丙）織豊二氏時代

織田信長は、天正元年（一五七三）以来将軍足利義昭に代わって兵馬の実権を握り、その官は累進して右大臣にまで上がったが、いまだ征夷大将軍の宣下を受けず、覇業半ばにして弑された。その時、豊臣秀吉は、海内をほぼ平定した天正十三年（一五八五）に内大臣に任ぜられる。その時、征夷大将軍に任ぜられんことを欲したが、この職が源頼朝以来源氏の世職である先例を破ることができず、遂に関白に任ぜられ、この職によって天下に号令した。ゆえにこの二氏は、官位上は将軍ではなかったが、事実上は室町将軍の地位の継承者であった。

信長は覇業ならず死んだために、その官制に見るべきものはなく、わずかに室町幕府の先例によって京に所司代を置いたほかは、家老（年寄）・奉行・目付（横目）・右筆（書記）など諸大名の分国内の職制をそのまま採用したにとどまった。

秀吉は天正十三年（一五八五）に五奉行を置いて、重要政務を分担させ、その中の一人前田玄以に特に所司代を兼ねさせた。所司代とは室町時代の侍所の所司にあたるものである。そして、大事は五奉行の会議によって摂行させ、一人をして専ら財務を掌らせた。その後、文禄四年（一五九五）には大名の巨頭たる徳川家康以下五人を大老（家老・大年寄）とし、五奉行の上に置いて枢機に参ぜしめた。また、五大老と五奉行との中間に三人の中老（大年寄に対して小年寄といった）を置き、五大老と五奉行との間の調停を図らせた。当時、五大老と五奉行を総称して十人衆といった。このほか、豊臣時代には奉行・目付・右筆などの職があった。

＊　所司代は織田氏が京都にきた時に置いており、秀吉はこれを真似たのである。

# 第三章　人民の階級

鎌倉時代以後、王朝時代の有位階級は公家階級と変じ、この階級と公民との間に別に武士階級が加わることになった。そして最下級には種々の分子からなる賤民階級があった。

## 第一節　公家階級

公家階級は王朝時代の有位階級の後裔で、鎌倉時代以後は天皇に直属し、幕府の勢力外に独立した貴族階級となった。鎌倉時代には月卿《げっけい》・雲客《うんかく》などと称され、室町時代の末には堂上家とも呼ばれた。この公家階級の内部でも平安朝の後半以来、家格によって官位昇進の次第が自ら一定してきたため、昇進の次第と官位の先途（極官）とを標準として種々の区別を生ずるに至った（極官はすべて家柄によって決まっていた。五摂家でなければ関白になれないなどである）。

**㈠摂　家**　摂政・関白となりうる家柄で、鎌倉時代以来は五摂家に分立した。

**㈡清　華**　華族・英雄・公達ともいわれる家柄で、近衛大将を経て左右大臣に任じ、太政大臣に至ることができる家柄である。

**㈢大臣家**　近衛大将に任ぜられる資格はないが、左右大臣・内大臣に昇進することができる家柄である。

**㈣名　家**　大納言を先途（極官）とする家柄で、儒道の名門がこれに属す。

**㈤地下《ぢげ》諸大夫**　五位に叙せられても昇殿は許されず、殿上人の列に入ることができない家柄である。

**㈥諸　道**　紀伝・明経・明法・陰陽・医・儒などを世職する家柄である。

### 第二節　武士階級

ここで武士階級と称するものは、狭義の武士のほかに、それに付属する従者の類をも含めている。その特徴は、「弓矢」を世業として武人生活をするもので、次の三種に分かつことができる。

㈠**侍**　これは狭義の、固有の意味の武士で、弓矢を業として武人的生活をなすもので、古くから騎馬戦闘の特権を有していたものと思われる。太刀を帯びることが一つの外的Symbolであった。鎌倉時代以来、侍のなかに御家人と非御家人との区別が生じる。御家人とは将軍に奉公する侍で、大部分は祖先からこの身分を世襲する累代御家人（重代御家人）である。新たにその身分に編入された者も少なくなかったが、これは新加御家人と称された。なお、御家人の身分は犯罪の結果追奪されることもある。

鎌倉時代以来、守護・地頭など有力な侍は自己の従者を家人と称していたが、室町時代になって守護が一国の領主、すなわち国主の地位に上るに及んで、彼らに属する従者、上級の家士をも御家人と称するようになった。これより将軍の御家人と守護国主の御家人との区別が生じた。

＊「弓矢の家に生れた」とか「弓矢の家」といって、弓と矢が武人のSymbolであった。ドイツではRitter（騎士）のSymbolは、zum Schilde und Wappen geboren（盾と紋章のために生まれた）というように、SchildとWappenであった。西洋でも紋章は高貴な家柄でないと持ち得なかった。WappenはSchildに書いてあった「楯と紋の家に生まる」である。これは日本の「弓矢の家に生まる」に該当する。西洋ではSchild

は防禦のもので、これをSymbolにしたのに反し、我が国では弓矢という攻撃する物をSymbolとしたことは面白い。

㈡足　軽　侍が騎士として戦場に赴くのを常とするのに対して、歩卒として軍役に服する下級武士を源平時代以来足軽と称した。元来は侍の従兵たる徒卒であったが、室町時代後半に各国の守護・国主が多数の家士を養うに及んで、侍・足軽と連称されることになり、侍の下位にある武人の一階級をなすに至った。時に歩行同心、または単に同心と呼ばれた。同心とは一所に心を同じくする意で、組が一つになっていることからきている。

＊侍は何騎と数えるように常に騎馬を用いたらしい。これに対して、騎馬を用いない徒卒が足軽であった。騎馬を用いることは侍の特権と思われる。

㈢従　僕　侍の従僕として、鎌倉時代以来、郎党（郎従、所従）・若党・中間《ちゅうげん》・小者などが現われる。これらは徳川時代には「軽き奉公人」と称されるものである。『大内壁書』なる法律書には、郎党が御家人の身分を所望することを禁じる趣旨の条文があるが、これをみても郎党が御家人よりずっと低い階級であったことは明らかである。

## 第三節　平民階級

王朝時代の公戸・公民にあたる人民は、鎌倉時代には甲乙人・凡下《ぼんげ》などと総称され（かれこれの人、官位も何もない人の意）、あるいは職業に従って百姓・商人・町人などと呼ばれた。中世に僧尼・神人が一般の甲乙人と区別されて、特別の一階級を組織していたか否かは不明である。

＊これらの階級は、一つの標準から区別されているのではなくて、政治的・社会的・職業的な見地から混合してみられたものである。

## 第四節　賤民階級

＊王朝時代の良賤の賤にあたる。

㈠**奴　婢**　奴婢は、先述のように延喜年間（九〇一～九二三）にいったん廃止する格（今日に伝わらず）が出たが、事実上はそれ以後においても奴婢に相当する者が鎌倉時代から中世末まで存続した。鎌倉時代には奴婢・雑人・所従・下人などと呼ばれ、中世末には譜代者、譜代（世襲的奴婢）とも称された。その法律上の地位は律令における地位よりかなり改善されているが、なお主人に隷属し、居住の自由を有せず、土地や資財（動産）とともに遺産処分の目的物となり、売買・質入された例もあった。

しかし、鎌倉時代には奴婢の取得時効を定めて十年とし、中世の末まで維持された。十年間奴婢として使用していると、その者は奴婢となってしまうのである。戦国時代の分国法のなかで『武田信玄家法』『長宗我部元親百箇条』は、依然としてこの制度を維持している。奴婢の生んだ子は鎌倉時代以来、男子は父に、女子は母に属すと改められたが、『百箇条』もこの法を維持している。

＊古代以来、奴婢は婚姻をなし、口分田を受ける時は人的に取り扱われるが、居住の自由はなく、売買・質入・遺産処分においては物的に取り扱われてきたから、半人半物であったといえる。

### (二) その他の賤民

奴婢より身分は高いが、職業上卑しいとされて平民より軽視された種々の賤民が中世には存在した。その主要なるものは、次のものである。

(1)穢《え》多《た》　この穢多なる名称は、鎌倉時代の弘安年間（一二七八～八八）の史料に仮名で「えた」とみえ〔文永末年～弘安四年（一二七四～八一）ころ成立の『塵袋』〕、室町時代の史料では「穢多」「えった」という名称となって現われる。また、室町時代の京都では「河原者」とも称されていた。穢物の掃除（清め）・屠殺・皮細工・死囚の護送・行刑の補助などに従事し、鎌倉時代以来一つの地区に居住していた。その起源については古来諸説あり、いわゆる餌取《えとり》（屠殺）がすなわち「えた」であるという説〔前掲『塵袋』、建治元年（一二七五）の『名語記』（十巻本）など〕、これを中心として次第に他の職業に従事する人民が抱擁されるに至ったという説があるが、しかし十分なる根拠ありとはいえない。戦国時代にはすでに青屋〔藍染〕が穢多の部類に数えられるに至った。鎌倉時代以来、穢多のなかで寺社に隷属して掃除、すなわち一名「清め」の労役に服したものもあったらしい。また京都の河原者は死囚の護送、行刑の補助役に使役されていた。

(2)非　人　この非人という名称は、鎌倉時代半ば頃の寛元二年（一二四四）以来の史料に現われる。当時は京・大和・近江の畿内近国に散在し、宿々に分属して、各宿にあってはその長吏の支配を受け、各宿は京や大和の付近の大寺院に隷属し、清め（掃除）なる夫役に服していた。非人は元来、俗法師の一種で、乞食《こつじき》的な境遇に落ちた一団であるという説もある〔乞食は僧が在俗者の家の門で食を乞う頭陀行に由来する概念で、中世には物乞いの意味となる。鎌倉時代の華厳僧の明恵は自ら非人高弁と自称している〕。非人という語や神人・長吏という語も元来は仏教語から出たもののようにみえる。

(3)唱門（声聞）、唱門師　以上に述べた賤民のほかに、室町時代には唱門（声聞）なる一種の賤民があって、当時の史料には穢多・唱門師・河原者などと連称され、時に非人の一種として記載されている。これも俗法師の一種で、金鼓を叩いて念仏を唱えて歩くことから、その名が出たといわれる。室町時代には京都や大和に多くいたことが記録に残っており、祈禱・筮卜《ぜいぼく》（占い）・舞楽技芸などの副業を営んで生活していた。寺社に隷属してその掃除（清め）・召仕（使者）などの労働に服した者もあった。

(4)舞楽者等　舞楽者とは座頭（琵琶法師）・猿楽・鉦叩《かねたたき》・猿飼などで、室町時代に唱門の一種またはそれ以下の賤民とみられていた。

(5)夙《しゅく》　以上のほかに、大和・摂津地方に夙（宿）と称する非人に類似した賤民がいたことが、室町時代の史料にみえる。これは前述の非人宿から興ったものか、あるいは王朝時代の墓守戸（『延喜式』では守戸という）に由来したものか詳らかではない。

以上の諸種の賤民のなかで、穢多・非人の名称は中世では広狭種々に用いられ、両者の範囲も明白ではなく、二者を同義に用いたこともあった。また、唱門を非人といったこともあった。

# 第四章　庄　園

## 第一節　庄園の衰滅（対庄園政策）

鎌倉時代においても、朝廷ではなお延久以来の伝統的政策である新立庄園停止策を維持し、時にその励行を企てたが、その効果はあがらなかった。これに対して、鎌倉幕府の実行した地頭職設置、室町幕府の施行した半済法の二つは、寺社・本所領（本所とは支配者の意味で寺社領以外の庄園）に対して二大打撃を加えたものであり、庄園衰滅の遠因となった。

### 第一　地頭職の設置

鎌倉幕府の設置した地頭職には二種ある。

(1)文治の地頭職　地頭職は王朝時代の末の史料に現われるもので、領家が自己の庄園の事務を管理させるために私に任じた庄官職の一種であったが、その職務の性質は不明である。しかし、すでに鎌倉時代初期には地頭職が他の庄官職と同様に職務的収益権に変化していたことは疑いのない事実である。

文治元年（一一八五）十一月、源義経と行家は反乱を企てる際に院宣を乞い、義経は九州の地頭に、行家は四国の地頭に補任された。これは全く地頭にともなう得分権の給与、すなわち収益にあずかることを目的としたものであった。その後、彼らは敗れて踪跡を晦《くら》ますに及び、源頼朝は大江広元の献策を容れて、朝廷に対して叛徒捜索の名義をもって六十六ヵ国の総追捕使に補されると同時に、兵糧米を徴収する名義をもって六十六ヵ国の総地頭職に補されることを求め、同年十一月（二十九日）には勅許を得た。総地頭として六十六ヵ国の国領と庄園から特定額の兵糧米を徴収する得分権を得たものであって、真の目的はこの地頭職得分権を自己の御家人に対する恩賞として給与するための財源確保であり、同時に彼ら御家人を従来幕府の勢力の及ばなかった国領・寺社本所領の内部に配置して万一の事変に備えることにあった。それゆえ頼朝は自ら六十六ヵ国の総地頭職に補されると、直ちに自家の有功の御家人に分給し、彼らを庄公（庄園・公領）の地頭職に補任した。

当時の制度によると、地頭職とは補任地の大小広狭に従って田一段に付き米五升（「段別五升」）の割合で、その区域から国衙または本所・本家・領家に納付する正税・年貢の一部を取得する得分権で、兵糧米と称してはいるが、事実は地頭自身の収益権にほかならなかった。すなわち、当時新設された地頭職は初めから得分権として設置されたもので、何ら特定の職務を有してはいなかった。されば、この地頭職はただ御家人に恩給されたのみならず、幕府から寺社に寄付され、または女子にも恩給された例も少なくなかった。

この地頭職の設置は、従来不輸の特権を誇りとしてきた庄園領主から年貢徴収権の一部を奪って幕府の手に移したもので、当時の思想からいえば寺社・本所領の一部を奪ったことにほかならなかった。

その結果、地頭設置以降、いたる所で権門勢家・寺社の愁訴が続出し、物情騒然たる状況となったので、幕府も遂に譲歩して、文治二年（一一八六）にはその策を改め、西国三十七ヵ国のうち平家没官領・叛徒隠匿地のような特殊地以外の地頭職をすべて停廃するに至った。

＊職とは収益権を意味した。これをよく知らないと、この経過をよく了解することはできない。地頭なる名称がすでに問題である。王朝時代の末には現われているが、その時の地頭が何を指していたかは不明である。ただ、この地頭もまた職務的収益権であったことは明らかである。ところが、これに対して、変わった地頭がやがて現われるに至った。「古今の智者は大江広元か勝安房〔勝海舟〕か」といわれたほどの人物の大江広元の献策に基づいて、源頼朝は総追捕使・総地頭職になった。総というのはすべての総体的な権利をまず受けて、これを御家人に分けるということで、この法律技術は今日から考えるときわめて不可解であるが、封建制度の特色であった。

御家人を各地の地頭に任ずるとともに、各地の異変に備えさせた。一石二鳥式の巧妙な方法といえる。ここに注意すべきは、地頭職は土地所有権をもらうのでなく、収益権をもらうにすぎず、かつ特定の職務がないので、自己の乳母にもこの地頭職を与えた。

普通の歴史家は、地頭職を設置したというと職務を有するように説いているが、これは甚だしい誤りだといわなければならない。職なる意義の変遷に気付かなかったからである。この点は中田が初めて主張した。

⑵承久の乱後の地頭職　承久三年（一二二一）、承久の兵乱が鎮定した後、幕府は謀叛に与した公卿の所領を没官し、その所領内に地頭職を新設した。これにより恩賞に代えたのである。この地頭職は後に新補地頭と呼ばれ、これまでのものを本地頭といって区別した。本地頭の得分を「先例」といい、新補地頭の得分を「率法」という。これは一定の率法（割合）に従って国司と得分を分かつという意味である。

すなわち、貞応二年（一二二三）の官符によれば、㈠文治の兵糧米に相当する加徴米（「段別加徴米五升」）のほかに、㈡十一町別地頭給田（「十町別免田一町」。十一町につき一町の割合で田地を給されるもの）、㈢山河半分（従来は国司・領家の収納に属した山野河海の所出物たる雑税の半分）、㈣犯過分三分の一（従来は国司・領家の収入であった刑事裁判の収入の得分、例えば兵器没収の三分の一）の四種の収入に及んだのである。本地頭と新補地頭の得分の差がこのように顕著であることは公平を欠くということで、後には山河半分の収入は本地頭にも許されるようになった。

文治・承久の二種の地頭職の実質は、人により土地により大小広狭あって一定せず、大なるものは一郷一郡に及び、小なるものは一村の数分の一にすぎなかった。このような小なる地頭職は、分割相続が許されたことに基づいて生じたものが少なくない。

以上に述べた二種の地頭職は、室町時代にもなお存続したが、織豊両氏時代には地頭なる名称は広く守護や国主から恩領を受けた家士の名称に変化した。なお、徳川時代には大名を領主といい、旗本・寺社のような一万石以下の知行を受けたものを地頭といった。

## 第二　半済法の施行

鎌倉幕府の地頭職の設置と形式は異なるが、その目的を同じくするものは室町幕府に行われた半済法である。足利尊氏は一方では武人の押領を禁制し、他方では有功者の勲功に酬いるため、多額の所領を家人に恩給する必要に迫られたが、その財源に窮した結果、遂に一策を案出した。北朝の観応三年（文和元年、一三五二）、ちょうど将軍の軍勢が発向していた畿内や東国の八ヵ国に存した本所領を、一年間兵糧料所として武人に預け置いて、その土地の収納年貢の半分を徴収させることを布告したのである。

しかし、その後歳月を経てもその多くは本所に還付されず、畿内や東国の八ヵ国以外にもこの制度が及ぼされることになった。ここに諸方から異議が起こり、遂に三代将軍足利義満は北朝の応安元年（一三六八）になって、禁裏仙洞御料所、寺社一円仏神領（一筆の土地悉く同一の仏神領で、他の仏神領及び武人公卿等所領を混入しないもの）、殿下渡領（摂関家世襲）を除くその他の本所・寺社料を悉く両分して、その半分を武人にしばらく預け置くことを宣言した。これは事実において本所・寺社領の半分を武人が奪取したに等しい。これがすなわち半済法である。

このように寺社・本所領は地頭職設置と半済法施行に遭い、さらに建武中興の際に守護以下の武人の押領を受けて、室町時代前半には事実上その大部分は武人の所領に帰し、さらに応仁の乱の前後の武人の略奪は甚だしく、諸家の所領は全く有名無実となり、戦国時代になると庄園は土地制度としては完全に消滅した。

## 第二節　特権および組織

庄園の不輸・不入の二大特権は、鎌倉時代以後も名義上はなお存続していたが、国司・国衙使に対しては何らの効力も有しなくなっていた。しかし、守護職が設置されて以後、別に守護不入の特権が付与され、再び従前の不入独立の状態を保つことができるようになった。朝廷の官吏のほか幕府の官吏も立ち入ることができないとする特権である。

守護が謀反人以下の重罪人を追捕するために守護使を庄園内に入部させることを拒否することができる特権で、国家官吏に対する不入の一つの適用にほかならない。このような重罪犯人が発覚した時には、庄園領主は自らこれを捕縛して守護に引き渡す義務を負った。室町時代になると、守護は重罪人捕縛の職権以上の検断を行うようになったので、この守護不入は不輸不入の特権とも混同され、守護が庄園内で課役を徴収したり、検断（刑事裁判）を行つたりすることを拒否する特権と化した。このような混同した形で戦国時代を経て、守護の職がなくなった徳川時代になっても、寺社領に付与された特権の一つとして存続した。

＊守護は元来刑事裁判を行う者であったが、後には行政権をも行使し、国を所領化した。そのために、守護不入が守護の課役徴収を免れるという意味に変ってきたのである。徳川時代には守護なきにもかかわらず、御朱印領にはこの特権が与えられている。

庄園の組織は大体において王朝時代と同じであるが、ただ預所は一名所務代官または代官と称し、領家・領主に代わって庄園を管理総括した。この所務代官のほかに、鎌倉時代の初期以来、庄園の代官として請所なるものが現われる。これは領家に対して庄園の管理と年貢の収納を請負っているものである。代官を代理とすれば、請所は請負で、その年の豊凶にかかわらず一定の年貢を本所に納め、一切の危険と費用とを負担する。一百石なら一百石を請け負い、五十石しか採れずとも一百石、二百石採れても一百石を納めることを請け負うのである。

庄園の職員、すなわち庄官の種類は王朝時代と同じく、下司（庄司）・公文・田所・検非違使（追捕使）などが普通で、室町時代になると、下司（庄司）・公文・田所を「庄園の三職」と呼んだ。庄官のなかで最も顕要な地位を占めた。

＊　庄司とは庄を掌るすべての者をいうが、一番上の位にある者をもまた庄司といった。

庄園には領家・領主の進止に服し、下知を奉じ、所勘に従う庄民・田堵が寄住していたが、その大多数は庄地を借耕する農民、すなわち作職・作手職・作所職・百姓職の主体であった。

これらの所職が、百姓の「所望」と地主の「宛行」とによって成立する物権であることは王朝時代と同じであるが、鎌倉・室町時代には地主の「宛行」が主人の家人に与える土地の「恩給」と同視されるようになったため、これらの権利を農民に宛行うことを「恩補」「補任」と称するに至った。この変化は、ローマの precarium が契約化して beneficium となったのと等しい。彼にあっては百姓から Bitteschrift を出し、寺社がこれに許可を与えた。比較法制史上、興味ある問題である〔三〇〇～三〇一、三〇七～三〇九頁参照〕。

鎌倉時代の作手職には初めから期限がなく、地主がいつでも回収しうるものもあり、また一期間のものもあり、終身のものや世襲のもの（永作手）もあった。これら作手職を宛行われた百姓は、地主すなわち領家・領主に対して毎年特定額の年貢・公事・夫役を納める義務を有した。

年貢とは田畠に課せられた地代（貸借料）のようなもので、その産出物たる米麦雑穀の一部を納付するものである。ちょうど国家の租にあたる。時には他の農産物をもって米などの穀類に代えることもあった。これを色代という。また、銭貨をもって納付することもあった。これを年貢銭という。畠およびこれに準じる屋敷地（屋地）や山野は、特に地子と称する地代を納付した。

公事は王朝時代の調庸にあたるもので、年貢以外に納める農産物または種々の製作物である。これは元来人別に課されたものだが、鎌倉時代以後は年貢と同じく田地の上の所課と化した。ゆえに、年貢と公事の区別は不明瞭となった。

夫役は領家のために労働に従事する義務で、広義の公事に含まれ、国領の徭役に相当する。

これらの年貢・公事・夫役は、元来は小作料または地代の意味を有するものであるが、領家が強制的に徴収する権利を有した点において公の租税に類している。

＊年貢・公事は租税と異なることを明らかにすべきである。後には庄園のこれらが租税化することも事実ではあるが、これを直ちに租税と称してはならない。庄園の年貢・公事はあくまで私法的なもの、すなわち地代・小作料のようなものであったからである。

## 第三節　庄園の衰滅

地頭の設置や半済法の実施、さらに守護や武士の強奪のために、すでに室町時代の前半において寺社・権門勢家はその相伝所領の大部分を失ったが、さらに応仁の乱（一四六七～七七）で武人の擦奪に遭い、寺社や諸家の所領はいずれも有名無実の状態となり、戦国時代を経て織豊二氏時代に及んで庄園は全く亡んで、わずかに地理的名称として「何々庄」の名を残すのみとなった。

# 第五章　封建制の発達

我が国の封建制もまた、ヨーロッパの封建制と同様に家士制（Vasallität）と恩給制（Benefizialwesen od. beneficium）とが結合したものを基礎に発達したものである。ここではこの二つの要素について述べる。

## 第一節　家士制

家士制とは、主人に奉公を約束してその家士（家の家人）となる制度である。この主従契約の締結の形式が、鎌倉時代以後においても依然として名簿《みやうぶ》捧呈（また「二字」ともいった）の方式によったかどうかは不明である。

＊定家卿の弟子になる時に名簿捧呈をなしたことは、当人の日記『明月記』に明らかであるが、武士についてどうであったかは不明である。

家士は、その身分の高下に従って家人・被官人・郎党などに区別されていたが、最も高い地位を占めたのは将軍の御家人である。家士の主人に対する関係は、一言でいえば「奉公」である。忠誠をもって主人の命ずる各種の勤務に服する義務である。就中《なかんづく》、その骨子となるものは軍事的勤務に服する義務である。鎌倉・室町時代には、御家人が将軍に対して負担する義務を総称して「御家人役」と称した。その内容は、鎌倉時代においておよそ次のようなものであった。

(1)従軍義務　戦時に出陣する従軍義務。

(2)大番役　平時にも幕府の命によって警固（警備）する義務があった。大番役とは、所領を有する御家人が京都に上番して内裏などの警備の任務を務める義務である。当初は六ヵ月交代、後には軽減し三ヵ月交代となった。王朝時代の衛士の遺制で、王家を守護して幕府のために朝廷を監視する役割もあった。後の目付が大番役の主眼であったともいえる。

(3)警固役　文永年間（一二六四～七五）以来、蒙古と交渉が次第に危険の度を増すに及んで、中国・九州の御家人は大番役に代えてその地方の防備にあたるに至った。これは王朝時代の防人の遺制である。

(4)諸公事　御家人はその身分・分限に応じ、幕府の命ずる恒例・臨時の諸公事の費用を分担する義務を負った。

室町時代における御家人役の内容は詳らかでないが、従軍義務と費用分担義務とが主要なるものであったことは疑いない。戦国時代になると、家士の義務を軍役・公役などと称したが、これまた従軍義務のほか、軍陣に必要な人馬・武器を調達する義務、城普請役という築城に必要な人夫・竹木の提供義務のような義務を含んでいた。これらの軍役は、通常は知行地または恩領に付随する義務で、それを標準として出したものだから、一にこれを恩役といい、知行役といい、また給役とも称した。豊臣時代には、所領を恩給するにあたって軍役を負担する所領とこれを免除する所領とを分けて与えた例がある。

## 第二節　恩給制

主人の従者に対する関係を「御恩」というが、これは主人が従者すなわち家士に対して有形無形の扶持・扶助を与えることである。普通の御恩の形式は所領の恩給である。恩給のことを給恩ともいい、また「新恩を蒙る」とか「御加恩を受く」とも表現される。

恩給は主人に対する奉公を条件として、主人が自己の所領を家士に給与する方法で、家士が奉公義務に違反した時は、家士は所領から召放たれる。なお、ここに所領というのは、単なる所有地のことではなく、職《しき》の行われている目的物ということである。職により所有権を行使するものと、また職務的収益権を行使するものとがある。

主従関係は相互の個人的信頼を基礎として成立するものだから、主従のいずれか一方が死して代替りする時には、従者の方から恩給安堵を求め、主人がこれを安堵するのを定例とした。具体的には、安堵状の付与という形式をとる。それは主従関係の更新を意味する行為である。初めは事実的相続だったが、後には家来の権利として認められるようになった。

恩給の目的物は広義の所領で、すなわち庄官職・代官職・下司・公文・地頭職などの職務的収益権の客体たる土地、および土地の収益に準ずべき恒久的収益の源泉または権利、例えば関所に対する権利などが普通の恩給の目的物であった（軍事的警備のほかに内地関税として一定の金銭を取る。従ってこれを恩給した。また、兵庫には海関税があったが、これを寺に与えた例もある）。戦国時代になると、所領に代えて現米、いわゆる切米・蔵米を恩給することも次第に行われるようになった。なお、徳川時代では、蔵米で受ける場合と地方で受ける場合とがあった。

鎌倉時代では、御家人一人に与えられた恩給地はさほど大きくなく、所々に散在していて広大な一つの土地を賜わることはなかった。室町時代になって守護が分国を自己の所領とみなすに及んで、一国または数国をあげて国主に封与（恩給）するに至った。豊臣氏もこの先例に従い、一国または数ヵ国を挙げて国主に封与した。

主人から恩給地を受けた者は、さらに自己の家人・郎党に分配して恩給することが普通になってきたが、戦国時代には守護または国守から恩領を受けた者を広く給人あるいは地頭（百姓からみて）と称するに至った。この地頭はその源を鎌倉時代の地頭に発するが、これと同一ではない。地頭という観念の変化を示すものである。恩領は元来主人が従者に対して「一旦」または「当座」の知行を許した所領であって、被給者の所有地ではない。従って、知行者は恩領を私領のように「自専」する権利を有しなかった。従って、恩領の処分に関しては、鎌倉時代以来種々の制限が付されていたのである。鎌倉・室町幕府の法令によれば、恩領の永代売買は禁止されており、単に年季売または数年間の質入を許可するにとどまった。戦国時代以来も、守護・国主の分国法において、あるいは絶対に恩地の売買を禁止し、あるいは年季売のみを許した。恩領の分割相続は鎌倉・室町両幕府法においては許されていたが、分国法に至ってはこれを禁止したものもあった。

＊ヨーロッパでは Vasallität〔家士制〕がある。Vasall〔家士〕と Ritter〔騎士〕とは異なる。この Vasall は主人に対して一定の行為をして主従関係が生ずる。平等・対等の契約である。従者が忠誠を誓うと、主人は反対給付として乗馬と武器を与えた。これが beneficium〔恩給、恩貸地〕の制度の発達により、反対給付として beneficium を与えることとなり、ここに Vasallität と Benefizialwesen〔恩給制〕とが結合するに至った。

主人は Schutz〔保護〕を与え、従者は Dienst〔奉仕〕をなすが、この Dienst は自由人たる身分を失わない程度の Dienst である。Schutz は後には beneficium を与えることとなった。この beneficium を与えるに至った理由は、後に騎兵を作る必要に迫られて、Vasall を騎兵にする必要があり、収入を与える必要に迫られて beneficium を与えたのである。すなわち、従来は寺院の土地であったものを取り上げて、これを beneficium として Vasall に与えた。

これと日本の制度とはよく似ているのである。まず、奉公は Dienst にあたるし、恩賞恩給は beneficium にあたる目的物に似ている。初めは beneficium なる土地であったが、後には Amtslehn〔職封〕を与えた。すなわち、Graf (comte)〔伯〕なる官吏の地位を与えた。この Grafschaft〔伯領〕の行政・軍事の権を有し、収入はその土地の利益権 (Grafgut) を有することであった。また、刑事裁判による収入の一定部分をもらった。ところが、後には Graf なる職権を封の目的物としてしまった。すなわち Graf なる職権が財産権化してきたのであって、我が国の職務的収益権のようなものであるといえる。

また、関所を与えた例も同様に、ヨーロッパでは Zoll〔通行税、関税〕をその目的物とした。貨幣鋳造権 (Münzrecht) を Lehn〔封〕として与えたこともある。このように Lehn の目的としては土地が付いてなければならない。土地に radizieren〔根基〕〔権利・義務の土地への固着〕してさえいれば、その収益権の種類は問わなかった。

恩領が小さく散在していた時には、それを支配することは困難であったが、やがてこれが一国・数国の大きなものとなって、この両者は封建制度の発達に異なる影響を及ぼした。我が国の封建制度は大名小名ができた時をもって成立したと解されるが、これは豊臣時代であると思う。所領が散在していた時にはいまだ封建制度は幼稚であったが、これが数国を有するに至って封建制度ができてきたのである。

# 第六章　地方制度

## （甲）鎌倉時代

### 第一節　六波羅・鎮西・中国三探題、奥州総奉行、蝦夷管領

鎌倉幕府の盛期においては、日本全国を関東・西国・鎮西（九州）・中国・奥州および蝦夷の六大区域に区分して、関東御分国のみは幕府の直轄地として認め、他の五つの地区には各々特別の地方官を置いて統轄させた。これらの五大区域およびその地方官は、鎌倉幕府がその勢力を拡張するに従って必要に応じて設置したもので、初めから組織的計画的に行政区域として設置したものではない。

すなわち、文治五年（一一八九）に源頼朝が久しく奥州に割拠していた陸奥押領使の藤原

泰衡（本来は押領使だが後に君主のように勢力を握った）を討滅した後、そこに奥州総奉行を置いてその地方を管轄させた。次いで承久三年（一二二一）京都の兵乱が鎮定するや、皇室に対する警備を厳しくする必要上、南北の両六波羅府を設け、畿内および関西地方の行政を委ねた。六波羅府の職制は、鎌倉中央政府に倣って、両探題・侍所・所司・検断・諸奉行のほか、後世には評定衆・引付衆をも付属させた。

これと前後して、津軽の地に蝦夷管領を置いて奥州ならびに渡島（今日の北海道の一部）の蝦夷を統御させた。降って文永年間（一二六四〜七五）以来、蒙古との関係が次第に険悪となるに及んで、筑紫の博多に鎮西探題を設けて、従来その地方にあった鎮西奉行に代えて探題のほか、評定衆、引付衆、その他の奉行人を付属させ、九国・壱岐・対馬の防備と行政とを掌らせた。また、同時に長門にも探題（長門探題とも中国探題とも呼ばれる）を置き、従来の守護に代えてこの方面の防備と中国地方の政務を掌らせた。これらの三種の探題は極めて重職であったから、北条氏の一族を任じた。

以上の五種類の地方官庁は、中央政府の指揮を受けて管轄区域の政務を掌るものだが、その職掌の範囲は警備、検断、守護・地頭・御家人の指揮監督、ならびに彼らの訴訟に限られ、普通の地方行政事務に至っては従来の国司の成敗・下知に委ねられていた。国司は朝廷の官で、幕府が御家人を推薦して任じてもらうのであるが、武人であることには注意すべきである。

＊ここに行政とは軽微な司法裁判をも含む広義のものであることに注意すべきである。また、これらの地方長官もまた全部武人であった。

## 第二節　国および国司

王朝時代から存した国という行政区域は、王朝時代の末から鎌倉時代にかけて庄園化・所領化が進んだ。すなわち、国を国司の進止に属する所領のようにみなして国領と呼び、国司を領家に擬し、目代を預所に比し、国の公租たる正税官物（租庸調）を庄園の年貢公事と同一視した事実は、この時代の史料に顕著である。その結果、国は行政区域としてより、租税徴収区域として重視され、国務の中心は勧農撫民よりも正税官物の収納事務のようにみなされた。一言でいえば、この時代において国は庄園化し、所領化したのである。このような状態の下において、賜国の制度が盛行したのも当然であった。

鎌倉時代の賜国には二種ある。一つ目は分国である。皇族・公卿らに国を賜い知行させる制度である。賜国者は名義上国司の推薦を受けて自ら国務を主宰し、租税の一部を得分として収納した。鎌倉時代には、法皇分国・禁裏御分国・摂関公卿の分国があって、その数も少なくなかった。源頼朝の関東御分国（八ヵ国、九ヵ国など時代により異なる）の如きもまた、実にこの意味の分国であった。頼朝に賜わった分国は後々将軍が世襲しているが、国名や国数には多少の変遷があった、二つ目は料国である。寺社修理料として一国または二国を賜った例も少なくない。例えば、東大寺料国のようなものである。しかし、これには年限が付されていた。

＊収益が公権か私権かいずれに基づくかを問わず、土地から生ずる一切の収入を目的物とするのであるから、国を収益区域として賜ったのもまた当然といわねばならない。

国司の進止に属する所領を国領・公領といったが、鎌倉時代にはその範囲は必ずしも国と一致せず、おおむねそれより狭かった。国内に国司の支配から独立した庄園やその属地たる郷保の数が増加したためである。

また、国守の職権も守護の設置以来制限され、重犯人の追捕権を失った。国司任命権は依然として天皇に属し、年官・成功・重任などの方法によって任命した。いわゆる分国の国司はその国の知行者より推挙することは年給の制度と同じである。いわゆる名国司である。従って、関東御分国の国司は将軍より推挙して任命を仰ぐという慣例であった。

しかし、当時の国司は多く遥授であった。国務は国司の任命した目代（在庁官人・留守所）が執行した。これらの在庁官人もまた、庄官と同じく職務的収益権と化していた。

国の下級行政区域たる郡・郷・村は依然存続していたが、この時代にはその一部は寺社本所領に入り、郡司・郷司もまた庄園の庄官職のように職務的収益権と化し、地方豪族の世襲に帰したものが多かった。村の行政組織については詳らかではない。

## 第三節　守　護

源行家・義経が反乱を起こした後、朝廷は文治元年（一一八五）十一月二十五日の宣旨をもって両人を追補するため、源頼朝を日本国六十六ヵ国の総追捕使に任じ、さらに二十九日に至って源頼朝の奏請を容れて、彼を日本六十六ヵ国の総守護職に補した。そこで、頼朝は直ちに自分の家人を代官として諸国に配置し、あるいは追捕使となし、あるいは守護として、各々その職務を遂行させた。

従来の通説はこの追捕使と守護職を同物異名とするが、ごく最近の研究によると、これらが別権のものであることがほぼ明らかとなっている。追捕使は、行家・義経両人を単に追捕するにとどまり、また彼ら両人が追捕された時をもって当然廃止されるものであるが、守護の職は後世まで存続したものである。

その守護の職務は、諸国の警備、大番役催促（御家人が交替で京都を警固するという義務があったが、これを催促することを守護に認めた。これは後になっての権限らしい）、謀叛・殺害人・夜討・強窃盗・山賊・海賊などの兇徒の追捕・検断にあった。従って、守護は御家人のなかで武功のあるものを選んで任じた。これは、必ずしも毎国に一人を置くわけではなく、ある国においては国内を区分して数人を置き、ある国には全く設置しないこともあいった。守護の代官を守護代といい、そのまた代官を小守護代といい、守護の使者を守護使といった。いずれも守護が自己の家人から選任した。

＊通説では、初め追捕使だったものが後に守護職となったのだという。この頃の関係史料が、朝廷の方の公卿日記でも『吾妻鏡』でも欠けていて不明であった。これについて最初に疑いを抱いたのは中田である。しかし、はっきり別物であるとの確実な証拠もいまだ十分ではなかった。証拠としては、同一であるとの証拠が多かったのである。昭和六年、石井良助助教授（一九〇七～九三）が全く別物だと主張した。朝廷では頼朝の使が京都に来ないうちに、あわてて二十五日に総追捕使に任ずとの宣旨を下した。ところが、後に頼朝の使が到着し、総守護職に任ぜられんことを奏請したので、朝廷もやむなくこれに任ずる宣旨を出したので、全く両者は別個のものだったという点を強調・主張した。

## （乙）室町時代

## 第一節　鎌倉管領、九州・奥州・羽州三探題

足利尊氏もまた鎌倉の地に幕府を置く考えであったが、天下の形勢はこれを許さなかったので、遂に京都にその本拠を定めることになった。従って、鎌倉の地には近親を駐在させて、自己に代って関東を管轄させた。この代官は最初は管領と称していたが、足利尊氏の子である基氏以来その子孫が世襲し、いつしか鎌倉公方という名称で呼ばれるようになった。管領の名はその執事の職名と化し、上杉氏の世襲となった。しかし、基氏の曾孫の持氏以来、内部においては管領と和せず、外部においても京都公方との間に隙を生じ、関東に兵乱が絶えず、持氏の子の成氏は遂に鎌倉を捨てて下総の古河城に逃れ、わずかに古河公方の称号を有するにとどまった。上杉氏は執事であったが、やがて管領を世襲するようになった。

鎌倉公方の幕僚には、執事（管領）・政所・問注所・侍所・奉行人・評定衆があり、関東における小幕府の観を呈していた。関東管領のほかに九州・奥州・羽州（出羽）にも前後して探題が置かれたが、その職制は詳らかではない。

＊鎌倉時代とは逆に京都に本拠を置いた。これが室町幕府の弱点でもあったといえる。頼朝は京都にいた平氏が軟弱となったのを殷鑑《いんかん》として、武人の京都にいることを嫌って鎌倉に立て籠ったのであった。尊氏もそうしたかったが、天下の状勢上京都に本拠を置

き、鎌倉に帰ることはできなかった。そして足利氏は軟弱化した。鎌倉に代官を置くに至り、その代官は周囲に敵がいないために、段々と鎌倉に勢力を得て小幕府となり、京都と鎌倉とで争いが生ずるに至った。

## 第二節　守護および国司

㈠**守　護**　鎌倉時代の末から室町時代の初めにかけて、諸国の守護はその権利を濫用して、諸国の寺社本所領を押領して地頭職を専有し、これらの諸領を自分の家人に分給して管内の人民に租税を課し、その地を自己の分国・所領とみなして、世人よりしばしば大名と称された。従って、室町時代には有力な武人は数国の守護職を兼ねて、あえて将軍の命を奉ぜず、室町時代の後半期には自己の管轄する分国内で将軍の法令に倣《なずら》えた法令を発布し、自ら裁判を行うに至った。降って応仁の乱以後は、将軍の無力に乗じて守護はみな独立の勢を示し、守護被官の家人もこれに倣って守護から独立せんとし、ともに領地を奪い勢力を争い、我が歴史上にいわゆる戦国時代を現出させた。されば、室町時代の後半以来は、守護のことを国主・大守（太守とは親王が国司に任ぜられた時の呼称）、または諸侯・大名などの名称をもって称することになった。その権威はかつての守護と国司とを合わせたものに等しかったからである。

＊守護は単なる守備官で、大番役の催促権を有したにすぎなかったが、後には種々の勢力を得るに至った。鎌倉幕府の時代から、守護は行政に与してはならないとか、人民から税を請求してはならないといった命令がしばしば発布されているほどである。元来、守護になる人は、別に所得としての得分を有したが、守護そのものには得分はなかった。

**㈡国　司**　建武中興の際、朝廷は地方行政の回復をはかって、王朝時代の上総・常陸・上野三国に陸奥国を加えてあらためて親王任国とし、それ以外の諸国にも有力な国司を任命したが、間もなく南北朝の軋轢のために国郡の行政は全く廃頽した。しかし、国司の官は栄誉官として保有され、有力な守護・国主は国司に任命されることを栄誉とした。このほか、特別の由緒により国司の称を世襲した家柄が二、三あった。飛騨の姉小路、伊勢の北畠、土佐の一条である。これを室町時代の三国司と称したが、実は他の守護と変わるところはなかった。

## (丙) 織豊二氏時代

### 第一節　守護および国主

室町時代の後半に至り、諸国の守護はその分国の国主・諸侯と化し、その他の有力武士もまたこれに倣って城主・領主などと称し、互に領土を争奪し覇業を争ったが、豊臣秀吉が織田信長の後を受け、武力をもって国主や城主を威服して自己の家臣となし、従来彼らの有した分国を封土（恩領）としてあらためて封与した。ここにおいて、従来の事実的国主は国法上の承認を与えられ、我が封建制はここに最後の確立をみるに至った。

そもそも国主の分国支配権は、沿革上より論じる時は守護権・国守権・領主権の三権が結合したもの、約言すれば守護権と分国知行権（国守権と領主権）の二つの権利が結合したものといえる。領主権もしくは分国知行権の骨子を形成する収納権は、国主権においても常にその中枢をなし、他の支配公権はむしろ収納権に付随する従属的権利のような観を呈している。されば、秀吉が国主に封土を恩給するに際して、単に「某国某地において高何万石を扶助するがゆえに、これを領知すべし」との文言（収納文書、すなわち幾ら年貢を取れということ）を記載するにとどまり、封土の支配権に何ら言及するところはなかったのは、封土支配権は収納権に当然従属したものとみなされていたからである。

　国主のほかに一国よりも狭小な土地、すなわち在所を恩給された者も少なくなかったが、彼らは豊臣時代には給人・地頭と呼ばれ、あるいは城を中心としている者は城主と称された。彼らの所領知行権もまた、性質上は国主権と異なるところはなかった。

　ここに至って、王朝時代の地方制度（国司制度）、庄園制度（領主制度）、幕府の守護制度は、渾然融合して新たな別個の制度を生み出したのである。なお、すでに室町時代後半の諸国の国主は分国内に種々の官職を設けていた。宿老（大家老）・家老（年寄）・中老（若家老）・評定衆・横目（目付）・町奉行・勘定奉行・郡代・代官・番頭（侍大将）・物頭（足軽大将）・その他の奉行人などである。多くの家士を家中の者と称し、家中を大別すると、侍（家人）・足軽・郎党などに区分されていた。

＊　土地の収益を「高」で表わすことは、織田氏以来始まったものと思われる。扶助目録には「高何石を可二領知一」とあって、その国の裁判権・行政権を与えるとの文言は全くなかった。西洋の封建制度では裁判権が中心となっている。すなわち Graf や comte（伯）は裁判官となっていたので、この裁判権が常に封（Lehn, fief）の骨子となっていた。ただし、裁判権といっても裁判の収入が重視されたことはいうまでもない。

　国主権の成立を沿革的にみると、国守権・領主権・守護権の結合によってできたものである。この三つの権の系統をみると、律令の公卿系統たる国守権、庄園系統の領主権、武家系統の守護権の結合である。混沌たる慣習法時代から支那の制度を入れて律令法系に移り、これがやがて崩壊して庄園ができあがり、これもやがて滅亡して武家法ができあがるに至った。この三つの法系が結び付いて種々な制度ができたが、その産物のなかの大きなものがこの国主権だといえる。

## 第二節　織豊両氏の地方制度

織田氏は創業半ばにして倒れたので、その地方制度も自己の分国内の制度を利用していたにすぎなかった。豊臣氏は全国を国主・給人に分封し、その一部を自己の料所として保留し、そこに代官を派遣して管理させた。また、自己の直轄地の要所には堺代官（堺政所、大坂町奉行・堺奉行の前身）などの特別の奉行人を置いた。豊臣時代には庄園・郷保の地方制度は消滅し、村が国内の最少行政区域を形作るに至った。そして、各村には庄屋・肝煎・長百姓などの村吏（村役人）がいて、村政を掌った。そのなかで庄屋は庄園の庄司（下司）の後身である（もとは庄司の御屋敷の意味だが、後にその役人を指すようになったわけである）。

# 第七章　土地制度

## 第一節　知行および所領

王朝時代の末以来、庄園内部において不動産物権の意味の職《しき》という観念が発達してきたが、鎌倉時代以後においても不動産物権にあたるものを職（式・敷）といい、その行使事実を知行・領知・領掌・進退・進止と称し、知行・領掌の目的物を所領と呼び、時には所職・所帯といった。

所領とは必ずしも領家職・地主職のような所有権の客体たる土地のみを指すのではなく、本家職・領家職・地頭職・庄官職・名主職・作手職・作職の客体たる所当もまた所領であった。中世には、所領の知行を二つに分けて「下地の知行」と「所当・上分（年貢）の知行」との二種とした。前者は土地を直接に使用収益することであり、後者は土地に固定している所当・所課を収益することである。この二者はともに所領の知行とみなされた。

＊賃借した百姓もまた、その土地を自己の「所領」といっている。

中世における所領は、種々の標準から区別し得る。主な区別を以下に述べる。

**第一　当知行所領、不知行所領**

知行・領掌とは、職すなわち不動産物権を行使している事実をいう。ゆえに、現に占有している所領、権利者がその所領に対して現に自己の権利を行使している所領を当知行所領という。権利は持っているが、他人の妨害によって所領の上に自己の有する権利を行使できずに占有を失っている状態にある場合は、その所領を不知行所領という。源頼朝の時に初めて、他人の所領を二十年間当知行する者はその上に行使する権利を取得するという原則を定めた。すなわち、鎌倉時代に年紀（年季）・年序の法と呼ばれた制度である。これは今日の不動産物権の取得時効にあたる。

＊ドイツでVerjährung〔時効〕が時の経過を意味するように、年紀とは年のことで、年の経つことをいう。Aが領家職なる物権または作手職なる他物権を有するにもかかわらず、Bが誤信し、または不法にその権利を行使している時、すなわち職を有すると称し、または職を有すると信じて行使すること二十年に及べば、時効でこれを取得し得た。王朝時代からも他人の物の上に職を行使することが長年に及ぶと、裁判上でその権

利の取得を認められたことはあったが、頼朝はこれを制度として認めたのである。
また、知行なる事実として保護することも行われてきた。ローマ法のpossessio〔占有〕を保護するものほど完全なものではない。

**第二　永領、一期分**

永領とは永代世襲し得る所領、一期分《いちごぶん》とは一生間知行し得る所領である。鎌倉時代以来、一期分の知行をなす者を一期領主（lebenslängliches Eigentum）といい、その死後にその所領を知行する期待権を有する者を未来領主（anwartliches Eigentum）といった。

＊ Lebzucht（一生間収益し得る権利）〔Leibzucht とも〕にちょうど該当する。

＊ドイツ古法の lebenslängliches Eigentum, anwartliches Eigentum について、後者は債権にはあらず、潜在的ではあるが完全なる所有権である。このことは、未来領主が一期領主の死亡前にその権利を他者に譲渡することができたことより明らかである。

**第三　根本所領、相伝所領**

根本所領とは、開発によって取得した所領である。それゆえに、その領主を一に開発領主ともいった。開発とは開墾のことである。開発こそが我が国の土地所有権を取得する根本であり、しかも権利の強い所有権であった。これに対して、相伝所領とは売買・譲渡・相続・質流などの私法的行為によって取得したものである。

＊ originäres Eigentum〔根本所有権〕と derivatives (abgeleitetes) Eigentum〔相伝所有権、派生所有権〕の区別によく似ている。根本といっても、国家から所有権を譲渡されたがゆえに今日の意味では originär なものとはいい得ないのだが、私人間で譲渡されないという点で originär ともいえるであろう。

**第四　恩領、私領**

恩領とは、既述のように御恩によって恩給（給恩）された所領をいう。これに対して、私領とは恩給以外の取得原因、すなわち売買・相続などの私法的原因によって取得した所領をいう。

私領は知行者が「自専」し、原則として自由に処分できる所領だが、鎌倉時代では御家人の私領処分には制限が設けられていた。また、鎌倉時代末以来の徳政令発布後は、いったん売買・質流した私領でもその取り戻しを許し、戦国時代の分国法では名田（私田）の永代売買をおおむね禁止し、単に年紀（年季）売買または質入を許したにとどまる。しかも、後者の場合は、証書にその地の地頭の加判を必要とした。

## 第五　総領、庶子分

＊総領とは今日では長男を指すが、元来は土地の制度である。

鎌倉時代以来、恩領・私領に通じて総領職および庶子分という区別が発生した。元来、総領とは所領の分割相続に起源した制度で、特定の所領を数人の子に分割譲渡したにもかかわらず（昔の相続は大体において生前相続であった。生前相続がなかった場合に限って法定相続が行われた）、年貢公事に勤仕する関係においてはそのなかの一人、通常は嫡子をもって他の庶子の知行分をも代表させて、あたかも彼を総所領の単独知行者のようにみなす制度である（庶子とは嫡子たる家督相続人以外をいう。妾腹をいうこともあるが、ここでは然らず）。

この代表的知行者を総領といい、その権利を総領職といい、庶子の知行分を庶子分と称した。このような関係において所領が分配された時、総所領の年貢公事は総領に課され、総領はこれを庶子に分配賦課し、自ら一括してこれを納付した。この総領・庶子の関係は、必ずしも親族兄弟の間柄に限らず、親族以外の全く他人間においても同一の知行状態が存在した。

＊家を相続するのは単独相続であるが、土地は分割相続である。従って、これを分割し

てしまうと家の財産的基礎は減少していく。そこで分割後も勤仕する関係においては、依然として従来通りとしたのである。すなわち、一言でいえば、外部的関係（勤仕する関係）においては不分割、内部的関係においてのみ分割されたにすぎない。子孫代々百石の家として存続しうるに至るわけである。

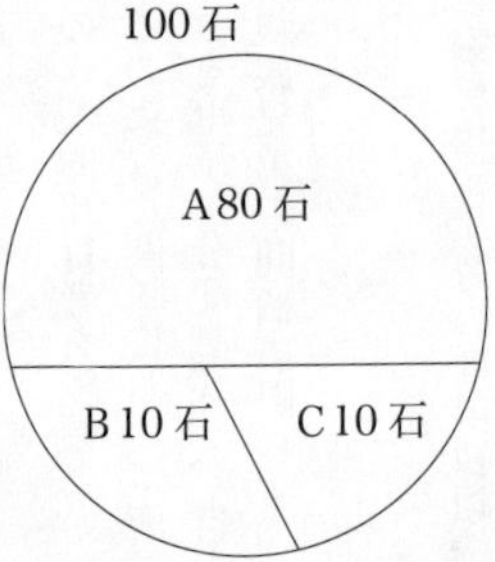


相続法からみれば、分割相続から単独相続への過渡期の現象といえる。この分割をなす時にも、総領の命に服せよと被相続人が命を下したほどである。

Cが悪いことをした時に、その所領を取り上げて他人たるDに与えることがある。この時、他人の間において総領・庶子の関係が従来通りに行われることとなる。この制度はまたフランスの parage〔総領制〕においてもみられる。フランスでは封は単独相続であった。封でない財産は分割相続であった。ところが封が財産化してくると、長男以外の次男・三男ももらいたいとの欲望が出てくる。これと妥協するために parage の制度が生じた。すなわち、まず分割してしまい、commendatio〔託身式〕は長子がなして主従関係に立つ。すなわち、表面は単独相続で、内面においては分割相続ということになった。

## 第二節　土地所有権

中世においても、室町時代末までは土地所有権者を領家・領主・地主・名主《みょうしゅ》と称した。これにも大小の別があり、領家・領主は普通大地主に属し、地主・名主は小地主の類に属していた。中世の社会的・経済的状態の変化は、土地所有権の性質にもまた種々の影響を及ぼし、その影響は大地主権と小地主権とによって趣を異にする。今、この点について概説する。

### 第一　領家・領主

領主職・領家職などの大地主権は、次第に本家職に類似した上級所有権と化した。大地主は自ら自己の広大な所有地を直接に経営することなく、その管理をあげて預所・請所などの代官に委任し、自身は毎年定額の年貢公事を収納することで満足していたため、次第に土地と直接の関係を失い、領家職といいながら事実においては本家職のように単にある土地から所当の年貢公事を取得する得分権（収納権）と異なるところなきに至ったのである。

ドイツ・フランスの中世から近世初期の中世法の用語を借りれば、領家職・領主職はすべて上級所有権（dominium directum od. Obereigentum ⇔下級所有権 dominium utili od. Untereigentum）に変化した。いわんや地主・名主といった小地主が自己の預所職・庄官職などを留保して自己の所有権を領家に寄進した場合には、領家のその所有権は最初から上級所有権の性質を有するにすぎなかった。

これらの大地主の上級所有権は、応仁の乱後は諸国の守護・武人の押領にあって、寺社本所領が瓦解するにおよび、守護・国主の手に移転し、同時にその性質を変じて武人の分国内の租税徴収権と化した。そして、下地の所有権は四分五裂し、多数の小地主に帰属してしまった。

＊ Obereigentum と Untereigentum というように所有権の内容が二つに分かれた。地主は直接土地と関係しない。封なる強力な永代小作権（所有権と同じものだ）によって収益を上げる地役権のようになってしまって、土地との関係は小作権の方が強く、あたかも所有権のようであった。そこで地主を Obereigentum といい小作権を Untereigentum といい、この両者が合して Volleigentum〔完全な所有権〕となる。徳川時代では、御年貢といえば租税で、年貢といえば小作料だった。これは小作料と租税とが混同されたからである。

## 第二　名主・地主

名主・地主といった小地主の所有権は、次第に永代作手職（作職）、小作に接近することとなった。この変化を促進した原因は二つある。その一は、開墾である。領家など大地主は、希望者に対し毎年特定の年貢公事を納付することを条件として自己の所有に属する荒廃地・未墾地の開墾を許可し、かつ開墾地の所有権を付与した。かの名主はこの種の開墾に起源をもつものが多い。その二は、地利上分の寄進である。中世でも小地主は自己の所領を保全するために、あるいは死後の冥福を祈るために、有勢者や寺社に自己の所有地の上分・年貢を寄進して、本家・本所と仰ぐことが依然として行われていた。

以上の二つの理由から、小地主の所有地は、本来は所有地であるにもかかわらず、年貢公事・地利上分の収納義務を負う負担付所有地と化した。Zinspflichtetes〔地代義務地〕、belastetes Eigentum〔負担付所有地〕である。そしてこの負担があるために、彼ら小地主は本家・本所の進止（支配）に属し、負担の納付を怠った地主は本家・本所に所有地を没収された。それゆえ、この負担付所有地は事実においては私領寄進の際に保留した永代作手職と同一であって、この両者の間には単に名義上の区別のほかに、事実上の差異を認めることはできない。

庄園制の瓦解は、これら小地主の所有権に対して特に影響を与えなかった。この負担付所有地に対する本家・本所の進止権・収納権は、応仁の乱以後は守護・国主、地頭・給人の手に移って租税徴収権として存続したからである。戦国時代以降、小地主の所有地は名田・名職・私領と呼ばれ、所有者は名主・地主といった。彼らの多くは農民であったが、国によっては武人で名田・職田・私領を所有したものもいた。

＊名主職を徳川時代の村の名主と混同し、村内の土地所有者に代って年貢を納める役人であるとするのが通説であるが、これは職の意味を知らない者のなす説である。

## 第三節　土地収益権（入会権）

中世においても、庄園が存続した間はやはり本家職（本所職）などの職務的収益権（庄官職）が持続したことは前述の通りである。下級の収益権たる作手職は作職・百姓職などと呼ばれて、これに永作手、期限の定めのない作手《さくて》、一生間の作手といった種類があることも前述の通りである。

### 第一　本家職、本所職、および加地子職

鎌倉・室町両時代にも、あるいは所領保全のため、あるいは敬神崇仏のため、小地主が自己の所領の上に年貢公事・地利上分の徴収権を設定して、これを有勢者または寺社に寄進することは依然として行われたが、この場合に年貢所当の寄進されたものを徴収する権利者を本所といい、権利を本所職といった。この本所は広義では領家をも含んでいたが、狭義では年貢所当の徴収権者を指す。そのうち三位以上の身分のものを特に本家と称したことも、以前と変わりない。この種の所当上分の寄進契約、およびこれから生じる寄進者と本所との関

係は、王朝時代の本家寄進契約と異ならない。

また、中世には地主や作人が他人のために、自己の所領のうえに加地子というものの徴収権を設定した例が多い。元来、加地子とは、在来の年貢所当すなわち本所当のほかに追加された年貢所当の意味で、その徴収者は普通本所当の徴収者であるが、時として加地子だけを独立して第三者のために設定し、あるいはこれを譲渡した例もある。このように独立して加地子だけを徴収する権を加地子職といったが、これまた本家職・本所職と同一な土地負担の徴収権で、従って独立して売買・質入することができたのである。

**第二　職務的収益権**

鎌倉・室町時代にも、寺社領・本所領の内部に預所その他の庄官職があったが、王朝時代より、一層職務的収益権としての色彩はますます顕著となっている。これらの諸職は、応仁の乱後、庄園本所領の瓦解とともに自然に解体したが、庄官職の一つである下司、一名庄司などは庄屋とも称され、村の役人に変化した。このほか、地頭職が中世の間に種々の意味に変化したことは、先に述べた通りである。

**第三　作手職（小作権）**

中世には田畠の作手を、作職《さくしき》、作所職、作手、作主職、作人職、下作職、あるいは百姓職などといい、室町時代の末には小作とも称されることになった。この作手、作職は三種に分けられる。

第一は永作手、すなわち永代の世襲的作職で、名主や小地主が有勢者に所有地を寄進する際に留保したものが多い。このほかに、地主の方から任意に恩給した永作手職があったか否かは問題である。これはありうる事実ではあるが、確実な証拠はいまだ見当たらない。いずれにせよ、永小作・永作手職は非常に強力な世襲的土地耕作権で、負担付所有権にほかならないのである。

第二は有期の作手で、一期を限ってこの作手職を給与した例がある。このほかに数年間を限った作手職があったかは不明である。

第三は無期の作手職で、多くの作職の宛行状には存続期間の定めのないものがある。これはおそらく地主が任意に回収できる権利の不確定な作職であったと思われる。

## 第四　入会権

以下では入会権について述べる。一集落の住民が共同して山野に立ち入って生植物を伐採する権利を「入会」と呼んだことは、鎌倉時代の末以降の史料に現われている。「入合」「入相」とも書いてある。「山川藪沢の利は、公私共にす」（雑令）の原則は、中世でもおおよそ守られていた。しかし、入会の形態には種々の別があって、徳川時代における各種の入会の原型ともいうべきものが、すでに中世に発達していたように思われる。所領を単位としてみる時には、地頭領・寺社領の人民がその属した領内の山野に共同して入会する場合があり、あるいは他領の山野に他領の人民と共同で入会う場合もある。また、村を単位としてみる時には、自村内の山野に入会う場合、他村内の山野に入会う場合、数ヵ村共同地に入会う場合などの種類がある。他村・他領の山野に入会う時には、入会領（村）から地元村へ対価として山手米・山手銭を納付した例もすでに中世にみえている。また、地頭や領主が一般人民の立入を禁止した山林を立野・立山・立林などと称したが、時としては地頭や領主が立野銭《たてのせん》を徴収して、この種の山林に付近の人民を入会わせた例もある。

＊立野銭を取るために山野に入ることを禁ずる場合もあった。これにより住民から立野銭を収納しようとした地頭・領主がいたのである。中世の入会についての研究は困難で、いまだ十分ではない。

## 第四節　田積・土地高・田位、および検地

### 第一　田　積

中世においても、室町時代の前半までは方六尺を一歩とし、三百六十歩を一段（反）とし、十段を一町としたことは、王朝時代と同じであった。しかし、和銅年間（七〇八～七一五）以来土地丈量に用いられた大尺は、次第に訛長《かちょう》して今日の曲尺へと変じてきたために、

中古の一歩の面積は奈良朝の一歩よりもやや大であった。しかし、起源は詳らかではないが、室町時代末期に曲尺の六尺五寸をもって一間とし、方六尺五寸を一歩とする制度が諸国で行われるに至った。ここにおいて、一歩の面積はますます拡大された。

中世には、町・段・歩のほかに、段と歩の中間に大（大半とも）・半・小（小半とも）・丈・杖・頭・合・中・畝・代といった多様な単位を使用したことがある。大とは一段の2／3（「一段大」とは「一段と2／3」ということである）、半は一段の1／2、小は一段の1／3、丈は一段の1／5、杖は一段の1／6、頭・合・中・畝は共に1／10、代は和銅年間（七〇八～七一五）以来の制に従って七歩半をいう。

**第二　土地高**

室町時代初期以来、土地の大小を町・段・歩によらずに、その所当年貢銭高（分銭高）すなわち貫高をもって表示し、織田氏の頃からはその収穫米高すなわち石高をもって表示するようになった。例えば、三貫の地を売るといい、高五百石の地を恩給するというが如きである。

**第三　田　位**（田品・位付）

中世においても、収穫の多少により田畠を上・中・下および下下などの等級に分けたが、その標準は地方によって異なっていた。また、一段につき賦課すべき所当米（分米）の多少によって田位（田品）を分かつこともあった。これを斗代または石代といった。例えば、宣旨升というもので測ると、上田は七斗代、中田は五斗代、下田は三四斗代の場所をいう。

### 第四　検地

鎌倉・室町時代においても、王朝時代以来の恒例に従って、国司・領主が必要に応じて国領・庄園の検注（検知・地検）を行い、田畠の面積・品位（位付）・欠損などを調査し、目録を作らせたことがあった。また、室町時代の末以来、戦国時代になっても、有力な国主で分国内の検地を行ったものもある。しかし、全国にわたって中央政府の統制の下に大規模の検地を試みたのは、実に豊臣秀吉の時に始まった。これより先、鎌倉幕府から諸国の地頭に命じて各国の田文《たぶみ》（大田文）を調進させたこともあるが、これは国領や寺社本所領、地頭領などの知行目録を記載したものにすぎず、いわゆる検注・検地とは大いに趣を異にしたものである。また、足利義輝が天文二十二年（一五五三）に諸国の守護に命じて所領の目録を提出せしめたこともある。民間ではこの調査を天文縄という。しかし、この天文縄が全国について行われた検地であるか否かについては疑問がある。

秀吉の検地は、天正十三年（一五八五、一説には天正十一年開始）から慶長三年（一五九八）にいたる十四ヵ年の間に、中央政府の統制の下で各国について漸次行われたが、なかでも天正十七年（一五八九）と文禄三年・四年（一五九四・九五）の三ヵ年は大規模に行われた。ゆえに後世に太閤検地と称するのは、この文禄三・四年の二ヵ年のものを指す場合が多い。この太閤検地の目的は、一方においては各地によって多様で、また国郡、庄郷で区々に分かれていた田制を統一して各封地の収納を公平にし、他の一方においては武人の恩給にあてるべき余剰の田地を捻出することにあった。従って、この検地は次のような方法によって行われた。

(1)五六法　中世でも室町時代の前半までは、方六尺を一歩となし、三百六十歩を一段、十段を一町としたことは王朝時代と同じであったが、和銅年間（七〇八～七一五）以来土地を測量した大尺は次第に訛長して今日の曲尺に変じていた。そのため、中世の一歩の面積は奈良時代の一歩よりもやや大きい。さらに、足利時代の末頃には、その起源は不明であるが、曲尺の六尺五寸を一間とし、方六尺五寸を一歩とする制度が諸国に流布していた。

太閤検地においてはこれを改め、六尺三寸を一間とし、方六尺三寸を一歩（一坪）とする制度を作り、また従来の長さ六十間・幅六間、すなわち三百六十歩を一段とする「六六の法」に代えて、長さ六十間・幅五間、三百歩を一段とする「五六の法」の制を施行した。後世、これを「六六の法に代えるに五六の法をもってした」という。

＊　長六〇間　幅六　間（六六の法）　長六〇間　幅五　間（五六の法）

(2)石直《こくなおし》　室町時代の初めより土地の大小を町反歩によらずに、その土地の年貢米すなわち貫高をもって表示することが行われ、また織田氏のころから収穫米の高（石高）で表示することも広く行われた。また、ある地方では土地の生産高を銭の貫高をもって示していた。このように、地方により貫高・石高の表示は区々であったので、太閤検地ではそうした区別を停《や》めて、すべて石高に統一した。俗に「天正石直」という。

(3)斗代《とだい》（標準石高の意）　太閤検地は一段の収穫米をもって斗代と定め、その斗代に従って田畠の標準石高と品位とを定めた。その標準は伊勢では一段の上田は京升《きょうます》（京都の升目）一石五斗、中田は一石三斗、下田は一石一斗、上畠一石二斗、中畠は一石、下畠八斗、下下田畠は適宜これを定め、屋敷地は上畠に准ずるという制度が定められた。ただし、これらの標準は統一されず、国により多少異なっていたことは注意すべきである。

以上が太閤検地の大体の方法であるが、この検地は当初は全国に及ぼす予定であったが、慶長三年（一五九八）に太閤が薨去したことにより中止のやむなきに至り、東北地方の一部には施行されずに終った。なお、文禄二年（一五九三）の成績によれば、検地高は壱岐、対馬を除き全国統計一千八百三十五万余石であった。

＊一段を縮小したので、これをケチな遣り方だと非難する者もあった。そこで徳川時代にはこれをまた延ばしたのである。しかし、全国的にこれを行い得たことは大事業というべきである。秀吉はこのように段を縮少し、そこに余地を作り出し、もって封の財源を作り出そうとしたのである。

# 第八章　財　政

## 第一節　租　税

中世の税制はとても複雑である。その原因は、第一に鎌倉時代以来朝廷のみならず幕府も徴税権を有し、室町時代の後半になると守護・国主もまた分国内で租税を徴収するようになり、雑然としていること、第二に人民の階級に従って課税の種類が異なっていたこと、第三に朝廷や幕府の租税ですら不動産の収益のようにみなされ、あるいは寺社に寄付され、あるいは一私人に恩給されたこと、これら三事情による。次に、中世の租税で主なものをあげる。

＊このように、租税は公私混合されて複雑さを増した。

### 第一　正税官物および年貢公事

中世においても、王朝時代の租のことを正税または官物と称し、調庸のことを課役と称して、国領の租税として存続していた。けれども、国郡の庄園化の結果、すでに鎌倉時代初期において庄園内における年貢公事と同一性質の負担とみなされることになった。従って、室町時代の後半に国郡・庄園の地が守護や武士の押領するところとなり、その分国または所領となり、国領と庄園の別が失われるに及んで、正税官物と年貢公事とはますます相混同され、遂に守護・国主の分国内における純然たる租税と化した。その名称も年貢（物成）・公事・夫役といった庄園系統の名称が用いられ、正税官物という名称は消滅した。分国内の年貢もまた田畠の収穫に課した租税であったが、その税率は国によって異同があった。相模の北条家では当初は地頭五分・百姓五分（土地を恩給された者が地頭）、すなわち後の語でいえば五公五民の制であったが、後には地頭四分・百姓六分、すなわち四公六民に軽減した。

豊臣氏の税法では、地頭・給人二分、百姓一分、すなわち二公一民をもって定率とした。そして、地頭は毎年自己の所領の田畠の毛見《けみ》（検見）、すなわち収穫の立毛《たちげ》（収穫籾）を見て、その豊凶を検分し、その三分の二を徴収すると定めた。そして、豊臣時代以来徳川時代に至るまで、年貢の税率のことを免合《めんあひ》（免相）または単に免と称し、それを示すに「免六つ七分五厘」といった表現を用いた。これは、収穫高に対して十分の六・七分五厘（6・75／10・00。六つとは六割のこと）という意味である。法定率は三分の二だが、事実上はおよそ三分の二強になっている。

＊これは、今日の地租とは異なる。五公五民とは、五分を公にとって五分を百姓に与えることをいう。四公六民を行った北条氏は、大いに民政に意を用いたよい例である。民の利益を大いに顧慮している。

### 第二　臨時課役

**㈠国　役**　王朝時代の国役は、少なくとも鎌倉時代末までは存続した。しかし、鎌倉時代以後にはこのほかに武家、すなわち幕府や守護らが課した臨時の武家課役が発達した。

**㈡武家課役**　中世には、臨時の武家課役が多くあった。主なものをあげる。

⑴段銭・段米、棟別《むねわけ》、地口《ぢこう》　この三つは室町時代にしばしば臨時課役として課せられたものである。段銭・段米とは田畠一段ごとに何文というかたちで課す銭または米であり、棟別とは家屋一棟ごとに、地口とは屋敷地の間口一尺ごとに課す税のことである。

この三税は、幕府のみならず、朝廷の大礼または造営といった臨時の費用を支弁するための財源としても課せられたが、朝廷の費用に充てる場合でも、幕府によって一国または数国に賦課され徴収された。時として寺社造営料として幕府から寄付したこともあった。室町時代後半になると、守護・国主もまた分国内に段銭・棟別の臨時課役を課したことがある。

⑵人夫、伝馬《てんま》役　鎌倉幕府以降は幕府が課したこともあり、地頭が課したこともある。室

町時代には守護もまた分国内に課した。人夫のうち戦事に用いるものを陣夫といい、築城・城普請その他の工事に使役するものを普請人夫といった。いずれの場合も、現夫の代わりに夫銭（夫料）を収めることは許されていた。

(3)矢銭、兵糧米　室町時代には戦争の時に守護ら出陣の大将から寺社本所領に対して矢銭・兵糧米を課したことがある。臨時の軍事税である。

**第三　御家人役**

鎌倉時代の御家人役は、幕府の命に応じて人馬を調達したり諸種の費用を分担したりする負担であった。室町時代にもこの意味の御家人役は存続していた。そのなかで特に守護に課するものを守護役といい、国を指定してその国内の大名以下武士に課するものを国役といった。

**第四　通過税（関税）**

鎌倉時代以来、交通の要衝にあたる街道・山河・津泊に関（関所）や類似の税関が置かれ、そこを通過する人馬・船舶・貨物などから関銭（関米・関手・関料・目銭）や津料（入港税）、山手や河手（手とは銭のこと。酒手の如し）を徴収した。これらの税関は必ずしも幕府が設置したものに限らず、守護・国主・寺社・土豪などが幕府の公許を得て、あるいは私に設置したものも少なくなかった。また、幕府が関銭を寺社修理料として年次を限って寄付したり、あるいは武人に恩給したりしたこともある。淀津や兵庫関については記録が甚だ多い。関所を所領とも称した。

### 第五　商売役

鎌倉時代以降、主要な商工業者は職業別に座と称する組合を組織し、朝廷または幕府の勅許を受け、特定の営業や職業の権利を座中に独占し、その報償として朝廷または幕府に対して役銭・公事銭を上納した。特に室町時代においては、これら座の制度が発達し、各座から納める商売役は室町幕府の重要な収入であった。例えば、土倉役《どそうやく》（役は組合からの上納金）・酒役・紙公事・紺屋役などの類であるが、そのなかでも土倉役・酒役は室町幕府の納銭方（収入吏）の主要な財源をなした。室町時代にはこれらの租税を総称して商売役といったが、この商売役もまた幕府から一私人に恩給された。戦国時代になると、守護・国主の分国内でも徴収される租税となった。

＊土倉《どそう》とは、今日の質屋にあたる。土倉は当時一人で作らず、質屋が共同で土倉を作っていた。土倉もまた支那より来たもので、支那では質庫または無尽蔵も質屋を意味する。中世では質屋から借りた銭を無尽銭といった。支那では寺で寄付金を集めて人民に貸し付けて収益を取っていた。それで寺に質庫があったわけである。日本の僧侶が支那に渡来してこれを見てきて、我が国にも行われるに至ったものと思われる。鎌倉時代よ

りも室町時代において盛んにこの座が行われた。座は徳川時代までも「株」の名の下に続いた。

## 第二節　皇室御料

鎌倉時代には天皇・上皇も多くの庄園・所領を有したことは、私人と同じである。これは天皇・上皇の私有財産で、処分・譲与によって皇族・院宮から相伝し、または私人から寄付されたものであった。従ってまた、天皇・上皇が皇族・院宮らに処分・譲与したことが多い（もとより皇位継承とは別問題）。

これらの権利の性質は不明だが、多くは本家職であったらしい。そして、かかる御料の源泉は従来の御院領、例えば後白河法皇の設置した長講堂領、鳥羽院の皇女の八条院領などに遡る。このほか、諸種の院御料地や禁裏御料地があった。しかし、室町時代にはこれらの御料もまた武士の横領に帰し、諸国に残った仙洞御料も有名無実となった。織田豊臣二氏が御料回復に努めるに至って、上皇御料五千石高、禁裏御料七千石高を算するに至った。

## 第三節　諸司領

王朝時代の諸司領田の遺物とみるべきものが、鎌倉・室町両時代の史料に散見する。すなわち、左右馬寮田・内蔵寮田・大炊寮田などである。これらは室町時代には広義の禁裏御料とみなされた。王朝時代に内膳司の管轄に属した御厨《みくりや》も、少なくともその一部は鎌倉時代に存続し、その住民は供御人《くごにん》の名称を有して皇室に魚鳥を供進したが、室町時代に至っても遠江に御厨子所《みずしどころ》に付属する供御人の存在が確認される。課役に代えて贄《にえ》を御厨子所に供する義務を負い、同時に京中の魚類の専売権を有するものであった。

## 第四節　幕府料地

鎌倉時代には関東御領というものが諸国にあった。室町時代にも公方御料が諸国に存在した。しかし、応仁の乱後には有名無実となった。豊臣氏も諸国に御料地を置いて蔵入の土地とし、代官を派遣して管理させた。

# 第九章　法　源

## 第一節　中世法の特徴

中世の法源を述べる前に、知らなければならない中世法の二つの特徴をここで述べておく。

第一の特徴は、中世では数種の法系が並び行われたことである。すなわち、この時代には法律のいずれの部門においても、日本全国に通じて行われる普通法と称すべきものは存在しなかった。その原因は、当時の政治的状態にある。源頼朝が鎌倉幕府を開くと政治の実権は幕府に帰すことになり、その結果として全国の土地および人民は朝廷に直属するものと幕府に直属するものとの二つに分かれてきた。この政治支配の両分は同時に法律の系統にも影響を及ぼした。

その結果、朝廷が直轄している土地・人民に対しては、依然として律令系統の法、すなわち「公家法」が行われており、鎌倉幕府が支配している土地・人民に対しては、幕府の制定した式目系統の法、すなわち「武家法（幕府法）」が行われることになった。さらに、寺社や権門勢家の庄園の内部、すなわち寺社本所領においては、王朝時代後半より発達した庄園法系統の法、すなわち「本所法」が行われていた。このように、鎌倉時代および室町時代初期までの我が法律の系統には、公家法・武家法・本所法の三大系統があったのである。

しかし、詳細にこの三系統を比較すると、武家法と本所法との間には実質において類似した点が多いことがわかる。その理由は、公家法が当時すでに過去の遺物にすぎなかったのに対して、この二つの法はともにその材料を現実の社会状態のなかに採って、当時の経済的需要に適応して発達したものであるから、初めから両者は共通の分子に富んでいたのである。さらに幕府の権威が増大するに及んで、幕府法が本所法に影響と感化を及ぼすことも少なくなかったからである。

＊律令はすでにその時代の経済状態に合わず、形式的なものと化していた。本所法・式目法こそがこの時代の geltendes Recht〔現行法、現実に機能している法〕だったのである。

以上に述べた法律の状態は、室町時代の中頃以降になると、さらに政治的状態の推移にともなって再び変化することになる。この時代になると公家法系はほとんどその効力を失って消滅し、幕府法もまた実効なく、本所法も庄園の崩壊とともに自然に衰微した。それらに代って、守護・国主の支配する分国内では分国法というものが発達してくる。この分国法は、元来武家法に出たものであるが、それに本所法を混合したものである。応仁の乱以後は、公家法および本所法はもはや滅び、幕府法も権威を失し、各地の分国法のみがひとり繁栄した。しかし、分国法は国によって異なり、各国の法律の間に統一もなければ、またこれを統一する中央の立法もなかった。ここに豊臣氏が天下を統一するに至って中央政府の立法が再興されてきたが、豊臣氏の立法たるやいまだごく僅かで、法律の大部分は地方の各分国法に委ねられていた。

第二の特徴は、中世法の大部分は慣習法であったことである。中世では慣習法のことを「先規」（しきたりの意）「傍例」（方々の例）「大法」などと称し、これらによって形成される慣習法が中世法の主要部分をなしていた。成文法はただこれらの地方的慣習法を匡正・補充し、または明確にする場合、あるいは全く新たな制度を必要とする場合に限って制定された。

＊　徳川時代においてもやはり同様であった。ヨーロッパにおいても昔は慣習法が主で成文法は不完全だった。中世の法律（成文法）には、例えば手付は無効とのみ書いてあって、手付とはいかなるものかは何ら規定していない。それは慣習法に任されているということである。ゆえに、慣習法を知って始めて成文法が了解される。そして、その慣習法は古文書の判決例などの史料などから知られるのである。

## 第二節　法　令（成文法）

### 第一　鎌倉幕府法

**㈠御成敗式目**　鎌倉時代の根本法典とも称すべきものは、有名な「御成敗式目」である。これは執権北条泰時が貞永元年（一二三二）五月十四日以来、法制に通じた評定衆（公事奉行人）らと協議して、同年八月十日に今後における「御成敗之式条」（御成敗とは裁判のこと）、すなわち裁判の規範として公布した五十一ヵ条からなる小さな法典である。貞永年間に公布されたので、後世これを「貞永式目」ともいうが、当初は特別な名称はなく、「式条」とか「式目」と称されていたにすぎない。

北条泰時が同年八月八日および九月十一日に六波羅探題の北条重時に送った「和字御書（「北条泰時消息」）」と称される書面によると、この式目を制定した理由は、第一に当時武家および庶民で「法令」「法意」すなわち律令法を知る者が少なかったこと、第二に「武家のならい」「民間の法」が律令法と甚だ相違していたこと、第三に従って別に適当な成文法を制定しなければ裁判の公平無私を期し難いことにあった。これをみても、民間の法と律令法とが符合していなかったことがわかる。

* 当時法令とか法とかいうのは、律令を指していたのである。

この式目は厳格な意味での法典でない。当時の幕府の政策上重要な事柄を五十一ヵ条に規定したものにすぎず、もとより国民の法律生活を網羅したものではない。しかし、鎌倉時代は勿論のこと、室町時代にもその効力を保有したのみならず、分国法のなかにも、あるいはこれに準拠し、あるいはこれを模倣したものもあり、中世の末まで武家の根本法として尊重された。

従って、室町時代の末になると、その注釈書・解釈書が現われている。その主要なものとして、今日では三つが伝わっている。

① 『式目抄』三巻　最も有名なもので、一名『御成敗式目諺解』。天文三年（一五三四）に当時の儒者の環翠軒清原宣賢が撰したものである。元禄十二年（一六九九）の木版本がある。『続史籍集覧』所収。

② 『(貞永) 式目聞書』二巻　文安年間（一四四四〜四九）頃の著作。『続群書類従』所収。

③ 『御成敗式目注』（真字注）　室町時代にできたものだが、撰者・撰年ともに不明である。『続々群書類従』所収。

* 『式目抄』『式目聞書』『御成敗式目注』は単なる文字の解釈にすぎず、いずれも読んでいてつまらないものである。ただ、珍重すべき価値は、このなかに種々の法律書が引用

されており、その本が今日では亡逸しており、また参考法令（これも亡逸）も引用されていて、引用されているものに価値があるのである。なお、足利時代以降、この『式目抄』は『庭訓往来』（すなわち家庭教育）という書物と相並んで学問の種として珍重された。

㈡**単独法令**　鎌倉時代の立法権は、初めは政所に、後には評定会議に属した。評定会議の結果は主任奉行が記録して事書となす。これを施行するには、執達状あるいは奉書などの形式をもって事書または事書の主旨を記録し、政所・問注所その他の各官司、六波羅、諸国守護などに伝達して、諸国の地頭・御家人らに触れさせ、場合によっては高札をもって人民に公示させた。

これらの単独法令を式目・式条と称した例は多い。これらは後世、一部は書として編纂され、そのほか種々の史料に散見している。

⑴法令集「貞永式目」以後の鎌倉幕府の単行法令を集めた本が今日まで伝わっている。

①『新編追加』
②『御成敗式目追加』
③『新式目』（建長年間（一二四九～五六））
④『貞応弘安式目』

いずれも撰者・撰年は不明である。このなかで最も有益で便宜なものは『新編追加』で、

「貞永式目」に対する追加法令である。これは貞永元年（一二三二）から正安二年（一三〇〇）までの単行法令を蒐集・分類したもので、三百六十七条を収めている。

⑵散在法令　このほかの鎌倉時代の単行法令は、一般史料たる『吾妻鏡』『北条九代記（鎌倉年代記）』『式目抄』のなかに散見している。また、古文書のなかにもみえている。

＊訴状などに条文を引用しているものがあるが、この訴状によって今日に残る法令もあるわけである。

なお、海法（海難救助、共同海損、破船に関する規定）については、「廻船式目」（廻船とは商船）すなわち「海上法三十一条」というものが伝わり、奥書には貞応二年（一二二三）三月十六日とある。時の執権北条義時が、摂津の兵庫、土佐の浦戸、薩摩の防之津の古老を呼んで、廻船に関する慣習法を尋ね、然る後にこれをもって今後法律とせよと命じ、義時が袖判を加えたと伝えられている。これが事実ならば大した功績である。十三世紀に編纂された海事法規ということになるからである。豊臣氏の立法ともいわれるが、ともに疑問である。しかし、慣習法としては立派な内容で、徳川時代初期に当時の慣習法をふまえて作成されたものらしい。松波仁一郎博士（一八六八〜一九四五）はこれを本物であると主張した。

### 第二　室町幕府法

足利尊氏の時代にあっては、評定会議で立法したようである。二代将軍以降は評定会議が廃絶したので、主任奉行が伺事の形式をもって将軍に法案を上申し、将軍は御沙汰（御定）をもってこれを決定した。その結果は、御教書・執達状・下知状などの形式で施行され、また高札の形式で公示された。寺社に付された特権では、制札（禁札）の形式をもって交付された。

(1)法令集　室町幕府でも「貞永式目」をもって根本法典とみなし、別に新法典を制定することはなかった。室町幕府は鎌倉幕府の延長と考えられていたからである。「建武式目」なるものが伝えられており、かつては足利尊氏の立法と信じられていたが、詳細に研究してみると、この書は二階堂是円（鎌倉時代の奉行〈中原章賢〉）らが足利尊氏の諮詢に応じて建武三年（一三三六）十一月に答申した政治上の意見十七ヵ条を記録したものにすぎず、法律ではない。

室町幕府の単行法令を蒐集したものに次のようなものがある。

①『建武以来追加』『建武以来式目追加』とも。これは建武五年（一三三八）から永正十七年（一五二〇）までの単行法令を集めたものである。条文数は二百十ヵ条。「建武式目」の追加ではなく、「貞永式目」に対する建武年間以来の追加という意味である。『群書類従』『日本古代法典』〈萩野由之・小中村義象・増田于信編、博文館、一八九二年〉所収。

②『政所壁書』永享二年（一四三〇）から文正元年（一四六六）までの単行法令を集めた

ものて、条文数は十二ヵ条。『群書類従』所収。
③『侍所沙汰篇』「沙汰篇」とは裁判する時に用いる法律のことである。
(2)散在法令　以上の室町時代法令集のほかに、『花営三代記』に多くの法令が引用されている。

**第三　分国法**

分国法のなかで著名なものを数種あげると次の通りである。
①『大内壁書』　周防国の守護大内家の法令集で、今日では一部欠けて、現存するものは長禄三年（一四五九）から明応四年（一四九五）に至る五十ヵ条である。一部欠く。『群書類従』所収（『群書類従』本によったので内閣文庫本系の伝本の説明になっている。その成立は大内氏健在の時期で明応四年をさして下らない時期）。
②『今川かな目録』　駿河国の国主今川氏親が大永六年（一五二六）に制定した三十三ヵ条の法令で、その後今川義元が天文二十二年（一五五三）に二十一ヵ条を追加している。『改定史籍集覧』所収。なお、「目録」とは箇条書のこと、「かな」とは和字すなわち仮名交りの法令のことである。
③『塵芥集』　陸奥探題の伊達稙宗《たねむね》が天文五年（一五三六）に制定したもので、百七十一ヵ条の法典である。その体裁は「貞永式目」に倣ったものである。起請詞（裁判官の宣誓書）が載っている。『伊達家文書』（史料編纂所）および『改定史籍集覧』所収。前者は誤

りが多い。後者が正確である。

④『武田信玄家法（上）』上下巻あるが、下の方は道徳的訓示のごときもので法律ではない。上の方は立派な法典で、天文十六年（一五四七）に制定されたもので、五十五ヵ条からなる。天文二十三年（一五五四）に二ヵ条が追加されている。『群書類従』所収（『甲州法度之次第』とも）。

⑤『相良氏壁書（相良家壁書）』肥後国の球磨郡の領主相良家の法度である。明応二年（一四九三）の七ヵ条、天文十八年（一五四九）の十三ヵ条、天文二十四年（一五五五）の二十一ヵ条からなる。『相良家文書』所収。

⑥『新加制式』阿波国の三好家の家法で、永禄年間（一五五八〜七〇）に制定された二十二ヵ条からなる法典である。これまた「貞永式目」を模したもので、優れた立法的技術が見受けられる。水戸の『大日本史』には足利尊氏が建武年間に作ったものと書いているが誤りで、中田が始めて三好家の家法であることを考証した。中田「板倉氏新式目に就て」（『国家学会雑誌』三十七巻八号〔一九二三年。中田『法制史論集』第三巻上に再録〕）の註を参照。『続群書類従』所収。

⑦『里見家法度』安房国の国主里見家が天正年間（一五七三〜九二）に制定したもので、わずか十七ヵ条の法律。『史籍集覧』所収（『改定史籍集覧』第十三冊別記類『里見九代記』所引）。

⑧『長宗我部元親百箇条』土佐国主の長宗我部元親が慶長二年（一五九七）に制定した百

ヵ条の法典である。そのなかに古い制度を伝えている。

このほかに史料編纂所から出た『毛利家文書』『小早川家文書』『吉川家文書』のなかにも小さな法令がある。また、豊臣氏の法令も含まれている。

**第四　本所法**

寺社・本所の法令で、今日に伝わるものの多くは、大寺院内で発布された簡単な法令として古文書や古記録のなかに散見するにすぎない。その形式も区々で、契状（契約書）の形式、起請文の形式、詩文の形などで残っている。また、いわゆる下文《くだしぶみ》や下知状の形のものもある。

**第五　織豊二氏法**

織豊両氏の立法は、各地方、各時代の古文書・古記録のなかに散見しているほかには纏まった法令集はない。これについて一々ここで述べるわけにはいかない。豊臣氏の法令については、法学士三宅長策『豊臣氏法度考』〔哲学書院、一八九三年〕に主な法律が収録され、かつ解釈されている。また、『浅野家文書』（史料編纂所）にも秀吉の御朱印が多少残っている。以下、見やすいものを例示する。

①天正十四年（一五八六）正月十九日の定書　租税に関する命令である。『豊臣氏法度考』のなかに全文がある。

②天正十五年（一五八七）六月十九日の定書　耶蘇教の禁制で、同じく前掲書のなかにある。
③天正十六年（一五八八）七月の条々　百姓の武器携帯を禁じたもの。これも前掲書のなかにある。
④年代不明　百姓の武器携帯の禁止に関するもの。これは『紀伊続風土記』（一八三九年。仁井田好古等編『紀伊国風土記』第三輯、一九一〇年として公刊）の付録十の二五〇頁に出ている。
⑤天正十九年（一五九一）八月二十一日の定書　奉公人に関するもの。『浅野家文書』二五八号に載せる。
⑥天正二十年（一五九二）正月二十七日の海路諸法度　これは本物か偽物か疑問がある。『豊臣氏法度考』のなかにあり、海運に関するものである。
⑦文禄四年（一五九五）八月三日の掟、並に追加　大小名・寺社に関するものが雑然と書いてある。『浅野家文書』二六六号・二六七号にある。『豊臣氏法度考』にも収められている。
⑧慶長二年（一五九七）三月七日の掟　五人組・十人組に関する規定では比較的古いものである。近江国の『坂田郡志』（滋賀県坂田郡役所、一九一三年）上の五〇二号にみえる。
以上に述べたほかに、『浅野家文書』『太閤記』『駒井日記』『坂田郡志』に散在法令が載っている。さきほどいった奉公人に関する文書は『浅野家文書』のなかにあるが、地震前にそ

の原本（朱印のあるもの）を研究室で買ったことがある。

### 第六　朝廷法

この時代における朝廷の立法はほとんど休止状態にあり、この時代の詔勅・宣旨などを蒐集した書物もわずかである。その重要なものは、次の如くである。

①『続左丞抄』（壬生官務家文書）　王朝時代の末から室町時代まで（元禄七年（一六九四）まで）の太政官符と宣旨とを合載したもので、太政官の左大史小槻家が撰したものである。『類聚符宣抄』の続編である。「壬生家新写古文書」（「禰家《でいけ》古文書」）という名称で伝来した。

②『三代制符』　鎌倉時代の建久二年（一一九一）・寛喜三年（一二三一）・文永十年（一二七三）の公家新制（制符すなわち新制の官符・宣旨）を集めたものである。

③『公家新制（弘長新制）』　弘長三年（一二六三）の宣旨。

④「弘安八年宣旨」　弘安八年（一二八五）の宣旨で、『大日本古文書 石清水文書』第一巻に伝えられている。

以上は鎌倉時代の末頃までにできあがったものである。それ以後にはほとんどない。

## 第三節　奉行記録

①『御前落居記録』『御前落居奉書』　前者は永享二年（一四三〇）から四年（一四三二）にかけて、室町将軍義教の御前で裁許を経た法令や判決の記録である。後者はその決定に基づいて奉行の出した命令である。幸いに原本ではないかと思われる宮崎道三郎先生旧蔵本が研究室にある。そのほか写本も伝わっている。

②『室町家御内書案』　室町将軍が発給した命令書たる御内書を雑然と集めたもの。『史籍集覧』所収（『改定史籍集覧』第二十七冊新加雑類）。

③『親元日記別録』　室町時代の政所の蜷川親元の日記が伝わっているが、（明治になって）これに添えて政所の訴訟記録を集めたものである。文明年間（一四六九〜八七）・天文年間（一五三二〜五五）のものに限られているが、史料としては重要なものである。『文科大学史誌叢書』（坪井九馬三・日下寛校訂、吉川半七）として単行本で出ている。

④『斎藤親基日記』　斎藤親基は政所の奉行人で、寛正六年（一四六五）から応仁元年（一四六七）までの公の日記である。

⑤『伺事記録《うかがいごときろく》』　室町幕府の政所の奉行人であった飯尾元連（法名宗勝）・飯尾堯連《たかつら》が将軍に伺を出して決定した伺事を書き留めた記録である。延徳年間（一四八九〜九二）および天文年間（一五三二〜五五）のものである。

＊これらには他のことも書かれているが、元来が公の日記であるから当時の政治・裁判のことがよくわかるのである。

## 第四節　法律書

この時代には、律令系統の法に関する法律書も出ている。

①『官職秘抄』

②『裁判至要抄』　王朝時代末の『法曹至要抄』を模したもので、坂上明基が建永二年（一二〇七）に撰したもの。律令系統の裁判の主要なことを書いているが、律令系とはいえ、多少鎌倉時代の慣習法の影響が現われている。

③『金玉掌中抄』　中原章任が書いたもので、その没年元亨元年（一三二一）以前の成立である。金科玉条を掌握しているという意味で、法律の要諦を要約したものである。

④『職原抄』　北畠親房の著で、官制の沿革を述べたものである。

⑤『令抄』　文明年間（一四六九～八七）の成立。後成恩寺関白一条兼良が養老令の一部を抄録して、簡単に注釈を加えたものである〈『群書類従』所収〉。

⑥『令聞書』　一条兼良の講義を第二十三子の一条冬良が聞いて筆記したもの〈『続群書類

従』所収）。

＊一条兼良は博学な人で、その著述も多い。律令に関する著述のみに限らない。

⑦『沙汰未練抄（書）』　鎌倉時代の民・刑の訴訟手続きに関する法律書。裁判に携わる人で、いまだ熟練していない人のために書いた本という意味である。「奥書」には、弘安元年（一二七八）に北条時宗が作ったとあるが誤りで、最近の研究によるとそれよりも少なくとも四十一年の後、鎌倉時代の末にできたものである。今日伝わるものには足利時代のことも書いてあるから足利時代のものといわねばならないが、しかしこういったものは後日追加することがあるから、詳細は不明である。この本は鎌倉時代の訴訟手続きを考えるためには是非とも見ないといけない基本史料である。

⑧『武政軌範』　室町時代の訴訟手続きに関する法律書である。鎌倉時代の訴訟法に基づき、室町時代と比較して書いている。鎌倉・足利時代の訴訟法を理解するのに根本の書である。著述年代・著述者ともに不明。

## 第五節　法律文例

①『伝宣草』　宣旨・口宣の書式をまとめたもの。

②『雑筆要集』　鎌倉時代初めの書で、王朝時代末からの訴訟・取引の文例・慣習を記載している。

③『簡礼記』　その他、公卿の日記・古文書などで、参考となるものがある。

④『和簡礼経』　上記と同じようなもので、手紙の書式を書いたものだが、その例式のなかには法律に関するものも多く含まれている。

⑤「書札礼」　奉書・下知状・裁許状などの文書には一定の書式が決まっていて、厳格に重んじられたが、それを書いたものである。

# 第十章　刑　法

中世の刑法もまた犯罪人の懲粛を目的としていることは、律令の刑法と同じであるが、すでに王朝時代の末以来、一般公衆に対する威嚇主義が刑罰の主たる作用とみなされるに至ったことは、また疑いない事実である。

犯罪の責任能力に関しては、中世の刑法において一定した原則は確認できないが、鎌倉時代には、律令の制度にならって身体刑・自由刑で償わせることが例であったが、十六歳以下の犯罪人には科料（罰金刑）を科して罪を贖《あがな》わせたこともある。室町時代には、十五歳以下の犯罪人には、軽犯罪に限ってその刑罰を軽減した例もみえる。戦国時代の分国法では、あるいは七歳以下の犯罪を全免した例もある。以上の諸規定はいずれも律令の制度の残存であるといって差し支えない。

縁座・連座の制度も、鎌倉・室町時代にはある種の重罪については依然として行われていた。すなわち、子孫の罪を父祖にかけ、夫の罪を妻にかけ、代官の罪を正官にかける場合もあった。ただし、鎌倉時代には努めてその適用を制限する傾向があったが、室町時代の末以降はかえって連座・縁座制度の適用が次第に過酷となり、ある犯罪についてはその罪を犯罪人の隣三軒にまでかけて連座させたこともある。降って豊臣氏の時代には、一郷・一村を連座させたこともあった。

刑罰の種類も時代により異なった。鎌倉時代には死刑の方法には斬のみがあった。謀叛のような重罪の場合には、斬刑の後に犯罪人の首を獄門に梟《きょう》した。身体刑には、鎌倉時代は片《かた》鬢剃《びんぞり》・火印・指切などの種類があり、自由刑には遠・中・近の三流があり、そのほかに禁獄（召籠《めしごめ》・召禁）・追却（追放）などがあった。栄誉刑には永不召任・止出仕・改易（職を奪い身分を改める、例えば御家人を平民にするなど）があり、財産刑には没収（収公・闕所）・過怠料（科料）などがあった。

これらの刑罰は、その身分が侍であるか凡下であるかにより、また侍の間でも所領の有無によりその適用を異にした。例えば、身体刑は郎党・凡下に限って科した。また、栄誉刑は侍にのみ適用される。流刑はしばしば所領なき武士に没収刑の換刑として科せられた。過怠も侍に対しては普通、寺社路橋修理費の名をもって科せられた。

室町時代の刑罰も、おおよそ以上に述べた鎌倉時代のそれと同じであるが、戦国時代になると刑罰は次第に苛酷となり、分国によっては磔・逆磔・鋸挽《のこぎりびき》・火焙《ひあぶり》・釜煎《かまいり》・牛裂・車裂・串刺・刵《みみきり》・劓《はなそぎ》といった惨刑が行われた。

豊臣氏の刑罰には一銭切というものがあった。これは戦時に民家を略奪した兵士に科したもので、その意味については古来諸説が分かれている。あるいは一銭たりとも略奪した者は刑に処すという意味だとし、あるいは一銭をも尽して犯罪人の財産をすべて没収するという意味だとし、あるいは単に斬首（首切）の形状を形容した異名だとする説もある。いずれが正しいかは不明である。

なお、室町時代後半以降、戦国時代まで行われた刑法として特筆すべきものは、喧嘩両成敗法がしばしば適用されたことである。これは互いに喧嘩した者は理非曲直の何人に存するかを問わず、双方ともに同刑で処罰する方法で、その起源は詳らかではないが、室町時代の末より諸国に現われ、戦国時代には諸国普遍の刑法として行われた。

＊「磔」は後には✝のようにして槍で刺し殺したが、これは耶蘇教に模倣したものだという。『言海』の著者の大槻氏〔文彦（一八四七～一九二八）〕もかくいう。昔は磔とは戸板の上に縛り付けて曝し殺したものらしい。突き殺したのではないから、この説が正しいかも知れない。

喧嘩両成敗もまた、この時代の特色たる簡易主義と殺伐な気風の結果として行われたものであろう。

# 第十一章　裁判所（司法制度）

## 第一節　鎌倉幕府の裁判所

鎌倉時代の幕府の裁判は、すべて鎌倉殿の名において行われたが、将軍自身が親しく訴訟を聴いたことは、源頼朝以後には中絶した。幕府に所属する中央裁判所としては、初めは侍所および問注所の二つがあり、侍所は検断沙汰、すなわち刑事裁判を行い、問注所は関東分国内の民事裁判を行っていた。しかし、その後嘉禄元年（一二二五）に評定衆が設置され、建長元年（一二四九）に引付衆が設置されるにおよんで、民事訴訟法に関する裁判制度が大いに整備され、所領田畠に関する相論、すなわち所務沙汰と称する訴訟は評定・引付の両会議の管轄に移り、問注所は単に売買・貸借・奴婢に関する相論、すなわち雑務沙汰と称する軽微な民事訴訟を管轄することになった。このほか、問注所は所務沙汰に関する訴訟の受理および賦《くばり》と称する事務を掌った。

この所務沙汰に関する問注所・引付衆・評定衆の職務や手続きの梗概を説明すると、次の通りである。

まず、原告（訴人）は訴状（申状・解状・問状）あるいは目安に具書（証拠文書）を添えて問注所に提出して出訴する。問注所には賦奉行というものがあり、訴状を受け取ってこれを順に一方引付に配付する。配付を受けた一方引付は、抽籤によって当該事件の主任奉行を選び、主任奉行は執権・連署に申請して問状御教書を発してもらう。問状御教書とは訴訟の相手方に対して事件について弁明を求める命令書で、訴状や具書とともに相手方に送達される。

この問状御教書を受けた被告のことを、訴人に対して論人といった。この論人は自身で鎌倉に参上し、あるいは代理人（代官）を鎌倉に参上させて、答弁書（陳状、答状）を奉行所に差し出し、奉行所はそれを訴人に下付する。訴人はもし必要と考えたときにはさらに第二の問状または訴状を差し出し、これに対して論人は二度目の陳状を差し出し、三問三答の訴陳を番《つが》う。三度訴状陳状を交換した後、引付会議に召し出され、ここで訴論人の対決（問答）を得る。すなわち、口頭弁論が開始されるのである。その後、引付会議では評議をなして事件の是非・曲直を勘録し、調書を作成する。これをもって引付会議（引付沙汰）は落居する。

その後、主任奉行は引付沙汰の落居の趣旨に従って引付勘録事書を作成し、評定会議に送る。ここにおいて評定会議の審理に移るが、評定会議においては、評定衆が抽籤によって順番に引付勘録事書について意見を述べる。そして、判決の基礎となるべき調書を作成する。

評定沙汰落居の結果は、さらに事書として主任奉行に引き渡される。主任奉行はこの事書に従って御下知（御教書）の案（判決案）を作成し、さらに引付会議に被露してその案が確定した場合には、主任奉行がこれを正書せしめて執権連署の加判を得て、然る後に勝訴者（一方得利、訴論人）に交付するのである。

以上に述べたほか、特別の裁判所として寺社沙汰すなわち寺社関係の争を裁判する裁判所があった。それは引付衆特別の賦奉行、寺社奉行から組織されていて、その訴訟手続は引付沙汰と同一であった。

地方裁判所としては、六波羅に所属する侍所・評定衆・引付衆・雑奉行人などがあり、鎮西府には評定衆・引付衆があり、鎌倉市中の雑務沙汰は政所がこれを管轄し、検断沙汰は保検断奉行（保検断所）が管轄し、諸国では守護もまた重罪犯の検断沙汰を行っていたようにみえる。

このほか、上訴審としては鎌倉および六波羅に越訴《おっそ》奉行（越訴方）という特別裁判所があり、前後の判決の相違を理由に訴訟当事者が提起した覆勘（後述）が拒絶された場合には、越訴奉行が裁判した。

以上に述べた裁判所のほかに、鎌倉時代には裁判救済の手段として二つの制度があった。

その一は「覆勘」で、これは前後判決の相違を理由として判決後直ちに再審を求める方法で、特別の管轄奉行に訴えるのではなく、原裁判所に再度出訴するものである。もし原裁判所が理由なしとして再審を拒絶したときには、越訴奉行に訴えることができた。

その二は「庭中」という制度で、管轄奉行が訴訟を受理せず、または審理を遅延した場合に、執権または特別の奉行の救済を求める方法である。具体的には鎌倉において引付座に直訴（引付庭中）するか、評定座に出訴（御前庭中）する。また、六波羅には特別の庭中奉行があってこれを受理した。

## 第二節　室町幕府の裁判所

室町時代には、重大な訴訟は将軍の上裁を仰いで判決することになっていた。裁判所の種類もほぼ鎌倉時代と同じであるが、多少の変化を示した。中央裁判所としては、侍所・政所・問注所・引付の四つがあった。侍所は検断沙汰を、政所は雑務沙汰を、引付は前代の所務沙汰に相当する引付沙汰を管轄し、問注所はわずかに文書偽造に関する訴訟（地方沙汰《ぢかたさた》）を扱うにとどまった。

地方裁判所としては、鎌倉府に引付・問注所・政所・侍所があり、そのほか地方の各探題府にも所属の裁判奉行があったが、その詳細は不明である。京都市中には地奉行（一名、地《ぢ》方頭人《かたとうにん》）と称するものがあり、京都の屋地に関する訴訟、すなわち地方沙汰を掌っていた。上訴審としては越訴方があり、特別裁判所としては寺奉行・社家奉行があった。また、庭中はこの時代には将軍に直訴することになっていた。

## 第三節　守護分国の裁判所

守護は、すでに室町時代初期より分国内の民事・刑事の裁判を行っていたが、その詳細を知る由はない。室町時代の末以降は評定衆以下奉行人を置いて公然と分国内の裁判を行っていた所もあった。裁判所の種類もまた詳らかでないが、この時代から町奉行・勘定奉行・郡代・代官のようなものが至るところにみえているから、これらもまた民事・刑事の裁判に関与したものと思われる。

## 第四節　豊臣氏の裁判所

豊臣時代の裁判所についても伝わるところは少ない。ただ、文禄四年（一五九五）八月三日の御掟には、普通の訴訟は十人衆（五大老と五奉行）が裁判し、直訴は五大老の合議を経て上裁を仰ぐべしと命じている。おそらくこれは豊臣氏直轄の大小名間の訴訟・直訴に関する裁判手続きだと思われる。このほか、所司代は少なくとも京都の犯罪を裁判していたと思われるが、詳細な記録を欠いている。

# 第三編　近世

# 第一章　天皇および朝臣

## 第一節　天　皇

近世、すなわち徳川時代に在位した天皇は、後陽成天皇から孝明天皇まで十五代を数える。この時代における皇位継承法は、依然として王朝時代以来の慣例によっていた。この十五代のうち、嫡孫承祖が一回、兄弟姉妹相続が四回、父子相続は九回、族叔父にして再従姪を継いだ者が一回、そして女帝が二度あった。

女帝の一は明正天皇である。後水尾天皇の皇女で、皇子早世のために父帝の譲りを受けて即位した。その二は後桜町天皇である。桃園天皇の皇姉で、桃園天皇崩御の時に皇子幼少のために群臣の勧進によって即位した。なお、十五代のうち生前譲位は十例に達した。

徳川時代における天皇の大権は、幕府によって極度に制限・剝奪されていたのみならず、幕府の制定した「禁中方御条目」その他の法令の規律のもとに置かれている状態であった。しかし、極めて形式的であったとはいえ、将軍以下幕臣に対して朝廷の官位を授与する大権を保持していた点において、依然として我が国の最高の主権者たる事実を示している。

＊この事実に大きな意味が存する。将軍も大名も同一ではないが、将軍は大名より位が上にあったにすぎない。きわめて形式的ではあったが、この形式のなかにこそ大きな意味が潜んでいたのである。改元も天皇大権で、全国これによって統一されていたことも注目すべき事柄である。

朝廷付属の諸官もみな空名となり、実際に職務を有して政治に関与したものは、摂政、関白、武家伝奏二人、議奏四、五人に限られていた。朝廷と幕府との政治上の交渉は、すべてこの武家伝奏と京都所司代とを経由するのが例であった。この点で武家伝奏は頗る重要な地位であった。議奏は源頼朝時代に置かれたものだが、徳川時代には単に天皇に近侍し、政務の執奏・伝宣の職務を掌るのみで、それ以外の政務は執らなかった。皇室にはまた、天皇の任命ではなく幕府の任命した職員が付属していた。禁裏付武家衆がこれである。禁裏付・禁裏御取次・禁裏御賄頭・禁裏御勘使などがあり、すべて幕府の役人であった。そのほか、仙洞・女院がいた時にも幕府からそれぞれ御付の職員が任命された。

徳川時代における世襲宮家は、前代から継続する親王家たる伏見宮家のほかに、なお三つの親王家が誕生した。

(1)桂　宮　正親町天皇の孫にあたる智仁《としひと》親王、すなわち八条宮の裔である。十一代にして絶えた。

(2)有栖川宮　後陽成天皇の子の高松宮好仁親王の裔である。

(3)閑院宮　東山天皇の子の直仁《なおひと》親王の裔である。

このほかに、なお一代限りの宮家が多くあった。

天皇即位後に行われる大嘗会は、室町時代の後土御門天皇の文正元年（一四六六）の大嘗祭以来久しく絶えていたが、徳川時代になって東山天皇の貞享四年（一六八七）に一度行われた。しかし、その後はまた絶えて、桜町天皇の時に再興し、以来恒典となった。

最後に、天皇の諡号の制度は王朝時代末以来（崇徳天皇以来、異説あり）久しく絶えていたが、徳川時代の末に至って、光格天皇の崩御から再び復興されることになった。

## 第二節　朝　臣

中世の公家階級は、徳川時代になっても天皇に直属し、将軍とは何らの主従関係をも有しない政治的な一独立団体を形成していた。もとより公家も将軍から家領・世禄を受けていたが、公家はこれに対して封建法上の奉公義務を負わなかった点において、武士とは大いに異なっていた。ゆえに、世人は公家を称して武家（幕府）の「客分」と解していた。しかし、将軍は天皇より国政の委任を受けていたから、公家に対してもある程度の命令監督権は有していた。しかし、その権利は決して主従的なものではなく、天皇から委任された統治権にその基礎を有するものであった。

二代将軍徳川秀忠が慶長十八年（一六一三）六月に定めた「公家法度」（公家衆法度）、同二十年（一六一五）七月に定めた「禁中并公家中諸法度」（一名、「禁中方御条目」）十七ヵ条、七代将軍家継の正徳四年（一七一四）十月に制定した「公家定書」（摂家宮方公家衆法式所司代江達「定」）などは、幕府が公家を監督するために公布した幕府法の主要なものである。これらの法例によれば、公家が重罪を犯した時は摂関・伝奏の届出により裁判して、流刑に処することもできた。公家は朝官に任ぜられるのが普通であるが、前述のようにその多くは虚官空名で、摂政・関白・伝奏ですら政務に関与することは稀であった。それゆえ、幕府の法令および世人の見解では、公家の職分は有職故実または学問研究にありとしている。

徳川時代における公家階級は、大別して堂上家と地下人（地下官人）の二つに分けることができる。

(1)堂上家　これは、五位に叙せられた時に昇殿を許される特権を有する家柄で、家格によって五摂家、清華家（九）、大臣家（三）、羽林家（六十六）、名家（三十二〔二十八ヵ〕）、半家（二十六、紀伝道・明経道・陰陽道・神祇道・医道などの諸道の家など）がある。彼らは幕府から世禄として地方《ぢかた》（家領）あるいは蔵米（現米）の給与を受けた。ただし、これは恩給ではない。嘉永五年（一八五二）には堂上家の総数は一百三十七家であったが、そのうち家領一千石以上を有するものは九、一千石以下五百石以上のものは十三にすぎなかった。

最高額は近衛家の二千八百六十石、最低額は六十石であった。蔵米の最高額は一百石であるが、多くは三十石三人扶持（扶持米は一人五合の割で計算）であった。

＊一万石以上……大名
一万石以下……旗本

なお、地下諸大夫とは、五位までは昇進するが昇殿の資格はない家格をもった者をいう。

⑵地下人（地下官人）　これは、六位より以上に昇進することはできず、または五位に昇進しても昇殿の資格がない朝官をいう。局務すなわち大外記を世襲する中原家、官務すなわち左右大史を世襲する小槻家（壬生家）の二家を特に両局といい、両局のほかに六位蔵人があって、これらを総合したものが、すなわち地下人全体であった。

＊王朝時代の末以来、公卿の家柄で官が定まったことに起因する。すなわち、各家の極官によって家柄の上下が定まる。例えば、羽林家は近衛中少将・大納言止まりの家であって、大臣家よりも低く名家よりも高い家柄であった。

# 第二章　将軍および幕臣

## 第一節　将　軍

将軍という職は、既述のように足利氏が滅亡するとともに中絶した。関ヶ原の戦の後、天下の実権は徳川家康に帰したので、朝廷は天正年間（一五七三〜九二）以来三十年間中絶していた将軍職を再興し、慶長八年（一六〇三）二月に家康を征夷大将軍、淳和・奨学両院別当、源氏長者に補任した。それ以後、彼の子孫は十四代にわたってその地位を継承したが、継統後は必ず将軍宣下にあずかることは、鎌倉・室町時代の将軍の例と異ならなかった。

徳川時代における将軍の本官は、将軍宣下とは別に受けた。まず、世子として元服した時に従三位または従二位に叙され、権大納言に任ぜられた。また、将軍宣下の後には多く右大将、馬寮御監および内大臣に任ぜられ、その後右大臣に転任して、最後には太政大臣に上る順序であった。太政大臣は年齢の関係から多く贈官で生前に任ぜられた者は少ない。

将軍の地位承統の後は、「上様」または「公方様」と称されたが、後世は公方という名称は将軍宣下の後に初めて称される例となった。将軍を辞して隠居の後には「大御所」と称したことは、室町時代と同じである。また、外交文書においては、慶長十二年（一六〇七）の朝鮮との修交以来、朝鮮から「日本国王殿下」と記し、我より「日本国源某」と署する慣例であったが、寛永十二年（一六三五）からは朝鮮からの文書には「国王」なる名に代えて「日本国大君殿下」なる名をもってさせた〔翌十三年来日の通信使から使用〕。その後、六代将軍家宣の時に一時彼も我も「日本国王」の称号を用いることに改めたが、八代将軍吉宗の時に再び旧例に復している。朝廷から将軍を呼ぶ時には「大樹公」の号をもってした。大樹公とは支那の故事によるものである。

＊最初は「日本国王」なる言葉を彼我ともに用いた。向うから「日本国王」といってきたため、これに対応して「日本国王」といった。新井白石もまたこれを用いている。大義名分を誤れるものとされた。

将軍の国法上の地位を解することは困難であるが、三種の資格を兼ね有していた。第一は、軍職たる征夷大将軍として朝廷より叛徒征討権を与えられていること、第二は、大名、旗本、その他の武人に対して主従関係に基づいて封建法上の主者たる地位を有していたこと、第三は、国政を総理する権を委ねられ、一般人民に対して政治的支配者たる資格を有していたことであるが、それが国法上いかなる根拠によっていたかは不明である。しかしながら、幕末には朝廷からの委任に基づくと考えられていた。

＊名義は極めて重要である。幕府も実力が衰微するとともにその名義を持ち得ずして、遂に崩壊するに至ったのである。

## 第二節　幕　臣

徳川時代においても、将軍と幕臣との関係はやはり御恩と奉公という封建的主従関係であり、鎌倉・室町時代と異なるところはない。将軍に直属する従者・家臣は四種に分けることができる。

### 第一　大　名

徳川時代に大名と称されたのは、二三の例外を除いて知行高（領知高・草高）一万石以上の領分を封与（恩給）された家士である。その総数は時代により増減はあったが、各時代を通じておよそ二百七十内外であった。

大名は諸種の標準によって分類されたが、最も普通には将軍に対する従属関係の基礎によって、御三家・三卿・御家門（八）・越前家（八）・譜代（一百四十余）・外様（一百四十余）に区別された。なお、越前家以上は徳川家の親戚あるいは庶流に属するものである。

＊三卿………吉宗の系統
御家門……秀忠の子
越前家……越前の松平の子孫

譜代とは、関ヶ原合戦以前より徳川家に臣従していたもの、またはこれに準ぜられたものである。外様とは、関ヶ原の合戦以後に服従したものを指した。

このほか、大名は家格によって国持・准国持・城主・城主格・無城の五等に分けられた。この分類は単に歴史的な家格にとどまり、実際に国を領知したかどうか、居城を有したかどうかは全く関係がない。

各大名は嫡子となった時、または家督を相続した後に、幕府を経て朝廷より官位を受けるのが通例であった。しかし、当時武人に授与された朝廷の官位は、官職と位階とを結合した一種の位にすぎないもので、その叙すべき官位も多くはその家の先例によって特定されていた。

＊例えば、「従二位大納言」「従三位中納言」「従三位参議（従三位宰相）」「正四位下権中将」「従四位下権少将」「従四位下侍従」「従四位下諸大夫」「朝散大夫（従五位下、これ

には官なし)」など。位として大中納言・参議とか定まっていたのであり、その他のものは与えられない。また、「山城守」などにしても呼び名のみで官名ではない。五位になると勝手に呼び名を定めることもできた。

大名はまた、江戸の殿中においてその家格または官位に相当する座席(伺候席)を有した。これは幕府における独自の位階のような意味を有していた。

＊大広間、上之部屋・下之部屋(大廊下の)、帝鑑間、黒書院(溜之間)など。今日の宮中席次に似ている。

諸大名と将軍との主従関係の国法上の基礎は、徳川将軍に対して諸大名の奉った誓詞(誓約、起請)にある。誓詞の最古のものは、慶長十六年(一六一一)四月、同十七年(一六一二)正月の両度において時の諸大名が将軍徳川家康に奉った誓詞である。諸大名はこの誓詞において、爾後は徳川氏が鎌倉右大将(頼朝)以来の代々公方に準じて命令することを承認し、徳川家に対して服従と忠誠とを誓ったのである。それ以来、将軍の代替りごとに諸大名はこの慶長年度と同趣旨の誓詞を新将軍に奉るのが定例となった。これは取りも直さず主従関係の更新を意味する行為であった。

幕府はまた、元和元年(慶長二十年、一六一五)に「武家諸法度」十三ヵ条を制定・公布したが、これは慶長の二度の誓詞に基づいて諸大名の服従義務の内容を具体的に定めた最初の法令である。この「武家諸法度」もまた将軍の代替ごとに新しく発布するのが例であった。これを「法令頒《わかち》」または「法令読」といった。ただし、その内容は多くは不変であった。

＊元来、主従関係は世襲的ではなく、personal な関係である。事実上の服従関係に対する法律上の根拠が、すなわちこの誓詞文言である。すなわち、服従の法律的基礎は契約であるといえる。

大名は譜代・外様の別なく将軍に対して忠誠の義務を負っているが、この義務を担保するために各大名はその妻子を江戸藩邸に居住させることが求められた。このほか、三代将軍の時までは各大名から証人すなわち人質として自己の近親を江戸城に差し出す制度であったが、四代将軍の寛文五年（一六六五）に免除された。

諸大名はまた将軍に対して種々の封建的な奉公義務を負っていたが、これは大別して軍役と公役との二つに分かれる。軍役とは、兵士・武器の類を戦時に調達する義務であって、各自の知行高（石高）、すなわち分限に応じてその軽重を異にした。実際上は島原の乱のほかに軍を動かすことはなかったから、実行されずに終った。公役とは、軍役以外の種々の課役をいい、諸大名一般に課せられるものがあり、または特定の大名にのみ課せられるものもあった。その主なものをあげる。

(1)参覲交替義務「覲」が正しい字であるが、参勤の字が用いられることが多い。

(2)定例臨時登城義務　朔望登城といって一日と十五日に登城して将軍に拝謁し、ご機嫌伺いする儀式が定例登城の適例である。

(3)江戸城門番、関所勤番、大坂駿府両加番、長崎警固などの勤番義務　江戸勤番は、大名がその家来に江戸城の番をさせる義務である。関所勤番は、例えば小田原は大久保氏がこれを固めるといったものである。大坂城と駿府城には江戸から守備兵が配置されているが、これに加勢する番が加番である。長崎警固は個別的義務の例である。

(4)江戸消防義務　江戸を各大名に分けて、その持場を消防する義務を負わせた。

(5)普請手伝義務　城や川などを修繕する場合は、大名にこれを仰せ付けた。

この五つが奉公義務の具体的に現われている姿である。

＊　西洋中世の Herrfahrt〔軍事参集〕、Hoffahrt〔宮廷参向、主邸参向〕はいずれも(1)(2)に相当する。

## 第二　旗　本

徳川時代には、禄高一万石以下の将軍の家臣を旗本（旗下）と御家人との二種に区分した。その両者の分界は、徳川時代においてすら疑義の生じたほどに曖昧で不分明なものであった。自然にこの差ができたからである。ある説では、御目見《おめみえ》以上（将軍に直接御目にかかり得る者）を旗本といい、以下を御家人となす。またある説では、禄高すなわち世禄が一百石以上のものを旗本、以下のものを御家人といった。今日から考えれば、後説がやや実際に近いものがあったようである。

＊世禄とはその家について受ける禄高であり、役高とは異なる。なお、一万石以上とは一万石を含み、一万石以下とは九千九百九十九石以下を指す。徳川時代では〇〇以上という時はそれを含み、〇〇以下の時は含まないことになっていた。今日の未満にあたる。

旗本の総数は年代により異なるが、将軍吉宗の享保七年（一七二二）の計算ではおおよそ五千二百余人、そのうち五百石以上の者は文政年間（一八一八〜三〇）の計算によれば一千六百四十余人を数えた。この旗本もさらに二種に分かつことができる。

㈠**交替寄合**　これは参覲交替の義務を有する点において大名に類するが、後述する小普請金の上納義務を負う点において、寄合衆（寄合組）に類する旗本の一種に数えられる。寄合衆の旗本と大名との中間の小大名といってもよい。その数は三十三〜三十四家である。

**㈡普通の旗本（狭義の旗本）**　普通旗本は江戸に居住する義務を負うもので、有職と無職との別があった。有職の旗本はその義務が武事であるか文事であるかに従って番方（軍事上の勤務に関係ある職を有する者）と役方とに分かれる。番方とは、江戸城中（殿中）またはその他の要害地の守備、将軍の警衛にあたる旗本で、その職掌に従って大御番組・御書院番組・御小姓組・新御番組・小十人組の五組に分属していた。各組はさらに数個の小組に分かたれ、各小組ごとに一人の番頭と一人または数人の組頭（与頭）とがあり、番士（番衆）を支配する制度であった。なお、現在の麴町の番町は番方のいた屋敷跡である。

無職の旗本は、疾病・老衰・罪過などの原因で職務を免ぜられた者、あるいは隠居した者、家督後にいまだ就職していない者であり、その分限に従って三千石以上の者、三千石以下でも布衣《ほい》以上の退職者は、寄合衆（寄合組）に編入され、その他に小普請組に編入された。その世禄に応じて毎年幕府に小普請金を上納する義務を負った。なお、布衣とは、御目見の資格を有する者のなかでも、特に上の方の者は布衣〔江戸幕府が服制として定めた無紋の狩衣の一種〕を付け得るので、かくいう。

＊　小普請金とは、小さな土木工事に用いる費用である。

ただし、寄合衆・小普請組といえども、全く封建的義務がないわけではなく、寄合衆では毎年若干名ずつ駿府加番・江戸城門番などの勤務が課せられたことがある。また、小普請組に編入された者で特に行状の悪しき者は、甲府勤番・駿府勤番（駿府加番とは異なる）を命じられ、甲府・駿府に移住させられた。

＊徳川時代では、すべてを組に編入して組織したのであり、各組には組頭がいる。そして、小普請組・寄合組では毎月定例に会合するが、そこで行状の特によき者を推薦して他に勤務させたこともある。

三代将軍家光は、寛永九年（一六三二）九月、同十二年（一六三五）十二月の両度に、旗本以下の幕臣を規律するために「諸士法度」（「旗本法度」）なる法令を発布したが、これもまた前述の「武家諸法度」と同様に、将軍の代替りごとに更新される例であった。

**第三　御家人**

御家人という名称は、徳川時代でも鎌倉時代と同様に広義では幕府直属の家人を意味し、従って旗本をも包含して使用された。しかし、通常は将軍の家臣のなかで、旗本の次位にある下級の譜代の家臣だけを意味した。従って、御目見以下の役人、百石以下の役人、御抱の身分で御家人と同一の待遇を受けている者でも、譜代でなければ御家人の中には数えられなかった。御抱は一代限で、封建法上の相続はなかった。

御家人の総数は、享保七年（一七二二）には一万七千三百九十余人であった。これにもまた有職・無職の別があって、無職の御家人が小普請組に編入されたことは旗本と同じである。

＊「世の中は、左様で御座る、御尤、何と御座るか、しかと存ぜず」というのは当時の御家人の気風を諷した歌である〔田沼意次政下の悪弊を誹った江戸狂歌〕。

### 第四　高《こう》家《け》

高家とは足利氏の一族、そのほか戦国時代の名家の子孫にして、徳川幕府から特別の待遇を与えられた家である。しかしながら、将軍に対する関係は旗本と同一で、広義では旗本の一種に加えてもいいほどである。高家にもまた二種ある。

㈠**役高家**　朝廷関係の儀式・礼式を掌る職務を有した家柄で、その数は八〜十八家であった。忠臣蔵で有名な吉良家は役高家であった。

㈡**表高家または無官高家**　そのほかの高家を表高家または無官高家といった。その数は五〜十九家を数えた。

# 第三章　幕府の中央官制

## 第一節　総説

### 第一　幕府職制の起源

徳川幕府の中央官制は、江戸開府の後に新たに制定したものも少なくないが、その主要部分は慶長以前における徳川家の分国で発達した官制を、直ちに日本全国の政治制度に応用したものにほかならない。そして、その大綱が確定したのは、三代将軍家光が老中・若年寄・御留守居・大目付・三奉行（寺社・町・勘定奉行）などの職掌とその権限を定めた寛永十一年（一六三四）三月三日と同十二年（一六三五）十一月十四日の両度の官制である。以下には中央官制の主なるものを別々に述べることとする。

### 第二　支配

徳川幕府の官制によれば、諸官には各々支配頭なるものがあった。例えば、老中は町奉行、勘定奉行、その他の上級官吏の支配向として彼らを支配し、町奉行・勘定奉行はさらに自己の支配下に属する者の支配向となっている。下級官吏の支配頭にあたる。この支配とは、事務上の指揮命令を意味するのではなく、支配組（向）諸官吏の身分上の願届、官紀上の監督、老中・若年寄から各自の職務に関して発する命令伝達などを管轄することを意味する。

### 第三　階　級

徳川時代には官吏の階級を大別して、御目見以上の者と御目見以下の者に分けている。前者は、将軍に謁見する資格があるもので、さらに布衣以上と布衣以下とに分かれる。布衣以上は将軍が直ちに任命し、布衣以下は老中が将軍の命令を受けて任命する。

布衣以上の諸官には、殿中の席次があった。例えば、大坂城代は雁之間に、三奉行・大目付・御留守居などは芙蓉之間に、大番頭・御使番などは菊之間に、大目付以外の目付は中之間にその座席を有していた。ただし、老中・若年寄は無席で、何処へ座ることもできた。この席次はすなわち、朝廷における位階に相当するものである。

### 第四　役　高

大名を任ずる諸官を除いて、享保八年（一七二三）以来、官の大小高下に応じて特定の役高（何石高、何俵高）を支給して有能な人材を登用することになった。ただし、世禄が役高より高くなる場合は、別に役高を支給せず、世禄の方が少額のときに限って両者の差額を加給する制度であった。この差を御足高《ごたしだか》といった。このほか官職によっては別に役高を支給しないものもあり、そのようなものを持高といっている。また、低い官では、役高のほか別に役料・役扶持・役金といった種々の特別手当を加給することもあった。

**第五　与力・同心**

官によっては与力・同心というものが付属することがある。与力とは騎兵の、同心とは徒歩の下級官吏で、本属長官の手足として警備・巡察・追捕といった職務を補助する者である。町奉行に付属する与力・同心は、町与力・町同心と称して特に有名なもので、今日の警部・巡査に相当する職務を負っていた。

**第六　西丸諸役**

西丸、すなわち将軍の儲子の居城にもまた、西丸の老中、若年寄、そのほか幕府官職と同名称の諸官が存在したが、その職務は西丸殿中の雑務に限られ、国政に関与することはなかった。

## 第二節　老中、若年寄、大目付、目付、御留守居、使番

### 第一　幕府の官制と軍国組織との関係

鎌倉幕府以来、いわゆる武家の政治組織は常に軍国組織をその骨子となし、これに文治的要素を加味したものであった。徳川幕府の組織もまたこの制に洩れず、その主要部分は戦時の際の行動に便なる組織をそのまま平時の政治機関に応用したものにほかならなかった。いわゆる老中・若年寄以下の諸官も、本来は軍制に基づく一つの系統をなすものであった。

このような軍事組織がそのまま平時の政治組織に応用された結果として、それぞれの職掌に準ずる職掌を分担することになった。これらの職務および定員について述べると、次の通りである。

### 第二　老中および若年寄

古く軍団の官制においては、老中を年寄といい、若年寄のことを一名少老といった。両者はともに徳川時代における政治の首脳部たる内閣を組織する重職で、老中は大政を統べ、若年寄はこれに参与する大役であった。ゆえに、俗に前者を執政・閣老・宿老といい、後者を参政ともいった。ここに注意すべきは、若年寄は老中の次官ではないということである。両者は独立の官であり、しかも大政に共に参加したのである。

元来、老中は戦時の将軍出征の場合に大名と交替寄合を率い、若年寄は旗本と御家人を率いて出陣するものである。軍国組織であるから、文官が直ちに武官ともなる。従って、平時においても老中は大名・交替寄合・高家および高級官吏を直接に支配し、併せて禁裏・仙洞・公家・宮・門跡を管轄している。それに対して若年寄は旗本・御家人・下級の官吏を支配する。ここにいう支配とは特別の意味で、身分上の監督・規律を主としたものであって、職務上の指令・命令ではない。

＊このように老中・若年寄が身分上の指揮監督するのは、戦時にこれらを率いて行く必要があったからである。

このように二官は重要な官であったので、老中は譜代大名をもって任じ、しかも二万五千石以上の城主を任ずるのが常例であった。若年寄もまた譜代大名を任ずる。老中の定員は時代によって異なるが、四人から五人であり、若年寄は四人から六人であった。

この両者の執務は、いわゆる月番制であった。毎月一人が交代で御用番なる名のもとに事務を主宰し、他の者は同列としてこれを補助するという制度である。ただし、特殊の事務または臨時の事務は、老中・若年寄のうち一人または数人を組み合せて御用掛を組織させ、これを相当させた。常置の御用掛のなかで最も古いものは勝手掛であって、大奥のことと殿中の会計とを統括した。

弘化年間以来、国事多端・辺境騒然となったので、御用掛の設置が頻繁となり、軍事・外交に関する事務は各々一人の老中に分担・主宰させる傾向が生じてきた。慶応三年（一八六七）には、遂に月番制を廃して、五人の老中に各々国内事務総裁、外国事務総裁、陸軍総裁、海軍総裁、会計総裁を担当させた。

＊この月番制の発達や御用掛制度はおもしろい。外国でも国王の顧問官が発達して内閣になったこととと全く相似ている。すなわち、その顧問官が後に委員を設けることとし、その数は各人をして主任を置き、必要な時は合議した。これがKabinett〔内閣〕の起源である。これと我が国の月番制の発達とは全く同じである。このように幕末にすでに内閣制度の基礎ができていたのであるから、我が国の内閣制度は直ちに外国の模倣のみとはいえない。

老中・若年寄の執務所を御用部屋といい、江戸城内にあった。これに付属する書記の任を御右筆（御祐筆）といい、奥御右筆と表御右筆の二種があった。両者は権限には少しの差があるのみで、殿中の日記、種々の調書・記録などを掌っていた。元禄年間（一六八八〜一七〇四）には両御右筆の長としてそれぞれ組頭が設けられた。

＊この御右筆組頭の中根平蔵がよんだ狂歌は有名であるから、ここに記す〔山形豊寛

『明良帯録』一八一四年）。

筆とりて天窓《あたま》かく〳〵四十年、男なりやこそ中根平蔵（泣かねえぞ）

## 第三　大目付、目付

俗に大目付のことを大名目付といい、目付のことを旗本目付といい、両者を合わせて大小目付と称した。また、しばしば両者を監察といった。下役から呼ぶ時は御目付という。将軍が出征する時には、大目付は老中に従属し、目付は若年寄に従属して、各々監軍の職務に任じた。それゆえに、平時においても大目付は老中の耳目として主に大名・交替寄合を監察し、その非違を糺弾し、老中の布告を彼らに伝達することを掌った。目付は若年寄の耳目として主に旗本・御家人の規律を監察・糺弾し、老中からの布告を彼らに伝達することを掌った。

このような重大な任務を有するゆえ、大目付・目付は旗本中の門閥の家から選任されるのが例であった。大目付の定員は初め四人、後に五人で、そのうちの一人は必ず道中奉行を兼ねて、諸街道・宿駅に関する行政と裁判に参与した。なお、道中奉行は二人あり、もう一人は勘定奉行が兼ねた。また、大目付の他の一人は宗門改《あらため》を兼ねて、耶蘇教の鎮圧を掌った。その他の三人は、人別帳改、鉄砲改（江戸十里四方に百姓の鉄砲所持を禁じていた）、服忌掛、その他の事務を分担した。

目付の定員は通常十人で、江戸城中の秩序を維持し、各官庁・要所を巡視し、会計および裁判を監督した。また、非常異変の時にはこれを按検するなどの職掌を担った。このように目付の職務は繁多であるが、その権威の増大をきたし、徒目付《かちめつけ》・御小人目付《おこびとめつけ》などの属吏を有し、その権勢は大目付よりも大きかった。

**第四　御留守居、使番**

御留守居は、正式には御留守居年寄または奥年寄といった。将軍出征の場合には江戸城留守の守備に任ずる。それゆえ平時においても、御留守居は大奥を統括し、また武庫を監視するなどの役割を担った。また、大名に対して関所の女通切手の発行を掌った。御留守居の定員は四人から八人で、旗本の任である。

使番は、将軍出征の時に将軍の伝令となるものである。従って、平時にも将軍の上使として諸方に使いし、巡見使として御領・私領を巡検し、臨時の目付として遠国に駐在するなどの職務を掌っていた。その定員は四十から五十人であった。これまた旗本の任であった。

＊中央官制を図示すると、次のようになる。

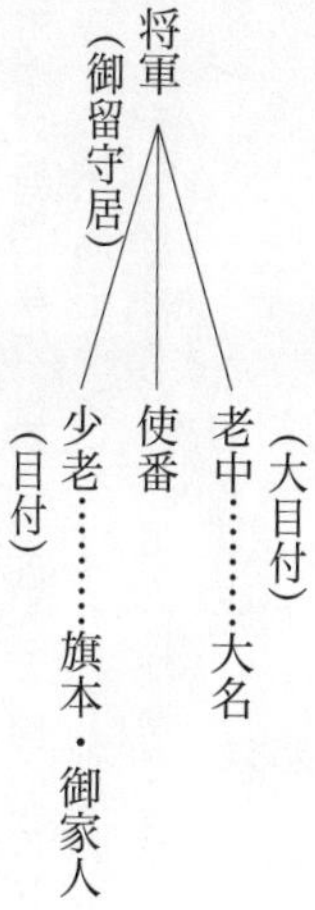


## 第三節　寺社奉行、江戸町奉行、勘定奉行

前節に掲げた諸官は徳川幕府における軍国組織に由来した官であったが、これに対して寺社奉行・江戸町奉行・勘定奉行は三奉行と称され、幕府の政治組織のなかで文治的系統に属する最も重要な官職であった。

このなかで寺社奉行は、寺社（寺と僧、神社と神官）および寺社領（寺社の有する所領と人民の地頭としての管轄）に関する行政と裁判とを掌っていた。江戸町奉行は、江戸町および町人に関する行政と裁判とを掌った。勘定奉行は、勝手方・公事方の二部に分かれ、勝手方は幕府の御料地（幕府直轄地、代官支配の地）の管理と出納を掌り、公事方は御領地の人民に関する裁判を掌った。

この三奉行のなかで最も地位が高いのは寺社奉行で、その定員は初め三人、一時は五人、通常は四名で、譜代大名より任じた。いずれも奏者番を兼帯する例であった。奏者番とは将軍に拝謁する者の進退に関する指揮、献上物披露などの儀礼を掌った役職で、その定員は二十六人または二十七人で、その一部をこの寺社奉行が兼任したのである。

町奉行は旗本をもって任ずるが、江戸町方の支配長官としてその権威は大きく重職とみなされた。その定員は元禄十四年（一七〇一）には三人であったが、享保四年（一七一九）以降は通常二人となった。その役宅は江戸町中の南と北（南とは今日の数寄屋橋、北とは呉服橋）の両所に設けられた。この役宅に因んで南北両町奉行、あるいは両番所と称された。しかし、両奉行所は別に管轄区域を設けて分割限定していたものではない。両奉行は月番制によって交替で江戸の市政（裁判を含む）を主管したのである。

勘定奉行もまた旗本の任で、その定員は、勝手方二人から三人、公事方二人であった。公事方・勝手方のうちいずれか一人は必ず道中奉行を兼ねた。

三奉行の属官として、

(1)寺社奉行には、寺社奉行吟味調役がいた。

(2)江戸町奉行には、与力（約二十五人）、同心（約百二十人）がいた。

(3)勘定奉行には、勘定番頭（そのうち若干名は評定所留役組頭と呼ばれる）がいた。そのもとに勘定（そのうち若干名は評定所留役勘定と呼ばれる）、また勘定支配などの役職があった。

＊この三奉行にはそれぞれ下役がついたが、これについて詳細は省略する。要するに市政の文治的機関であった。しかし、封建制度の特色として、役人はみな武人であったことには注意を要する。奉行はまた裁判を取り扱う。これについては以下に説明する。

この三奉行の管轄する裁判制度はとても複雑であるが、ここに大要を説明する。

寺社奉行は、吟味物（刑事に限る）では寺社奉行が直接支配する僧侶・神官の犯罪を裁判する。出入物（公事。およそ民事に近い）では寺社または寺社領人民が他の寺社領の人民を相手取って起こした訴訟を裁判する。

勘定奉行は、吟味物では代官所から差し出された事件、すなわち差出訴訟（訴訟するのが困難で代官所で裁判し得ない訴訟を、上級官庁たる勘定奉行に差し出したもの）を裁判する。出入物では代官所の支配にあたらない人民間の訴訟を裁判する。

江戸町奉行は、吟味物では江戸町人の犯罪を、出入物では町人相互間の訴訟を裁判する。時には武士の犯罪（御詮議）をも裁判する。

＊江戸時代では、訴訟を民事・刑事と区別せずに「吟味物」「出入物」と区別した。吟味物とは、告発または官憲の検挙による犯罪の裁判をいう。出入物とは目安（訴状）を相手方に送達する手続きをもって開始され、これに対して返答書を出し、ここに裁決が下されるものである。刑事でも、目安と返答書をもって訴える手続きをとったものは出入

物となる。従って、吟味物・出入物は民事・刑事の区別でなく、訴訟の形式による区別だった。ゆえに、同一の殺人罪でも、この形式や手続きの差によって吟味物にもなり、出入物にもなるのである。

三奉行は幕府の最高の裁判所たる評定所の幹部たる評定所一座を組織し、大目付・目付とともに幕府最高の裁判を行った。三奉行管轄違の出入物（公事）、例えば寺社・寺社領人民から江戸町人にかかる訴訟、あるいは江戸町人から御料人民にかかる訴訟などを共同で裁判した。これを評定公事という。この評定公事は原告を管轄している奉行に訴え出て、その奉行が御掛、すなわち主任奉行となり、その他の諸奉行が陪席裁判官となって、評定所が裁判する制度であった。

＊大名の私領と私領との間の訴訟もまた、この評定公事であった。この評定公事は合議裁判であった。注意すべきは、評定所は審級が上の裁判所というわけではなかったことである。ただ地位が高級であるというにとどまる。

三奉行はまた、老中の諮詢を受けて大目付・目付とともに裁判や行政事務の得失を評定することがあった。なかでも、勝手方の勘定奉行と目付とは、老中の機密な政務顧問を形成していた。

勘定奉行と目付は、徳川時代の人材登用の両途であった。勘定奉行は算数・文筆に熟達した小吏御家人から選抜・登用された者が多く、また目付は学芸の秀でた門地ある旗本から選抜されたから、この両職は自ずから優秀な人材が集まるところとなっていた。されば、幕末における政治の実権は、老中・勘定奉行・目付・奥御右筆組頭の四者に握られていたといわれるほどである。

## 第四節　御側御用人、御用取次

前述した諸官のほかに、将軍近侍の官で政治上の権力を有したものがある。そのなかで最も重要なものは、御側御用人である。これは表面上では将軍の秘書官で、大命を老中に伝達し、老中の意見を言上するものであったが、事実においては将軍の信任を得て、将軍から諮問を受け、意見を言上する機会が多かったので、その権威は重く、俗に朝廷の納言・侍従に比せられ、しばしば幕政を御側御用人の政治たらしめる現象を生じた。柳沢吉保・田沼意次はその例である。この官は譜代大名をもって任じ、定員は二名または一名、闕官の時もあった。

このほか、将軍に近侍する下級の秘書官には御側衆が数人おり、御側衆の一つに御用取次がいた（御側衆＝平の側衆＋御用取次）。老中から言上する公文書を将軍の前で朗読したり、将軍の指令を老中に伝達したりし、しばしば政治上の意見を上申する機会を有したので重職とみなされた。旗本がこれに任ぜられた。

## 第五節　大老、後見補佐、溜間詰衆

大老とは朝廷の摂関、鎌倉幕府の執権に相当する職務で、将軍が幼少または多病、そのほか事故ある時に、大政を仮摂するために置かれたものである。従って、老中から将軍に上申される政務は関知しないものはなく、時には将軍に代って裁決する権能を有した。将軍幼少の時は別に御三家、その他の御家門から後見職を選任し、または譜代大名のなかから補佐を任じる時もあったが、いずれも臨時のものにすぎない。溜間詰衆とは定日に溜間に出仕する四五人から九人の御家門および譜代大名で、大事あるときは老中と協議して、将軍に意見を具申する特権を有する一種の政務顧問官であった。

# 第四章　人民の階級

徳川時代における人民の階級は、公家階級・武家階級・僧尼階級・神職階級・平民階級・賤民階級の六種に大別できる。六種の階級は政治的、職業的、または社会的な諸原因により形成されたもので、必ずしも同一標準によって区別され得ない。また、相互に排他的階級であったのでもない。ただし、公家が武家に、武家が公家になることはできない。穢多が平民になることは禁じられたこともあったが、町人・百姓が武家になる道はなかったわけではない。反対に、武家が故あって町人・百姓になることはあった。以上の六階級のうち公家階級についてはすでに第一章で述べたので、そのほかの五階級について略説する。

## 第一節　武家階級

徳川時代においても、武家階級・武士階級と称するもの、いわゆる侍（士）と広く称した者には広狭数義ある。広義においては、将軍、諸侯、もしくは公家、その他の武士の家士として軍事的勤務に服するものを総称する。しかし、これよりなお広義に用いられることもあり、狭義に用いられることもあり、その分界・範囲ははっきりしない。便宜上、次の数種をもって侍（士）と汎称しようと思う。

**㈠士（最狭義の侍）**　この狭義の侍、すなわち士も、領分（藩）に従ってその資格を異にしているが、幕府法では中・小姓以上の資格を有する者を最も狭義の侍、すなわち士分とみなしている。

**㈡徒《か》士《ち》（徒）**　最狭義の侍に準ずべき歩兵である。

**㈢卒**　徒士の下位に位する歩卒で、一般に同心・足軽と称された。幕府には足軽はなく同心のみである。足軽は各藩にあるものであるが、各藩により名称を異にする。これにofficialな名称はない。通俗の本にこの字がある。

＊　明治初年には、華族・士族・卒族・平民と分れたが、後に卒族を平民と士族のいずれかに分けた。この卒族はここにいう卒にあたる。

**㈣従　僕**　これは狭義の士に奉公する下級の従僕で、若党・中間・小者があり、法律上は「軽き武家奉公人」と称した。彼らは戦時に主人の徒卒として出陣し、雑兵として戦闘に参加する。すでに室町時代の末から現われている。

㈤**郷　士（地侍）**　各藩によっては、平時には農耕に従事し、戦時には士と同じく軍役に服する一種の士があって、これを郷士と称した。

㈥**諸道奉公人**　儒者、医者、その他の学術・技芸（諸道）をもって将軍・大名諸侯に奉公して、士分待遇を受けたもの。これらは、必ずしも武士の出であることを必要としない。

㈦**小役人**　軽微な役人で、卑賤の職務に従う。元来は侍ではなく、平民でもない。武家より扶持を受けて奉公をなす点よりみて、武家階級に属するものとみられた。

以上に述べたものは、明治維新になって士族・卒族というものに分けられたが、これは卒以上を二分したためで、徒士に至ってはこれを上に入れ、また下に入れたこともあった。これは明治初年に一時的に存した区別である。

諸士卒のなかで、将軍に直属した者を「直参」といい、諸侯または将軍直参に従属した者を「陪臣」と称した。また、陪臣に従属する者を「又者」といって区別した。士卒には譜代と御抱（御抱入）との区別があり、譜代は世襲的に士卒たる者で、御抱入とは臨時に抱え入れたもので、このなかには事実上世襲を許した者と、純然たる一代限または一季抱入があった。

＊一代限の御抱入の者が死亡した時は、相続人は封を相続し得ない。すなわち、封建的相続は許されない。ただ御許を得て事実上の相続が行われることがあるのみである。

## 第二節　僧尼階級

普通の僧尼すなわち出家と、これに準ずべき修験（山伏）・虚無僧（普化宗）は、寺法・宗法に関しては第一次的には本寺または触頭《ふれがしら》の支配を受け、第二次的には寺社奉行の支配を受けた。また、刑法上特別な閏刑《じゅんけい》を持っている。以上二点において、特別の階級を構成していた。従って、奉行所でも平民より一等高い座席が与えられた。

## 第三節　神職階級

神主その他の社人には、触頭の制度はなく、特別の閏刑もない。しかし、侍と同様に名字（苗字）・帯刀の特権を有し、寺社奉行の支配下にあった。奉行所でも平民より高い座席が与えられる点で、特殊の階級をなした。

## 第四節　平民階級

平民階級とは、公家・武家・僧尼・神職の下に位置する農・工・商よりなる階級である。これに属する者は、特別な恩典による場合のほかは名字（苗字）・帯刀の権利を有せず、帯刀人に対して尊敬を表する義務を有す。ゆえに、帯刀者に対して無礼の所業をあえてしたときは、帯刀者はこれを切り捨てることができた。

平民は本籍および職業によって百姓と町人の二種に分けられる。

**㈠百　姓**　百姓は、地方に居住して村方人別に加わり、農業を主たる職業とする者である。

**㈡町　人**　町人は、町方に居住して町方人別に加わり、商・工を常業とする者である。

＊帯刀者が町人を無礼の故をもって切り捨てた時には、番所に必ず訴えることを要した。そこから町奉行を通じて検死をなす。もし侍の方が悪いことが判明したときは吟味された。すなわち、町人に無礼行為があった時のみ捨て置かれる。このように手続きは厳重であった。

## 第五節　賤民階級

徳川時代に賤民と称すべきものは、地方によって種々のものがある。法律上の地位が不明の者も多い。ここでは、そのなかで最も重要なもの二つをあげる。

### (一)穢《え》多《た》

中世の末以来、穢多の名称は種々の類似の賤民を包含するに至った。ゆえに、徳川時代にも地方によって多様な名称、例えば皮多・長吏・青屋・細工などの別名をもって呼ばれた。徳川時代には、法律上居住の自由を奪われ、特定の村落・地区に限って居住を許され、各地に存在する穢多頭の支配の下に分属した。地方によっては穢多頭の下に小頭・組頭があって、一村または数村の穢多を分掌した。穢多頭のなかで特別な地位を有したものは、江戸浅草にあった弾左衛門で、彼は関八州および近隣諸国の穢多頭の身分を世襲し、配下の穢多相互の訴訟を裁判し、また奉行所より有罪の穢多の引き渡しを受け、これを仲間法に従って行刑する。この行刑および裁判権は他の地方の穢多頭もある程度有していたらしい。

穢多はこのように特殊の賤民とみられてきたが、法律上の人格は享有していたので、制限的ではあるが財産取得能力も有していた。また、殊にある種類の細工およびその販売は実に人に除籍された。

穢多の特権に属した。穢多は平民となる道を有せず、穢多と結婚した平民は場合によって非

**(二)非　人**　徳川時代においては、非人は賤民のなかで穢多とは明確に区別された一階級を形作っていた。慣習上その文字のように「人に非ず」と解されはしたが、中世の「非人」とは違って法律上は十分な人格を有し、財産取得・享有能力を有した。非人には野非人と抱非人の二種類の区別があった。抱非人は非人小屋頭の配下に属し、抱人別に加わっている者をいう。野非人とは浮浪の非人で、組織に属していない。非人小屋頭の上にはさらに非人頭があって、抱非人総体を支配していた。

江戸には当初四人の非人頭がいたが、享保年間（一七一六〜三六）から四人ともに穢多頭の弾左衛門の配下に属せしめられた。従って、江戸においては、非人の裁判・行刑もまた弾左衛門の管轄に属することになった。

抱非人は袖乞・乞食をなすことを許されたが、同時に公役を課せられた。例えば、囚人の護送、行刑の補助、無宿の溜預（浮浪の徒を保護する所）、牢守などの職務である。また、地方では犯罪人の探偵・逮捕の義務を負った。抱非人は頭髪・服装で平民と同じくすることは許されていなかった。

非人身分の取得原因としては、(1)刑罰として平民から強制的に非人に編入されるものがある。これを非人手下《ひにんてか》という。(2)任意に非人となったものがある。この任意投入については、

親族などの引受人がある時は「素人《しろうと》」（平民）になることができた。この復籍を「足を洗う」といった。儀式があったのである。その他の者には復籍は許されていない。⑶素性（出生）という原因によるものもある。なお、江戸付近の野非人に対しては、江戸非人頭が制道廻りを派遣して差し押え（狩込）、抱非人に編入したこともある。

＊非人をこのように利用した点が、江戸幕府の巧妙なやり方だといえる。

㈢**准穢多非人**　以上二種の賤民のほか、身分よりいえば穢多・非人よりやや高いものの、生活・職業が卑賤とされたために社会的に賤しめられ、穢多頭・非人頭の支配下に属したものが地方にあった。例えば、猿飼・乞胸《むながう》（胸乞とも）〔乞胸、ごうむね〕・夙《しゅく》・簓《ささら》・茶筅《ちゃせん》・垣《かい》外《と》・隠亡《おんぼう》などであるが、法律上の地位は不明である。

# 第五章　地方制度

## 第一節　遠国役人

徳川時代には江戸以外の諸国・諸地方に関する政務を掌る役人を総称して遠国役人といった。これに属する各役人の設置の年代や目的、組織や職掌はその役によって異なり、もとより一様ではない。以下には概括してこれを述べる。

### 第一　所司代および城代

両者は駐在地方の警備と守護を主たる職務とする。いわば警備官である。

**㈠京都所司代**　慶長五年（一六〇〇）に置かれたもので、職名からいえば織豊時代の所司代と同一であるが、官制上の地位・目的は鎌倉時代の両六波羅探題にあたるものである。京都に駐在して皇城を守護すると同時に、皇室および公家を監視する任務を負う。寛文八年

（一六六八）以前には、京都市政を掌っていたこともあり、また正徳年間（一七一一～一六）の末までは畿内近国の裁判に関与したこともある。しかし、享保七年（一七二二）以降はこれらの職権を全く失った。もとの警備官に戻ったわけである。この職は地方官としてこのように重要な任務を負ったから、譜代大名をもって任じるのが例であった。なお、この所司代の管轄下には毎年数回、江戸の大番組から交代で派遣される二条城定番（城番、在番）二人が置かれ、ともに二条城の守備にあたった。与力・同心を付属した。

＊京都所司代は、今日の大使・公使のようなものだからである。

**㈡大坂城代、駿府城代**　大坂城・駿府城の守備長官で、前者は譜代大名から、後者は旗本から任ぜられるのが例であった。各城代の下には定番一名が置かれた。さらに大坂城代の下には、大番組から派遣される在番と、大名の巡役たる加番四人（大坂城加番）があった。駿府城代の下には、城下に駐在する勤番、ならびに大名・寄合衆より派遣された加番がいた。

**㈢甲府勤番支配**　甲府に城代を置いたこともあったが、享保九年（一七二四）以降は勤番支配二人を置いて甲府に駐在する勤番の旗本を統括し、甲府城の守備にあたらせた。

**第二　遠国奉行**

徳川時代、重要な都市や港湾には特に奉行を置いて、あるいはその地方の行政・司法を統轄させ、あるいは同時に特殊の任務を負わせた。

第一種、すなわち民政のため置かれたものとしては、

(1)京都町奉行
(2)大坂町奉行
(3)奈良奉行
(4)駿府町奉行
(5)大津奉行

がある。このなかで京都と大坂の両町奉行は、名は町奉行だが、実は法律上江戸三奉行の権限を兼ね有するものであった。京都町奉行は山城・大和・近江・丹波の四ヵ国の訴訟を、大坂町奉行は摂津・河内・和泉・播磨の四ヵ国の訴訟を管轄しており、奈良奉行もまた（本）町方と寺社方を兼ねていた。大津奉行は大津代官が兼職するのが例で、大津町の司法行政の民政を掌った。

＊　要するに、いずれも民政に関することのみを取り扱ったのである。

第二種、すなわち民政以外の特別の任務を有するものとしては、

(1)伏見奉行

(2)堺奉行（古くは堺政所）
(3)長崎奉行
(4)佐渡奉行
(5)山田奉行
(6)日光奉行
(7)浦賀奉行

などで、おおよそ慶長年間に置かれたものである。これらはいずれもその地方の民政のみならず、各々特殊の任務を負っていた。例えば、伏見奉行は伏見街道を警備し、堺奉行は堺港を管理し、長崎奉行は長崎港の防備と貿易を監督し、佐渡奉行は金山を管理して金鉱の事務を掌り、山田奉行は伊勢大神宮に関する事務を管轄し、日光奉行は日光廟に関する事務を掌った。浦賀奉行はもと下田にあって下田奉行といったが、後に浦賀に移って浦賀の海関事務を管掌した。以上のほか、幕末に設けられた新潟奉行・箱館奉行もまた、この第二種に属するものであった。

**第三　遠国代官**

幕府は、全国に散在する徳川家の御料地、石高総数四百十四万石（畑は米に直し、山や森林をも米に換算したものが高である。この換算方法については後に述べる）の領地を、数十の代官支配所（代官所）に区分し、各地区に一人の代官を置いて、その管轄区域の民政、殊に勧農・人別（戸籍）・租税・水利・道路・橋梁・土木工事に関する行政、いわゆる地方《ぢかた》の事務を担当させ、あわせて部内の風紀を維持し、民事・刑事の裁判を行わせた。

＊犯罪処理の手続きは、審理手続きと判決手続きとに分かれるが、代官は犯罪について擬律まではできるが、判決そのものは上級官職に申し上げなければならなかった。例えば、代官は死刑と擬律することはできるが、判決を出すのは老中で、老中の裁決によって死刑と決まった。代官は軽い犯罪と民事だけを即決し得た。

代官のなかで、特に広い支配区域を有する者や極めて重要な土地を管轄する者を郡代といった。例えば、関東郡代・上方郡代・（のちに美濃郡代・）大津郡代・西国郡代・飛騨郡代などである。およそ高十万石以上の地域を支配するものを郡代といった。郡代・代官の総数は時代によって異なるが、四十人程度から五十人程度を往来していた。郡代・代官はその支配所内に設けられた陣屋（屋敷、役宅）に駐在（在陣）して事務を執るが、関東地方の代官は江戸に駐在（在府）して事務を執った。郡代・代官には手付・手代・書役などの補助の吏があり、その一部は江戸に滞在し、他の一部は代官の陣屋に在勤したり、代官の在任地の出張陣屋に在勤したりしていた。関東地方の代官に属する手付・手代は、公事方勘定奉行の指揮を受けて、関八州の私領・寺社領・御料を巡回して犯罪人を逮捕する任務を負っていた。このような任務を有する者を関東取締出《しゅつ》役《やく》、俗に八州廻といった。

御料地のなかには、付近の地を知行している大名・旗本に特に管理を委任したものもある。いわゆる御預所（御預地）と称するもので、その性質は代官支配所と異なる所はない。

遠国役人
- 第一　所司代、城代 ― 第一種のもの
- 第二　遠国奉行 ― 第二種のもの
- 第三　代官（遠国）

郡代は代官と同じもので、郡代は代官の上級の官ではない。今日の三府知事が他の県知事より尊ばれるのと同じである。石高十万石以上を管理するものを郡代といっただけである。

## 第二節　市　制（江戸市制）

徳川幕府直轄に属する江戸・京都・大坂、その他の大都市には、それぞれ特有の市制が敷かれていたが、ここですべてを説明する遑《いとま》がないので、江戸の市制についてのみその組織の大要を述べる。

＊江戸・京都・大坂の市制はよく研究されて判明しているが、ここでは江戸の市制につ

いてのみ述べる。

### 第一　江戸御府内と江戸町方支配区域

江戸あるいは江戸御府内と称した地域は、時代によって変遷があるのみならず、その時代時代においても分界は不明瞭であった。しかし、いずれの時代においても町方支配の区域とは一致しない。

例えば、正徳年間（一七一一～一六）以前において江戸といったのは、北は板橋、南は品川、東は両国橋、西は四谷の大木戸の四地点以内の区域を称したようであるが、しかしこの区域のうちには町奉行の支配の外にある武家屋敷ならびに寺社の境内ならびに門前地も含まれていた。

江戸町奉行の管轄に属する土地には三種類あった。第一は、町屋敷である。古くはこれが唯一の町奉行の管轄区域であった。第二は、町並屋敷（地）である。これは、正徳三年（一七一三）に、従来代官の専管区域であった江戸周囲の百姓町屋を、その取り締り（警察）および裁判管轄に関して町屋敷に准ずる地として、代官および町奉行の両支配の土地と改めたものである。厳格な意味における江戸町には入らないものである。第三は、寺社門前地である。古くは寺社奉行の管轄であったが、延享二年（一七四五）には町奉行の管轄に移された。

ここに、江戸と町奉行管轄区域とはその範囲において接近し、天明年間（一七八一～八九）には御譜代の区域と町奉行支配区域とを全く同一にみなす解釈も生じるに至ったが、厳格な意味の江戸町は町奉行管轄に属する地のうち町屋敷と寺社門前地の二区域であって、江戸御府内にはなお、町奉行の管轄から独立した武家屋敷や寺社奉行の下にある寺社境内があったことを忘れてはならない。

### 第二　江戸町人の区別

江戸の町人は、地主・家守《やもり》（家主）・地借《ぢがり》・店借《たながり》の四つに分かたれる。このなかで地借・店借とは町屋敷の借地人・借家人のことで、地主・家守とは町屋敷の所有者のことである。このなかで自己の所有地に現住するものを特に居付地主または家持といった。従って、地主なる名称はしばしば狭義に用いられ、他の町に居住する地主のみを指したこともある。家守も元来は地主に代ってその所有地の町役を勤仕する地主の雇用人である。最も普通には、地主のためにその所有に属する貸地・貸家の管理を兼ねていた。今日の差配人のようなもので、同時に納税代理人である者を家守といったのである。

＊地主が他の町に居住したときは、自己の土地に家守を置かなければならなかった。このような地主とその代理人たる家守とは、地借・店借に対して経済上優位の地位を占めていたから、その報酬として公法上特別の義務を負担した。

第一に、町費は原則として地主のみが負担する。第二に、五人組に加入し、月行事の職務を担当する義務（五人組から出て町の事務を掌るものを月行事という）も家持と家守のみが負担する。第三に、地主・家守は種々の場合において地借人・店借人の行為について連帯責任を負った。

**第三　江戸市制の機関**

江戸市制の機関は三種類に分けられる。

**㈠町奉行**　これは幕府の官吏で、江戸町の行政・裁判を掌った。その詳細は前述の通りである。町奉行にはその補助吏として与力・同心がいた。与力は騎馬同心ともいわれて士分であり、同心は卒分である（与力は今日の警部、同心は巡査にあたる）。与力・同心は奉行の指揮を受けて江戸内の警察・市政を掌った。

**㈡町年寄**　これは町奉行と町役人の中間にあって、町奉行に付属する吏員である。町奉行の御触（布告）を町役人に伝達し、町役人を監督する。また、町奉行所の収入に属する運上（租税）・地代（江戸内の公有地を町奉行が管理して、これを町人に貸して地代を取った）を収納する事務を掌った。町年寄は慶長年間（一五九六〜一六一五）以来の由緒・沿革によって樽氏・舘氏（奈良屋）・喜多村氏（北村）の三氏がこの職を世襲し、各役所を置いて月番制で執務した。

㈢**町役人**　町役人は、いわば一町内の自治機関とも称すべきものである。広義では名主・月行事・年寄のほか、家守（家主）・五人組を含む総称であったが、狭義では単に名主・月行事・年寄の三者だけを指す。家守・五人組は間接的に町政に参与したにとどまるからである。

＊江戸全体についての自治の存在は認められない。江戸は各町に分れていたが、各町では極めて不完全ではあるが自治が行われていた。従って、江戸は各町から成立していたといえるのである。

⑴名主《なぬし》　名主は、江戸市中の一町から数十町を支配区域とする支配町自身の自治機関で、その職掌は複雑で繁多である。まず、異変・火災・風紀などの警察事務を始めとして、人別調・宗門改（人別・宗門は同一といってもよい。管轄が異なるのみ）といった身分登録、不動産の登記、訴訟の和解や補佐、証文証書の奥書加判、町触の布達、公役の督促徴収など、ほとんど町政全般にわたっていた。

名主は元来町人のあいだで選任され、町人の負担する公役の一種に数えられていたが、古くから特定の家の世襲するところとなり、特別の事由がある時に限って町内の家持のなかから互選させ、町奉行が任命する例であった。

江戸の名主の総数は、享保年間（一七一六〜三六）には二百六十四人、天保年間（一八三〇〜四四）の末になると二百三十余人になっている。時として一つの支配区域に二人以上の名主があり、月番または年番をもって町政をとるという町もあった。名主は町費から給料を受け、また町費をもって町代役・書役などの補助吏を雇用することができた。名主は往々傲慢に流れたので、享保七年（一七二二）以来、これを組合（徳川時代で取り締りをなす時には、いつも組合を作らせた）に分かって互に監督させた。

組合の数は最初十八組あったが（享保八年（一七二三））、後（寛延年間（一七四八〜五一））には二十一組と番外二組（吉原）、合せて二十三組に増加した。寛政二年（一七九〇）に組毎に肝煎名主二十三人を置かせ、天保二年（一八三一）にはこれを廃したが、別にまた組合世話係年番を置かせたのである。

ある町では名主を置かず、組合に町政を行わせたこともある。これを組合持の町といった。組合持の町は、天保十二年（一八四一）には六ヵ所、文久元年（一八六一）には十一ヵ所あった。

名主は元来、支配所の自治機関であったが、寛政年間（一七八九〜一八〇一）以来、町奉行から市中取締掛、諸色取調掛、町会所年番、その他の諸掛を命じられ、市政の一部を分掌したこともある。

⑵月行事　月行事は名主を補佐して一町内の事務を分掌する職で、その町内家持の五人組

が毎月交替で組合員の一人に担当させた。月行事に名主を代理させた町もある。これを月行事持の町といい、享保十四年（一七二九）には十九ヵ所、天保十五年（一八四四）には二十一ヵ所、文久元年（一八六一）には二十六ヵ所あった。

⑶年　寄　年寄は名主の下に補助吏として置かれたものであるが、これは一部の町にのみみられる例外で、一般的な町役人ではなかった。この町の年寄は前述の町年寄（江戸町年寄）とは異なるものである。

＊村においてもまた同様であった。自治は必ずしも西洋から入ってきたものではなく、根源は徳川時代からあった。明治初年に外国の制度を輸入したが、それが急激に発達し得たのは、そのAnlage〔基質〕が我が国にすでに存在したからである。

**第四　町人の負担**

町人の負担は二種に分けられる。

㈠**公役銀**《くやくぎん》　これは町奉行所から国役のない町屋敷に課した租税である。ただし、寺社の門前地は免除した。元来地主の負担に属する人夫役で、町屋敷の表の間口の長さを標準として課されたものであったが、享保七年（一七二二）に銀納に改め、かつ課税単位も改めて町地を三等に分かち、第一等地は表間口京間五間、第二等地は七間、第三等地は十間をもって一人役提供の単位とし、単位ごとに毎年人夫十五人の代銀三十匁を徴収した。この税は配賦税（割賦税）で、町奉行から各町に割配し、各町はさらにこれを町内の各地主に特定の標準によって配賦する。そして、町内配賦の際には、表間口の間数のみによる課税の不公平を避けるために、その町負担の公役義務を所有地二十坪（表間口一間、奥行二十間）、すなわち「一小間《ひとこま》」を単位として各地主に配賦した（公役小間）。

**㈡町入用**　一町内の費用は、これを町内の地主の所得である地代および店賃の一部をもって支弁させる原則であった。従って、町入用は原則として地主のみに課せられた。寛政年間（一七八九～一八〇二）以前には種々の徴収方法が行われたが、それ以後は上述の「小間割」によって徴収された。

町入用の費目は具体的には、名主の給料、町内雇人の給料、番屋（自身番、木戸番など）維持修繕費、消防費、異変費が主なもので、場所によっては水道費、祭礼費などであった。

## 第五　町会所

寛政二年（一七九〇、楽翁公（松平定信）の時代）、幕府は江戸町中の店賃・地代を引き下げる目的で、各町に対して町入用（町費）の節減を立案させた。当時これが高くて、店賃・地代を引き下げよとの声が高まっていた。町費は地主の負担で、地代・店賃をもって支弁していたからである。

しかし、幕府は中途でその計画を変更し、過去五ヵ年間の平均町費の年額と各町から新たに提案した減定町費の年額との差額を十分し、その二分（2／10）を地主の所得に還付し、その一分（1／10）を町費の追加に充て、残り七分（7／10）を毎年各町より積立金として新設された町会所に提供させ、別に幕府から下賜した一時資金と合せて町会所の基金とした。そして、この基金の一部を非常事変における罹災民救助料として囲籾《かこひもみ》の買入・貯蔵費と、平時における困窮者賑給費（救助費）に支出し、さらにその残額をもって家屋敷を担保（家賃）として市内需要者に貸し出し、その利子をもって会所の費用を補足するという制度を定めた。すなわち、寛政三年（一七九一）の「町会所七分積金」および「会所囲籾（穀）」の制度である。

＊白河楽翁公が市政に尽力した一例である。初めは減定町費年額を決めて地代・店賃を下げることを目的としたが、さらにその後に一歩進めて社会施設の確立にまで高めたのであった。二万六千七百七十三両余がこの両年額の差額であった。江戸幕府から一万両が下賜されたので、これを合せて三万七千両が町会所の基本金となった。ここに家賃とは家屋敷を抵当に入れることである。この方法によって基本金を増殖しようとした。

町会所は、町奉行と勘定奉行の監督下に置かれた一つの公法上の法人である。幕府が任命する役人（町方の与力・同心、また勘定奉行所属の吏員その他の御用達や年番名主）がこの事務を分掌した。この七分積金は明治維新後まで維持され、明治十二年（一八七九）に東京府会開設の際に区郡共有金の名義に改められた。文政十一年（一八二八）の計算によると、積立金は現金が四十六万二千四百両、貸付金が二十八万二百両余、籾が十七万千九石余に達していた。

＊今日の東京市庁すなわち元の府庁は、この積立金で建てたものである。そのため、一時はこの建物が府の所有か市の所有かで争われたこともあった。

### 第六　町の人格

徳川時代において、江戸町全体が自治団体を組織したことはなかったが、名主の支配する町々に至っては、独立の財産を有し、独立の債務を負うなど、法律上の人格者に近い一つの総合体（Gesamtperson〔総合人〕）を形成していた。例えば、町役人の詰所たる自身番（今日の交番）を町内持（持とは所持）とし、自身番の地代・店賃を町自身が支払い、あるいは町の名において幕府から土地を預り、拝借金を町の名で幕府から信金するなどの事実は、各町が人格者的性格を有したことを証明する。なお、この点については後述の村の人格を参考にしていただきたい。

＊江戸時代の町村が人格を有したかどうか、またいかなる程度の人格を有したかは問題

であるが、私はある程度人格を有したものと思う。

## 第三節　村　制

### 第一　村の区域

徳川時代においても、国・郡・村の三つの地理的区画は存続していたが、国と郡とはもはや行政区域たる性質を有せず、ただ村だけが行政区域たる意味を有していた。国・郡・村の総数は、元禄十年（一六九七）の計算では六十六国二島、六百三十一郡、六万三千百四十五村であり、天保五年（一八三四）では国郡数には変化はないが、村は六万三千四百九十三村に増加している。

この統計が示すように、徳川時代には村の分合がしばしば行われている。各村には村高があった。これは一村内の田畠・山野の総収益を米に換算した見積石高で、課税の基本をなし、また知行渡の標準ともなる（一千石の知行所の時、五百石の村二つとなる）。一つの村を二人以上の知行者に分給する場合には、これを分郷あるいは相給という（二給の村、三給の村とは一村を二人三人が知行する場合である）。この場合は、一村は二個以上の行政単位に分けられる。一村内の集落にして各村と同一の行政区画を形作っていたこともある。これは伝統に基づく。

**第二　村民の区別**

徳川時代において、村民とは村方人別に加えられている村内居住の人民である。これも種々の標準から区別される。

㈠**百姓、非百姓**　百姓とは農業を主たる生業とする人民で、村民の中核である。しかし、村にはこのほかに少数ではあるが僧尼・神官・職人・商人・穢多・非人がいた。これらが非百姓である。

㈡**本百姓、水呑百姓**　本百姓は村内に家屋敷・田畠を所有する百姓で、一に高持といった。土地には高が付いていたから、これを高持百姓ともいった。また、小作人に対しては地主と称され、村役人に対しては平百姓または小前と呼ばれた。村の入用費は本百姓がその持高に応じて負担すること（高割）が例であった。水呑百姓とは、村内に土地を所有せず、地主の田畠を借耕する小作人をいう。

㈢**地借《ぢがり》、店借《たながり》**　居屋敷を所有する本百姓に対し、借地・借家の百姓を地借（前地〔前地之者〕）・店借といった。

**㈣本高百姓、入作百姓**　一村の百姓で隣村に田畠を所有する場合には、居村《いむら》の方からみて出作百姓といい、田畠の地元村からみて入作百姓といった。入作百姓に対して土着の百姓を本高百姓または本村百姓という。

**㈤総領式、分付《ぶんづけ》、家抱《けほう》**　中世の総領分・庶子分の制度は、徳川時代には百姓の土地にその残影をとどめている。それが総領式と分付の制度である。「式」は元来「職」というべきものだが、徳川時代にはすでに「式」と書かれる例であった。分付とはかつての庶子にあたるもので、次男・三男で土地の分配を受け、年貢上納の関係においては総領式に代表された。もし分付が総領の召使・家僕であるときには家抱といった。地方によっては、分付・家抱を水呑百姓、すなわち永小作人の一種とみなしたところもある。家抱に類似したものとして庭子・名子《なご》というものもあったが、地方によりその地位や性質は異なっていた。

＊家主が、自己に永く仕えた下男に土地を一部与えて、総領の分付としたものが、家抱である。

**第三　村の自治機関**
徳川時代の村は町と同様に、不完全ながらその機関により一つの自治体に似た設備を形作っていた。その自治機関について述べる。

㈠三　役（村方三役）　村の最も普通の自治機関が村方三役と称するもので、名主・組頭《くみがしら》（与頭）・百姓代のことである。

⑴名　主　名主は、中世の名田所有者たる名主《みょうしゅ》から変化した職名で、上方地方では庄屋といった。庄屋は庄園の下司（庄司）から変化したもので、歴史的には名主と系統は異なる。上方の村役は庄園系統から、関東は名田所有者系統から転化したものである。

名主は一村の首長で、江戸町の名主と類似した職務を有し、人別調、宗門改（二つは不即不離の関係にある）、租税徴収、会計、勧農、土木水利、風紀取締、身分の登録、不動産登記、訴訟の和解・補佐、証書の奥書加判、布令の伝達などの職務を掌った。

この名主の職はいわゆる百姓役に属し、上方地方では村内の大高持に世襲させた。関東でも古く世襲の村はあったが、近世になって原則として一代限となり、例外的に二三の名家《めいけ》から年番を勤務させた村があったにすぎない。一代限の場合は現在の名主が死亡した時に総百姓に次の名主候補者を入札（選挙）させ、あるいは協議をもって推薦させて、代官がこれを正式に任命するのが例であった。名主は村によって、あるいは給米を受け、あるいはそれ以外の引高の特典に預かった（引高とは、十石の土地を有した場合、二石の引高があると、残り八石を標準に課税物件として租税がかけられる）。名主は他の村役人とともに村を代表し、また種々の場合に村民の行為につき連帯責任を負った。

⑵組　頭（与頭）　組頭は上方では年寄といい、またある地方では長百姓とも称された。

名主の補助吏で、村によっては数名あり、算筆に通じた百姓のなかから総百姓の入札または協議によって選定する。組頭には通常は給米はなく、引高の特典のみを受けた。

(3)百姓代　百姓代は地方によっては脇百姓ともいった。これは総百姓に代って名主・組頭の執務を監督する村方の目付で、大高持のなかから選定された。給米・引高の報酬を受けることはなかった。

**(二)百姓寄合または村寄合**　村民の利害に関する重大事件があるときには、名主は百姓の総寄合を招集して協議した。例えば、年貢の配賦、村入用の勘定、村借金、村訴訟、村極《むらぎめ》などの場合である。しかし、この寄合は特定の組織や権限を有したものではない。今日の村会にあたる。

**(三)大庄屋、割元、総代**　古くはある地方で、数ヵ村を支配するために大庄屋または割元を置いて、村々の名主を監督させた。また、数ヵ村の代表者として総代を設けたこともある。しかし、このような施設は村民の負担を増し弊害を生ずる例があったので、正徳三年（一七一三）以降は、特別の必要がある地方を除いて一般には廃止された（法令は徳川領（天領）のみの廃止をいう）。

## 第四　村極《むらぎめ》

村は今日の意味での立法権はもたなかったが、村民全体が互に規約を結んで村政の規範としたことは多い。これを村極（村議定書）と称した。この村極のなかには自治警察に類する事項を規定しているものや、軽微な刑罰を設けているものもある。これは村民間の契約という性質を有するものであるが、将来の村民をも拘束する点において村自身の立法であると考えても差し支えない。

＊法のことをpactus〔協約〕とか約束とかと表現したことは、西洋でも多く見受けられる。我が徳川時代の村極もまたこの種の約束で、ごく原始的な法律の形態である。

**第五　村入用**

村は村政執行の必要費用を村民から徴収することができた。例えば、役人給料・警察費・土木費（自普請）・水利費・訴訟費・祭礼費のようなものである。これらの費用は村民が有する土地の高に応じて高割に賦するのが通例であった。ゆえに、大概は高持百姓の負担に属したが、土地の状況によって、あるいは村極によって、ある種の入費を人別割または家割としたこともある。

**第六　村の組合**

村は用水・土木のために、関係数ヵ村の間で任意に組合（村議定）を締結したことがある。このような場合には、関係数ヵ村の間に常に議定書の交換があった。このほか、地方行政・警察の補助機関として、幕府から強制的に取り締りの組合組織を作ることが命じられたこともあった。

**第七　村の監督**

幕府御料地の村々は、郡代、あるいは代官、勘定奉行の監督に属していた。幕府の村方百姓に対する行政は常に後見的で、衣食住・婚礼葬祭の類に至るまですべて干渉し、いわば後見人的監督をなしていた。従って、徳川時代の一村は一大家族の観を呈し、村民は相互に扶助することに努め、村役人も村政のみならず村民の私事にまで干渉した。

**第八　村の人格**

徳川時代には、村は租税法上で納税の一主体を形作っていた。訴訟法上においても自ら訴訟行為の主体となり、私法上においても村持の土地（村総持、惣村持）を所有し、村の名で他村と規約・契約を締結し、借金をなして債務を負うことができた。これらの点からみると、徳川時代の村は独立の法人格を有したようである。しかし、他方では村の負担をもって村民総体の共同負担とみなし、村持の土地・財産をもって村民総体の共同財産とみなし、村の債務をもって村民の共同債務とみなす思想も存していた。この両面の現象を綜合して考えるとき、徳川時代の町村はドイツ中世法におけるいわゆる Genossenschaft〔組合〕

Korporation〔社団〕に類似した法人の一種で、ドイツ学者のいう実在的総合人 reale Gesamtperson とみて差し支えない。

＊ 中田「徳川時代に於ける村の人格」（『国家学会雑誌』三十四巻八号、大正九年）、同「明治初年に於ける村の人格」（『国家学会雑誌』四十一巻十～十二号〔一九二七年。共に中田『法制史論集』第二巻に再録〕）参照。ローマ法では三人で法人を作ると、これと関係ない第四人目の空な法人ができることになる。それに対して、ゲルマン法では三人がそのまま法人となる。第四の主体が誕生するわけではない。三人の人格そのもので組織される。従って、一面からみれば Einheit（単一性）、他面からみれば Vielheit（複多性）である。これらを同時に備えたものが Gesamtperson である。総合人は財産を Gesamteigentum として総有する。Genossenschaft はローマ法系の persona ficta〔架空の人物、法人〕すなわち Einheit のみを有する人格に対立するドイツ法流の法人なのである。

## 第四節　宿　制

大化改新の際に駅馬・伝馬の制が設けられたが、その詳細は不明である。大宝・養老二令によれば、全国の諸道を大中小の三路に分類し、各道に特定里数ごとに駅家を立て駅戸を置いて、官用旅行者の使用に供した。中世においては、幕府や分国国主が要路に宿駅を置いて、付近の人民に伝馬および人夫を課し、公用旅行者に供給した。徳川時代の諸街道の宿は、実にこの中世の宿駅の後身で、それを制度的に整備したものである。

徳川時代に宿と称したものは街道に沿った町村のことで、常に特定数の人馬を準備して、公法上特定の交通、すなわち公用旅行者および特権旅行者のために継立《つぎたて》・人馬を調達し、かつ休泊・川越を準備し、また御用状、御用荷、その他特殊な荷物を逓送する義務を負担した。

徳川時代に最も重んぜられた街道はいわゆる五街道で、東海道・中山道・日光街道・奥州街道・甲州街道で、各街道の宿々はいわゆる宿人馬を準備する義務を負った。備え付けの人馬は街道によって定数があった。例えば、東海道では宿ごとに一百人・一百匹、中山道は五十人・五十四、その他は二十五人・二十五匹と定められていた。これらの人馬は宿から宿内の屋敷所有者に伝馬役・歩行役《かちやく》なる名義で賦課される制度であった。これらの負担を負う屋敷地は他の租税を全免された。

明暦年間（一六五五〜五八）の頃から、次第に助郷《すけごう》なる制度が発達した。これは従来交通が頻繁な宿々で備え付けの人馬の不足が告げられたので、その不足を補う目的で付近の村々に対して特定数の人馬を補充させた制度である。当初は助郷に二種あって、第一は、平常から宿に対して予備的に人馬を供給する義務を負っている村で、これを定助郷といった。第二は、大通行（朝鮮の使者が東海道を上る時など）の際に臨時に人馬を補給する義務を負っている村で、これを大助郷といった。後世にはこの区別は廃され、すべて定助郷となった。

この宿の人馬は公用旅行者および特権旅行者に限って使用することができたもので、人馬の数もその任務や身分によって特に定まっていた。定数内の人馬の使用には相対賃銭を支払うことを要せず、低廉な法定賃銭を支払うのみでよかった。また、特別に重要な任務を帯びた公用旅行者には、幕府から身分に応じて御朱印状（御目見以上の身分の者）または御証文（老中が捺印して出す。御目見以下の身分の者）を付与して、宿人馬の無償使用を許した。特殊の荷物類もまた御朱印状や御証文付の時は無償、その他は貫目（重量）に応じて法定賃銀を支払った。このように宿は種々の負担を有したから、しばしば幕府から補助金を下付した。

＊宿は町村が本体であるから、王朝時代の駅のような単なる役所ではない。御朱印状・御証文を持っていく時には、御先触が先に行き、人馬を予め準備させた。従って、御朱

印状を有した者は大いに権威があった。また、御朱印状を有する者は、特定の人馬で足らない時には、その不足は相対賃銀で雇った。

徳川時代には諸方に高札があり、ここに賃銀が書いてあるが、これは法定賃銀であって、相対賃銀ではないことに注意すべきである。

以上の諸街道の宿のほかに、江戸市内で宿と同様の負担を負った町が三つあった。大伝馬町・南伝馬町（四谷）・小伝馬町である。このうち大伝馬町と南伝馬町は御朱印・御証文付の人馬を供給する義務、御用状・御用荷物の継飛脚などの役割を、すなわち当時の道中伝馬役と総称されるものを負担した。他方、小伝馬町は江戸幕府の公用運送の人馬を調達する役割、すなわち江戸伝馬役を負担した。従って、この三町には幕府から種々の特別な費用の補助が与えられた。

＊南伝馬町と大伝馬町とは月番制であった。

各宿には往還事務を掌るために問屋・宿場年寄などの宿役人が置かれた。これらは通常その宿の町村役人が兼任した。五街道およびその宿々は道中奉行の管轄に属し、その他の脇往還は勘定奉行の支配に属していた。

＊徳川時代における往還事務とは交通事務のことである。この時代の宿と王朝時代の駅との間には何か関係があったらしいが、これは詳らかでないのでその説明は省いた。

## 第五節　五人組

「五家相保」すなわち五保の制度は王朝時代の末に廃絶したようで、中世にいかなる運命を辿ったかは不明である。しかし、中世の末になってこの制度の精神は復活し、いわゆる五人組あるいは十人組なる組合が再び出現する。「里見家法度」をみると、すでに慶長年間（一五九六〜一六一五）以前に安房国の里見家では平民の間に五人組を編成させている。豊臣秀吉もまた慶長二年（一五九七）に近江国の一部に命じて、武士に五人組を、平民に十人組を編成させ、もって犯罪を検察させた。実際に近江国のみでなく畿内諸国にも同様の命令が発せられたらしい。このうち十人組なる制度は、徳川時代の初期、寛永年間（一六二四〜四四）の頃まで、少なくとも京都の町人の組合として保存されたことは疑いない。その後は次第に五人組なる制度が京都その他の幕府御料地の人民間にも広がり普及した。

徳川時代における五人組は、村方または在方においては本百姓・地借・店借など最寄五家ごとに組合を置き、町方においては地主および家守を町並に五家ずつ編成し、別に店借人だけで編成させる特殊な五人組も古く江戸町では存在したが、寛政年間（一七八九〜一八〇一）以降は廃絶した。

五人組は五家を組み合わせるのを原則とするが、土地の状況によっては五家以上を含む場合もあった。徳川時代の五人組もまた、王朝時代の五保と同じく互に非違を戒め、法律上相互に補助させることを目的とした組合であった。従って、組合員は種々の犯罪について連帯責任を負い、他の組合員の訴願届出の書類に加判し、また組合員の私法的行為にも参加して、その立会人、証人、請人、または補佐人となった。

五人組の一人を組頭（与頭）とし、組合内の事務を主宰させた。寛文年間（一六六一～七三）の頃から、幕府御料地の各村には代官から「五人組御仕置帳」、一名「五人組帳前書」と称するものが配布された。これは百姓に関係した幕府の法令の大要を記したもので、村々の名主は毎年定期的に百姓を招集してこれを朗読し、百姓にその帳簿に連署させたうえで代官所に提出する定めであった。ただし、町方ではこのような慣例はなかった。この五人組御仕置帳の文言は年代により、地方により精粗があって多様である。また、国により内容・文言にも相異がある。後世、御料地に最も広く用いられたのは、代官の山本大膳が天保七年（一八三六）に編纂し印刷に付した「五人組帳前書」である。

＊穂積陳重博士（一八五六～一九二六）の『五人組法規集』（穂積奨学財団、一九二一年）には「五人組御仕置帳」がよく集めてある。この「前書」にある法規は、幕府の出した単行法の内容を採って書いたものであるから、幕府の法令そのものではないことに

注意すべきである。五人組はキリシタンの取り締りのためにも利用された。また、浪人の取り締りに利用されたこともある。

# 第六章　土地制度

## 第一節　検地制度

徳川氏は、慶長・元和（一五九六〜一六二四）の際に諸国の検地に着手した。その時に再び方六尺を一歩（坪）とする制度を復活した。豊臣氏の時に始められた三百歩一段の制度も依然として存置したから、一段の面積は太閤の制度に比して一層の減少をみる結果となった。その後、寛文・延宝（一六六一〜八一）の頃から天和・貞享（一六八一〜八八）に至るまでの間に、諸国の検地を継続し、元禄七年（一六九四）に飛驒の検地を行う際には「検地条目」なる成文法を作り、享保十一年（一七二六）に関東地方や大和の検地を行う際には「修正検地条目」（「新田検地条目」とも）を公布した。ここにおいて検地制度が十分に整備された。検地の目的は、租税徴収の基となる土地の段別標準収穫の測定にあった。その手続きは、次の三つに分かれていた。

＊検地は困難なもので、後には西洋の測量機を用いている。計算は珠算で行われるので極めて難しいのである。

㈠測　量　これは田畑・屋敷地を実測する手続きである。

㈡位《くらい》付《づけ》　これは田畑に上・中・下・下下の等級を付ける手続きである。

㈢石《こく》盛《もり》　これは田畑・屋敷地など土地の収穫をすべて米で評価する方法で、「斗代」すなわち一段の分米をごく簡単な数字をもって表現する手続きである。すなわち、上田一段で籾三石を得ると米五合）に従って米に換算すると一石五斗となる。これを上田一反の斗代とした。そこで、上田一段の石盛を十五と表記し、中田以下の石盛は「二つ下りの原則」（劣ること）に従って二分ずつ逓減し、中田十三、下田十一、下下田九と表示する。これが石盛の方法である。

畑の石盛は古くは「田畑六分違の原則」によって、中田石盛の十分の六を上畑の石盛とする制度であったが、後世には中田の石盛を直ちに上畑の石盛とすることが普通となった。中畑以下に「二つ下り（二つ劣り）の原則」としたことは田地の場合と同じである。屋敷地はおおむね上畑に準じた。

＊六分違の原則がどうして出てくるか、珠算で行われているので計算の方法は不明である。

以上は石盛の標準、検地の原則であるが、実際には地味の甲乙やその他の理由によってこの標準から出入があることを妨げなかった。村により上田が十三位の所もあり、上田が十六位の時もあったのである。また、享保の「修正検地条目」以前は、一段の収穫籾三石の二割を種子・農具・肥料の費用として引き去り、残りの二石四斗の半摺一石二斗をその分米として上田の石盛を十二度と定める法であった。享保以降はこの二割引制を廃止した。

このほか、山野に高を付して高を米に見積る制があったが、これには特別の標準はなく、土地の状況により見込みによって付した。

石盛は田畑・屋敷地の高を表示するもので、一村内の高請地の段別に各等級石盛を乗じて得た数字、これらを加えた総計を「高辻」（辻とは総計のこと）の高といった。この高辻は、その村の本途地（山野に対して田畑・屋敷地を本途地という）の高であって、これに山野の高を加えると一村の「村高（草高）」が算出されるわけである。

| | | | | | |
|---|---|---|---|---|---|
| | 上田 | ○○○○（段） | × 15 | ＝○○○○ | |
| | 中田 | ○○○○（段） | × 13 | ＝○○○○ | |
| | 下田 | ○○○○（段） | × 11 | ＝○○○○ | |
| +) | 下下田 | ○○○○（段） | × 9 | ＝○○○○ | |
| | | | | ○○○○……高辻 | |
| | | | | +)　○○○○……山野ノ高 | |
| | | | | 村高 | |

## 第二節　土地所有権

徳川時代には、所有権のことを動産・不動産を通じて一般に「所持」と称し、所有地のことを「持地」といい、所有者のことを「持主」と称した。土地の所有主のことは「地主」、また土地の種類に従って田主・畑主・山主と称したが、いずれもその土地の持主たるに異なることはなかった。

王朝時代の末以来、中世を通じて不動産物権を意味した「職」（式）の観念は、徳川時代には多少の根跡をとどめるだけで、一般的観念としては消滅した。小作のことをある地方では作職といったこともあるが、ただ地方的用語にすぎない。また、所有田畑を名職といったこともあるが、これも地方的名称にすぎなかった。

また、不動産物権の行使、土地の私法的支配を意味した「知行」「領知」の観念も、徳川時代初期までは存続していたが、後世には単に公法的な租税収納権、すなわち封与地から年貢諸役を徴収する権利、およびこれにともなう公法上の権利（領知権）の行使のみを指すようになった。所持権その他の物権の行使については、全く用いられなくなったのである。従って、所領の観念もまた変化を受けた。

しかし、少なくとも不動産の所有権および永代小作権が目的物の上の支配権であるという思想は、徳川時代にも依然として存続した。すなわち、田畑の売主が売渡証文に「貴殿永々御支配可レ被レ成候」といい、また永代小作の証書において地主が小作人に同様に「永々御支配可レ被レ成候」という文言を記載している例がある。

所有権は目的物の支配権のなかで最も完全なものであるが、徳川時代の土地所有権は概して制限的で、いわゆる自由所有権はわずかな土地についてのみ認められていた例外であることは、王朝時代の土地所有権と類似している。以下、制限的所有権と自由所有権について分けて説明する。

＊日本の土地所有権については異論が続出した。法制史家の通説ともいうべきは、土地の国有説であった。私は制限的所有権と自由所有権があると論じてきた。当時の人が土地を所有すると確信したか否かから、これが所有権であるか否かを考えなければならない。大審院は売買禁止を理由として徳川時代に土地所有権を認めずという理論を採っていたが、私の説を容れて大正八年（一九一九）頃から大審院の態度も変ってきたが、いまだに曖昧である。

徳川時代には、所有といわず所持といった。明治五年（一八七二）の地券にも所持なる語が用いられている。今日この所持をretentio《保持》と解しているが、これは後世になってretentioという語にあてたにすぎない。本来は所有である。

## 第一　制限的所有権

**㈠拝領地**　これは将軍から下賜された土地で、極度に処分の自由が制限されたものである。すなわち、拝領地は幕府の許可を得て相対替をなすこと、すなわち拝領地と拝領地とを合意の上で交換することはできたが、このほかに売買・贈与・質入をなすことは禁じられた。

**㈡百姓持高請田畑**　検地によって高を付された田畑で百姓の所持に属するものは、寛永二十年（一六四三）の法律で永代売買を禁止され、それ以来その禁令は明治五年（一八七二）まで原則上は維持された。寛永二十年にこのような禁止令を出した理由は明らかでないが、後年に『公事方御定書』を編纂した際の関係材料に徴すると、この禁令は全く百姓がその家産である田地から離れることを防止する趣旨に出たものであったらしい。

この永代売買の禁止令は、幕府の御料地の人民に対して発したものであったが、各大名の領分でもこれを真似たものもある。しかし、稀には百姓の永代売買を公許した所もあった。例えば、水戸藩はその例である。

この禁令は表面上厳格であったが、経済的需要に反するものであったために種々の方法で回避され、高請百姓地の永代売買は事実上行われていた。その最も普通の方法は、由緒譲・好身譲などの名義で、あるいは祝金・樽代金などの名をもって代価を受けて土地を移転する方法であった。そのほか、質入・年季売などの方法も利用された。幕府も永代売買とみなすべき文言がみえない限りは黙許していた。

＊このように、百姓地についてはすべてが永代売買を禁ぜられていたのではない。これを人々は見誤っている。また、永代売買が禁じられたゆえに田畑について土地所有権がなかったとするのも、全くの誤りである。所有権の自由は近代において現われたものので、種々の制限は存し得たのである。売買が禁じられても、贈与・相続は可能であったのだから、所有権を全く否認することはできない。華族の世襲財産が売却譲渡を禁止されたからといって、その物の所有権を失わないのと全く同様である。

人民は由緒譲をなした。譲とは贈与、由緒譲とは親戚・縁故ある者に贈与することである。この場合、代価ということはできないので、樽代として事実上は売買をなしたのである。

このように、百姓持高請田畑の永代売買は禁止されていたが、無償の譲渡すなわち譲与は許されており、殊に子孫に対する譲与は全く認められていたが、譲渡の場合においても、百姓持の高請田畑は分割方法で制限を受けた。すなわち、分地をなす場合には、譲渡分と残留分ともに高十石・段別一町以下には分割することを許さないという規則であった。あまり小さく分けると租税が少なくなるからである。従って、高二十石・反別二町歩以下の田畑の所持者は分地できなかったが、享保七年（一七二二）にはこの制限を単に残留分についてのみ存置し、譲渡分については完全に撤廃した。

**第二　自由所有権**

**㈠町屋敷**　徳川時代において移転・処分の自由が広く認められた土地は、町屋敷である。これは町にある屋敷地をいうが、売買・質入の自由が認められている土地であるから沽券地ともいった。徳川時代で最も自由で完全な所有権であった。

**㈡新　田**（**新開、開墾田。高請なき百姓持田地**）　徳川時代には、個人または団体の所有に属さない無主の原野は、幕府またはそこを支配する地頭・領主の所有に属するものとみなされていた。個人が開墾して田畑・屋敷地とする場合には、これらに出願して許可を得て、付近の田畑・入会地・用水に妨げがない限り地主権を取得する。ある時代には幕府は開墾を奨励し、このような新開地を新田と総称した。新田は開墾して一、二年の間〔三〜五年の例が多い〕、すなわち鍬下年季の間は高を付さず、従って租税を課さず、ただ地主権を取得した代償として幕府または地頭・領主に地代金（今日の地代でなく、土地の代償の意）を上納させるにとどまった。そして、鍬下年季を経過した翌年に検地を行って高を付す制度であったので、それまでの期間においては百姓持の土地でも永代売買の自由のあったことは町屋敷と同じである。

**㈢百姓持以外の高請田地**　例えば、浪人・武士などの所持する田地は、禁令の範囲外に属して、永代売買が許されていたことは町屋敷と同じである。

㈣山　林　百姓持と百姓以外の持とにかかわらず、山林地は持主が任意に売買することができた。

## 第三節　割地制

幕府の御料地ならびに大名の知行する私領に属する村々のなかには、まれに割地という制度を行っていたところがあった。これは一村内の田畑・屋敷・山林またはその一部を、ある年季ごとに特定の標準に従って村内の百姓に分配使用させ、特定年限経過の後にはさらに更新するという制度であった。越中・越前・尾張・伊予・伊勢などで行われていた割地制は特に有名である。

割地制の起源については議論があるが、これが古代の口分田の遺風であるという論は根拠がない。地方によって発生の原因は異なっているらしい。ある地方では共同開墾に源を発し、あるいは水腐地（水がついていて誰も持ち手のいない場所）の損害を村民間で平分するという趣旨に出たものもある。あるいは村民間に租税の負担を公平ならしめる目的をもってなされたものもある。金沢藩の割地制は有名である。大名から割地を命じたものである。画一的で共通的な原因によったものではないらしい。

＊割地の所有は合有 Gesamthand である。ゲルマン民族その他の原始民族における土地共産制のなかに、この割地制が行われていた形跡はあるが、我が国の割地制は徳川時代に前後して生まれたもので、古代の制が残っているわけではない。起源が明瞭にされているのである。

## 第四節　土地収用（上地、上知）

幕府は必要に応じて一私人の所有地を強制的に収用（上納）し、すなわち「上地《あげち》」して、御用地に供する権利を有していた。「御料地召上」という。この場合に幕府は必ずしも地主にその報償を与える義務を負わないのが慣例で、当初は何らの報償も与えなかったが、享保十九年（一七三四）以来、地代金または代地を、また場所によっては引移料を下賜することが例となった。

## 第五節　小作権

中世では小作のことを作手職・作職・百姓職などといったが、中世の末に小作という語がみられるようになり、徳川時代には地方で作職の名称も残ってはいたけれども、一般には小作と称するようになった。しかし、地方では下作・入作・請作・御作・水入・散田・掛請・掟作など種々の名称があった。

徳川時代の小作は、大別すると名田小作と質地小作との二種に分けられる。質地小作とは、その名称が示すように質入した土地の小作のことで、質入した地主または第三者がその土地の質入期間、その土地の小作人となる場合である。質取主は自作せず、質入主が第三者に依頼して小作させることも多かった。名田小作とは、地主が自己の所持する田畑を他人に小作させる場合で、最も普通の方法であった。この名田小作にも三種あった。

**(一)無年季小作**　これは期限を特約していない小作で、地主はいつでも回収する権利を有した。従って、小作証文のようなものはこの種類の小作には用いないのが通例である。徳川時代には田地を小作することを預小作といった例があるが、小作地は預地の一種で、元来は預主の請求次第、いつでも返還しなければならない土地であった。小作人はその小作権を他人に譲渡し、あるいは又小作をする権利を有さないのが普通である。

**(二)年季小作**　地方によっては小作に年季を定める慣習があった。通常は一年季で、三年作(三年季)・五年作というように短期の期限を付し、稀には十九作の小作といった長期のものもあった。この契約には小作証文を用いることが通例で、短期の小作でも年季が経過して期限の到来した時には、旧小作証文に従って契約が更新されるのが例であった。しかし、年季中でも小作料滞納がある時には、地主は小作地を回収する権利を有した。小作人は原則として小作地の譲渡、又小作の自由を有しなかったが、長期の小作の場合にはこれを許した地方もある。

㈢**永小作**　徳川時代には永小作を認めなかった地方もあるが、多くの地方では永小作が行われた。永小作の起源には、少なくとも四種をあげることができる。

⑴開墾永小作　幕府や領主の特許を受けて荒野の開墾を請け負った者は、しばしば多数の農民と契約して部分的開墾に従事させ、その報酬として開墾田畠の一部の永小作権を与えたことがある。これが開墾永小作である。

⑵留保永小作　これは稀な例であるが、所持地を他人に譲渡する際に譲渡人が永小作権を留保した場合で、中世に行われた永小作権留保の土地寄進の後身である。

⑶貸付永小作　これは地主が最初から土地貸付契約に永小作権を設定した場合である。

⑷長年季小作（准永小作）　幕府法では、小作人が同一の田畑を事実上二十年以上継続して小作している場合、すなわち同一小作人と同一地主との間で同一田畑で二十年以上継続する小作関係があった場合には、これを永小作とみなす規定であった。ただし、この年季は地方により十年あるいは十五年、また四十年あるいは五十年と定めている例もある。ある地方では、いかに長期間続いていても永小作とならないとする所もあった。

＊永小作となったときには、これを追い出すことができない。従って、二十年継続して小作させることを嫌って中断した例が多い。

以上の四種の永小作を通じて、小作料の滞納や小作人に著しい違法行為がない以上は、地主は自由に小作地を回収することはできない。また、地主が変転した場合でも小作権（小作株）は新地主に対抗することができる。小作人は小作株を自由に他人に譲渡し、又小作にすることもできた。しかし、この二点に関しては、これに異なる慣習が行われた地方もある。

小作の目的物は通常田畑であるが、地方では山野から薪秣《まきまぐさ》・葭萱《よしかや》・牧草を取る山小作、また塩田小作などもあった。山小作は地方によって請山（年季小作）・卸山（永小作）と称した。これは村と村との間の小作である。

小作人は必ず小作料を収めねばならない。その小作料は、地方によって作徳・入立米・入上米・年貢米・加地子・加調（加徴）・当口米などといった。小作地に課せられる公の租税・諸役は、特約のない場合は地主が負担するが、永小作のときは多く小作人の負担となっている。小作料または公租を滞納したときは、地主は小作地を回収する自由を有したが、永小作の場合には裁判所は小作人に重大な罪過がない以上は小作料だけの済方《すみかた》（弁済）を命じ、小作地を容易に回収することを許さなかった。

徳川時代の永小作権が物権であるか債権であるかは一概にはいえないが、純然たる永小作が下級所有権の性質を有するようにみなされた地方もある。また、長期の小作権でも下級所有権の性質を有したと思われる事実がある。最も有名な例は土佐の永小作で、十九作を最長としたが、小作人は年貢・諸役を負担し、小作株譲渡の自由を有した。従って、他の地方の永小作と同視してよいもので、この地方では永小作の権利が設定された土地の地主のことを底地持、永小作人のことを上地持と称した。いわゆる分割所有権（支分所有権）の思想を表したもので、底地持は上級所有権にあたり、上地持は下級所有権にあたる。

## 第六節　地上負担（Reallast）

中世の史料にしばしば現われる上分地利寄進（本家寄進）の契約は、徳川時代にはほとんど絶えた。しかし、ある地方では地主が特定の資本金を受け、これを返済する代りに資金を融通した者のために自己の田畑から特定金額を収納する永代的権利を設定したことがある。ちょうどドイツで行われた Rentenkauf〔定期金売買、地代売買〕の制度にあたる。このほか、領主から特典として他人の所持地から毎年ある金額を収納する権を譲与された例もある。以上二つの場合においては、収益権は土地の上に固定し、その土地が何人の手に移転してもその収益権は存続する。

＊ 中世のドイツ・フランスには種々の Reallast が行われていた。その一種に都市 Stadt

で行われていたRente〔定期金、地代〕がある。ドイツの都市では商人が土地と家屋とを有していた。商人が資本を要求するとき、銀行のようなものがない。一方で、都市の金持ちは投資することもできない。そこで、資本家から商人が金を受け取り、その代りに資本家に商人の土地から一定のRenteを取ることを認めた。するとRenteは土地に固定してしまうから永久に土地についてまわったのである。これをRentenkaufという。Renteに関して私の論文がある。中田「徳川時代の物権法雑考」(『法学協会雑誌』四十七巻五・六号、昭和四年〔中田『法制史論集』第二巻に再録〕) 参照。

## 第七節　入　会

徳川時代の入会権は、一村または一集落の住民が、自己の村落の持地、あるいは他村落の持地や個人の持地において、薪秣・下草を採取収得する権利であるが、その実質および行使の範囲については種々の慣習法があって、地方により異なる。ここでは詳細は省いて、形式上の分類と権利の性質について一言するにとどめる。

徳川時代に行われていた入会の形態を分類すると、次の五種に分けられる。

(1) 村持地入会　一村落の総持地にその村落の住民が入会う場合。

(2) 数村持地の入会　数村落の共有地、すなわち合手的な共有 (Gesamthand 合有・合手）に属する持地に各村落の住民が入会う場合。

(3)他村持地入会　ある村落の総持地に他村の住民が入会う場合。

(4)地頭持地入会　一村の住民が地頭の所持林（地頭林）に入会う場合。

(5)私人持地入会　村民が一私人の持地に入会う場合。

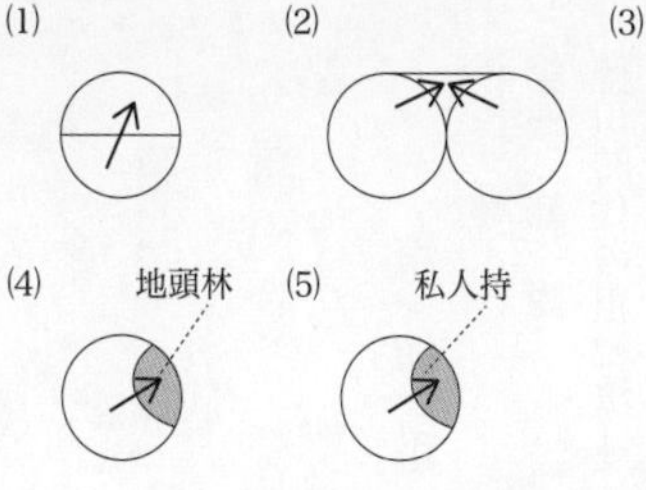


以上の五種類である。このなかで(1)(2)の場合の村民の入会権は他物権ではない。(1)の方は自村の総持地に対する村民の総有権(Gesamteigentum)の行使にほかならない。(2)は自村に属する合有権の総合的行使にほかならない。これに対して、(3)〜(5)の入会権はその入会村落に対する地主の恩恵に基づいて許された債権的収益権のようなものである。しかし、村はGesamtperson（総合人）であるから、村に与えられた権利もまた同時に各村民の権利として行使される。

＊我が国では、西洋のように他物権（他人の所有地）に入会う権利は慣習上は認められなかった。中田「明治初年の入会権」（『国家学会雑誌』四十二巻二〜五号、昭和三年〔中田『法制史論集』第二巻に再録〕）参照。

# 第七章　財　政

## 第一節　租　税

### 第一　総　説

徳川時代の租税法は、幕府の御料地、領主（大名）・地頭の私領によって多少の異同がある。また、同じ幕府の御料地でも、土地の沿革や状況により租税の種目および税率が異なることもある。以下に説明する租税法は、徳川時代の御料地に適用された租税法の一般的原則を記述するにとどまる。

徳川時代の租税徴収法について注意しなければならない点は、結局は村民各自の負担に帰する租税であっても、形式上は常に村という団体に課する租税として取り扱われたことである。従って、徴収の方法も、幕府の御料地ならば、代官から毎年各村が納付すべき税の種目と税額を定めた年貢割付または免状という徴税令書を村に対して下し、これを受け取った村から、さらに村内の納税義務者に割賦して徴収し、これを一括して村の名義で代官に納付するという順序であった。代官より各村民に対して直接に徴税令を発するわけではないのである。

＊村で割付を受けると、総会を開いて各人への負担額を定めた。

## 第二　本途物成（主たる税）

徳川時代には、租税のことを物成、あるいは取箇、御年貢（年貢は小作料を意味したこともある）などと称したが、本途物成（本途取箇、本途年貢）とは一村内の高請地、すなわち本途地に課せられた主たる租税をいう。委《くわ》しく説明すると次の通りである。

**㈠田方物成**　田方物成すなわち田方御年貢の原則は、五公五民すなわち「五つ取り」の税率で、石盛によって表示された段別分米の十分の五を取米すなわち税として徴収することである。上田一段石盛十五について七斗五升、中田一段石盛十三について六斗五升、下田一段石盛十一について五斗五升という割合である。この原則を「根取の法」という。しかし、実際においては年により豊凶があり、また土地に減損が生じることもあるので、年々の収穫は必ずしも常に石盛の示す通りではない。従って、また根取米をもって直ちに毎年の税額とすることはできない。ここで毎年の収穫を実検して、相当の租税額を査定する方法が行われた。その方法に二種ある。

(1)検　見（毛見、稲の様子を見ること）　これは代官またはその付属の収税吏が毎年村方に出張して坪苅（上田一坪を苅り取って収穫高を見る制）を行い、田一坪あたり籾幾合の収穫があるか（合毛）を実見し、その村の田地の総収穫を算出することで、その年の取米を定める方法である。検見にも種々の方法があって、最も多く用いられたのは畝引検見《せびきけみ》と有毛検見であった。

(a)畝引検見　畝引検見とは、一名反別検見ともいい、享保十八年（一七三三）以前には一般的な検見法として広く用いられた。坪苅により算出された検見収穫高が根取法によって算出された基本収穫高より不足する場合には、その不足分を田方の段別に換算して田方の総段別より畝引として控除し、当年の検定収穫高をもって残り段別の収穫高とみなし、根取法により取米を定めた。しかし、畝引法は強いて根取法を定める擬制にほかならない。そこで、享保十八年にはもっと自然で、かつ簡単な有毛の検見法をもってこれに代えた。

(b)有毛《ありげ》検見《けみ》（色取検見）　有毛検見とは、坪苅によって当年の村内の田地の総収穫を検定し、その五分をその村の田方の総取米と定める方法である。このように算出された一村内の田方総取米を村高に対して十分率をもって表示した歩合を、免または厘付《りんづけ》といった。例えば、「高に免三ツ」（村高の3／10）、「高に免三ツ五分六厘四毛」（村高3・564／10・000）などのように表わす。これが当年におけるその村の田方の課税税率である。幕府御料地の平均免（平均厘付）は三つ五分であった。

一村内の田畑の総取米を村内各田地に割賦する方法は、関東と上方とで異なっていた。関東では村の総取米に基づき、村内の上・中・下の田各一段の取米（段取米）を算出してこれを税率し、各地主所有別に課したのでこれを段取の法といったが、上方では村内上・中・下田各別の厘付を算出し、これを税率として各地主の持高に賦課した。これを厘取の法と呼んだ。

＊村高は田高・畑高・見取高などからなるから、田高に対する総取米の村高に対する割合が免となる。しかし、この免を基礎にしてどうして税を取り立てるかは、上方地方と関東地方とで異なる。

⑵定《じょう》免《めん》　毎年検見を行う煩雑を避けるため、定免という査定方法が行われた。過去数十年の免（免合《めんあい》、免相）に基づいて適当な免を定め、一定年限これを据置き、三分以上の大損毛がない限りは、年の豊凶、収穫の多少にかかわらずこの定免によって課税するという方法である。この定免は村方の願出により特許する定めであった。

＊「免三ツ五分」とは、三つ五分を租税として取り、以外は免ずるという意味から生じた言葉である。

**㈡畑方物成**　畑の年貢も古くは検見の方法によったが、享保十八年（一七三三）以降は永久的定免、すなわち永免の制によることになった。御料地の平均免（税率）はおおよそ四つまたは三つ五分を普通とした。畑の年貢も米をもって算定する制度であるが、実際の徴収は関東と上方とで方法を異にしていた。関東は、米一石五斗または米一石五斗五升を永一貫文（永楽銭）に換算する法で、すべて永楽銭をもって年貢を納めた。これを永取得という。上方は、村中の田の総取米の三分の一を畑の年貢とみなし、これを銀に換えて納めさせた。これを三分の一銀納という。このほか、上方では田畑の総取米の十分の一を大豆で納付させた例もみえるが、正式の年貢とはいえない。

**㈢屋敷地年貢**　これはすべて畑方物成に準じた。

**㈣山野年貢**　一村内の山野にして検地の際に高を付して特に村高に編入された場合は、本途物成に準じた年貢が課せられるものとなった。無高の山野には別に税が課された。

＊以上は田・畑・屋敷地で、しかも高の付いているものに限る。

**第三　高掛物**

これは本途地の付加税で、本途地の石高を標準として課された。これも地方によって税目に差があったが、幕府御料地で一般に課せられたものは伝馬宿入用・六尺給米・蔵前入用の三種で、高掛物三役と称された。

伝馬宿入用とは、五街道の宿場の費用を補給するために徴収する租税である。初めは高一百石につき米六升の割合で徴収したが、後には金納に改められた。

六尺給米とは、江戸城の台所で使用する六尺と称する人夫に給与する米で、高一百石につき二斗の割合で徴収した。

蔵前入用とは、江戸に到着した租税米を収納する浅草蔵前の倉庫の費用に充てるもので、上方では高百石に銀十五匁、関東では永二百五十文（永楽銭）の割合であった。

このほか、関東の御料所には荏《えごま》・大豆の高掛物があり、高一百石につき大豆一升・荏一斗を徴した。私領には、糖・藁代・夫金・夫米などの高掛物があった。

これらの高掛物はそれぞれ性質を異にするが、なお一村の納米の高または総納永高を標準として課した種々の付加税があった。その主要なものをあげると、口米・口永がある。これは元来代官所の入費にあてる租税であったが、後には幕府の収入に移された。口米は関東では本米三斗五升入一俵につき一升を納め、上方では本来一石につき三升を納め、口永は上方関東ともに本永一貫匁につき三十文の割合で徴した。このほかに、なお欠米《かんまい》というものがあった。これは年貢米を輸送する場合の欠損を補足するため、本米一石につき二升五合を徴したものである〔のちに三升と公定〕。

### 第四　小物成

これは、村高に編入されない高外の山野・河川の収益および諸種の営業に課された租税である。種々の種類があるが、大別すれば二種となる。

＊大きな山野はすべて見込で高をつけたが、これ以外の物でも収穫があるものもあったので、それからも租税を取ろうとしたのである。

(1)定納小物成（狭義の小物成）　これは高請のない山野・池川の収益、または営業に課した租税で、村方の郷帳に定納として記載されている。年額の確定した小物成である。例えば、山年貢・山役・野手米・野役永・茶年貢・茶役（茶を畑で作れば畑方物成となる）・池魚役・網役・紙船役などである。特色は定納にある。

(2)夫役小物成　これは定納の性質を有せず、ある年期のあいだ存続し、または一時的な収入に属する小物成である。これにはさらに二種ある。

(a)運上、冥加　これは商工業者が営業の特許に対する酬恩金の意味をもって幕府にある年期を限って納付する定額の金銭をいう。中世における商売役の後身である。これにもまた諸種の冥加運上、すなわち酒屋運上・帆別運上・水車運上・市場運上・質屋冥加・旅籠冥加・鉱物運上・川船役・室屋役・岩竈役・紺屋役・鍛冶屋役のようなものがあった。

(b)狭義の夫役　これは郷帳に記載されない当座物・臨時物の類で、例えば鰯分一金・市売分一金・鯨分一金のような漁猟取り上げ代価、すなわち物品売上代価の何十分の一を徴収する分一金などは最も有名なものである。そのほか、新田地代金の如きもまたこの種類に属す。

＊ 茶役・池魚役などの小物成は、実際に茶を作ったり魚を捕ったりしないのに課せられることもあるが、これは昔その村で茶を作ったことがあったからである。租税は村全体が負担し、かつその総額を減ずることはできないから、数字上維持されるのである。そこで村では割賦のときに、茶を作らない人々に茶役を割り当てた。

## 第五　国　役

国役と称するものには二種ある。

㈠**高割国役**　これは国を指定してその国内にある御料・私領に対して、石高を標準として割付する臨時税である。その最も重要なものは、河川修築工事の費用を関係諸国に割り当てるものである。そのほか朝鮮使節来朝の際の送迎費用も、国役として沿道の国に課した。

㈡**江戸町国役**　これは江戸町の染物屋・大工・木挽・鍛冶屋・桶屋・畳屋などの職工に課する税である。古くは夫役として職工を使役する制度であったが（江戸城で夫役として使用）、徳川時代中頃以後は多く金納となった。幕府が職工に命じた製作物および労役などの国役の徴収は、次第に御用達または職工の棟梁の請負となっていたので、国役金も多くはその一部を請負人の報酬に充てて彼らに徴収させるに至った。徳川時代には、これら各種職工はおおよそ同一町内（細工町・木挽町・大工町・鍛冶町など）に居住していたので、その国役はその職人町の課役のようにみなされ、一般の町方公役は免除される例であった。

**第六　御用金（租税ではない）**

幕府の財政欠乏の時、江戸・大坂の富豪に御用金を命じた。これは幕府の公債であり、年々利子を支払い、一定の年限の後に元金を返還する例であったが、強制的な点において租税に似ている。

## 第二節　皇室御料

**第一　禁裏御料**

徳川家康は諸方に散在する禁裏御料を一地に集中させて、高一万石に加増した。その後、あるいは三万石となり、あるいは二万石となったが、宝暦二年（一七五二）以来三万石と確定し、山城・丹波の二国の地のみをもって充てた。しかし、この御料地の収入だけでは禁裏一切の費用を支弁するに足りなかったので、安永七年（一七七八）以来、毎年別途の金銀を補足することが定められた。その金額は年によって増減するが、おおよそ三万両から五万両の間であった。ただし、臨時造営費や大礼費はこの外にあった。降って文久二年（一八六二）以降は、別に三十万俵の玄米を補足し、慶応三年（一八六七）には山城内の幕府領および私領、合計二十四万石をことごとく禁裏御料地として献上し、上述の三十万俵玄米に代えた。

**第二　仙洞御料**

初め幕府から三千石の地を献じたが、後に増減があり、享保二十年（一七三五）以来一万石と定まり、かつ第二院は七千石と定まった。安永七年（一七七八）以降は仙洞に対しても幕府から毎年補足金銀を献じた。

**第三　中宮、女御、東宮御料**

中宮には三千石、女御には二千石の御料地があった。東宮には毎年二千俵の玄米を進めた。このほか、いずれも毎年幕府から少額の補足金を受領した。

**第四　皇　族**

皇族にも各々幕府から家を献《たてまつ》った。公家にも同様であった。幕府における宮方諸領は合計八千余石だったという。

# 第八章　封建制

## 第一節　封　禄

徳川時代の封建制もまた、中世と同じく将軍と家臣との間の御恩と奉公との関係を基礎とした。御恩とは、徳川時代においても原則として所領の封与を原則としたが、ある場合には特定額の蔵米や扶持米を給与したこともある。詳言すれば、御家人のなかでも軽輩の者に対しては、単に少額の蔵米何石（現米）と扶持米何人分（「幾人扶持」）を支給するにとどまった。一人扶持とは、玄米一日五合の割合である。年に二、三回にまとめて与える。その他の御家人および旗本に対しては、地方すなわち知行所（所領）を給与することを原則とした。

それゆえ、彼らの世禄は高何石をもって計算したが、その意味は村高何石に課すべき租税を給与するということを意味した。従って、その収入は村方に課する租税である（「加賀様百万石」というが、これは村高の総額が百万石であるにすぎない。実際は五分五民の原則に従い、五十万石ということになる）。これら高級の御家人・旗本に対しても例外があって、蔵米（現米）をもって地方に代えて支給することもあり、この場合には本高の三つ半、すなわち3.5／10を標準として支給する。関東では一俵は三斗五升入であった。ゆえに本高一石は蔵米一俵に相当した。

元禄十年（一六九七）、幕府は旗本の世禄蔵米五百俵以上を地方に引き代えて支給する制度を定めたが、その後もこの法が行われたか否かは不明である。老中水野越前守〔忠邦〕は有名な天保十四年（一八四三）の改革に際し、江戸・京都・大坂の三都付近で上地した五百石以下の知行を蔵米に引き代えて支給しようと試みたが、遂に果せずに終わった。

＊地方でもらう時には、租税を徴収する費用や行政裁判の費用をみな自分で受け持たなければならない。ゆえに、蔵米でもらう方が得である。

大名に至っては、三卿を除くほかはすべて所領を世封として恩給された。これを領分という。大名の領分および旗本・御家人の知行所は、いずれも彼らが領知権を行使している区域である。従って、法律的にいえば、領分や知行所の封与は特定の地域に対する領知権の付与・恩給を意味する。徳川時代の領知権も自己のために租税を徴収する収納権を根本とし、これにある程度の支配公権（立法・司法・行政権）を付随させたもので、この点では中世末の国主権・地頭権と異なるところはない。

## 第二節　領　知

＊領知とは、領知する権利と領知している区域との二つを意味するが、ここでは後者の意味で用いる。

### 第一　私　領

＊御領・私領・寺社領に分かれる。

**㈠領　分**　徳川時代には、草高（村高）一万石以上の封地を封与されている者を、大名あるいは領主といった。その封地は公の名称では領分といい、俗に分国あるいは封領などといった。領主の総数は二百六十余人、その領知高の総計は一千七百万石から二千二百万石になる。そのなかで最高額が一百二万余石で、加賀の前田一人、最低額は一万石で八十人内外、十万石以上は五十人内外、五十万以上の者はわずかに七人にすぎない。

この領分は将軍から恩給された封地で、領主の私有地ではない。それゆえ、しばしば「御預り地」と称された。この領分の封与には、将軍から受封者に書状を与えるという形式をとった。十万石以上の封与には御判物（将軍の花押あり）を、十万石以下の者には御朱印状を用いるのが通例である。将軍の代替りの際には御判物・御朱印状の書き替え更新がなされた。

　領分封与は集中主義による。すなわち、連続した一地方を封与した。その広狭は領地高によって一様ではなく、大なるは二、三ヵ国にわたり、小なるは一国に及ばず、稀には本封と遠く離れて別に若干の小封地を給与したこともある。これを飛地という。このほか、多くの大名は江戸の付近に秣料として多少の封地を与えられた。また、すべての大名はみな江戸に屋敷を拝領した。これは大名の所有地となる。

　領主権は諸種の領知権のなかで最も完全な権利で、広汎な範囲における立法・司法・行政権を包含する。これを沿革からいえば、中世の国主権の継続にほかならない。ゆえに、徳川時代においても俗に大名を太守・国主と称し、領分のことを国家と呼んだことすらある。しかし、この支配権もまた依然として収納権に付随した公務のような観を呈している。

　領主権の行使は幕府の監督を受け、領主が不法にまたは不当に行使したときには、幕府に対してその責に任じなければならなかった。従って、将軍代替りの際には、幕府から諸国に臨時の巡見使（使番）を派遣して、領分の施政を視察させる制度であった。領主はその功過に基づき封地を加増減封され、国替・所替を命ぜられることもあった。また、絶家・罪過のために領分を没収されることもあった。徳川時代には法律上、封禄の相続権を認めたことはない。ただ、慣例として前主の願出により封を後継者が承継することを許可したにすぎない。すなわち、事実上の相続があるのみで、法律上の相続権は認められなかった。この相続は単独相続法が原則で、分割相続は許さなかった。ごく稀に特別の事由（新田を開いた場合や加増された場合など）に基づき、関係者の願出によって分知を許したにすぎない。

領分における領主の本領地は、その身分の高下によって居城・居所・在所と称された。領主はここに自己の政府を置き、領分の政治を行った。その組織（官制）は国の大小により一様ではなかったが、おおよそその範を幕府の官制に採った。従って、家老・御側御用・大小目付・番頭・物頭・寺社奉行・勘定奉行・町奉行・郡奉行・代官などがその骨子であった。かつ、江戸の藩邸には留守居を置いて幕府との交渉や他藩との外交を掌らせた。領主は自ら家士を有し、通常は城下に居住させ、地方で蔵米・扶持米・金俸などの封禄を支給して、封的勤務に服させた。彼らを総称して家中・藩士・藩中といった。領分により家中は諸種の階級に分かたれた。普通の分類では、①馬廻以上、②中小姓以上、③徒士、④足軽、の四段とする。そして、馬廻以上を、あるいは国によっては中小姓以上を、平士または士分の列に置いた。

＊特別に分知を許しても、外部に対しては単独領知で、内部関係においてのみ分知が許されていた。ゆえに、中世の総領・庶子分にあたる。収納文言があるにとどまる。支配

| |
|---|
| 一、別紙目録の通り<br>…………………………可収納…………………………<br>…………………………可領知…………………………<br>…………………………花押朱印<br>……殿 |

公権は全くこれに付随して、当然領主が有したのである。

＊領分と知行所を合せて私領という。

## ㈡知行所

徳川時代には一万石以下の恩給された所領を知行所といい、その知行者を地頭といった（鎌倉時代の地頭とは異なる）。この地頭権も前述した領主権と同じく領知権の一種であるが、その支配権の範囲が領主権よりも制限的である点において劣った領知権である。例えば、大名は自分の仕置として死・流（遠島）のような重刑を裁判・執行し得たが、地頭は自分仕置（自己で刑罰を下すこと）としては知行所払・永牢のような刑罰を専行できるにとどまり、死刑以上〔死罪以上ヵ〕の犯罪、場合によっては遠島も徳川幕府に伺い出て、その指図を得て刑を執行できたのである。また、小地頭に至っては十分な支配機関を有しないので、知行所内の裁判は幕府に委ねるのが例であった。従って、小地頭の行使する領知権は事実上収納権に限られる観を呈していた。

＊地頭は大抵は旗本であるが、三千石以上の者はかなりの支配機関を有していた。

小地頭は自己の使用人、または家士、知行所の村役人を機関として知行所の政務を執行させた。しかし、大地頭三千石以上の旗本はほとんど小諸侯のような支配機構と設備を形成した。知行所は必ずしも一所において支給せず、あるいは遠隔の数ヵ所に支給した。その封与は村を単位としたが、一村を数人の地頭に分与したこともある（分郷、相給）。知行所の封与には将軍の御朱印状を用いず、従って将軍代替りの際に封与を更新することもなかった。

## 第二　寺社領

＊寺社領と私領を合せて領知という。

徳川時代の寺社領は、寺社が領主または地頭として領知し、または私法的権限によって所有する土地の総称で、中世の寺社領の遺物というべきものである。例えば、大寺社の所領に属する村々の如きは寺社の領知にすぎないが、寺社の境内は通常は寺社の所有地である。いわゆる門前地（門前町、今日の浅草の仲店のような町屋敷）に至っては、単純な領知、すなわち町に居住する町人から特定の租税を収納する権利を軸とする領知であり、あるいは私有地であるものもあった。

＊境内とは寺社の境域をいうが、なかには広いものがあって森林をも含む場合もある。

寺社領の面積はさほど大きくない。高一万石以上に出ずるものはわずかに三つにすぎない。三万石以上のものは絶無である。従って、大部分の寺社領は小地頭の知行所に異ならず、地頭と呼ばれたこともある。ただし、寺社領には次のような種々の特権が付属している点で、地頭の知行所とは異なる特別な地位を有した。

㈠**御朱印地**　御朱印地とは、将軍の御朱印状をもってある種の特権を付与され、または確保された寺社領である。大名に与えられた御朱印状は単に収納文言または領知文言のみを記載しているのに対して、寺社領に与えられた御朱印状には、①収納文言、②寄付文言（租税として寄付する意。①と内容は同じ）、③課役免除文言（夫役を免除する文言で境内地に下された）、④竹木免除文言（たとえ所有物でも山林・竹木は勝手に伐採できず、軍事上の理由で特許があるときにのみ伐採できたが、この文言は竹木を伐ることを免許する）、⑤守護不入文言、これらの文言の一つまたは二つ以上を含んでいた。従って、同じく御朱印地といっても、その記載文言によって領知に付随する特権に差がある。しかも、その差は中世以来、将軍の御朱印状に基づいたものであった。

㈡**拝領地**　寺社の拝領地とは、将軍から寺社に下賜された所有地で、免税の特権が付随した。

**㈢除　地**　これは特に幕府から免税の特権を受けた寺社の所有地である。

＊竹木免除文言や課役免除文言は、寺社の境内地に許された特権である。ところが、後になると、「境内竹木課役免除」という文言が書いてあるものもある。これは竹木免除と課役免除とを合せて書いたものである。寺社領は明治初年にみな取り上げてしまったが、明治二十三年に明治初年当時に所有地であったことを証明すれば、これを払い戻すという法律ができた。ここにおいてか、行政訴訟が頻繁に起こったが、所有地だとの証拠がないので寺院側は御朱印地であったと主張して御朱印状を提出した。そこで御朱印寺社領の性質が問題となり、中田に鑑定が求められて書いたのが、中田「御朱印寺社領の性質」（『国家学会雑誌』二十一巻十一・十二号、明治四十年〈中田『法制史論集』第二巻に再録〉）である。これに付して政府は、三上参次（一八六五〜一九三九）ら三文学博士〈三上参次・辻善之助・芝葛盛『社寺領性質の研究』東京帝国大学文科大学紀要、第一、一九一四年〉にも御朱印地の研究をさせた。その結果、御朱印寺社領は国家のものなりと返答したので、これに対する反駁として書いたのが、中田「徳川時代に於ける寺社境内の私法的性質」（『国家学会雑誌』三十巻十・十一号、大正五年〈中田『法制史論集』第二巻に再録〉）である。

# 第九章　法　源

## 第一節　総　説

徳川時代になると、成文法が中世より非常に増加したが、その大部分は公法、殊に行政法・刑法・訴訟法に関するものであった。徳川時代の法律はなお慣習法主義で、成文法は慣習法を補充・矯正する目的をもって制定されたにすぎない。また、私法の領域において成文法は少なく、依然として地方的慣習法、すなわち「仕来《しきたり》」「先規」が主たる部分を占めていた。

徳川時代の法律は、中世の法律が不統一であったのに比して統一的になった。徳川時代においても幕府法以外に、領主（大名）・地頭がその領分において制定・公布した領主法（諸藩法）・地頭法が並行して行われており、なお二つの法系に分かれていた。

この領主・地頭法は中世の分国法の後身であるが、次第に中央の幕府法の影響を受けるようになる。寛文三年（一六六三）〔五月二十三日〕の『武家諸法度』は「万事応二江戸之法度一、於二国々所々一可二遵行一之事」といい、元禄十年（一六九七）六月の「自分仕置令」は逆罪・付火など刑法に関するものであるが、「向後不レ及レ伺、江戸之御仕置ニ准じ、自分仕置可レ被二申付一候」（逆罪・付火した者あると従来は江戸に伺ったが、向後は伺わずともよいが……）といっており、各領主は自ら立法し裁判する権限を得たと同時に、幕府の法度に準じて裁判する義務を負うようになったので、領主・地頭法は幕府法の影響を受けてその内容において自ら統一の傾向に向かった。

このほか、ある団体では自主権に基づく特別の法律が行われていた。例えば、寺院団体では寺法・宗法が行われ、座頭・仲間では座法が行われ、穢多・非人仲間では仲間法が行われたといった類である。しかし、これら特別法は特殊の事項に関してきわめて限られた範囲内で行われたもので、決して徳川時代の法律の統一を破るようなものではなかった。

大名の領地内における成文法の蒐集はいまだ十分ではないので、以下では幕府の法源についてのみ略説する。

＊幕府が各藩を圧迫した頃には、各藩の書類がかなり多く焼き捨てられた。殊に米沢藩においては、煙の立つことを恐れて釜で煮たという珍しい事実もある。

徳川時代の幕府法で今日に残存するものは、法令集・判決例・公文書・奉行手控（手録）などで、枚挙に遑《いとま》がないほどの多数に上っている。例えば、古く幕府の評定所にあった書類で今日東京帝国大学図書館に保存されているもののみを数えても、直ちに八千百五十三冊に上り、そのほかに一千五百三十六枚の裁許絵図がある。また、古く寺社奉行所にあった記録で東京帝大図書館にあるものもまた一千百八十八冊に上る。さらに寺社奉行記録の一部分および町奉行所記録で上野図書館〔帝国図書館〕に保存されているものは実に一万冊、そのほか、公私図書館および私人の手に残る史料はほとんど無数である。このような多数の法例をここで一々列挙することは不可能である。以下に述べるものは、幕府法の大綱をなすもの、特に注目すべきもの、参考に値するもののみとする。

## 第二節　法令集

徳川時代には、法律のことを一般に「法度」といった。そのなかで「武家諸法度」「諸士法度」のように幕府の立法で重要なものは、将軍の名において公布し、あるいは老中が将軍の上意を受けて申し渡した。しかし、普通の立法は、老中が将軍の裁可を得た後に御書付《かきつけ》の形式で老中自らが発布した。老中または若年寄はこの御書付を大小目付・江戸三奉行などの関係諸役人に交付して、あるいは関係の向々にのみ通達させ、あるいは広い範囲に公布させた。前者のように関係官庁または関係者のみに通達する書付を御達《おたっし》といい、後者のように比較的広く一般に触れる書付を御触《おふれ》といった。

＊　明治初期の太政官布達は布告と達であるが、この御触と御達にあたる。

各奉行はまた、権限内の事項に関してその部下または管轄人民に申渡・触書を出すことができた。幕府の発した御書付、その他の御触書を蒐集した法令集には、私撰のものと官撰のものがある。その主なるものを次に列挙する。

㈠『**御当家令条**』**三十七巻**（慶長～元禄年間（一五九六～一七〇四））官撰か私撰かも不明である。

㈡『**武家厳制録**』**正続**（慶長～享保年間ころ（一五九六～一七三六））続篇は享保年間に及ぶ。撰者不明。

㈢『**集成**』幕府の御達・御触書を評定所で編纂したもので、徳川吉宗の寛保年間（一七四一～四四）に初めて作られ、それ以後も宝暦・天明・天保と四回にわたって編纂があった。

⑴『寛保集成』慶長二十年（一六一五）から寛保三年（一七四三）まで百二十九年間に幕府が公布した御書付三千五百五十通を八十部に分けて編纂したもので、五十巻ある。八代将軍吉宗の発案によるものである。

(2)『宝暦集成』　延享元年（一七四四）から宝暦十年（一七六〇）までの十七年間のもので、二千六十通、六十五部三十三巻。

(3)『天明集成』　宝暦十一年（一七六一）から天明七年（一七八七）までの二十七年間のもので、三千二十通、六十部五十一巻。

(4)『天保集成』　天明八年（一七八八）から天保八年（一八三七）まで五十年間のもので、六千六百七通、九十部百七巻。この後は集成の編纂は中絶した。

＊『寛保集成』『宝暦集成』は、昭和九年（一九三四）以来出版されている。後の集成も今年中〔昭和十年度講義の末で昭和十一年のこと〕に出る。石井良助助教授（一九〇七〜九三）・高柳眞三教授（一九〇二〜九〇）が出版している〔『寛保集成』岩波書店、一九三四年、『宝暦集成』同、一九三五年、『天明集成』同、一九三六年、『天保集成』上下、同、一九三七・四一年〕。

㈣『撰要集』〔『撰要類集』とも〕　町奉行所で編纂された御書付集である。享保・宝暦・明和・安永・天明・寛政・享和・文化・文政・天保・嘉永の十一集ある。今日残るものはわずかである。宝暦・文政のものは、全て失われて残っていない。今日伝わるものは原本の一少部分のみで、全部で三百六巻が残存している。

㈤『**令典永鑑**』　北町奉行所で編纂された官撰の法令集。御書付・御触書の集成で、『集成』にならって法度のほか町奉行に関する指令の評議などを収録する。享保・宝暦・天明の三回にわたって編纂された。『撰要集』の闕をこれによってある程度補うことができる。

以上のほか、私撰のものには『憲法部類』正続（石野廣道編）、『憲教類典』（近藤守重編）、『教令類纂』『憲法類集』正続（宮崎成身編）、『大成令』などがある。なお、明治になって司法省が編纂した徳川法令集に『徳川禁令考』（菊池駿助編、司法省〔一八七八～九五年。のち石井良助校訂、創文社、一九五九～六一年〕）がある。

＊ここに憲法とは、Verfassung〔国制という意味での憲法〕の意味ではない。聖徳太子の憲法のような用法である。徳川時代には、幕府の法のことを儒者が憲法と呼んだ。これに国家根本組織法の意味を持たせたのは、明治以後のことである。

徳川時代には、人民に直接関係ある事柄は高札に書いて、町中・村中の要所に示す方法がしばしば行われた。きりしたん札・鉄砲令・親子兄弟札・火付札・浦々高札（これは一種の海法）などがある。江戸において高札を立てる地となったのは、日本橋・浅草橋・麹町《こうじまち》・芝車町（札の辻）・常盤橋・筋違橋であった。

## 第三節　法　典

八代将軍徳川吉宗の時までは幕府の法典というものは編纂されなかったが、京都地方に行われた法典として京都所司代の板倉氏の『板倉氏新式目』があった。

㈠**『板倉氏新式目』**　京都所司代の板倉勝重・重宗父子が慶長年間（一五九六～一六一五）に制定した六十ヵ条からなる小法典で、所司代の管轄下にある畿内周辺に適用されたものである。『板倉氏法度』『板倉氏公事扱掟条々』（『京都所司代板倉氏父子公事扱掟条々』）とも称された。その内容が多分に中世末の法律の色彩を保存している点において、法制史上価値を有する立法である。また、民法に関して興味ある規定がみられる。しかし、この法典は単に関西地方に行われていたにとどまり、御定書が公布された後は廃止された。

＊中田「板倉氏新式目に就て」（『国家学会雑誌』三十七巻八～十号、大正十二年（中田『法制史論集』第三巻上に再録））参照。

㈡**『公事方御定書』**　八代将軍徳川吉宗以前における徳川時代の裁判は、慶長年間（一五九六～一六一五）以来随時発布した単行法令や判決令などを基礎としていた。

吉宗は法制の統一に尽力し、一方において過去の法令・判決例を蒐集・整理し、他方において法制の統一と安定を期するために裁判の基本となるべき法典の制定を企図した。最初の『集成』たる『寛保集成』は、このような目的で編纂されたものであった。さらに享保九年（一七二四）に、町奉行の大岡越前守〔忠相〕に命じて現行刑法の大体を記述させた。『法律類寄』の名で伝えられているものである。

しかし、これはやがて実行されるべき法典編纂の準備としての調査にすぎなかった。その後、吉宗は当時寺社奉行であった大岡越前守をはじめとする老中・三奉行に命じて、元文五年（一七四〇）から寛保二年（一七四二）にかけて法典を編纂させ、吉宗自ら監督した。これが徳川時代末期まで幕府の根本法として尊重された『公事方御定書』と称される法典である。上下両巻よりなり、上巻は後世の準則となる重要な御書付八十一ヵ条を収め、下巻は従来の判決例を基礎とした刑法および刑事訴訟法に関する規定百三ヵ条を掲げている。それゆえに、上巻を令といい、下巻を律といった。俗に下巻のことを『御定書百箇条』『百箇条』とも称した。後世に伝えられる下巻には、延享年間（一七四四〜四八）から宝暦年間〔宝暦四年（一七五四）〕までに数項が追加されている。

奥書によれば、本法典は奉行のほかの他見を禁じた、いわゆる秘密法典であった。しかし、法典の内容全部が秘密不可知であったと速断すべきではない。上巻の御書付・御触書はすでに天下に宣布された万人周知のものであり、下巻の禁止事項と刑罰も御触として、または慣習として万人に周知されている。何が秘密であるかというと、禁止事項や犯罪に対していかなる刑罰が加えられるかが、換言すれば犯罪と刑罰との関係が秘密であるにすぎない。この点を誤解してはならない。

『公事方御定書』を研究する際に合わせ見るべき書に、『科条類典』と『例書（御定書例書）』（『御定書ニ添候例書』）との二つがある。『科条類典』は明和四年（一七六七）に編纂されたもので、元来は御定書編纂の時に用いた材料を蒐集・整理したものである。御定書制定の歴史的根拠を示すために編纂した官撰の書である。『例書』は天明三年（一七八三）に御定書下巻の別冊追加として、元文四年（一七三九）から天明三年までの判例七十九条目を編纂した判決例集で、御定書と同一の効力が付与された。

＊『公事方御定書』上巻の単独法令は教令法で、例えば刑法の部門において「何々の罪を犯したるものは、曲事たるべし」というにとどまり、刑そのものは明記しなかった。これに対して、下巻は判決例の形式で「一、何々……」という形で、百三ヵ条を列挙している。

御定書を秘密主義とみて「秘密主義より公開主義へ」なる法律進化の原則の適例だと説明するものがあるが、これは誤りである。

なお、吉宗は非常に賢明な人であった例を一つあげる。徳川時代では百姓の有する田畑の永代売買は、土地兼併の弊を防ぐ意味で禁止されていた。そこで、実際社会の必要から脱法行為が行われるに至った。例えば、質流れの如きがこれである。これについて奉行側では、この脱法行為を認めようという意向を示した。しかし、吉宗は百姓が家産を保存するためにはこの質流れという買戻の制度は保存しなければならない、ただこれを罰することを軽くせよという意見を示した。この社会政策的な見地の賢明なことは、奉行をして驚嘆せしめたということである。

㈢『**寛政刑典**』　寛政年間（一七八九〜一八〇一）の初めに『公事方御定書』下巻の修正が企てられたことがある。『寛政刑典』あるいは『寛政律』『徳川百箇条』という名で伝えられている『御定書』下巻に類似した書で、寛政年間の修正時の草案であるらしい。

以上のほかに、『新朝裁許律』（延享三年（一七四六））、『赦律』三十三条（文久二年（一八六二））などがある。

＊　この『百箇条』が実際に行われたとの説もあるが、私は草案にすぎないと解する。

## 第四節　判決例

徳川時代における民事・刑事の判決例を集成したものは、次の通りである。

七八一）より享和二年（一八〇二）までのものである。写本〔『御仕置例類集』の異本ともいわれる〕。

㈡『**御仕置裁許帳**』**十二冊**　明暦三年（一六五七）から元禄十二年（一六九九）までの町奉行の刑事判決録である。撰者は不明。御定書以前のものは少ないから貴重である。上野図書館に一冊あるのみ。

㈢『**御仕置例類集**』　評定所で編纂した刑事の判決例である。法典の条文が少なく、判決例が標準となっていたからである。数回編纂された。

①「古類集」三十冊（茶表紙）〔明和八年（一七七一）～享和二年（一八〇二）〕。
②「新類集」三十一冊（青表紙）〔享和三年（一八〇三）～文化十一年（一八一四）〕。
③「続類集」三十七冊（黄表紙）〔文化十二年（一八一五）～文政九年（一八二六）〕。
④「天保類集」六十五冊（茶表紙後集）〔文政十年（一八二七）～天保十年（一八三九）〕。

の四種ある。これも上野図書館に一部あるのみ。

㈣『**撰述格例**』　町奉行所〔評定所ヵ〕で撰んだ刑事の判決例で、初篇と後篇とがある。前者は天明八年（一七八八）より寛政十年（一七九八）まで、後者は寛政十一年より文化五年（一八〇八）までの間の模範となるべき判決例を集めたものである。

**㈤『御評定所御裁許御留書』（現存二冊）**　御評定所における民事・刑事の判決例である。貞享・元禄年間（一六八四～一七〇四）のものである。

**㈥『公事録』二冊**　これも㈤に似たもので、評定所の民事・刑事の判決例を集めたもので、貞享・元禄年間（一六八四～一七〇四）のものである。

**㈦『裁許留』**　評定所における民事の判決例の留書で、大変重要なものだが、大学に残っていた原本は大正十二年（一九二三）の震災で焼失し、今日ではわずかに天明〔元年と〕二年（一七八一、八二）のものが二冊残っているにすぎない。元禄十五年（一七〇二）～慶應三年（一八六七）の四十五冊が伝来していた。

## 第五節　法律書

八代将軍の時、二、三の法律書が出ている。そのなかで最も有名なものは、前述の『法律類寄』である。将軍吉宗が大岡越前守らに命じて、当時行われていた法律、特に刑法の大要を記載させた法律書で、享保九年（一七二四）に完成した。『御定書』以前のものとして重要である。現今では、『百万塔』第十二号（一八九二）が掲載しているのみである（現在では『徳川禁令考』別巻、創文社、一九六一年に再録されている）。

『庁政談』は、元文二年（一七三七）に編纂されたもので、民事・刑事の判決に基づいて当時の法制の大要を書いたものである。著者は不明である。

『律令要略』は、寛保元年（一七四一、御定書ができる前年）に氏長なる人が判決例を基として当時行われていた刑法・訴訟法・民法についてまとめたものである。法律に精通した奉行の編纂したものと思われる。これも『公事方御定書』以前の刑法・私法をみるのに欠かせないものである。

## 第六節　地方《ぢかた》書類

徳川時代の郷村に関する行政・司法を総称して地方《ぢかた》と称したが、これに関する私撰の書は多く残っている。そのなかで有名なものは、『地方公裁録』『聞訟秘鑑』『地方凡例録（改正補訂）』（これは行政・租税・土木に関するものでとても詳しい。明治頃までよく読まれた本である）『地方大概集（未完）』『地方落穂集』、『地方落穂集 続篇』『聞伝叢書』『五人組法規集』（穂積奨学財団、一九二一年）などがある。『地方凡例録』『地方大概集』（上記『地方大概集』は『聞伝叢書』の誤り）『地方落穂集』の三者は『日本経済叢書』（全三十六巻、滝本誠一編、日本経済叢書刊行会、一九一四〜一七年）に収める。

## 第七節　法制雑書

徳川時代の公法・儀式に関する事項を記載した書物は、『宦中秘策』（西山元文編）、『柳営秘鑑』（菊池弥門編）、『青標紙』、『殿居囊《とのいぶくろ》』（大野広城（忍之屋）編）が主なものであるが、このほかに各種の問答・挨拶・留伺・付札など各事件について管轄奉行に指示を仰いだ問答書を集録したものが、多く残っている。殊に、服忌に関する指令を蒐集した『服忌令撰註分釈』や類似の書は、親族相続に関する規定に富んでいて貴重である。

## 第八節　慣例集

明治初年に徳川時代の旧慣を調査したものが二、三出ている。

㈠『**民事慣例類集**』（**司法省、明治十年**（**一八七七**））〔手塚豊・利光三津夫編『明治法制史研究集成』第二巻、慶應義塾大学法学研究会、一九六九年〕㈡の一部を先行的に刊行したもの。

㈡『**全国民事慣例類集**』（**司法省、明治十三年**（**一八八〇**））〔『明治文化全集』第九巻、日本評論社、一九九二年〕この書は、司法省の役人がフランス法の体系により設問を作り、これについて地方の慣習の如何を尋ねて集成した書物である。

(三)『**商事慣例類集**』**五巻**（**明治十六・十七年**（**一八八三〜八四**））（滝本誠一編『日本経済大典』四十九・五十巻、明治文献、一九七一年）商法の編纂準備のために設けられた。商法編纂局が編纂の材料として、全国の商法会議所に諮詢し調査させたもの。大部分は明治以後の慣習法であるが、そのなかには往々にして徳川時代から続く商慣習が記録されている。

(四)『**大阪商業習慣録**』（**明治十六年**（**一八八三**））　農商務省の嘱託の遠藤芳樹（一八四二〜一九〇八）の編纂したもので、徳川時代末より明治にかけての商慣習を記録したものである。『徳川時代商業叢書』（国書刊行会〔第三巻、一九一四年。黒羽兵治郎編『大阪商業史料集成』第一輯、大阪商科大学経済研究所、一九三四年にも収録〕）所収。

(五)『**両替商旧記**』（**遠藤芳樹**（**カ**）、**明治十六年**（**一八八三**））『徳川時代商業叢書』（国書刊行会〔第三巻、一九一四年。黒羽兵治郎編『大阪商業史料集成』第四輯、大阪商科大学経済研究所、一九三八年にも収録〕）所収。

## 第九節　諸藩法

明治維新の際に、みな故意に滅失された。伝わるものは極めて少ない〔現在ではまとまったものとして『近世藩法資料集成』全三巻、京都帝国大学法学部日本法制史研究室、一九四二～四四年、藩法研究会編『藩法集』全十二巻十五冊、創文社、一九五九～七五年、などがある〕。

# 第十章　刑　法

徳川時代の刑法は、一方では中世・戦国時代の遺風を伝えるものが多いが、他方では前代よりも非常に進歩した点も含まれている。その要点を項に分けて説明する。

## 第一節　刑法主義

徳川時代の刑法も、律の制度と同様に、民衆に対する威嚇主義と犯罪人に対する懲戒主義という二つの目的を兼ね備えている。

そのなかでも、威嚇主義を最も明らかに表現しているのは、刑罰の性質とその執行方法である。例えば、斬首後に梟首する獄門の刑、獄門・火罪（放火の場合）・死罪などに処すべき犯罪人の処刑前の引廻し、さらに鋸挽《のこぎりびき》や磔《はりつけ》などに処すべき犯罪人をある場所に晒し置くこと、重罪犯に対する極刑を執行する時に罪状を記載して刑場その他の場所に立てる科書・捨札などが、公衆に対する威嚇主義を端的に表している。なお、この時代の刑法がいかに威嚇に重きをおいていたかは、犯罪人が牢死した時ですら死体を塩詰にしてこれに加刑するという例をあげることができる。

他方、懲戒主義を反映している制度として特に注目すべきものは、いわゆる旧悪免除の制度で、これは死罪以上に該当する重罪を除き、その他の軽罪を犯して十二ヵ月以上を経過して発覚し、もし犯人がこの期間内に改悛の情に顕著なものがある場合には、その犯罪を旧悪として刑を全免する制度である。今日における刑の執行猶予と形を異にするが、実はその精神を一にするものだといえる。この制度は極めておもしろい制度で、注目すべきものである。

## 第二節　責任能力

徳川時代では、幼年者が是非の分別なく犯した罪といえども、刑を軽減するにとどまり、その責任を全免することはなかった。また、遠島の刑に処された幼年犯罪者は十五歳に達するまでその執行が延期される例であったが、その刑を免れたのではない。乱心（狂人）もまた免責の原因でなく、単に減刑の事由にすぎない。察するに、幼年者・乱心者といえども危険性を帯びている場合には処罰する必要ありと認めたから、彼らの責任を免ずることなく、ある程度において科刑したのであろう。

## 第三節　有意犯と無意犯

徳川時代の刑法も、有意犯と無意犯とを区別して取り扱った。有意犯は、ある犯罪に関してはさらに二つに分け、「巧める犯罪」と「不図（不斗）犯した当座の犯罪」とに区別する。そして、後者を前者より軽く罰している。無意犯は総称して「あやまち」または「怪我」といったが、さらにこれを二つに分けて、純然たる過失の方を「不念」といい、偶然の出来事による犯罪の方を「怪我にて不図犯せる罪」といい、後者を前者より軽く罰した。このように、偶然の出来事をも処罰する点で、徳川時代の刑法は結果責任主義を採ったものであるが、『御定書』以後の判決例に至っては、次第に罪過責任主義に移り、偶然の出来事による責任を免除することになっている。

有意犯と過失犯との処罰の軽重に至っては、犯罪の種類や状況によって異なっている。ある場合には過失犯を有意犯よりも重罰に処した。例えば、普通殺人を犯した者は死刑のなかで最も軽い下手人（庶民に科す六種の死刑の一つで斬首のみ）を科すのに対し、誤って車または牛馬で人を轢き殺した者は、下手人よりも一等重い死罪に処された。これは金十両以上の窃盗犯を普通の殺人犯よりも一等重く罰するのと同様の考え方で、この時代の刑法が、社会に及ぼす実害の大小をもって、各犯罪に科すべき刑罰の軽重を定める一つの標準とみていたことを端的に示す例である。

## 第四節　連帯責任、縁座

縁座の制度は、主殺・親殺といった重罪には依然存続していた。その範囲は、享保年間（一七一六〜三六）までは犯罪人の父母・兄弟・妻子に及んだが、以後は制限して犯罪人の子に及ぶにとどめた。徳川時代の学者や奉行で縁座制の廃止を論じた者も少なくなく、また公の評議に上ったこともあったが、遂に廃止は実行をみることなく終った。

連座に至っては、徳川時代には広く適用されていた。あるいは、その責任が公法上の職責に基づくものもある。例えば、村役人が村民の行為に連座し、五人組が組合員の行為に連座するなどの如きである。あるいはまた、私的な経済関係に基づくものもある。例えば、地主・家主が借地人の犯罪に連座する、荷車の荷主が車夫の過失殺傷に連座するなどである。徳川時代には大八車についてしばしば禁令が出されている。時としては、連座の範囲が広く及ぶこともあった。例えば、出火して三町以上に延焼した場合は、火元が五十日の手鎖《てじょう》（手錠）に科せられるほか、地主、家主、当町月行事、五人組、風上二町・風脇左右二町の計六町の月行事が、二十日から三十日の押込に処せられた。火事を警戒するための連帯責任である。

## 第五節　私　刑

徳川時代には、すべての犯罪を国家自ら処罰する主義をとっていたが、例外として私刑を公認した場合が三つある。その最も顕著なものは、武士の間の敵対・仇討である。武士に限って特定の手続きと特定の制限の下で、目上の者の仇を討つことが許されていた。また、ある場合には夫は妻に対し、主人は召使（下男下女）に対し、任意の私刑を加えることが許されていた。ただし、妻に理不尽の行為があることを要した。このほか、徳川時代には公刑にしてなお私刑の色彩を帯びている場合がないではない。すなわち、ある場合に、被害者自身またはその親族・主人などが有免願を出して犯人の罪の有免・軽減を願った時、裁判所ではその刑を軽減したことがある。これは、かつて公刑をもって私刑の代用とした思想の遺物であるともいえる。

## 第六節　刑　罰

徳川時代には、刑罰の種類がとても多い。御定書の制定以後に行われたもので、原則として諸人に通じて適用された正刑には、次の種類があった。

⑴死　刑　これには、鋸挽・磔・火罪・獄門・死罪・下手人の六等がある。下手人は一番

軽い。死罪はこれより少し重い。すなわち、処刑された死骸に対して試し切りがされたからである。

(2)遠　島

(3)追　放　これにも、御構場所《おかまいばしょ》、すなわち立入禁止区域の範囲の広狭に従って、重追放・中追放・軽追放・江戸十里四方追放（日本橋から五里の外への追放）・江戸払（品川・板橋・千住・本所・深川・四ッ谷大木戸の外への追放）・所払（居町居村からの追放）の計六等があった。

(4)非人手下《てか》　除籍して非人とすることで、遠国非人手下と普通の非人手下の二種類があった。

(5)入　墨　江戸・京都・大坂で入墨の仕方が違う。

(6)敲《たたき》　重敲は笞一百、敲は笞五十で二等があった。

(7)永《なが》牢《ろう》

(8)押　込　これにも、永押込・一百日押込・三十日押込・二十日押込の四等があった。

(9)土地取上〔高召上〕　これにも、永久の取り上げと年季間の取り上げの二等があった。

(10)叱　急度叱《きっとしかり》と叱の二等がある。これでも大いに効果があったのである。

(11)遠　慮　日数に数々ある。

以上の正刑のほかに、付加刑が四つある。

(1)闕　所　財産没収刑で、ある種の正刑、例えば追放（重・中・軽）などには当然付随する付加刑である。

(2)田畑取上　特別に正刑に付加される場合の没収刑である。例えば、所払の場合には「田畑取上げの上所払」とされる。

(3)引　廻

(4)晒《さらし》　刑罰した後、晒しておくことも付加刑の一種である。

これらの付加刑と混同してはならないのは、二重御仕置というものである。これは正刑を二種加えるもので、例えば、「入墨の上敲」とか「敲の上所払」といったようなものがある。

徳川時代には、犯罪人の身分によって特別に閏刑《じゅんけい》の設けがあった。これは正刑に換えたり、あるいは補充として適用されたりしたものである。すなわち、士分の閏刑には、切腹・改易（封を取り上げ、士身分を剝奪）・御暇・永預《えいあずけ》・御預《おあずけ》・隠居・閉門・逼塞・謹慎、差控《さしひかえ》などがあり、僧侶の閏刑には追院《ついいん》・退院《ついえん》・一派構《いっぱかまえ》・一宗構《いっしゅうかまえ》などがあり、平民の閏刑には過料（罰金）・戸閉（戸〆。百日・三十日・二十日の三等）・手鎖（百日・五十日・三十日など）、婦人の閏刑には剃髪・奴があり、このほかの身分においても種々の閏刑があった。

以上は、御定書およびそれ以後の刑罰である。それ以前には、劓（鼻切り）・刵（耳そぎ）・指切りなどの肉刑があったが、御定書公布後は禁止された。

＊中田「徳川刑法の論評」（『法学志林』十八巻四号、大正五年〔中田『法制史論集』第三巻上に再録〕）、松平太郎『江戸時代制度の研究』上巻（大正八年〔武家制度研究

会〕参照。

＊御定書は秘密主義であった。このことから徳川時代の裁判が一般に秘密主義であったといわれるが、これは誤りである。

一、主殺……………………磔
一、付火……………………火罪

とある場合に、主殺・付火を秘密にしても、これらが悪いことは知られているから、秘密にしても効果はない。刑の方はというと、引廻・梟首をやるからよく知られている。従って、刑の種類も知れ渡っている。秘密になっているのは、主殺と磔との間のコムビネーションで、これを秘密主義にしただけである。しかし、これとても引廻のときは旗に罪状が書いてあり、また獄門にも札が立てて罪状が書いてあるから、秘密ではありえない。ただ、「御定書」なる書面を見せてはならないということを意味するにすぎないのである。

以上にて講義終了。

ご注意
本年度の試験では「大化前代」と「各時代における法源」とを除く。
日本法制史（公法）［了］

# 解説　中田薫の講義と講義録

北　康宏

## 一　中田薫の学問形成と講義準備

中田薫（一八七七～一九六七）は、日本における法制史研究の基礎を築いた東京帝国大学法学部教授である。法制史の草分け宮崎道三郎（一八五五～一九二八）を師と仰いで最新のドイツ歴史法学を学び、従来の国学・漢学とは違った新しい視角、特に支配者目線とは異なる個人の権利意識から日本歴史を私法史的に描き直した。また、敬愛するもう一人の恩師梅謙次郎（一八六〇～一九一〇）から学んだ自然法思想が、ともすれば歴史法学の流されやすい傾向、時代に翻弄される相対主義、固有法への執着から中田の学問を守ったということも忘れてはならない。

同時に、史料から歴史を復元する能力を磨く環境にも恵まれていた。中田の入学した政治学科は、東京大学草創期には史学哲学及政治学科として和漢文学科とともに文学部に属して

中田　薫（昭和五年）

いたこともあって、両者の交流はなお盛んで、文学部の三上参次（一八六五～一九三九）に史料編纂掛の史料閲覧の便宜をはかってもらうことができた。宮崎の陋居《ろうきょ》で開かれていた『令集解』の輪読会にも若き三浦周行（一八七一～一九三一）とともに参加し、二年生の時（一八九八）以来、宮崎が授業委嘱していた北村泰一（一八四一～一九一〇）から「徳川幕府裁判実歴」というテーマで史料に即した研究の基礎を学んでいる。

当時、法科大学（帝国大学法学部の前身）では司法省総務局の『法制類聚』（一八九〇年）の続編編纂を引き継いでおり、国学者の増田于信（一八六二～一九三三。水戸藩士雨宮于勝第四子、東京大学文学部和漢古典講習科卒業、元老院書記生を経て宮内省入省）が嘱託で勤務していたが、北村もまた授業嘱託とともにこの編纂事業に従事していたようである。

北村は二十歳で幕府評定所に入所した経験をもつ人物で、明治維新後は大蔵省に出仕して藩債処分に尽力し、明治八年（一八七五）に大蔵少丞、十年大蔵書記官を経て、十二年には奏任二等上に累進、東京控訴院評定官・東京控訴院部長を歴任した。明治三十四年から編纂掛主任を務めていた三浦周行が二年後に辞任し、北村が明治四十三年に没したことで編纂事業は自然消滅した。大学院生・助教授時代の中田が、この『法制類纂』編集にも関与していたかどうかは不明である。

こうした基礎の上に、三年に亘る欧州留学では、生涯の親友となる上杉愼吉（一八七八～一九二九）や吉野作造（一八七八～一九三三）とともにハイデルベルク大学で学び、ベルリン大学、パリ大学で研究を深めて、最先端のドイツ歴史法学と自由法論を取り入れつつ自身の研究を研ぎ澄ましていく。

中田の専門は日本法制史だが、こうした広い学問的蓄積ゆえに、帰国後は美濃部達吉（一八七三～一九四八）の後を受けてまず比較法制史（西洋法制史）講座の担任となり、退官に至るまで仏蘭西法制史と独逸法制史を隔年で講じている。法制史講義（日本法制史）を受け持つのは大正十年（一九二一）から、法制史講座担任になるのは大正十一年からである。春木一郎（一八七〇～一九四四）の代講で一年間羅馬法講義を受け持ったこともある。

「八宗兼学」と称される中田のもとからは、多分野にわたる一騎当千の弟子たちが輩出した。日本法制史の高柳眞三（東北大学法学部教授）・金田平一郎（九州大学法文学部教授）・石井良助（東京大学法学部教授）、西洋法制史の久保正幡（東京大学法学部教授）、東洋法制史の仁井田陞（東京大学東洋文化研究所教授）、ローマ法の原田慶吉（東京大学法学部教授）、破門を受けた瀧川政次郎（國學院大學法学部教授）らである。また、昭和期には文学部にも出講して、受講生の若き坂本太郎（東京大学文学部教授、日本古代史）や石母田正（法政大学法学部教授、日本中世史）を感動させて、戦後の文科の日本史研究にも決定的な影響を与えている。今日に至る日唐律令比較研究、『令集解』の活用、中世の封建制・荘園制研究、近世の文学作品を用いた私法史研究などがそれである。

これほどまでに日本の法制史学界・歴史学界に絶大な影響を与えた中田の講義は、最新の研究成果を盛り込んだとても重厚なものであった。愛弟子の久保正幡は回顧する。「先生の講義案は、まず原稿用紙に書いて、その原稿用紙を紙挟みでとめて、年々訂正・加筆を加えながら、ある時は付箋を付け、貼紙をして、論文に書いたことを補っておられた。だからその講義案にはかなりの訂正があったり付箋がついていたりして、ずいぶん厚みが加わっていた」。

しかし、決して晦渋なものではなく、たいへん魅力的で、多くの学生たちの心を摑んだようである。実際、歴史をやりたいと思って法学部に進む学生は当時でも稀で、前掲の日本法制史を担う弟子たちも、独逸法専修出身者が多い。

『人物叢書 中田薫』（吉川弘文館、二〇二三年）でも紹介したが、報知新聞社編輯局編『大学教授評判記』（河出書房、一九三五年）では「講義にはよく洒落が入るが理論の透徹した講義だ」と評され、法学部親睦会の緑会の歓迎会でも「中田会長の挨拶は例によりて例のごとく、笑声裡に緑会を紹介し、……」「「名会長」中田先生が例の如くユーモアまじりで、……」などと記録されている。

また、『法律春秋』連載の「東大法学部の人々」（下。第三巻第十号、一九二八年）では、「赤門畑には欠かされない学宝」「殊にその日本法制史研鑽の必要上徳川文学については本職の国文学者達を後方に瞠若たらしめる観がある」「さうした文学に理解ある、一寸おつな法制史の研究家といへば一寸芸術家の風貌を想像するが現実の博士は全く想像出来ぬ風采である。天神ひげ、いがぐり頭（もう五十を超ゆること二つであるから相当白い）、着た洋服と云へば寛博士に負けず劣らぬ御粗末なもの、一見中学の先生といつた所である」「講義の綺麗にしてスピードの早いことも有名である。小野塚博士の政治学史や野村博士のプリント主義では一冊の大学ノートを終へるに何年かかると云はれる程だが中田博士の講義には一ケ月に少くとも四五冊のノートを用意せねばならぬと云ふから容易なものではない。聞いて居ては頗る面白い。通常なら乾燥無味な法律の条文解釈とは別に川柳が出たり、江戸文学の顕著な傑作や貴い珍奇な文献が読み上げられたりするのでその時は無性に面白い。それでいよ〳〵試験となると最もつらい一科目である。由来法制史ではいゝ点がとれぬといふのもそんなことも原因かも知れない」と、中田の風貌と講義の様子が生き生きと描かれている。

中田自身も学生の教育と講義のあり方について、次のように語っている。「学生もただ大要の講義より、そういうもの〔自分の研究結果を吐露する講義〕を聞くと、非常な興味を持って、……、詳細な研究をやるとなかなかおもしろいものだというふうな〔関心を引くような〕ことがあったのです。影響を与えますからね。そして趣味をもって、そんなものも自分も一つやってみようか、なんということになるんですよ。……。それから、私が思うのは、大学の講義は単に自分の講義案を読んでいるような講義ではだめです。その講義を通じて自分の満身、法制史なら法制史の講義になってしまう。そうしてその力をもってやれば、おのずから講義というものは妙なものですよ、言葉以外に何か発するものですよ。……。私はそう思って、始終大学の普通の講義でも、自分が満身その講義になって、自分の満身の力、精力を以て学生を感化したいと思ったのです」（『懐旧夜話』。当資料については『人物叢書 中田薫』参照）。

## 二　中田の講義と時間割

先述のように、中田は帰国後に比較法制史講座の担任となるが、法制史講座（日本法制史のこと）の方は恩師の宮崎道三郎が担っていた。中田が初めて法制史講義を代講したのは、大正十年度（一九二一・二二）、四十四歳の時のことである。従来、宮崎の定年を意識して一年繰り上げて担当することになったかのように語られてきたが、それは誤りである。事情はもう少し複雑である。

この大正十年という年は、帝国大学と高等学校の大学予科のみで行われていた九月開始の学年暦が廃止され、他の諸学校と同じ四月スタートに改められた変革の年である。大正七年に大学令が公布され、帝大以外の公立・私立・単科大学も公式に認められ、分科大学は学部と改称。この改革を受けて、大正九年二月三日の評議会で四月開始の学年暦が可決、五月に学部通則改正、翌十年から施行されたのである。なお、修業年限についても、大学令第十条で「学部ニ三年以上在学シ一定ノ試験ヲ受ケ之ニ合格シタル者ハ学士ト称スルコトヲ得」と規定、大正八年の改正帝国大学令の法学部学科課程第二条でも「法学部ニ於ケル修学期間ハ之ヲ三学年トス」とされて、法制史は選択科目に位置づけられた。

他方、定年制の議論が本格的に動き出すのはこれ以降のことである。大正十年五月の司法官定年制を受けて、従来から懸案だった大学定年制の検討も本格化するが、反対意見が多く紆余曲折、総長が各学部長に実行を正式に発表したのは九月二十二日、翌十一年三月から導入されることになり、宮崎が最初の定年退官教官となったのである。

教壇で話す中田

中田が大正十年度の講義を代講した理由は残存史料が少なくはっきりしないが、以下に一つの仮説を提示しておきたい。学年暦改正をめぐっては、当初法科では六月・五月・四月と段階的移行を行うべきという意向であったように、在学生の移行措置が最も大きな課題であった。九月開始の旧学年暦のもとで宮崎が担当していた法制史講義が、受講生への配慮のもと大正十年の前半まで継続したうえで試験が行われ、他方で新しく導入されるセメスター制による二時間講義週3コマという法制史講義が開講されるとすれば、その負担は甚大である。そこで、一方を弟子の中田に担わせたのではないだろうか。現存する『東京帝国大学法学部便覧』は大正十一年度のもの以降（欠損なしで残るのは十二年度以降）であり、大正十年度の詳細な実態が確認できないことは遺憾である。

ここで大学令施行を受けた四月スタート学年暦の沿革をこの『法学部便覧』にもとづいて整理しておこう。

第I期　大正十年度〜大正十四年度……修学年限三年、セメスター完結・六学期制

A　正規二時間講義3コマ

B　正規二時間講義2コマ＋特殊一時間講義1コマ

第II期　大正十五年度〜昭和四年度……修学年限三年、通年完結

正規二時間講義1コマ＋特殊一時間講義1コマ

第III期　昭和五年度〜　……修学年限三年、通年完結（1コマ二時間に統一）

A　甲（＝夏学期）週2コマ＋乙（＝冬学期）週1コマ

B　甲週1コマ＋乙週2コマ

学年は四月一日に始まり翌年三月三十一日に終る。夏学期は四月一日〜十月十五日、冬学期は十月十六日〜三月三十一日である。今日の名称と違って西洋の Sommer Semester, Winter Semester の名称を受けているのだろう。四月一日〜七日は春期休業、七月十一日

～九月十日は夏期休業、十二月二十五日～一月七日は冬期休業、夏休みを挟んで学期が分かれる現在とは異なっている。なお、試験は三月にまとめて行われるので（第Ⅰ期においてもまとめて三月。学年試業の伝統であろう）、冬学期は二月後半には終講となる。

こうした制度のなかで、中田の講義は以下のように設定されていた。

第Ⅰ期
法制史（法・政）……第五学期（夏学期）にA型 週3コマ、計六時間（半期）
西洋法制史（法）……第六学期（冬学期）にB型 週3コマ、計五時間（半期）
第Ⅱ期
法制史（法・政）……第三学年、通年週2コマ、計三時間（通年）
西洋法制史（法）……第二学年、通年週2コマ、計三時間（通年）
第Ⅲ期
法制史（法・政）……第三学年、B型 甲週1コマ、乙週2コマ、計三時間（通年）
西洋法制史（法）……第二学年、A型 甲週2コマ、乙週1コマ、計三時間（通年）

なお、今回の底本とした昭和十年度講義は第Ⅲ期にあたる。具体的にその時間割を掲げておこう。

○法制史（法律学科・政治学科）
第三学年（甲）火曜日三講時（一三・〇〇～一五・〇〇）、工大
第三学年（乙）月曜日二講時（一〇・〇〇～一二・〇〇）、22
第三学年（乙）金曜日三講時（一三・〇〇～一五・〇〇）、22
○西洋法制史（法律学科）
第二学年（甲）月曜日二講時（一〇・〇〇～一二・〇〇）、工大
第二学年（甲）金曜日三講時（一三・〇〇～一五・〇〇）、工大
第二学年（乙）水曜日三講時（一三・〇〇～一五・〇〇）、22

講義録に散見する日付、例えば底本の上世の末尾に「（以上、十一月二十五日）」とあり、残りの期間で中世・近世を講じることができるのか不安になるが、十二月から二月の三ヵ月、倍増した週四時間の授業が継続するので、何とか終えることができるわけである。

「工大」とは安田講堂に向って左に位置する工学部新館「工学部講堂及教室」（改築前の工学部第二号館）の大講堂のことである。関東大震災で法学部の建物が壊滅的被害を受けて、臨時のプレハブ教室のみでは不足、しばらく震災前着工、震災翌年完成のこの建物に研究室を間借りし、大講堂を講義のために使わせてもらっていたのである。この時期には再建が進んではいるが、なお教室不足から夏学期に限って借りていたわけである。出来立ての22番教室は、法文経教室第一号館の延長増設された部分（旧八角講堂敷地）、現在の法文一号館一

階の南東端、安田講堂に一番近い位置を占める教室である。
なお、震災以前には、正門を入って広い庭を抜けた右側の「法・経済学部及文学部教室并研究室」棟の後ろ（東）の「法経学部教室」棟27番教室（現在の法文二号館の東端あたりの位置）を使うことが多かった。ちなみに現在残るもっとも古い大正十二年度（一九二三・二四）の時間割は以下の通りである。

〇法制史（法律学科・政治学科第五学期（夏学期））
月曜日三講時（一三：〇〇〜一五：〇〇）27
金曜日三講時（一三：〇〇〜一五：〇〇）27
土曜日二講時（一〇：〇〇〜一二：〇〇）27
〇西洋法制史（法律学科第六学期（冬学期））
月曜日二講時（一一：〇〇〜一二：〇〇）34
水曜日三講時（一三：〇〇〜一五：〇〇）30
金曜日三講時（一三：〇〇〜一五：〇〇）31

大正期の法制史講義は週三回六時間、西洋法制史講義は週三回五時間のセメスター授業であった。

## 三　中田『日本法制史講義』出版の意義

中田の講義録の出版については、二つの点で説明が必要である。

第一は、中田自身が講義録の出版について否定的であったことである。講義をまとめて出版することは当時も広く見られた慣例ではあったが、中田はそれを認めなかった。ドイツでアイヒホルン（カール・フリードリッヒ。一七八一〜一八五四）以来百年以上経っても概説書としてみるべきものは数点しかない、日本法制史は研究が始まってまだ四、五十年、概説書を書く段階ではない、そんな暇があるなら、一つでも多く古文書を読み、一つでも多く論文を書くべきである、というのが中田の持論であった（石井良助「あとがき」、中田薫述・石井良助校訂『日本法制史講義』創文社、一九八三年）。

この点については、今ではすでに百年以上経っていると理屈をこねることもできる。中田の生きた時代とは異なり、すでに多くの個別研究が蓄積され、それに基づく法制史の概説書も種々出版されている段階にある。同時に、中田の研究は戦後の文学部系の日本史学の流れにも絶大な影響を与えてきた。その意味で、中田の日本法制史講義は、中田個人の個別研究の「決算」という意義を越えて、戦後の法制史学と日本史学の「出発点」となり、それらに決定的な影響を与えた「淵源」の位置にある。中田法制史学の戦後歴史学への影響を、功罪あわせて史学史的に振り返るための重要な史料といえるのである。

加えて、今回は最終段階の講義を出版するわけだから、若いころの個別論文で主張されていた内容が、中田の学問の進展とともにどのように変化し展開したか、全体像のなかにどう位置づけられていくか、これらを窺い知るための重要な情報ともなる。事実、中田自身も『国家学会雑誌』初出の「王朝時代の庄園に関する研究」（一九〇六）を論集（一九三八）に再録する際に、講義録の一部を新註として引用している。我々が『法制史論集』四巻五冊に収められた個別論文を読む際にも、中田の学問的展開をふまえつつ全体構想に位置づけるための手がかりとなるであろう。

もちろん概説書としての価値が失われていないことが魅力でもある。いま読んでも新鮮で発見がある。これほど緻密でワクワクするような講義が学部レベルで講じられている大学がどれだけあるだろうか。また、既存の枠組みが存在しなかっただけに、具体的史料に基づいて独自に組み立てた個性的な内容となっている。

一例として、参観交代の説明をみてみよう。参「勤」のイメージで大名の軍事力を低下させるための政策という俗説が近年まで流布していたが、今ではそれは結果にすぎないという理解である。すでに中田は「諸大名はまた将軍に対して種々の封建的な奉公義務を負っていた」として、①参覲交替義務（朝覲に準じた自主的な参「覲」）、②定例臨時登城義務（朔望登城などの将軍拝謁・ご機嫌伺い）を説明し、西洋中世における家士の封建的義務たるHerrfahrt（軍事参集）やHoffahrt（宮廷参向）に相当するものと位置付けていた。中田は近世を日本の封建制の完成形態とみる。山本博文は「封建制度は、分権制を本質としている」「江戸時代を西洋中世の封建制度類似の制度だと考えることに誤りがある」とするが、如何なものだろうか（『教科書には出てこない江戸時代』東京書籍、二〇〇八年）。

近世の武士の離縁状についてもみてみよう。弟子の石井良助が武家では「離縁届によって、婚姻は解消し、再婚が可能になるのであり、離縁状の如きものは不要であった」と言い放ったために、遡及して中田も武士は離縁状を用いないといったように解され、高木侃から厳しい批判を受けた（『三くだり半』平凡社、一九八七年）。しかし、中田は私法史講義のなかで「中世末には少なくとも離縁状を用いるのが一般的慣習」と述べたうえで、「（近世の封建法では）離縁をなす場合には夫婦双方の親類が熟談のうえ関係者が同意すること、および離縁の後に「双方親類熟談之上」離縁する旨を幕府に届け出ること、この二つを封建法上の要件とした」「離縁状を交付することは武士階級の間では離縁の要件ではない」と慎重に述べており、慣習としての離縁状の存在を否定しているわけではない。それゆえ、これとの対比で普通法では「離縁には夫から離縁状を妻または妻の里方に書き与えることが法律上の必要要件であった。もし離縁状なくしてさらに妻を娶り、もしくは他に嫁した場合には、男女いずれも刑法上処罰される」と説明するのである。

話を戻そう。出版に説明を要する第二の点は、講義の復元のための資料が限られていることである。中田自身が貼紙・付箋を挟んで推敲し続けた講義ノートは、戦後の自宅失火で灰燼に帰し、現在は受講生の筆録ノートと赤門前で非公式に販売されていた試験用の講義プリントという間接的な資料しか残されていない。

この点については、すでに一九七九年の法制史学会創立三十周年記念事業として、中田薫述・石井良助校訂『日本法制史講義』（創文社、一九八三年）が出版されていることも視野に入れて説明する必要がある。大正十・十一年度講義を記録する文信社のプリントを用いた刊行について、石井良助は「実際に点検してみると、数人のノートを利用したものと覚しく、思った以上によくできている」「これら両書を利用したことは不当ではなかったと考える」と説明している。

他方、久保は語る。「先生は、文信社のプリントは秘密出版で、あれはけしからん。……。あんなもので勉強して。誤りもあるだろうに、と言われたことがある」「私が学生時代の評判で、どうしてか文信社のプリントで勉強して試験を受けると「不可」が付くことが多いという」「先生の意向に反する」と。

たしかに全く使えないものではないが、中田自身が名指しで非難していた、事実省略が多くやや杜撰な文信社版を、たとえ記念事業だとしても底本に設定する必要はないだろう。また、受講生のノートを活用すべきだという久保の進言、文信社版を底本にするならせめて後年の改訂部分を註で付すべきだという高柳眞三の意見はもっともで、自筆ノートや新しいプリントが残されているのだからそちらを活用するのは当然である。これが今回新たに最新の講義プリントを底本にしつつ自筆ノートを活用した理由である。もう一つ細かいことだが、石井校訂の『日本法制史講義』のなかには、石井「編」ならぬ「校訂」とあるように、中田の講義内容に踏み込んだ積極的な書き換えが少しあることも指摘しておきたい。

次に、講義プリントの信憑性の問題になるが、たしかに限界があることは否めない。しかし、啓明社C版のプリントを同じ昭和八年度（一九三三・三四）の久保の自筆ノートと比較してみると、上記のような厳しい意見だった久保も顔負けのレベルで正確に、項目によってはより詳細に筆録している。私自身、複数の講義プリントを丁寧に確認した結果、昭和五、六年度（一九三〇・三一、一九三一・三二）以降の講義プリントはそれまでのものとは質的に異なるレベルに到達している。乱立する刊行社の間の「激烈なる競争」（東京プリント刊行会の跋文）に勝ち抜くために、速記者を教室に潜らせていたとしか考えられない。十分に信用できる貴重なデータであるといえよう。

なお、今回は翻刻から省いたが、プリントによっては過去問のリストを掲載しているものもある。試験対策用という性格からすれば当然の要望である。ちなみに今回底本に設定した昭和十年度（一九三五・三六）の公法史の試験問題は、以下の通りであった（『日本私法法制史』昭和十一年度講義、文精社による。冒頭文言は省略されているが、同プリント掲載の他年度の記載様式と『日本私法法制史』昭和十一年度講義、東京プリント刊行会の記載などを参考に復元した）。

甲、左の二問中一問を選べ。

1　大化後に於ける氏姓制の沿革

2　武士階級成立の経過

乙、左の四問中二問を選べ。

1　庄園の領家及本家
2　総領及庶子分
3　太閤検地
4　御朱印寺社領

## 四　講義録諸本の特徴と編集の具体的手続き

本書を編集するにあたって素材とした講義録について個別に解説する。まず、管見の限り確認できたプリントの書誌情報と特徴とを年代順に整理する（底本に設定した⑦以外のプリントの所蔵については煩雑になるので省略した。CiNii（NII学術情報ナビゲータ（サイニィ）など参照））。

①『中田博士述　日本公法法制史』（大正十年度講義）文信社A版、一九二二年。

＊表紙には「大正十一年度（一九二二・二三）」とある。奥付、大正十一年一月十日印刷、十五日発行。編輯兼発行者、石田正七。発行所、文信社。

＊中田の最初の日本法制史の講義を記録した原初的な講義録。初期の講義は古典的な読み上げスタイルで行われたようで、コンパクトに整理されている。章・節などの枠組み

自体は近世までを網羅する完成形態をとるが、中世・近世部分の項目では省略がかなり多く、（畧）と表記されている。中田自身の講義ノートが未完成であったためであろう。しかし、のちの講義では簡略化されたり省略されたりしたオリジナル情報が含まれる点で貴重である。

②『中田博士述 日本公法法制史』（昭和二年度講義を称した大正十年度講義の復刻）文信社B版、一九二七年。

＊表紙には「昭和三年度（一九二八・二九）」とある。奥付、昭和二年二月十二日印刷、十六日発行。編輯兼発行者、石田正七。発行所、文信社。

＊表紙の「昭和三年度（一九二八・二九）東大講義」は当時の慣用表現のようで、実際には昭和二年度を指すので、奥付の昭和二年二月が昭和三年二月の誤りであろう。僅かな加筆・修正はあるが、実質的には①の復刻にすぎない。

③『中田博士著述 日本法制史（公法ノ部）』（大正十年度講義の復刻）辛酉社、一九二八年。

＊表紙には「大正十一年度（一九二二・二三）」とある。奥付、昭和三年三月二十日印刷、二十五日発行。編輯兼発行者、右川米太郎。頒布所、辛酉社。最終頁に「公法ノ部」とあり。

＊①の印刷数は多く、今日でも時折古書店で見かけるほどであり、しばらくはそれが流用されていたが、尽きてきたので復刊したのが②③なのだろう。

当時の講義は前年度と同じ内容を読み上げるものが多く、またプリントの刊行も激戦状況になかったので、年度ごとの筆録へのこだわりは希薄であった。

④『中田博士述　日本公法法制史』〔昭和四年度講義〕啓明社A版、一九三〇年。

＊表紙には「昭和五年度〔一九三〇・三一〕」とある。四分冊。奥付、昭和四年十一月二日印刷、九日発行〜昭和五年三月一日印刷、六日発行。編輯兼発行者、恩地久夫。印刷所・発行所、啓明社。

⑤『中田薫教授述　日本公法法制史』〔昭和六年度講義〕啓明社B版、一九三二年。

＊奥付、昭和七年三月二十五日印刷、二十七日発行（二分冊本も存在）。編輯兼発行者、恩地久夫。印刷所・発兌、啓明社。

＊④⑤は大局的にみれば大正十年度（一九二一・二二）の文信社本と近似するが、新たな情報も加えられており、改訂された部分も散見する。分冊発行のスタイルは、年度ごとの編集と迅速な提供を意識し始めたことを示す。先行するプリントの転用ではなく、啓明社が独自に作成した講義録であろう。昭和二年度（一九二七・二八）の高柳眞三ノートや昭和四年度と推定される平川守ノートと比較してみても、追記部分もふくめてほぼ一致し、とりわけ啓明社B版と筆録ノートとの間には時折二、三行程度の出入りがあるにすぎず、それも筆録時の誤差の範囲であろう。この時期、講義内容にさほど大きな変化がみられないのは、昭和二年から五年にかけて法学部長として厳しい政治状況のなかで激務に奔走していたため、講義を充実させる十分な時間がなかったからである。

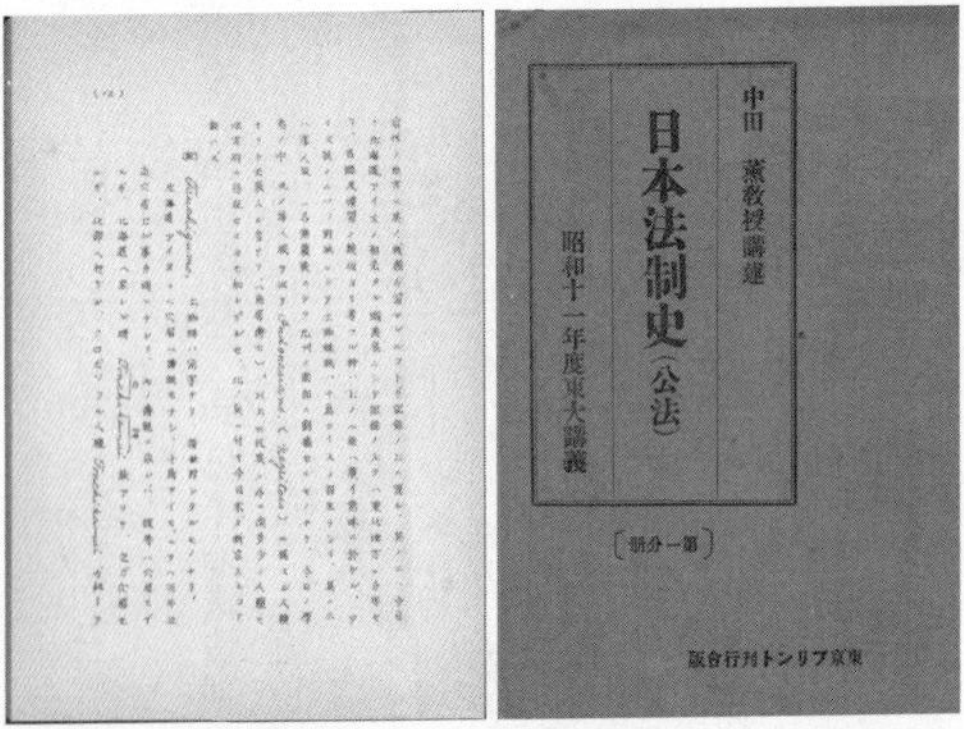

講義プリント（⑦の東京プリント刊行会）

⑥『中田薫教授述　日本公法法制史』〔昭和八年度講義〕啓明社C版、一九三四年。

＊表紙には「昭和九年度（一九三四・三五）」とある。三分冊。奥付、昭和八年九月二日印刷、六日発行～昭和九年三月二日印刷、四日発行。編輯兼発行者、恩地久夫。印刷所・発行所、啓明社。

＊東京プリント刊行会本に次いで新しい講義録である。同じ啓明社の刊行でも先行するA・B本とは全く異なる新版である。法源の章が各時代の冒頭に置かれる昭和八年度（一九三三・三四）固有の特徴も、授業内容の個別叙述も、同年に受講していた久保正幡ノートとほぼ完全に一致し、全く新たな速記録であることがわかる。東京プリント刊行会本と同系で、補足部分までを含めるとかなりの部分が一致するが、この年度に独自な情報や説明も多く含まれる。このように講義の構成や内容に大きな改変・模索がみられ、講義の濃度も一挙に向上しており、学部長退任を機に再び講義準備に専念し始めたことが窺

われる。

⑦『中田薫教授講述 日本法制史（公法）』（昭和十年度講義）東京プリント刊行会、一九三六年。

＊表紙には「昭和十一年度（一九三六・三七）」とある。三分冊。奥付、昭和十年九月二十七日印刷、十月一日発行～昭和十一年二月日印刷・発行。編輯発行責任者、金森豊。印刷所、東京プリント刊行会印刷部。発行所、東京プリント刊行会。

＊公法史を扱った最終年度の、最新の講義記録であり、中田の通史の完成段階を示すものである。昭和八年度（一九三三・三四）の啓明社C版の延長線上にあり、新情報を多く含む。先行する講義録を転用・増補した様な箇所はなく、昭和十年度の講義を教室で一から速記したものである。文体にやや粗雑なところもあるが、口述を可能な限り網羅的に筆録している。

＊編者および国立教育政策研究所教育図書館蔵。底本には編者蔵本を用いた。

次に現在に残る自筆ノートについてみてみよう。

A 金田平一郎ノート（大正十四年度講義）一九二五～二六年筆録。

＊九州大学附属中央図書館記録資料館金田文庫。未公開。

B 高柳眞三ノート（昭和二年度講義）大学ノート四冊、一九二七～二八年筆録。

＊東京大学法学部研究室図書室法制史資料室蔵。表紙に「日本公法史」とある。見開き右ページに講義を横書き片仮名表記で筆録し、左ページは空けておいて参考文献・史料・図などを注記する古典的なスタイルのものである。高柳は一九二五年十月に東北帝国大学法文学部に助手として赴任するも、翌年五月から中田研究室に内地留学し、一九三一年三月まで東京に居を構えている。この時期の聴講ノートである。思い立って聴講し始めたからか、上世冒頭部分にかなりの欠がある。完璧な筆録を目指したものではなく、授業を理解しながら丁寧に書き留めたという印象である。内容的には昭和六年度（一九三一・三二）の啓明社B版に近似する。昭和十年度の東京プリント刊行会の内容を先取りしている部分も一部に見られ、中田が少しずつでも新しい知見を増補し続けていることが窺われる。

C　平川守ノート（昭和四年度講義ヵ）大学ノート四冊、一九二九～三〇年筆録ヵ。

＊東京大学法学部近代日本法政史料センター原資料部蔵（平川守関係文書）。表紙に「法制史　中田教授　平川守」とある。高柳ノートと同じ古典的スタイルで筆録されている。非常に丁寧で正確な筆録で、網羅性の高い完成されたノートである。これも昭和六年度（一九三一・三二）の啓明社B版に近似し、昭和十年度の東京プリント刊行会の内容を先取りしている部分が見られる。

D　久保正幡ノート（昭和八年度講義）大学ノート一冊残存（上古（全）および中世（法源のみ））、一九三三～三四年筆録。

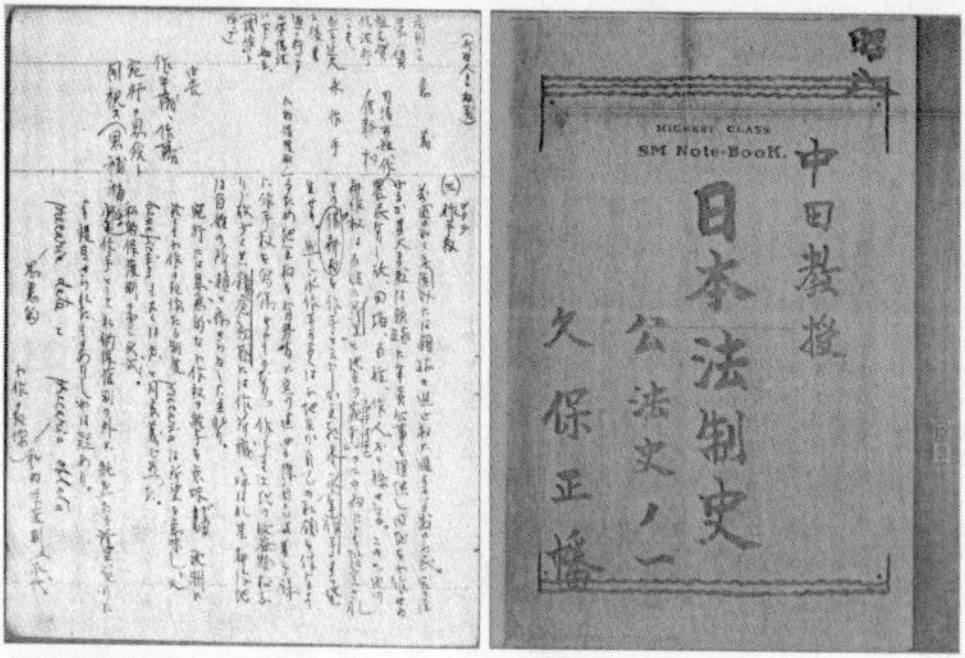

久保正幡ノート

＊東京大学法学部近代日本法政史料センター原資料部蔵。表紙に「昭八 中田教授 日本法制史 公法史ノ一 久保正幡」とある。上世の全部と中世冒頭の法源部分の一冊以外が失われていることは遺憾である。縦書き平仮名表記で左右両ページを埋めるスタイルだが、頭書を付し段組みを駆使して、読み上げ部分・補足解説・板書部分を明示する丁寧な筆記となっている。

以上の個々の資料の分析をふまえて、編集は次のような手続きで行った。

(1)底本に、中田の「日本法制史（公法）」の完成形態を示す昭和十年度（一九三五・三六）の東京プリント刊行会本を設定する。凡例でも述べたように、当時「東大プリント界の王者」と称される出版社で、最も精緻で洩れの少ない筆録である。

(2)次に、最初の講義である大正十年度（一九二一・二二）講義録（文信社A版）をもちいて増補した。最初期には丁寧に論じていたが後に時間の都合で省略した部分が見られるとともに、当初準備がいまだ整わず講じていない項目が散在するなど、両者の差異が非常に大きいからである。ただし、明らかに中田自身が考えを修正したために両者に矛盾が生じている部分や削除したと判断される部分については、採用しなかった。用語に不統一がある場合も、諸年度の講義録を参照しつつ新しい方を採用した。

⑶そのあと、大正十年度講義の枠組みを継承しつつも大きな増訂が加えられている昭和六年度（一九三一・三二）講義（啓明社B版）による加筆を行い、さらに特異な構成を有する二番目に新しい昭和八年度講義（啓明社C版）で補足した。

⑷このようにして集約した原稿を基礎に、高柳・久保・平川の順で自筆ノートを用いて欠損を補い、誤記を修正した。自筆ノートは、筆録者の体調や集中力が原因なのか、筆録の精度に波があるうえ、それぞれに個別の限界があるからである。

＊

それにしても、この編集にどれだけの年月を費やしただろう。インターネット環境の整わないなかで現存するすべての講義録を蒐集する作業、校訂のための翻刻作業、相互に比較しつつ復元していく作業、誤りを修正し曖昧な部分を個別論文や原史料に当たり直して確定する作業、そして註釈を付していく作業。なお不十分なところもあろうが、気の遠くなるような作業をここまで継続することができたのは、中田先生の学問と人柄にあこがれ心酔してきたからである。教室で受講している気分になりながら推敲を進めた。昨年公にした『人物叢

書　中田薫』では、紙幅の都合もあって中田の学問的営為に関する叙述が十分でなかったが、本書によって幾分なりともそれを補うことができたと思う。

中田のいわゆる破門弟子瀧川政次郎の『日本法制史』を復刻出版（一九八五年）している講談社学術文庫から刊行させていただけたのは奇遇なことである。心のなかでは中田を尊敬し続けて見返したいと奮闘した瀧川、瀧川の書評を没書に帰したと誤解され憎まれ続けた中田、この不幸な行き違いを背負った二人の碩学が、書架に並んだ文庫をみて天上で微笑みながら語り合っていらっしゃったらなあと思う。

このたび、直接の機会を作っていただいた東京大学文学部の大津透先生、出版に至る過程でご助力を賜った吉村武彦先生、義江明子先生、刊行にご理解をいただいた中田家のご親族の皆さま、中田の弟子のご親族久保信子さま、故高柳洋吉先生、そして校訂に使用した講義録の閲覧や資料の写真掲載にご協力をたまわった諸研究機関・図書館に、また諸本のテキスト比較の前提となるデータ作成段階でご助力をいただいた岩田真由子さん・林美佑さん、そして講談社の岡林彩子さんにも、心より御礼申し上げる。

KODANSHA

本書は学術文庫のために新しく編集・校訂したものです。なお、本書には現在では疑問視されている学説や歴史像、不適切な表現・差別的な記述・歴史的な筆法がみられますが、底本および諸年度の講義録・講義ノートに由来するものであり、この講義が大正期後半から昭和初期に語られた歴史的な資料であることに鑑みてそのままにしました。差別の助長を意図するものではありません。読者諸賢におかれましては、何卒ご理解を賜りますようお願い申し上げます。

中田　薫（なかだ　かおる）

1877-1967年。東京帝国大学法学部教授，日本学士院第一部長。専門は日本法制史。著書に『法制史論集』（全4巻）などがある。

北　康宏（きた　やすひろ）

1968年生まれ。同志社大学文学部教授。専門は日本古代史，著書に『日本古代君主制成立史の研究』，『人物叢書 中田薫』など。

---

講談社学術文庫

定価はカバーに表示してあります。

日本法制史講義《にほんほうせいしこうぎ》

公法篇《こうほうへん》

中田《なかだ》　薫《かおる》

北《きた》　康宏《やすひろ》 編・解説

2024年7月9日　第1刷発行

発行者　森田浩章

発行所　株式会社講談社

東京都文京区音羽 2-12-21 〒112-8001

電話　編集（03）5395-3512

販売（03）5395-5817

業務（03）5395-3615

装　幀　蟹江征治

印　刷　株式会社広済堂ネクスト

製　本　株式会社若林製本工場

本文データ制作　講談社デジタル製作



---

ISBN978-4-06-536404-8

# 「講談社学術文庫」の刊行に当たって

これは、学術をポケットに入れることをモットーとして生まれた文庫である。学術は少年の心を養い、成年の心を満たす。その学術がポケットにはいる形で、万人のものになることは、生涯教育をうたう現代の理想である。

こうした考え方は、学術を巨大な城のように見る世間の常識に反するかもしれない。また、一部の人たちからは、学術の権威をおとすものと非難されるかもしれない。しかし、それはいずれも学術の新しい在り方を解しないものといわざるをえない。

学術は、まず魔術への挑戦から始まった。やがて、いわゆる常識をつぎつぎに改めていった。学術の権威は、幾百年、幾千年にわたる、苦しい戦いの成果である。こうしてきずきあげられた城が、一見して近づきがたいものにうつるのは、そのためである。しかし、学術の権威を、その形の上だけで判断してはならない。その生成のあとをかえりみれば、その根は常に人々の生活の中にあった。学術が大きな力たりうるのはそのためであって、生活をはなれた学術は、どこにもない。

開かれた社会といわれる現代にとって、これはまったく自明である。生活と学術との間に、もし距離があるとすれば、何をおいてもこれを埋めねばならない。もしこの距離が形の上の迷信からきているとすれば、その迷信をうち破らねばならぬ。

学術文庫は、内外の迷信を打破し、学術のために新しい天地をひらく意図をもって生まれた。文庫という小さい形と、学術という壮大な城とが、完全に両立するためには、なおいくらかの時を必要とするであろう。しかし、学術をポケットにした社会が、人間の生活にとってより豊かな社会であることは、たしかである。そうした社会の実現のために、文庫の世界に新しいジャンルを加えることができれば幸いである。

一九七六年六月

野間省一

## 日本の歴史・地理

2623
坂本太郎著（解説・五味文彦）
### 日本の修史と史学　歴史書の歴史

『古事記』、『日本書紀』から明治政府の編纂事業に至るまで、歴史書の特色を明快に紹介しつつ、一三〇〇年の歴史叙述変遷の軌跡を描き出す。戦後日本史学の礎を築いた著者による、第一級の史学入門！

電P

2626
臼井勝美著
### 満州事変　戦争と外交と

「満州国」成立直前――流血の大地で何が起こっていたのか。排華暴動、日本商品ボイコットなど緊迫する大陸の様相を丹念に追い、泥沼の十五年戦争の端緒を克明に描き出す。日中外交史の古典的名著。

電P

2629
堀越正雄著
### 江戸・東京水道史

膨張を続ける街は常に水不足と闘っていた。家康入城から淀橋浄水場が役目を終える昭和まで、治水を通して技術の進化と市民生活の変貌を描く。東京都水道局で実務に携わった著者渾身の「水道の文化史」。

電P

2631
原　武史著（解説・鹿島　茂）
### 「民都」大阪対「帝都」東京　思想としての関西私鉄

小林一三は、「政治中心」の東京に対して、大阪を「民衆の大都会」と呼んだ。帝都を凌駕する「民衆の都」はいかにして創出されたか？　関西私鉄を媒介として日本近代思想史を見事に描ききった著者代表作。

電P

2632
榎本　渉著
### 僧侶と海商たちの東シナ海

利を求め危険を顧みずに海を闊歩する海商たち、その助力を得て最新知見を求めて大陸へ渡った僧侶たち。列島を「外」と繋いだ彼らの足跡から海域交流の実相に迫り、歴史世界としての東シナ海を描き出す！

電P

2643
藤田　覚著
### 〈名奉行〉の力量　江戸世相史話

与力が語った意外な「名奉行」の力量とは？　将軍吉宗の肉声から年利一二〇〇％の超高利金融の実態まで、第一人者が知られざる江戸のリアルを描く。読めばもっと江戸が好きになる珠玉の掌編の数々！

電P

## 日本の歴史・地理

1885
E・B・スレッジ著／伊藤　真・曽田和子訳（解説・保阪正康）
**ペリリュー・沖縄戦記**
「最も困難を極めた上陸作戦」と言われたペリリュー戦。泥と炎にまみれた沖縄戦。二つの最激戦地で米海兵隊の一歩兵が体験した戦争の現実とは。夥しい生命を奪い、人間性を破壊する戦争の悲惨を克明に綴る。

1886
酒井シヅ著
**病が語る日本史**
古来、日本人はいかに病気と闘ってきたか。糖尿病に苦しんだ道長、ガンと闘った信玄や家康。糞石や古文書は何を語るのか。病という視点を軸に、歴史上の人物の逸話を交えて日本を通覧する、病気の文化史。電 P

1900
網野善彦著（解説・大津　透）
日本の歴史00
**「日本」とは何か**
柔軟な発想と深い学識に支えられた網野史学の集大成。列島社会の成り立ちに関する常識や通説を覆し、日本のカタチを新たに描き切って反響を呼び起こした力作。本格的通史の劈頭、マニフェストたる一冊。

1901
岡村道雄著
日本の歴史01
**縄文の生活誌**
旧石器時代人の遊動生活から縄文人の定住生活へ。日本文化の基層を成した、自然の恵みとともにあった豊かな生活、そして生と死の実態を最新の発掘や研究の成果から活写。従来の古代観を一変させる考古の探究。

1902
寺沢　薫著
日本の歴史02
**王権誕生**
巨大墳丘墓、銅鐸のマツリ、その役割と意味とは？　稲作伝来、そしてムラからクニ・国へと変貌していく弥生・古墳時代の実態と、王権誕生・確立へのダイナミックな歴史のうねり、列島最大のドラマを描く。

1903
熊谷公男著
日本の歴史03
**大王《おおきみ》から天皇へ**
王から神への飛躍はいかにしてなされたのか？　なぜ天下を治める「大王」たちは朝鮮半島・大陸との貪欲な関係を持ったのか？　仏教伝来、大化改新、壬申の乱……。試練が体制を強化し、「日本」が誕生した。

《講談社学術文庫　既刊より》

## 日本の歴史・地理

1904
日本の歴史04
渡辺晃宏著
**平城京と木簡の世紀**
日本が国家として成る奈良時代。大宝律令の制定、和同開珎の鋳造、遣唐使、平城宮遷都、東大寺大仏の建立……。木簡、発掘成果、文献史料を駆使して、日本型律令制成立への試行錯誤の百年を精密に読み直す。

1905
日本の歴史05
坂上康俊著
**律令国家の転換と「日本」**
藤原氏北家による摂関制度、伝統的郡司層の没落と国司長官の受領化――。律令国家の誕生から百年、国家体制は変容する。奈良末期〜平安初期に展開した「古代の終わりの始まり」＝古代社会の再編を精緻に描く。

1906
日本の歴史06
大津　透著
**道長と宮廷社会**
平安時代中期、『源氏物語』などの古典はどうして生まれたのか。藤原道長はどのように権力を掌握したのか。貴族の日記や古文書の精緻な読解により宮廷を支えた国家システムを解明、貴族政治の合理性に迫る。

1907
日本の歴史07
下向井龍彦著
**武士の成長と院政**
律令国家から王朝国家への転換期、武装蜂起の鎮圧にあたる戦士として登場した武士。源氏と平氏の拮抗を演出し、強権を揮う「院」たち。権力闘争の軍事的決着に関与する武士は、いかに政権掌握に至ったのか。

1908
日本の歴史08
大津　透・大隅清陽・関　和彦・熊田亮介・丸山裕美子・上島　享・米谷匡史著
**古代天皇制を考える**
古代天皇の権力をはぐくみ、その権威を支えたものは何か。天皇以前＝大王の時代から貴族社会の成立、院政期までを視野に入れ、七人の研究者が、朝廷儀礼、天皇祭祀、文献史料の解読等からその実態に迫る。

1909
日本の歴史09
山本幸司著
**頼朝の天下草創**
幕府を開いた頼朝はなぜ政権を掌握できたのか。古代から中世へ、京都から東国へ、貴族から武士へ。幕府の職制、東国武士の特性、全国支配の地歩を固めた北条氏の功績など、歴史の大転換点の時代像を描く。

《講談社学術文庫　既刊より》

# 日本の歴史・地理

1910
筧《かけひ》雅博著
日本の歴史10
## 蒙古襲来と徳政令
二度の蒙古来襲を乗り切った鎌倉幕府は、なぜ「極盛期」に崩壊したのか？　徳政令は衰退の兆しを示すものなのか。「御謀反」を企てた後醍醐天皇の確信とは——。鎌倉後期の時代像を塗り替える、画期的論考。

1911
新田一郎著
日本の歴史11
## 太平記の時代
後醍醐の践祚、廃位、配流、そして建武政権樹立。足利氏との角逐、分裂した皇統。武家の権能が拡大し、構造的な変化を遂げた、動乱の十四世紀。南北朝とはいかなる時代だったのか。その時代相を解析する。

1912
桜井英治著
日本の歴史12
## 室町人の精神
三代将軍足利義満の治世から応仁・文明の乱にかけての財政、相続、贈与、儀礼のしくみを精緻に解明し、幕府の権力構造に迫る。中世の黄昏、無為と恐怖と酔狂に彩られた混沌の時代を人々はどのように生きたのか？

1913
久留島典子著
日本の歴史13
## 一揆と戦国大名
室町幕府の権威失墜、荘園公領制の変質で集権的性格が薄れる中世社会。民衆はどのように自立性を強めていったのか。守護や国人はいかにして戦国大名に成長したのか。史上最も激しく社会が動いた時代を分析。

1914
大石直正・高良倉吉・高橋公明著
日本の歴史14
## 周縁から見た中世日本
国家の求心力が弱かった十二〜十五世紀、列島「周縁部」としての津軽・十三湊、琉球王国、南西諸島では交易を基盤とした自立的な権力が形成された。京都中心の国家の枠を越えた、もう一つの中世史を追究。

1915
池上裕子著
日本の歴史15
## 織豊政権と江戸幕府
一五六八年の信長の上洛から一六一五年の大坂夏の陣での豊臣氏滅亡までの半世紀。戦国時代から続いた乱世の中で民衆はどのように生き抜いたのか？　天下統一・覇権確立の過程と社会構造の変化を描きだす。

# 日本の歴史・地理

1916
横田冬彦著
日本の歴史16
## 天下泰平
中世末期から続いた戦乱が終わり、「徳川の平和」が実現。泰平の世はどのように確立したのか？　新しく生まれた諸制度の下、文治が始まり情報と知が大衆化した〈書物の時代〉が出現する過程を追う。

1917
吉田伸之著
日本の歴史17
## 成熟する江戸
十八世紀。豪商などが君臨する上層から、貧しい乞食僧や芸能者が身分的周縁を形作った最下層まで、さまざまな階層が溶け合う大都市・江戸。前近代の達成である成熟の諸相をミクロの視点で鮮やかに描き出す。

1918
井上勝生著
日本の歴史18
## 開国と幕末変革
十九世紀。一揆、打ち壊しが多発し、「開国」「尊皇」「攘夷」「倒幕」が入り乱れて時代は大きく動いた。幕府が倒壊への道を辿るなか、沸騰する民衆運動に着目し、世界史的視野と新史料で「維新前夜」を的確に描き出す。

1919
鬼頭　宏著
日本の歴史19
## 文明としての江戸システム
貨幣経済の発達、独自の〈物産複合〉、プロト工業化による地方の発展、人口の停滞と抑制――。環境調和的な近世社会のあり方が創出した緑の列島の持続的成長モデルに、成熟した脱近代社会へのヒントを探る。

1920
鈴木　淳著
日本の歴史20
## 維新の構想と展開
短期間で近代国家を作り上げた新政府は何をめざし、新たな政策・制度を伝達・徹底したか。五箇条の御誓文から帝国憲法発布までを舞台に、上からの変革と人々の自前の対応により形作られてゆく「明治」を活写。

1921
佐々木　隆著
日本の歴史21
## 明治人の力量
帝国憲法制定、議会政治の進展、条約改正、軍事力強化と朝鮮半島・大陸への関与など、西欧列強に伍する強国を目指した近代日本。帝国議会の攻防の日々や、調整者としての天皇など新知見を満載して実像に迫る。

## 日本の歴史・地理

1922
伊藤之雄著
日本の歴史22
**政党政治と天皇**

東アジアをめぐる国際環境のうねりのなか、近代日本の君主制は変容していった。その過程で庶民は何を感じ、どう行動したか。明治天皇の死から五・一五事件による政党政治の崩壊までを、斬新な視角で活写する。

1923
有馬　学著
日本の歴史23
**帝国の昭和**

窮乏する農村とモダンな帝都という二重構造のなか、指導層と大衆は何を希求したか。「満蒙権益」を正当化し、日中戦争を戦い敗戦に到った論理と野望。帝国日本と日本人にとっての〈戦争〉の意味を問い直す！

1924
河野康子著
日本の歴史24
**戦後と高度成長の終焉**

戦後とはどのような時代だったのか。敗戦から再出発し、平和と民主主義を旗印に復興への道を歩み経済大国へ。そして迎えたバブルの崩壊。政党政治を軸に内政・外交に激しく揺れた戦後の日本を追う。

1925
C・グラック、姜尚中、T・モーリス＝スズキ、比屋根照夫、岩崎奈緒子、T・フジタニ、H・ハルトゥーニアン著
日本の歴史25
**日本はどこへ行くのか**

近代日本の虚構と欺瞞を周縁部から問い直す。単一民族史観による他者排斥、アイヌ・沖縄、朝鮮半島の人々を巻き込んだ「帝国」日本の拡張。境界を超えた視点から「日本」のゆくえを論じる、シリーズ最終巻。

1947～1949
倉本一宏訳
**藤原道長「御堂関白記」**（上）（中）（下）　全現代語訳

摂関政治の最盛期を築いた道長。豪放磊落な筆致と独自の文体で描かれる宮廷政治と日常生活。平安貴族が活動した世界とはどのようなものだったのか。自筆本・古写本・新写本などからの初めての現代語訳。　電 P

1953
関　晃著（解説・大津　透）
**帰化人**　古代の政治・経済・文化を語る

日本が新しい段階に足を踏み入れ、豊かな精神世界を展開することを可能にした大陸や半島の高度な技術・知識を伝えた帰化人とは？　古代東アジア研究の傑作として、今なお変わらぬ輝きを放ち続ける古典的名著。